KB179850

혼자서 따라하기 쉬운 모든 업무 ④

한권으로 끝장내자 중소기업 회계세무 급여노무 실무설명서

| 손원준 지음 |

아래 7가지 경험이 있는 분은 꼭 보세요!

1. 거래가 발생하면 계정과목을 선별해 분개할 줄 아세요?
2. 전표 발행 후 재무제표 작성까지의 과정을 아시나요?
3. 증빙관리 기준을 알고, 관리하고 계시는가요?
4. 월급이나 수당, 휴가를 잘못 계산한 경험이 있나요?
5. 사장님이나 동료 직원의 질문에 대답 못 해 당황한 적이 있나요?
6. 세금신고를 잘못하거나 날짜를 넘겨 가산세 때문에 마음을 졸인 적이 있나요?
7. 세무사나 세무 사무원이 가르쳐줘도 못 알아들은 경험이 있나요?

K.G.B
지식만들기
이론과 실무가 만나 새로운 지식을 창조하는 곳

책을 내면서...

이제 우리나라 경제도 저성장 구조로 가고 있다. 소비경기가 되살아나지 않고, 저금리에 가계부채의 지속적 증가로 인해 개인뿐만 아니라 기업도 많은 경제위험에 노출되어 있다. 또한, 이와 같은 문제는 우리 사회가 시급히 해결해야 할 과제이기도 하다.

매일 세금이 작년보다 덜 걷혀 재정적자가 증가하고 있다는 뉴스를 심심치 않게 접하고 있으며, 하루에 회사가 몇 개 생겨서 몇 개가 망한다는 소식도 이제는 놀라운 뉴스거리가 아니다.

이제 우리는 오래 살아남고, 많은 이익을 내기 위해서는 한 푼이라도 새는 돈을 막아야 하는 시대에 직면한 것이다. 그리고 그 최전방에 서 있는 직업이 경리이다.

경리는 회사의 돈을 관리하는 실무자로서 작게는 단순한 장부 정리에서부터 시작해서, 한 푼이라도 세금을 적게 낼 수 있는 세금 전략의 수립까지 재무 전반에 걸쳐 중요한 임무를 수행한다.

통장관리나 하고, 돈의 지출 내역을 장부에 적고, 외상대금 관리나 하는 시대는 이제 옛날 이야기다. 이제는 회사의 재무관리에 관한 한 내가 최고의 전문가라는 자부심을 느끼고 그에 걸맞은 지식을 습득하는 일을 게을리해서는 안 된다.

거래 후 확실히 전표 끊어 장부 정리를 할 줄 알아야 하고,

영업사원이 거래 후 챙겨야 하는 증빙에 관해서 물어볼 때 자신감 있게 정리해서 말해줄 수 있어야 하며,

월급날 급여를 지급한 후 세금 신고를 잘못해서 가산세 물지 말고,

동료 직원이 이런 일은 법에 위반되는 사항이 아니냐고 물어보면 여차 여차해서 이렇다고 법에 근거해서 대답해 줄 수 있어야 하며,

부가가치세 신고 날 서류를 빠짐없이 챙겨서 직접 홈택스로 신고를 할 줄 알거나 세무사사무실에서 세금 신고를 잘 해줬나 체크해 볼 수 있는 최소한의 지식은 가지고 있어야 경리

로써 밥은 먹고 살 수 있지 않을까?

위의 업무 내용은 참 단순한 것 같으면서도 이마 져 모르고 경리라는 직업을 가지고 일하는 분들이 상당히 많은 것이 현실이다.

이에 본서는 중소기업의 경리라는 직업을 가진 샐러리맨이거나 경단녀, 아니면 내가 직접 경리 일을 보는 사장님이라면 반드시 알아야 할 내용을 중심으로 아래와 같이 구성되었으며, 더 궁금한 사항은 네이버 카페 네이버 카페 경리쉼터(https://cafe.naver.com/aclove)를 통해 알 수 있도록 구성을 했다.

제1장 회계의 순환과정과 결산업무

제2장 장부와 증빙관리 업무

제3장 누구나 간단한 세금 계산

제4장 직원의 근태와 노무관리

제5장 급여관리와 근로소득세

제6장 퇴직관리와 퇴직금 처리

제7장 부가가치세 신고와 납부

제8장 세무조사의 대처 방법

끝으로 아빠가 작가라는 사실에 기뻐하고, 아빠 책만 보면 신기해하는 나의 한 없이 사랑스러운 두 딸 예영, 예서와 출간의 기쁨을 함께하는 바이다.

저자 **손원준** 올림

CONTENTS

책의 순서

제1장 회계의 순환과정과 결산업무

CONTENTS

CONTENTS

CONTENTS

CONTENTS

CONTENTS

CONTENTS

CONTENTS

CONTENTS

CONTENTS

CONTENTS

CONTENTS

CONTENTS

CONTENTS

찾아보기

나

다

마

바

사

아

자

차

타

파

하

제1장

회계의 순환과정과 결산업무

01 회계의 순환과정

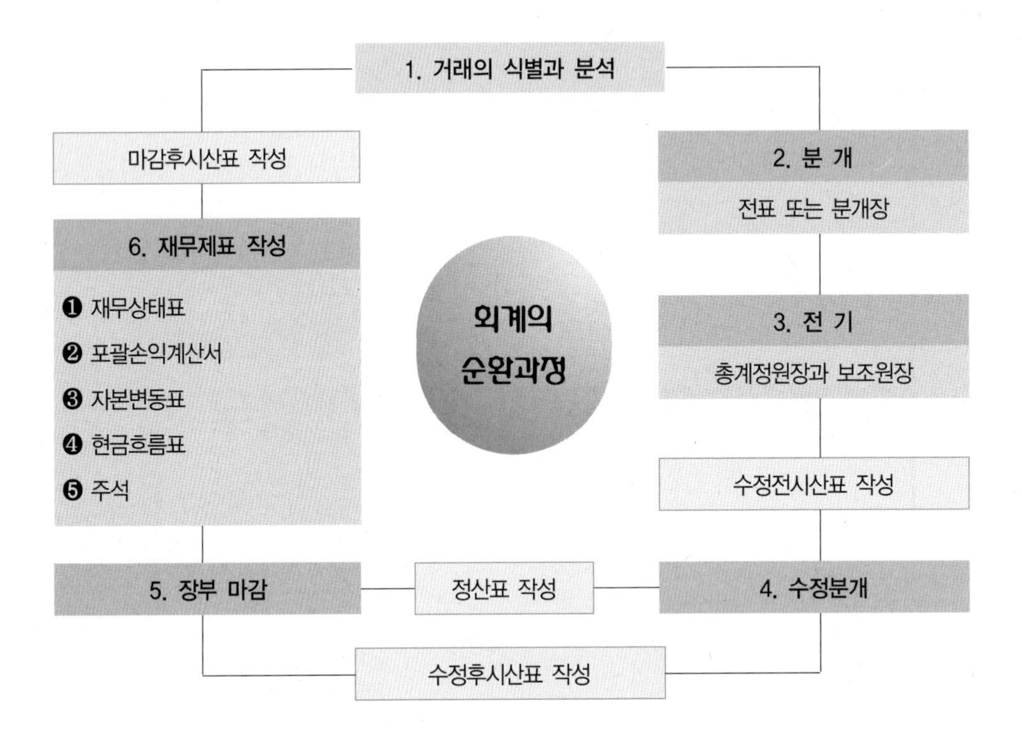

회계상의 거래를 장부상에 기록해서 재무보고서를 작성하는 절차는 일련의 정해진 과정을 따르게 된다. 이를 회계의 순환과정이라고 하는데 이에는 여섯 단계의 필수적인 절차와 몇 가지의 선택적인 절차가 있다. 여섯 단계의 필수적 절차는

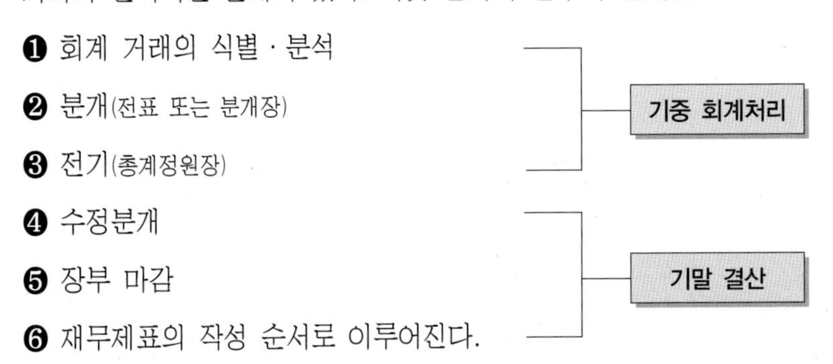

❶번부터 ❸번까지의 절차는 거래의 발생 시마다 행하는 절차이며, ❹번과 ❻번의 절차는 재무제표를 작성할 때 행하는 절차이면서 일반적으로 회계기말에 행해지고 ❺번 절차는 회계 기말에만 해당하는 절차이다. 한편, 시산표의 작성과 정산표의 작성은 선택적일 뿐만 아니라 보조적인 수단이며, 장부상에 기록하거나 보고하는 대상이 아니다. 역분개는 선택적인 절차(반드시 안 해도 됨)이지만 일단 선택하면 장부상에 기록한다는 점에서 시산표 및 정산표와 다르다고 할 수 있다. 즉 역분개란 결산시 기말수정분개를 통해 발생한 이연항목(선급비용, 선수수익), 발생항목(미지급비용, 미수수익) 등의 계정들을 다음 회계기간의 최초 일에 전기 말 수정분개에 대한 반대 분개를 하여 계정 잔액을 없애는 것을 말한다.

1 회계(부기)상 거래

기업의 경영활동으로 인해서 회사의 재산 상태에 영향을 미치고, 그 영향을 금액으로 측정할 수 있는 경우 회계(부기)상 거래라고 한다.

구 분	거래의 종류
회계상 거래에 해당하나? 일상생활에서 거래가 아닌 경우	• 화재 및 도난에 의한 소실 • 천재지변에 의한 자산의 감소
회계(부기)상의 거래	• 상품 · 비품 · 건물 등의 매매 • 채권의 증가와 감소 • 채무의 증가와 감소 • 비용의 발생 • 수익의 발생 • 건물 · 비품 등의 감가상각
일상생활에서는 거래에 해당하나? 회계상 거래가 아닌 경우 [주문, 계약, 약속, 보관, 담보]	• 상품의 주문과 계약 • 토지 · 건물의 임대차 계약 • 상품의 보관 • 종업원의 채용 • 은행과 당좌차월 계약의 체결 • 현금차입의 약속 • 전기 · 수도 · 가스료 고지서를 받은 경우

거래의 8요소

기업에서 발생하는 모든 거래는

❶ 자산의 증가 ❷ 자산의 감소

❸ 부채의 증가 ❹ 부채의 감소

❺ 자본의 증가 ❻ 자본의 감소

❼ 비용의 발생 ❽ 수익의 발생

이라는 요소로 구성되는데 이를 거래의 8요소라고 한다.

차변에 와야 하는 거래	대변에 와야 하는 거래
❶ 자산이 증가하는 거래	❶ 자산이 감소하는 거래
❷ 부채가 감소하는 거래	❷ 부채가 증가하는 거래
❸ 자본이 감소하는 거래	❸ 자본이 증가하는 거래
❹ 비용이 발생하는 거래	❹ 수익이 발생하는 거래

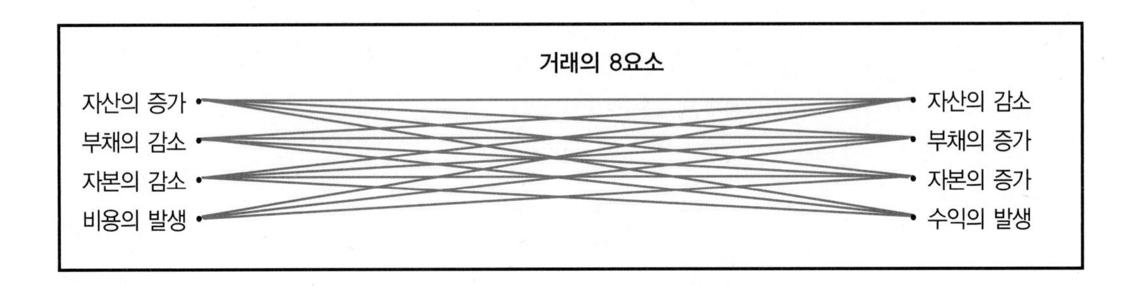

거래의 이중성

모든 거래는 반드시 자산, 부채, 자본의 증감과 수익, 비용의 발생이 차변과 대변에 동일한 금액이 기록된다. 따라서 차변 금액과 대변 금액이 같게 되는데 이를 거래의 이중성이라고 한다.

손익 발생 유무에 따라

❶ 교환거래 : 수익 · 비용의 발생 없이 자산 · 부채 · 자본 간의 증감변화만을 초래하는 거래

[예시] 비품 30만 원을 현금 구입하다.

→ 비품 300,000 / 현금 300,000

❷ 손익거래 : 거래 전체가 비용의 발생이나 수익의 발생이 생기는 거래. 즉, 차변 · 대변 어느 한쪽이 수익이나 비용의 총액으로 발생하는 거래

[예시] 임차료 5만 원을 현금 지급하다.

→ 임차료 50,000 / 현금 50,000

❸ 혼합거래 : 교환거래와 손익거래가 동시에 일어나는 거래

[예시] 차입금 50만 원과 이자 2만 원을 현금지급하다.

→ 차입금 500,000 / 현금 520,000
이자비용 20,000

현금수지 유무에 따라

❶ 입금거래 : 현금이 들어오는 거래[입금전표 사용]

[예시] 입금거래 : 임대료 5만 원을 현금으로 받다.

→ 현금 50,000 / 임대료 50,000

❷ 출금거래 : 현금이 나가는 거래[출금전표 사용]

[예시] 출금거래 : 기계장치를 300만 원의 현금을 주고 구입했다.

→ 기계장치 3,000,000 / 현금 3,000,000

❸ 대체거래 : 일부 현금을 수반하거나 전혀 현금을 수반하지 않는 거래[대체전표 사용]

[예시] 외상으로 상품 80만 원어치를 매입하다.

→ 상품 800,000 / 외상매입금 800,000

대차평균의 원리

대차평균의 원리란 거래가 발생하면 어떤 계정의 차변과 다른 계정의 대변에 같은 금액을 기록하므로 아무리 많은 거래가 장부에 기록되더라도 계정 전체를 통해서 본다면 차변 금액의 합계와 대변 금액의 합계는 반드시 일치한다는 원리이다. 즉, 회계상 거래가 발생하면 차변과 대변에 적는 계정과목은 달라도 금액은 같으므로 결국 차변 금액의 합계와 대변 금액의 합계가 항상 일치한다는 원리이다.

2 계정

계정의 뜻

모든 회계상 거래가 발생하면 자산, 부채, 자본 및 수익, 비용에 대해서 구체적인 항목별로 설정하는 기록 · 계산의 단위를 계정이라고 하고, 세부 명칭이 계정과목이다.

보통예금 ➜ **계정과목**

(차 변)	(대 변)

➜ **계정계좌**

구 분	해 설
계정과목	계정을 나타내는 명칭(예시 : 현금, 외상매출금, 미수금, 접대비 등)
계정계좌	계정을 기록 · 계산하기 위한 장소
차변과 대변	계정의 왼쪽을 차변이라 하고, 오른쪽을 대변이라고 한다.

계정의 분류

계정은 재무상태표 계정과 손익계산서 계정으로 분류한다.

재무상태표		손익계산서	
자산계정	현금및현금성자산, 매출채권(외상매출금, 받을어음), 상품, 건물, 비품 등	수익계정	매출액, 이자수익, 임대료수익, 유형자산처분이익 등
부채계정	매입채무(외상매입금, 매입채무), 단기차입금, 미지급금	비용계정	급여, 퇴직금, 접대비, 여비교통비, 광고선전비 등
자본계정	자본금, 인출금		

계정의 기록 방법

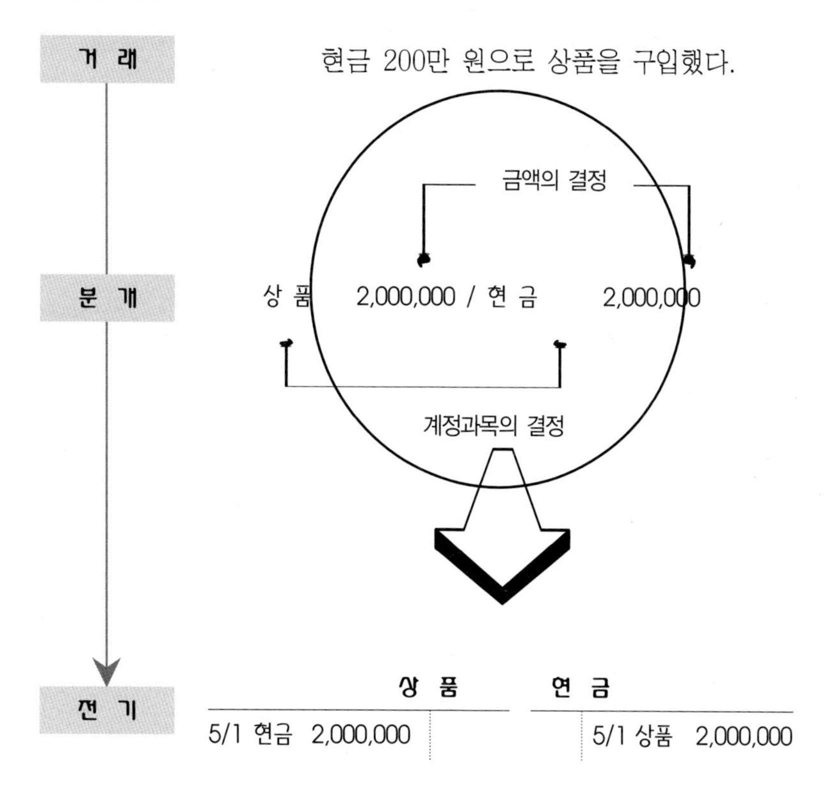

자산계정

(차 변)	(대 변)
자산의 증가(+)	자산의 감소(−)

부채계정

부채의 감소(-)	부채의 증가(+)

자본계정

자본의 감소(-)	자본의 증가(+)

수익계정

소멸(-)	발생(+)

비용계정

발생(+)	소멸(-)

3 분개와 분개장 및 전표

분개의 뜻

차변과 대변으로 구분해서 거래를 장부에 기록하기 위해서는 장부의 차변 요소와 대변 요소를 구분해서 기록할 계정과목과 금액을 결정해야 하는데, 이를 분개라고 한다. 즉, 거래가 발생하면 계정과목과 금액을 차변과 대변으로 나누어 기록하는 절차를 분개라고 한다.

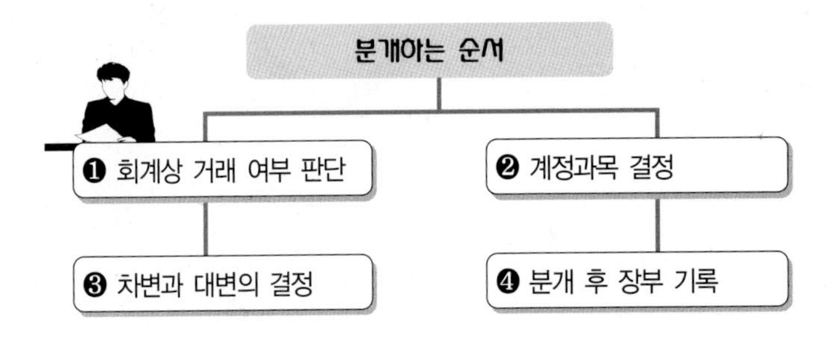
분개하는 순서
❶ 회계상 거래 여부 판단
❷ 계정과목 결정
❸ 차변과 대변의 결정
❹ 분개 후 장부 기록

분개장의 작성

분개장은 거래를 발생순서에 따라 기록하는 장부로서 병립식 분개장과 분할식 분개장이 있다.

❶ 병립식 분개장

월일	적 요	원 면	차 변	대 변
2/1	(현금)	1	50,000	
	(임대료)	42		50,000
	임대료를 현금으로 받다.			
2/1	(기계장치)	15	3,000,000	
	(현금)	1		3,000,000
	기계장치를 현금 구입하다.			
	(상품)	10	800,000	
	(외상매입금)	21		800,000
	상품을 외상으로 매입하다.			

❷ 분할식 분개장

차 변	원 면	적 요	원 면	대 변
50,000	1	(현금)		
		(임대료)	42	50,000
		임대료를 현금으로 받다.		
3,000,000	15	(기계장치)		
		(현금)	1	3,000,000
		기계장치를 현금 구입하다.		
800,000	10	(상품)		
		(외상매입금)	21	800,000
		상품을 외상으로 매입하다.		

〈작성 방법〉

❶ 날짜 : 거래가 발생한 날짜를 그대로 기입한다.

❷ 적요 : 분개의 계정과목을 ( )해서 기록한다. 계정과목이 2개 이상이면 '제좌' 라 기입하고, 그 아래에 계정과목을 기입한다. 그리고 그다음 줄에 거래내용을 간단하게 기입하고 붉은 줄을 그어 다음 거래와 구분한다.

❸ 원면 : 원면은 총계정원장의 면수를 말하며, 총계정원장에 전기할 때 총계정원장의 쪽수를 기록한다.

❹ 차변, 대변 : 계정과목에 해당하는 금액을 기록한다.

❺ 면의 이월 : 한 거래를 모두 기록할 여백이 없을 때는 적요란에 '다음 면' 에 라고 기입하고 차변 금액란과 대변 금액란에 붉은 줄을 긋고 합계액을 기록한다.

그리고 그다음 면의 첫 줄 적요란에 '앞면에서' 라고 기입하고 앞면에 합계액을 기록한다.

❻ 분개장의 마감 : 금액란에 한 줄을 긋고 차 · 대의 누계액을 기록한 다음 일자란과 차 · 대 금액란에 두 줄을 긋는다. 이것을 장부의 마감 선이라고 한다.

전표의 작성 방법

전표는 회사의 경리에서 분개장을 대신해서 사용하는 가장 기본적인 장부이며, 이를 통해서 장부 등 여러 가지 회계자료가 발생한다.

실무상 수기로는 출금전표와 입금전표, 대체전표 세 종류를 사용하는 3 전표제를 가장 많이 사용했으나, 전산화에 따라 일반전표와 매입매출전표로 전표를 구분해서 사용하고 있다.

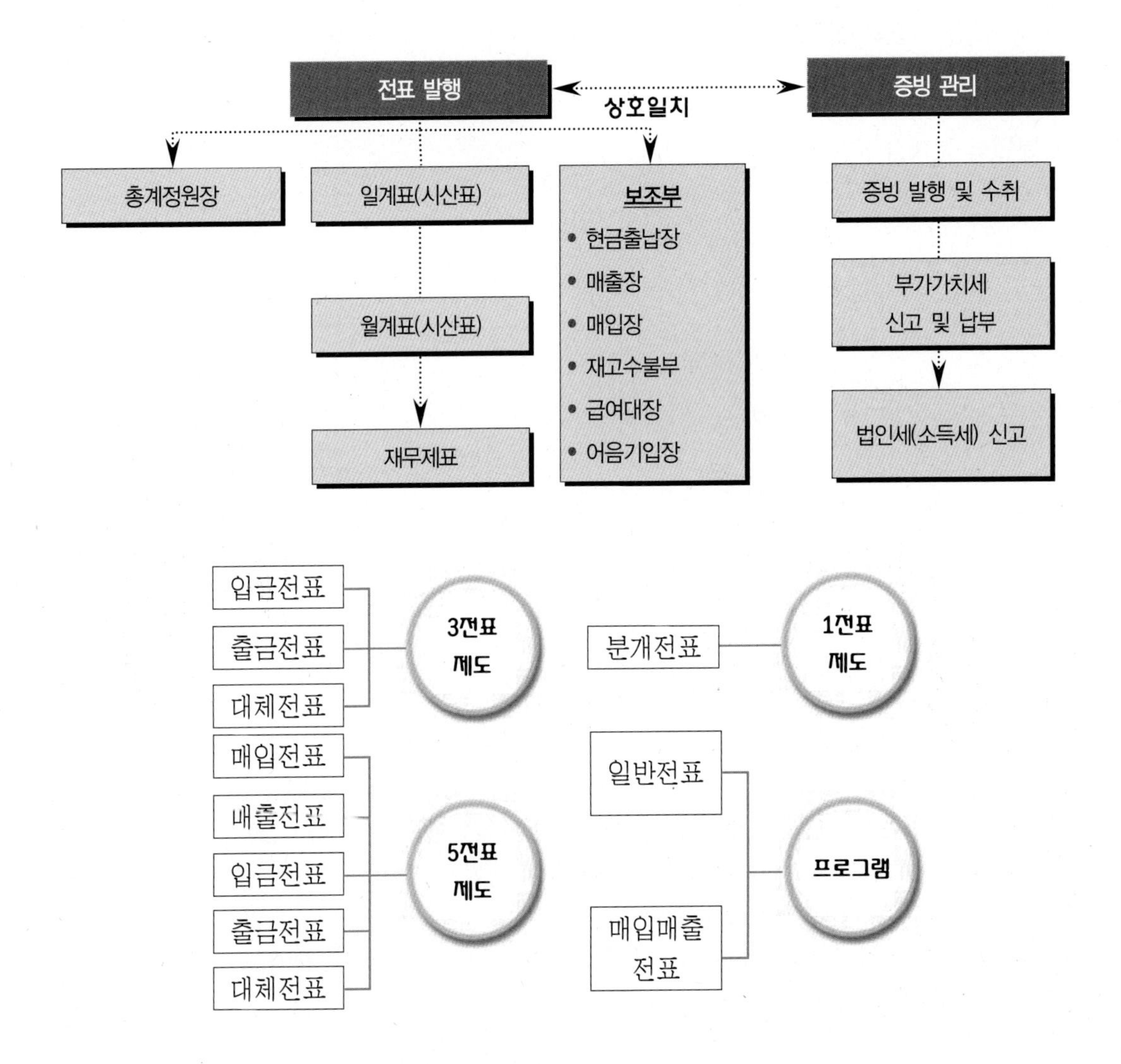

1 전표제

1 전표제는 분개전표 또는 ○○전표라는 하나의 전표를 사용하는 것으로, 분개전표란 거래내용을 보통 분개장과 같은 형식으로 기입할 수 있도록 고안된 전표로서 하나의 전표에 모든 거래내용을 기록하게 된다. 그리고 이를 순서대로 철하면 분개장과 같은 역할을 한다.

외상매입금	8,000,000 /	현금	8,001,000
지급수수료	1,000		

<table>
<tr><td colspan="4">분 개 전 표</td><td colspan="2" rowspan="2">주식회사 갑</td><td>담당</td><td>이사</td><td>사장</td></tr>
<tr><td>작성일자</td><td>2000년 00월 00일</td><td>작성자</td><td>홍길동</td><td></td><td></td><td></td></tr>
<tr><td colspan="4">차 변</td><td colspan="5">대 변</td></tr>
<tr><td>계정과목</td><td>적 요</td><td colspan="2">금 액</td><td>계정과목</td><td>적 요</td><td colspan="3">금 액</td></tr>
<tr><td>외상매입금</td><td>삼보 외상매입금</td><td colspan="2">8,000,000</td><td>현 금</td><td></td><td colspan="3">8,001,000</td></tr>
<tr><td>지급수수료</td><td>이체 수수료</td><td colspan="2">1,000</td><td></td><td></td><td colspan="3"></td></tr>
<tr><td colspan="2">합 계</td><td colspan="2">8,001,000</td><td colspan="2">합 계</td><td colspan="3">8,001,000</td></tr>
</table>

〈작성 방법〉

❶ 작성일자란에는 거래 발생 날짜를 기록한다.

❷ 작성자란에는 전표를 작성한 담당자의 이름을 적는다.

❸ 차변의 계정과목과 금액란에는 거래를 분개한 내용 중 차변 계정과목과 금액을 기록한다.

❹ 대변의 계정과목과 금액란에는 거래를 분개한 내용 중 대변 계정과목과 금액을 기록한다.

❺ 적요란에는 거래내용을 간단하게 기록한다.

❻ 합계란에는 차변과 대변의 합계를 표시하고, 빈칸이 있을 경우는 차후의 분식을 방지하기 위해서 사선을 긋는다.

3 전표제

3 전표제는 입금전표, 출금전표, 대체전표의 3가지 전표를 사용하는 것으로 그 내용을 살펴보면 다음과 같다.

구 분	사용 방법
입금전표	현금의 입금 시 작성(통장에서 시재 인출 시)하는 전표이다.

구 분	사용 방법
입금전표	입금전표의 차변은 항상 현금이므로 입금전표 상의 계정과목에는 대변계정만 적는다. 이때 유의할 사항은 입금의 상대 계정과목이 두 개이면 두 장의 전표를 작성해야 한다는 점이다.
출금전표	현금의 출금 시 작성하는 전표이다. 출금전표의 대변은 항상 현금이므로 출금전표 상의 계정과목에는 차변계정만 적는다. 그러나 만일 다음과 같이 대변의 현금에 대응하는 차변의 계정과목이 두 개가 나온다면 두 장의 출금전표를 발행해야 하며, 세 개의 계정과목의 경우 세 장의 출금전표를 발행해야 한다.
대체전표	일부 현금 입금이나 지출 시 또는 전부 비현금 거래 시 작성하는 전표이다. 즉, 대체전표는 현금의 수입과 지출 등의 변동이 없는 거래(대체거래)를 기입하는 전표이다. 대체거래는 전부 대체거래(= 전부 비현금거래)와 일부 대체거래(= 일부 현금거래)로 분류된다. 그리고 상품을 판매하고 일부는 현금으로 받고 일부는 외상으로 하는 등의 거래(일부 현금거래)를 기록하기도 한다.

[입금전표]

현금	110,000	/	상품	100,000
			부가가치세예수금	10,000

<table>
<tr><td colspan="5" rowspan="1">입 금 전 표</td><td>담당</td><td>이사</td><td>사장</td></tr>
<tr><td>작성일자</td><td>2000년 00월 00일</td><td>작성자</td><td>홍길동</td><td>주식회사 갑</td><td></td><td></td><td></td></tr>
<tr><td colspan="2">계정과목</td><td colspan="3">적 요</td><td colspan="3">금 액</td></tr>
<tr><td colspan="2">상품</td><td colspan="3">사무용 책상 판매</td><td colspan="3">100,000</td></tr>
<tr><td colspan="2">부가가치세예수금</td><td colspan="3">부가가치세 수취액</td><td colspan="3">10,000</td></tr>
<tr><td colspan="5">합 계</td><td colspan="3">110,000</td></tr>
</table>

〈작성 방법〉

❶ 작성일자란에는 입금한 연월일을 기록한다.

❷ 작성자란에는 전표를 작성한 담당자의 이름을 적는다.

❸ 계정과목과 금액란에는 상대 계정과목과 금액을 기록한다.

❹ 적요란에는 거래내용을 간단하게 기록한다.

❺ 합계란에는 합계를 표시하고 빈칸이 있을 경우는 차후의 분식을 방지하기 위해서 사선을 긋는다.

[출금전표]

원재료 100,000 / 현금 110,000
부가가치세대급금 10,000

출 금 전 표					담당	이사	사장
작성일자	2000년 00월 00일	작성자	홍길동	주식회사 갑			
계정과목	적 요			금 액			
원재료	사무용 책상 판매 제작 원재료 구입			100,000			
부가가치세대급금	부가가치세 지급액			10,000			
합 계				110,000			

〈작성 방법〉

❶ 작성일자란에는 출금한 연월일을 기록한다.

❷ 작성자란에는 전표를 작성한 담당자의 이름을 적는다.

❸ 계정과목과 금액란에는 상대 계정과목과 금액을 기록한다.

❹ 적요란에는 거래내용을 간단하게 기록한다.

❺ 합계란에는 합계를 표시하고 빈칸이 있을 경우는 차후의 분식을 방지하기 위해서 사선을 긋는다.

[대체전표]

교육훈련비 400,000 / 보통예금 386,800
예수금 13,200

대 체 전 표						담당	이사	사장
작성일자	2000년 00월 00일	작성자	홍길동	주식회사 갑				
차 변			대 변					
계정과목	적 요	금 액	계정과목	적 요	금 액			
교육훈련비	외부강사료 지급	400,000	보통예금		386,800			
			예수금		13,200			
합 계		400,000	합 계		400,000			

〈작성 방법〉

❶ 작성일자란에는 거래 발생 날짜를 기록한다.

❷ 작성자란에는 전표를 작성한 담당자의 이름을 적는다.

❸ 차변의 계정과목과 금액란에는 거래를 분개한 내용 중 차변 계정과목과 금액을 기록한다.

❹ 대변의 계정과목과 금액란에는 거래를 분개한 내용 중 대변 계정과목과 금액을 기록한다.

❺ 적요란에는 거래내용을 간단하게 기록한다.

❻ 합계란에는 차변과 대변의 합계를 표시하고 빈칸이 있을 경우는 차후의 분식을 방지하기 위해서 사선을 긋는다.

5 전표제

5 전표제는 매입전표, 매출전표, 입금전표, 출금전표, 대체전표의 5가지 전표를 사용하는 것으로 그 내용을 살펴보면 다음과 같다.

구 분	사용 방법
매입전표	상품매입 거래를 기입하는 전표이다.
매출전표	상품매출 거래를 기입하는 전표이다.
입금전표	현금의 입금 시 작성(통장에서 시재 인출 시)하는 전표이다.
출금전표	현금의 출금 시 작성하는 전표이다.
대체전표	일부 현금 입금이나 지출 시 또는 전부 비현금 거래 시 작성하는 전표이다. 즉, 대체전표는 현금의 수입과 지출 등의 변동이 없는 거래(대체거래)를 기입하는 전표이다.

6. 일반전표와 매입매출전표

차이점은 간단히 설명하면, 세금계산서, 카드전표, 현금영수증 등 부가가치세 신고에 반영하냐 안 하냐의 차이이다.

❶ 일반전표 : 세금계산서를 발행하지 않고 카드 전표, 현금영수증 등 부가가치세에 영향을 미치는 증빙자료를 입력하지 않을 경우 발행하는 전표이다. 즉, 세금계산서나 계산서를 발행하지 않고 카드전표, 현금영수증 등 부가가치세 신고에 영향을 미치는 증빙자료를 입력하지 않은(매입매출 전표 입력사항을 제외한 거래) 경우 또는 간이영수증 수취(부가가치세 신고 시 영향이 없는 증빙) 시 발행한다.

일반전표의 유형을 입력하는 방법을 잠깐 살펴보면 다음과 같다.

⊙ 세금계산서 발행치 않고 카드 전표나 현금영수증 증빙자료를 입력하지 않는 경우

⊙ 외상 대금 결제, 회사자금을 입출금하는 것처럼 금전적 거래만 이루어졌을시

⊙ 부가가치세 매입세액 공제가 안 되는 자료만 입력 시 : 공급가액과 부가세 합산 금액인 공급대가로 입력

⊙ 간이영수증을 받은 경우

⊙ 신용카드 부가가치세 공제의 경우 매입매출전표에 입력

⊙ 신용카드 부가가치세 불공제의 경우 일반전표에 입력

⊙ 결산서 신고 자료를 입력 : 매입매출장의 수입과 비용 및 일반전표에 입력된 비용만을 불러와서 결산서 신고서 작성

<table>
<tr><th colspan="2">구 분</th><th>내 용</th></tr>
<tr><td rowspan="2">현금전표</td><td>출금전표</td><td>현금이 나갈 때 발행하는 전표로 분개 시 대변에는 무조건 현금 계정과목이 온다. 따라서 차변 계정과목만 입력한다.</td></tr>
<tr><td>입금전표</td><td>현금이 들어올 때 발행하는 전표로 분개 시 차변에는 무조건 현금 계정과목이 온다. 따라서 대변 계정과목만 입력한다.</td></tr>
<tr><td colspan="2">대체전표</td><td>차변과 대변에 현금계정이 나타나지 않는 경우 발행하는 전표로 전부 현금이 없는 전부 대체거래와 일부 현금이 있는 일부 대체거래로 구분해볼 수 있다.
현금이 포함된 대체전표의 경우 하나의 전표로 입력할 수 있으며, 따라서 현금거래와 대체거래를 굳이 구분, 입력할 필요가 없다.
차) 받을어음 5,000,000 대) 외상매출금 5,700,000
현금 700,000</td></tr>
<tr><td colspan="2">결산전표</td><td>결산과 관련된 거래를 입력할 때 발행하는 전표이다.</td></tr>
</table>

❷ 매입매출전표 : 세금계산서 발행 혹은 카드전표, 현금영수증 증빙 등 부가가치세에 영향을 미치는 자료를 입력할 때 발행하는 전표이다.

예를 들어 상품의 매출, 매입을 입력할 때는 매입매출전표에 입력하면 되고, 외상대금의 결제, 회사자금을 출금하고 입금하는 것처럼 부가가치세에 영향을 주지 않는 금전적인 거래만 이루어졌을 때는 일반전표에 입력한다.

경비지출이라도 (사무용품, 식비 등) 부가가치세 자료집계를 원하는 경우 매입매출전표에 기록한 후 증빙 처리하고, 그렇지 않다면 일반전표에 입력한다.

- 세금계산서, 계산서 발행 혹은 카드전표, 현금영수증 증빙자료 등을 입력
- 거래처에서 상품을 매입 또는 매출했다면, 매입매출전표에 입력
- 부가가치세 신고를 위해 자료를 입력하는 곳 : 매입매출장에 입력된 거래내역 중 부가세만 불러와 부가세 신고서 작성
- 홈텍스에서 발행되는 건은 매입매출전표에 입력
- 부가가치세가 공제되는 자료만 입력 : 공급가액과 부가가치세로 따로 입력
- 세금계산서는 불공제여도 매입매출전표에 입력(세금계산서 ⇒ 매입매출전표 ⇒ 공제 혹은 불공)

결론은 프로그램상 매입매출전표에 입력하면 부가가치세 신고서에 반영되고. 일반전표에 입력하면 장부에만 반영되고 부가가치세 신고서에는 반영되지 않는다.

4 전기와 총계정원장

전기의 뜻

전기는 분개를 원장의 계정계좌에 옮겨 적는 것을 말한다.

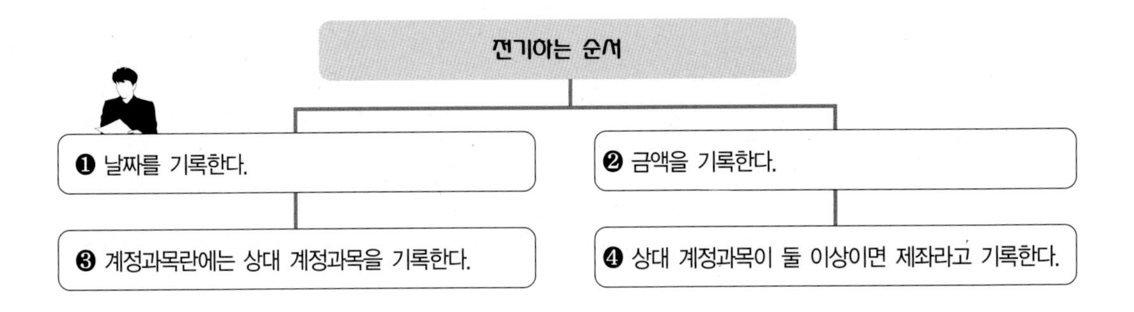

전기하는 순서
❶ 날짜를 기록한다.
❷ 금액을 기록한다.
❸ 계정과목란에는 상대 계정과목을 기록한다.
❹ 상대 계정과목이 둘 이상이면 제좌라고 기록한다.

총계정 원장

총계정원장은 계정과목별로 분류해서 기록하는 장부로 표준식 원장과 잔액식 원장이 있다.

❶ 표준식 원장

현금및현금성자산

월일	적 요	분면	금 액	월일	적 요	분면	금 액
2/1	임대료 수취	10	50,000	2/1	기계장치 구입	10	3,000,000

❷ 잔액식 원장

현금및현금성자산

월일	적 요	분면	차 변	대 변	차 · 대	잔 액
2/1	임대료 수취	10	50,000		차	
	기계장치 구입			3,000,000	대	(2,950,000)

〈작성 방법〉

❶ 날짜 : 거래가 발생한 날짜를 그대로 기록한다.

❷ 적요 : 거래내용을 간단하게 기입하고, 분개장의 상대 계정과목을 차 · 대로 구분해서 기록한다.

❸ 분면 : 분면은 분개장의 면수를 말하며, 분개장의 쪽수를 기록한다. 참고로 분개장을 사용하지 않고 전표를 사용할 경우 전표번호를 기록한다.

❹ 차변, 대변 : 상대 계정과목에 해당하는 금액을 차변과 대변으로 구분해서 기록한다.

❺ 면의 이월 : 한 거래를 모두 기록할 여백이 없을 때는 적요란에 '다음 면' 에 라고 기입하고 차변 금액란과 대변 금액란에 붉은 줄을 긋고 합계액을 기록한다.
그리고 그다음 면의 첫 줄 적요란에 '앞면에서' 라고 기입하고 앞면에 합계액을 기록한다.

❻ 원장의 마감 : 금액란에 한 줄을 긋고 차 · 대의 누계액을 기록한 다음 일자란과 차 · 대 금액란에 두 줄을 긋는다. 이것을 장부의 마감 선이라고 한다.

다음의 거래내용을 분개장 작성 후 3 전표제하에서 발행해야 할 전표의 종류를 기입하고, 총계정원장에 전기하시오

❶ 10월 1일 (주)한국은 5천만 원을 출자해 영업을 시작했다.

❷ 10월 15일 거래처인 (주)베네치아로부터 원재료(2,000개, @5,000, 부가가치세 별도)를 매입하고, 세금계산서를 발급받았다. 대금 중 300만 원은 거래처 (주)로마로부터 받은 동사 발행의 약속어음으로 지급하였으며, 잔액은 외상으로 하였다.

❸ 10월 26일 본사에서 사용하던 승용차(800cc)의 고장으로 (주)강남카센타에서 수리하고 수리비 30만 원(부가가치세 별도)을 현금 지급하고 세금계산서를 수취하였다. 차량유지비 계정으로 처리할 것

❹ 11월 7일 개인 소비자 김지선에게 제품 660만 원(부가가치세 포함)을 판매하였고, 김지선은 신용카드(국민카드)로 결제하였다. 외상매출금으로 회계처리 하시오.

❺ 11월 22일 서울상사에 다음과 같이 제품을 매출하고 세금계산서를 발행하였다. 대금은 8월 12일에 받은 계약금 3,000만 원을 차감한 잔액을 외상으로 하였다.

품목	수량	단가	공급가액	부가가치세
제품 A	50개	1,200,000원	60,000,000원	6,000,000원
제품 B	25개	800,000원	20,000,000원	2,000,000원

❻ 11월 24일 (주)포스코로부터 본사 사무실에서 사용할 온풍기를 구입하였다. 대금은 330만 원(부가가치세 포함, 카드매입에 대한 부가가치세 매입세액 공제요건을 충족함)이었으며 법인카드(농협카드)로 결제하였다.

❼ 11월 25일 ㈜세븐으로부터 원재료 693만 원(부가가치세 포함)을 매입하고 세금계산서를 발급받았다. 10월 25일 선지급 된 금액이 있어 상계한 후 잔액은 현금으로 즉시 지급하였다.

❽ 11월 30일 대표이사 윤광현의 자택에서 사용할 목적으로 (주)테크노에서 에어컨을 현금으로 70만 원(부가가치세 별도)에 구입하고 회사 명의로 세금계산서를 수령하였다. 대금은 회사에서 현금으로 결제하였으며 대신 지급한 대금은 대표이사의 가지급금으로 처리한다.

❾ 12월 6일 반포상회에 제품(공급가액 3,000만원 부가가치세 별도)을 판매하고 세금계산서를 발급하였다. 판매대금은 10월 20일 수령한 계약금 500만 원을 제외한 잔액을 반포상회발행 어음으로 받았다.

❿ 12월 12일 직원들의 업무용으로 사용하기 위해 노트북PC 10대(대당 50만 원, 부가가치세 별도)를 (주)삼보컴퓨터로부터 외상으로 구입하고, 세금계산서를 수취하였다.

월일	적 요	원 면	차 변	대 변
10/1	(현금)		50,000,000	
	(자본금)			50,000,000
	5천만 원을 출자해 영업을 시작했다.			
3 전표제에서 발행해야 할 전표			입금전표	
10/15	(원재료)		10,000,000	
	(부가가치세대급금)		1,000,000	
	(받을어음)			3,000,000
	(외상매입금)			8,000,000
	(주)베네치아로부터 원재료매입 후 300만 원은 거래처 (주)로마로부터 받은 약속어음으로 지급 나머지 외상			
3 전표제에서 발행해야 할 전표			대체전표	
10/26	(차량유지비)		300,000	
	(부가가치세대급금)		30,000	
	(현금)			330,000
	승용차 수리 비용 지급			
3 전표제에서 발행해야 할 전표			출금전표	
11/7	(외상매출금)		6,600,000	
	(제품매출)			6,000,000
	(부가가치세예수금)			600,000
	제품을 판매하고, 신용카드 결제			
3 전표제에서 발행해야 할 전표			대체전표	
11/22	(선수금)		30,000,000	
	(외상매출금)		58,000,000	
	(제품매출)			80,000,000
	(부가가치세예수금)			8,000,000
	제품 판매 후 계약금을 차감한 잔액 외상			
3 전표제에서 발행해야 할 전표			대체전표	

월일	적 요	원 면	차 변	대 변
11/24	(비품) (부가가치세대급금) (미지급금) 법인카드로 본사 사무실에서 사용할 온풍기를 구입		3,000,000 300,000	 3,300,000
3 전표제에서 발행해야 할 전표			대체전표	
11/25	(원재료) (부가가치세대급금) (현금) (선급금) 원재료매입 후 선지급된 금액 차감 후 지급		6,300,000 630,000	 1,930,000 5,000,000
3 전표제에서 발행해야 할 전표			대체전표	
11/30	(가지급금) (현금) 대표이사 자택 사용용 에어컨 구입		770,000	 770,000
3 전표제에서 발행해야 할 전표			출금전표	
12/6	선급금 받을어음 (제품매출) (부가가치세예수금) 제품 판매 후 계약금을 제외한 금액을 받다.		5,000,000 28,000,000	 30,000,000 3,000,000
3 전표제에서 발행해야 할 전표			대체전표	
12/12	(비품) (부가가치세대급금) (미지급금) 노트북PC 10대를 외상으로 구입했다.		5,000,000 500,000	 5,500,000
3 전표제에서 발행해야 할 전표			대체전표	
합계			205,430,000	205,430,000

총계정원장

현 금

차변		대변	
10/1	50,000,000	10/26	330,000
		11/25	1,930,000
		11/30	770,000

외상매출금

차변		대변	
11/7	6,600,000		
11/22	58,000,000		

받을어음

차변		대변	
12/6	28,000,000	10/15	3,000,000

선급금

차변		대변	
12/6	5,000,000	11/25	5,000,000

부가가치세대급금

차변		대변	
10/15	1,000,000		
10/26	30,000		
11/24	300,000		
11/25	630,000		
12/12	500,000		

원재료

차변		대변	
10/15	10,000,000		
11/25	6,300,000		

비품

차변		대변	
11/24	3,000,000		
12/12	5,000,000		

외상매입금

차변		대변	
		10/15	8,000,000

선수금

차변		대변	
11/22	30,000,000		

미지급금

차변		대변	
		11/24	3,300,000
		12/12	5,500,000

부가가치세예수금

차변		대변	
		11/7	600,000
		11/22	8,000,000
		12/6	3,000,000

자본금

차변		대변	
		10/1	50,000,000

제품매출

차변		대변	
		11/7	6,000,000
		11/22	80,000,000
		12/6	30,000,000

차량유지비

차변		대변	
10/26	300,000		

가지급금

차변		대변	
11/30	770,000		

02 장부의 작성

1 장부의 뜻

기업의 경영에서 발생하는 각종 거래를 기록 · 계산 · 정리하기 위한 기록부를 장부라고 한다.

2 장부의 종류

장부를 기능 면에서 분류하면 주요부와 보조부로 나눌 수 있다.

주요부

장부의 기본이 되는 것으로 분개를 기록하는 분개장(전표)과 분개한 것을 전기하는 총계정원장이 있다.

총계정원장은 줄여서 원장이라고도 부른다. 전표나 분개장이 거래를 발생순서에 따라 기록하는 장부라면 총계정원장은 계정과목별로 분류해서 기록하는 장부라고 보면 된다. 따라서 총계정원장의 내용을 보면 필요할 때마다 계정과목의 증감변동 상황을 쉽게 파악할 수 있으며, 회계 기말에 재무제표 작성 시 필요한 계정과목 정보를 쉽게 얻을 수 있다.

보조부

보조부는 총계정원장의 각 계정에 관한 거래내용을 더욱 상세하게 기록하는 장부로 주요부의 부족한 점을 보충하기 위해 기록하는 장부이다.

보조부는 다시 보조기입장과 보조원장으로 나눈다.

여기서 보조기입장은 매출장, 매입장, 현금출납장, 어음기입장과 같이 중요한 거래내용을 그 발생순서에 따라 상세히 기록한 장부를 말하고, 보조원장은 거래처별로 거래처별 매출장, 거래처별 매입장, 거래처별 현금출납장, 거래처별 어음기입장 등과 같이 중요한 거래내용을 거래처별로 기록한 장부이다.

구 분	종 류
보조기입장	현금출납장, 당좌예금출납장, 소액현금출납장, 매입장, 매출장, 받을어음기입장, 지급어음기입장, 고정자산대장 등
보조원장	상품재고장, 매출처원장, 매입처원장 등

3 장부의 조직

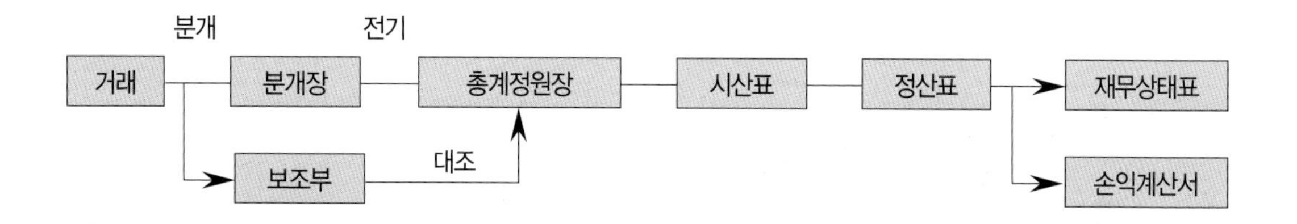

4 장부를 기록할 때 기호 및 약자

기호 및 약자	내 용	기호 및 약자	내 용
₩	원	T/B	시산표
@	단가	W/S	정산표
a/c	계정	B/S	대차대조표
√	대조필	F/P	재무상태표
#	제×호	P/L, I/S	손익계산서
Dr	차변	C/S	(포괄)손익계산서
Cr	대변		

03 시산표와 정산표

1 시산표

시산표의 뜻

시산표는 복식부기에서 대차 평균의 원리에 의해서 원장 전기가 맞고 틀림을 검증한 후 재무제표 작성의 준비 자료로 활용하고, 또한 일정 기간의 재무변동상태를 나타내기 위해서 작성하는 일람표를 말한다.

시산표 등식 : 기말자산 + 총비용 = 기말부채 + 기초자본 + 총수익

시산표의 종류

시산표의 종류에는 계정과목별 잔액만 나타나는 잔액시산표, 합계만 나타나는 합계시산표, 합계 잔액 모두 나타나는 합계잔액시산표로 분류한다.

구 분	내 용
잔액시산표	원장 각 계정의 잔액만을 모아 놓은 시산표
합계시산표	원장 각 계정의 차변 합계와 대변 합계만을 모아 놓은 시산표
합계잔액시산표	잔액시산표와 합계시산표를 합쳐놓은 시산표

합계시산표

(주)한국 20××년 ××월 ××일 단위 : 원

차 변	원 면	계정과목	대 변

잔액시산표

(주)한국 20××년 ××월 ××일 단위 : 원

차 변	원 면	계정과목	대 변

합계잔액시산표

(주)한국 20××년 ××월 ××일 단위 : 원

차 변		원 면	계정과목	대 변	
잔 액	합 계			합 계	잔 액

시산표의 작성 목적

- 분개장에서 총계정원장으로 전기가 정확한가를 검증한다.
- 재무상태표와 손익계산서 작성을 위한 기초자료로 이용한다.
- 일정기간동안의 거래총액을 파악할 수 있다.

시산표에서 발견할 수 없는 오류

- 특정 거래를 누락한 경우
- 계정과목을 잘못 사용하거나 대차를 바꾸어 쓴 경우
- 여러 오류가 발생해서 대차에 미치는 효과를 상쇄한 경우

시산표 작성 시 유의 사항 및 시산표 등식

- 시산표는 자산이나 부채의 차감 계정을 차감하는 형식으로 표시하지 않음(예 : 대손충당금은 자산의 차감으로 표시하지 않고 대변 잔액으로 표시함)

- 수정 전 시산표는 재무상태표 계정 및 손익계산서 계정을 모두 나타낸 것이므로, 자본금 계정의 잔액은 당기순이익을 포함하기 전의 금액이 된다(법인기업 : 이익잉여금 계정 잔액은 당기순이익 포함 전 금액임).

2 정산표

정산표의 뜻

정산표란 잔액시산표로서 손익계산서와 재무상태표를 작성하는 과정을 일람표로 나타낸 것이다. 즉, 결산의 본 절차에 들어가기에 앞서 잔액시산표를 토대로 해서 손익계산서와 재무상태표가 작성되는 과정을 나타내는 일람표(가결산서지 재무제표가 아님)를 말한다.

정산표는 6위식, 8위식, 10위식의 형식이 있다. 정산표를 작성함으로써 재무상태표, 손익계산서를 쉽게 작성할 수 있고, 신속하고 간편하게 재무상태와 경영성적을 파악할 수 있으며, 결산에 관한 제반 사항들도 잘 이해할 수 있게 된다.

정산표 등식 : 기말자산 + 총비용 = 기말부채 + 기초자본 + 총수익

정산표의 작성 방법

6위식 정산표 작성 방법을 살펴보면 다음과 같다.

- 잔액시산표란 : 잔액시산표의 각 계정 잔액을 그대로 기록한다.
- 손익계산서란 : 시산표에 기록된 계정과목 중 수익 계정은 대변에, 비용 계정은 차변에 기록한다.
- 재무상태표란 : 시산표에 기록된 계정과목 중 자산계정은 차변에, 부채와 자본계정은 대변에 기록한다.

정산표

(주)한국 20××년 ××월 ××일 단위 : 원

계정과목	시산표		손익계산서		재무상태표	
	차 변	대 변	차 변	대 변	차 변	대 변
	기말자산 10,000	기말부채 2,000			기말자산 10,000	기말부채 2,000
		기초자본 5,000				기초자본 5,000
						순수익 3,000
	총비용 3,000	총수익 6,000	총비용 3,000	총수익 6,000		
			순수익 3,000			

다음의 총계정원장을 이용해 합계시산표, 잔액시산표, 합계잔액시산표 및 정산표를 작성하시오.

총계정원장

현 금

일 자	적 요	차 변	대 변	잔 액
XXXX	XXXX			350,000
9. 7	XXXX	66,000	85,000	331,000

당좌예금

일 자	적 요	차 변	대 변	잔 액
XXXX	XXXX			350,000
9. 7	XXXX	800,000	600,000	550,000

상　품

일 자	적　요	차 변	대 변	잔 액
XXXX	XXXX			4,800,000
9. 7	XXXX	450,000		5,250,000

외상매출금

일 자	적　요	차 변	대 변	잔 액
XXXX	XXXX			2,000,000
9. 7	XXXX	1,100,000	800,000	2,300,000

부가가치세대급금

일 자	적　요	차　변	대　변	잔　액
XXXX	XXXX			480,000
9. 7	XXXX	45,000		525,000

비　품

일 자	적　요	차　변	대　변	잔　액
XXXX	XXXX			1,800,000

임차보증금

일 자	적　요	차　변	대　변	잔　액
XXXX	XXXX			1,000,000

급　여

일 자	적　요	차　변	대　변	잔　액
XXXX	XXXX			500,000

접 대 비

일 자	적　요	차　변	대　변	잔　액
XXXX	XXXX			40,000
9. 7	XXXX	30,000		70,000

외상매입금

일 자	적 요	차 변	대 변	잔 액
XXXX	XXXX			1,620,000
9. 7	XXXX	600,000	440,000	1,460,000

단기차입금

일 자	적 요	차 변	대 변	잔 액
XXXX	XXXX			1,200,000

부가세예수금

일 자	적 요	차 변	대 변	잔 액
XXXX	XXXX			500,000
9. 7	XXXX		106,000	606,000

자 본 금

일 자	적 요	차 변	대 변	잔 액
XXXX	XXXX			3,000,000

매 출

일 자	적 요	차 변	대 변	잔 액
XXXX	XXXX			5,000,000
9. 7	XXXX		1,060,000	6,060,000

합계시산표

(주)한국　　20××년 ××월 ××일　　단위 : 원

차 변	계정과목	대 변
416,000	현 금	85,000
1,150,000	당 좌 예 금	600,000
5,250,000	상 품	
3,100,000	외 상 매 출 금	800,000

차 변	계정과목	대 변
525,000	부 가 세 대 급 금	
1,800,000	비 품	
1,000,000	임 차 보 증 금	
600,000	외 상 매 입 금	2,060,000
	단 기 차 입 금	1,200,000
	부 가 세 예 수 금	606,000
	자 본 금	3,000,000
	매 출	6,060,000
500,000	급 여	
70,000	접 대 비	
14,411,000	합 계	14,411,000

잔액시산표

(주)한국 20××년 ××월 ××일 단위 : 원

차 변	계정과목	대 변
331,000	현 금	
550,000	당 좌 예 금	
5,250,000	상 품	
2,300,000	외 상 매 출 금	
525,000	부 가 세 대 급 금	
1,800,000	비 품	
1,000,000	임 차 보 증 금	
	외 상 메 입 금	1,460,000
	단 기 차 입 금	1,200,000
	부 가 세 예 수 금	606,000
	자 본 금	3,000,000

차 변	계정과목	대 변
	매 출	6,060,000
500,000	급 여	
70,000	접 대 비	
12,326,000	합 계	12,326,000

합계잔액시산표

(주)한국 20××년 ××월 ××일 단위 : 원

차 변		계정과목	대 변	
잔 액	합 계		합 계	잔 액
331,000	416,000	현 금	85,000	
550,000	1,150,000	당 좌 예 금	600,000	
5,250,000	5,250,000	상 품		
2,300,000	3,100,000	외 상 매 출 금	800,000	
525,000	525,000	부 가 세 대 급 금		
1,800,000	1,800,000	비 품		
1,000,000	1,000,000	임 차 보 증 금		
	600,000	외 상 매 입 금	2,060,000	1,460,000
		단 기 차 입 금	1,200,000	1,200,000
		부 가 세 예 수 금	606,000	606,000
		자 본 금	3,000,000	3,000,000
		매 출	6,060,000	6,060,000
500,000	500,000	급 여		
70,000	70,000	접 대 비		
12,326,000	14,411,000	합 계	14,411,000	12,326,000

정산표

(주)한국 20××년 ××월 ××일 단위 : 원

계정과목	시산표		손익계산서		재무상태표	
	차 변	대 변	차 변	대 변	차 변	대 변
현 금	331,000				331,000	
당 좌 예 금	550,000				550,000	
상 품	5,250,000				5,250,000	
외 상 매 출 금	2,300,000				2,300,000	
부 가 세 대 급 금	525,000				525,000	
비 품	1,800,000				1,800,000	
임 차 보 증 금	1,000,000				1,000,000	
외 상 매 입 금		1,460,000				1,460,000
단 기 차 입 금		1,200,000				1,200,000
부 가 세 예 수 금		606,000				606,000
자 본 금		3,000,000				3,000,000
매 출		6,060,000		6,060,000		
급 여	500,000		500,000			
접 대 비	70,000		70,000			
당 기 순 이 익			5,490,000			5,490,000
합 계	12,326,000	12,326,000	6,060,000	6,060,000	11,756,000	11,756,000

04 기업의 재무상태와 경영성과

1 기업의 재무상태

자산과 자산 계정과목

자산은 기업이 가진 재산의 총액을 말한다. 즉 자사의 돈(자본)과 남에게 빌린 돈(부채)의 합계액을 말한다.

그러나 회계원리 상에서 이론적으로 말하는 자산이란 "과거의 경제적 사건의 결과로서 특정 실체에 의해서 획득되었거나 통제되고 있는 미래의 경제적 효익"을 말한다. 단, 화폐액으로 측정이 가능해야 한다.

<table>
<tr><th colspan="2">구 분</th><th>종 류</th><th>분개</th></tr>
<tr><td rowspan="4">유동자산</td><td rowspan="2">당좌자산</td><td>당좌자산은 판매과정을 거치지 않고 현금화가 가능한 자산을 말한다.</td><td rowspan="4">증가
↓
차변
감소
↓
대변</td></tr>
<tr><td>현금및현금성자산(보통예금, 당좌예금), 단기금융상품(정기예금, 정기적금), 단기매매금융자산, 매출채권(외상매출금, 받을어음), 단기대여금, 미수금, 미수수익, 선급금, 선급비용, 기타의 당좌자산</td></tr>
<tr><td rowspan="2">재고자산</td><td>재고자산은 영업활동과정에서 판매를 목적으로 보유하는 생산 중인 자산과 소비될 자산으로 제품, 상품, 재공품, 원재료 등을 말한다(재고자산의 외상거래는 매출채권).</td></tr>
<tr><td>상품, 제품, 반제품, 재공품, 원재료, 저장품, 기타의 재고자산</td></tr>
<tr><td rowspan="5">비유동자산</td><td rowspan="2">투자자산</td><td>투자자산은 타 기업의 통제목적으로 보유하는 자산을 말한다.</td><td rowspan="4">증가
↓
차변
감소
↓
대변</td></tr>
<tr><td>장기금융상품, 매도가능금융자산, 만기보유금융자산, 장기대여금, 투자부동산, 보증금</td></tr>
<tr><td rowspan="2">유형자산</td><td>유형자산은 영업활동을 목적으로 장기소유하고 있는 설비자산 일체를 말한다.</td></tr>
<tr><td>토지, 건물, 구축물, 기계장치, 선박, 차량운반구, 건설중인자산, 기타의 유형자산</td></tr>
<tr><td>무형자산</td><td>무형자산은 장기간 효익을 제공할 실체가 없는 자산을 말한다.</td><td></td></tr>
</table>

구 분		종 류	분개
		영업권, 산업재산권, 광업권, 어업권, 차지권, 개발비(연구비와 경상개발비는 판관비로 무형자산이 아님), 기타의 무형자산	
	기 타 비유동 자 산	투자자산, 유형자산, 무형자산에 속하지 않는 비유동자산을 말한다.	
		장기매출채권, 보증금, 장기선급비용, 장기미수수익, 장기선급금, 장기미수금, 이연법인세차	

분류		계정과목	내 용
유동자산	당좌자산	현금 및 현금성 자산	• 현금 : 통화, 통화대용증권 • 현금성자산 : 3개월 내 현금화 가능 • 통화 및 타인발행수표, 보통예금, 당좌예금, 우편환증서, 기일도래공사채 이자표, 배당금지급통지표, 지점전도금, 가계수표, 송금환, 자기앞수표, 타인이 발행한 당좌수표
		단기 금융상품	• 1년 이내 도래하는 금융상품 • 정기예금, 정기적금, 양도성 예금증서(CD), 예금관리계좌(CMA), 기업어음(CP), 환매체(RP), 사용이 제한되어있는 예금을 말한다.
		단기매매 금융자산	• 단기 보유목적의 시장성 있는 주식 · 채권 • 주식, 국 · 공채, 수익증권, MMF 등
		매출채권	• 일반적 상거래(재고자산 판매 미수채권)에서 발생한 외상매출금과 받을어음 • 일반적 상거래에서 발생하지 않은 미수채권(재고자산 외 판매 미수채권)은 미수금
		단기 대여금	상대방에게 차용증이나 어음을 받고 돈을 빌려준 경우(빌린 경우는 차입금)로서 그 회수가 1년 이내에 가능한 경우
		미수금	• 기업의 고유한 사업 이외(재고자산 이외 판매 미수채권)의 사업에서 발생 되는 미수채권 • 근로소득세(환급받을 근로소득세 · 연말정산 환급액 등), 건강보험료환급액, 건물의 처분 후 대금 미수취액, 계약 파기 후 반환받지 못한 계약금, 부가가치세 환급액, 공사대금 미수액(공사미수금)
		미수수익	• 기업이 외부에 용역을 제공하고 그 대가를 당기에 받아야 하는데 아직 받지 못한 대가 • 국 · 공채이자 미수, 국 · 공채의 보유로 인한 기간경과 이자, 사채이사 미수금, 예금 · 적금 미수이자, 임대료 미수금, 정기예금 기간 경과로 발생한 이자, 정기적금 기간 이자로 발생한 이자
		선급금	상품이나 제품 등의 재고자산 구입 시 납품에 앞서 미리 지급한 금액

분류		계정과목	내용
	당좌자산	선급비용	• 아직 제공되지 않은 용역에 대해서 지급된 대가로서 일정기간동안 특정 서비스를 받을 수 있는 권리 또는 청구권 • 고용보험료 · 광고료 · 보증보험료 · 산재보험료 · 임차료 · 지급이자 기간미경과분 • 임차자산 도시가스 설치비용과 인테리어(임차인이 부담 시)비용은 장기선급비용으로 처리 후 임차 기간동안 나누어서 임차료로 대체 처리하거나 유형자산 계상 후 감가상각비 처리) 비용
		선납세금	• 세금이 확정되기 전에 미리 낸 세금 • 소득세나 법인세의 중간예납 세액, 원천징수 당한 세액 등
		부가가치세대급금	물건이나 용역을 구입할 때 상대방에게 지불하는 부가가치세 부담분
		가지급금	임직원의 가불이나 출장비 미정산 등 지출 원인이 명확하지 않은 금액
		전도금	사업장이 다수인 때는 본사가 사업장의 운영과 관련해서 지급하는 일정한 금액
		이연법인세자산	차감할 일시적 차이, 이월공제 가능한 세무상 결손금이나 이월공제 가능한 세액공제 및 소득공제 등으로 인해서 미래의 실제 납부 시점에 경감될 법인세 부담액
	재고자산	상품	도 · 소매업을 영위하는 기업이 판매를 목적으로 외부로부터 매입한 모든 물품
		제품	제조기업이 판매할 목적으로 제조해서 보유하고 있는 최종 생산품이나 부산물
		재공품	제조공정의 도중에 있는 미완성의 생산물
		원재료	제품을 제조하기 위해서 소비되는 물품
		저장품	생산과정이나 서비스를 제공하는데, 사용될 소모품, 소모공구기구, 비품 및 수선용 부품으로 미사용 재화
비유동자산	투자자산	장기금융상품	장기적 자금 운용목적이거나, 보고기간 종료일(일반적으로 12월 31일)로부터 1년 이후에 만기가 도래하는 금융상품
		매도가능금융자산	유가증권 중 단기매매금융자산이나 만기보유금융자산 및 지분법적용투자주식으로 분류되지 않은 것
		만기보유금융자산	만기가 확정된 채무증권으로서 상환금액이 확정되었거나 확정이 가능한 채무증권을 만기까지 보유할 적극적인 의도와 능력이 있는 것
		투자부동산	투자 목적으로 소유하고 있는 영업활동에 사용하지 않는 토지와 설비자산
		보증금	전세권 · 전신전화가입권 · 임차보증금 · 영업보증금 등
		건물	• 영업(생산)활동에 사용하는 건축물

분류		계정과목	내 용
	유형자산		• 지붕이나 둘레 벽을 갖추고 있는 공장, 사무실, 영업소, 기숙사, 사택, 차고, 창고, 건물 부속 설비, 점포 등과 건물 본체 이외에 이에 부수되는 전기시설, 배수, 급수, 위생 세면대, 가스설비, 냉난방 보일러, 승강기 및 감리료, 건설기간 중의 보험료, 건설자금이자, 등록면허세, 취득세 등
		기계장치	• 영업(생산)활동에 사용하는 기계와 부속설비 • 가반식 컨베어, 공작기기, 기중기, 디젤파일 햄머, 배사관, 베처, 플랜트, 아스팔트 플랜트, 측량용 카메라, 콘베어(컨베이어)
		차량운반구	• 영업(생산)활동에 사용하는 차량과 운반구 • 철도차량, 자동차 및 기타의 육상운반구
		토지	• 영업(생산)활동에 사용하는 토지 • 공장, 사무소, 주차장, 사택, 운동장 등의 부지 및 개발부담금
		구축물	토지 위에 정착된 건물 이외에 화단, 가로등, 다리, 정원, 철탑, 포장도로, 가스저장소, 갱도, 건물 취득 시 내부 인테리어 비용(임차인), 교량, 굴뚝, 궤도, 정원설비 및 기타의 토목 설비 또는 공작물
		건설중인자산	유형자산의 건설을 위한 재료비, 노무비 및 경비로 하되, 건설을 위해서 지출한 도급금액을 포함한다. 또한, 유형자산을 취득하기 위해서 지출한 계약금 및 중도금도 유동자산 중 당좌자산의 '선급금' 이 아닌 비유동자산 중 유형자산의 "건설중인자산" 으로 처리해야 함에 유의한다.
		비품	내용연수가 1년 이상이고 일정 금액 이상의 사무용 비품을 처리하는 계정을 말한다. 그러나 그 금액이 소액인 경우는 이를 소모품비로 처리한 후 기말에 남은 것에 대해서는 저장품 계정으로 대체한다.
		공기구	공기구 계정은 기업이 소유하고 있으면서 자기의 경영목적을 위해서 사용하고 있는 내용연수 1년 이상인 제조용 제 공구와 제 기구
	무형자산	영업권	합병 · 영업양수 및 전세권 취득 시 대가를 지급하고 취득한 권리
		산업재산권	특허권 · 실용신안권 · 의장권 · 상표권 등의 무형 권리
		개발비	특정의 신제품 또는 신기술 개발을 위한 비용

부채와 부채 계정과목

부채는 기업이 가지고 있는 총재산 중에서 남으로부터 빌려온 재산을 말한다. 흔히 일상에서 빚을 연상하면 된다.

그러나 회계원리 상에서 이론적으로 말하는 부채란 "과거의 거래나 사건의 결과로서 미래에 특정 실체가 다른 실체에 자산을 이전하거나 용역을 제공해야 하는 현재의 의무로부터 발생한 미래의 경제적 효익의 희생"을 말한다. 단, 반드시 채권자 등이 확정될 필요는 없으며 미래에 일어날 상품보증채무와 같이 추정에 의해서 계산하기도 한다.

구 분	종 류	분개
유동부채	매입채무, 단기차입금, 미지급금, 선수금, 예수금, 미지급비용, 미지급법인세, 미지급배당금, 유동성장기부채, 선수수익, 단기 충당부채, 기타의 유동부채	증가 → 대변 감소 → 치변
비유동부채	사채, 장기차입금, 장기성매입채무, 장기충당부채, 이연법인세대, 기타의 비유동부채	

분류		계정과목	내 용
부채	유동부채	매입채무	일반적 상거래(재고자산 판매 미수채권)에서 발생한 외상매입금과 지급어음
		단기차입금	• 돈을 빌려서 사용한 후 1년 이내에 상환해야 할 채무 • 금융기관 차입금, 주주 · 임원 · 종업원의 단기차입금, 어음 단기차입금, 당좌차월, 신용카드 현금서비스, 마이너스통장 마이너스 사용액, 대표자 가수금
		미지급금	• 기업의 고유한 사업 이외(재고자산 이외 판매 미수채권)의 물품을 구입하고 아직 지급하지 않은 금액
		미지급비용	• 일정한 계약에 따라 계속적으로 용역을 제공받고 있는 경우에 이미 제공받은 용역에 대해서 결산일 현재 아직 지급하지 않은 비용 • 미지급이자, 미지급사채이자, 미지급급여, 미지급 임차료, 미지급보험료
		선수금	거래처로부터 상품 또는 제품을 주문받고 제공하기 전에 미리 받은 대금
		선수수익	계약에 따라 대금을 받고 결산 기말 현재 용역을 제공하지 않은 경우
		예수금	부가가치세예수금이나 근로소득세예수금, 4대 보험 예수금과 같이 기업이 타인(거래처, 소비자, 임직원)으로부터 일단 금전을 받아서 가지고 있다가 타인을 대신해서 제3자(세무서, 공공기관, 기타 제3자)에게 금전으로 반환해야 할 금액. 즉 대신 내기 위해 잠시 맡아둔 금액
		부가가치세예수금	부가가치세예수금은 과세사업자가 제품 · 상품 등을 판매할 때 상품가격에 추가로 받은 부가가치세를 말한다. 구매자에게 받아두었다가 나중에 부가가치세 신고 때 내야 하는 금액이므로 예수금처리한다.

분류		계정과목	내 용
부채	유동부채	미지급배당금	주주총회에서 배당선언이 된 배당금으로 아직 지급이 안 된 배당금
		미지급법인세	회계연도 말 현재 당해 회계연도에 부담해야 할 법인세와 소득할 지방소득세 미납부 금액
		가수금	입금자가 불분명한 금액, 그 밖에도 함께 정리할 사항이나 금액이 있으므로 미리 처리할 수 없는 경우 등 정확한 계정과목명이 확정될 때까지 임시로 처리해 둔 계정과목
		단기충당부채	과거 사건이나 거래의 결과에 대한 현재의 의무로서 현시점에는 지출의 시기 또는 금액이 불확실하지만, 그 의무를 이행하기 위해서 자원이 유출될 가능성이 매우 크고, 또한 당해 금액을 신뢰성 있게 추정할 수 있는 "충당부채" 중 재무상태표 일로부터 1년 이내에 소멸될 것으로 추정되는 금액
		유동성장기부채	비유동부채 중 1년 이내에 상환될 부채를 말한다.
		이연법인세부채	세무조정 상의 일시적 차이로 인하여 미래에 부담하게 될 법인세 부담액이다.
	비유동부채	사채	주식회사가 거액의 자금을 조달하기 위해서 일정액을 표시하는 채권을 발행해서 다수 인으로부터 조달한 금액으로 1년 이후에 상환기일이 도래하는 회사채 금액
		신주인수권부사채	유가증권의 소유자가 일정한 조건으로 신주인수권을 행사할 수 있는 권리가 부여된 사채
		전환사채	유가증권의 소유자가 일정한 조건으로 전환권을 행사할 수 있는 사채로서, 권리를 행사하면 보통주로 전환되는 사채
		장기차입금	금융기관 등으로부터 돈을 빌려오고 사용 후 1년이 지나서 갚아도 되는 돈
		퇴직급여충당부채	회사가 회계연도 말 현재 퇴직금제도 및 확정급여형 퇴직연금제도에 의해 퇴직급여를 지급해야 하는 경우 종업원이 일시에 퇴직할 때 지급해야 할 퇴직금에 상당하는 금액
		장기제품보증충당부채	장기제품보증충당부채는 판매 후 품질 등을 보증하는 경우 그 의무를 이행하기 위해 발생하게 될 것으로 추정되는 충당부채 금액
		장기미지급금	상품이나 제품이 아닌 물품의 구입, 용역의 제공 등 기업의 일반적 상거래 이외에서 발생한 채무 중 1년 이후에 지급해야 하는 미지급금액
		장기선수금	거래처로부터 상품 또는 제품을 주문받고 제공하기 전에 미리 받은 대금 중 1년 이후에 제공해도 되는 경우
		장기선수수익	계약에 따라 대금을 받고 결산 기말 현재 용역을 제공하지 않은 때에는 동 금액에 대해서 처리하는 계정으로 1년 이후에 발생하는 선수수익

자본과 자본 계정과목

자본은 기업이 소유하고 있는 자산총액에서 부채총액을 차감한 잔액으로 정의하며, 소유주 지분 또는 순자산이라고도 한다.

주주가 원천적으로 불입한 자본은 자본금과 자본잉여금으로 분리되어 계상되며, 자본금은 법정자본금으로서 액면가를 말한다. 자본잉여금은 액면가 이상의 불입금액으로 주주가 자본금을 납입했을 때 발생하는 잉여금이다.

<table>
<tr><th>구 분</th><th>종 류</th><th>분개</th></tr>
<tr><td>자 본 금</td><td>보통주자본금, 우선주자본금</td><td rowspan="5">증가
↓
대변
감소
↓
차변</td></tr>
<tr><td>지본잉여금</td><td>주식발행초과금, 감자차익, 자기주식처분이익, 기타자본잉여금</td></tr>
<tr><td>자 본 조 정</td><td>주식할인발행차금, 배당건설이자, 자기주식, 미교부주식배당금</td></tr>
<tr><td>기타포괄손익 누 계 액</td><td>매도가능금융자산평가손익, 해외사업환산손익</td></tr>
<tr><td>이익잉여금</td><td>이익준비금, 기타법정적립금, 임의적립금, 미처분이익잉여금</td></tr>
</table>

분류	계정과목	내 용
자본금	보통주자본금	보통주 발행에 의한 자본금을 말한다. 회사가 발행한 주식의 총 액면가액을 말한다.
	우선주자본금	우선주 발행에 의한 자본금을 말한다. 우선주는 보통주에 대해서 배당이나 기업이 해산할 경우 잔여재산의 분배 등에서 우선권을 갖는 주식을 말한다.
자 본 잉여금	주식발행초과금	주식발행가액이 액면가액을 초과하는 금액
	감자차익	자본감소의 경우에 그 자본금의 감소금액이 주식의 소각, 주금의 반환에 든 금액과 결손의 보전에 충당한 금액을 초과한 때에 그 초과 금액
	자기주식처분이익	자기주식의 처분 시 처분가액이 취득원가를 초과하는 경우
이 익 잉여금	이익준비금	상법에 의해 금전(현금) 배당액의 10% 이상을 50%에 달할 때까지 적립한 금액
	기타법정적립금	상법 이외의 법에 의한 적립금(재무구조개선적립금)
	임의적립금	회사 임의의 목적에 의해 적립된 금액
	미처분이익잉여금(또는 미처리결손금)	미처분이익잉여금은 기업이 영업활동을 한 결과 얻게 된 순이익금 중에서 임원의 상여금이나 주식배당 등의 형태로 처분되지 않은 부분

분류	계정과목	내 용
자본조정	주식할인발행차금	주식을 액면가액 이하로 발행하는 경우 액면가액과 발행가액의 차이
	주식매수선택권	회사의 임직원 또는 기타 외부인이 행사가격으로 주식을 매입하거나 보상기준가격과 행사가격의 차액을 현금 등으로 받을 수 있는 권리
	출자전환채무	채무자가 채무를 갚기 위해 채권자에게 지분증권을 발행하는 출자전환에 합의하였으나 출자전환이 즉시 이행되지 않는 경우 출자전환을 합의한 시점에 발행될 주식의 공정가액을 자본조정의 '출자전환채무'로 대체하고 조정 대상 채무와의 차액은 채무조정이익으로 처리
	감자차손	자본금의 감소금액이 주식의 소각, 주금의 반환에 소요된 금액에 미달하는 금액
	자기주식처분손실	자기주식을 처분하는 경우 발생하는 손실로서 자기주식처분이익을 차감한 금액
	배당건설이자	회사는 그 목적인 사업의 성질에 의해서 회사의 성립 후 2년 이상 그 영업의 전부를 개시하기가 불능하다고 인정한 때에는 정관으로 일정한 주식에 대해서 그 개업 전 일정한 기간 내에 일정한 이자(이율은 연 5%를 초과하지 못함)를 그 주주에게 배당할 수 있음을 정할 수 있으며, 배당금액은 개업 후 연 6% 이상의 이익을 배당하는 경우는 그 6%를 초과한 금액과 동액 이상을 상각해야 한다.
	미교부주식배당금	이익잉여금처분계산서 상의 주식배당액
	신주청약증거금	청약에 의한 주식발행 시 계약금으로 받은 금액
기타포괄적손익	매도가능금융자산평가손익	단기매매금융자산이나 만기보유금융자산으로 분류되지 않은 유가증권을 공정가액으로 평가함에 따라 발생한 미실현 보유손익
	해외사업환산손익	영업·재무 활동이 본점과 독립적으로 운영되는 해외지점, 해외사업소 또는 해외소재 지분법 적용 대상 회사의 외화자산·부채를 당해 자산·부채는 재무상태표일 현재의 환율을, 자본은 발생 당시의 환율을 적용하며, 손익항목은 거래 발생 당시의 환율이나 당해 회계연도의 평균환율을 적용해서 일괄 환산함에 따라 발생하는 환산손익
	현금흐름위험회피파생상품평가손익	파생상품이 현금흐름 위험회피회계에 해당하는 경우 당해 파생상품을 공정가액으로 평가함에 따라 발생하는 평가손익

재무상태표에 의한 당기순이익의 계산

기초 재무상태표

재무상태표

<table>
<tr><td rowspan="2">기초자산</td><td>기초부채</td></tr>
<tr><td>기초자본</td></tr>
</table>

기초 재무상태표 등식 : 기초자산 = 기초부채 + 기초자본

기말 재무상태표(당기순이익 발생 시)

기말 재무상태표

<table>
<tr><td rowspan="3">기말자산</td><td colspan="2">기말부채</td></tr>
<tr><td rowspan="2">기말자본</td><td>기초자본금</td></tr>
<tr><td>당기순이익</td></tr>
</table>

기말 재무상태표 등식 : 기말자산 = 기말부채 + 기초자본 + 당기순이익

기말자산 = 기말부채 + 기말자본

기말 재무상태표(당기순손실 발생 시)

기말 재무상태표

<table>
<tr><td rowspan="3">기말자산</td><td colspan="2">기말부채</td></tr>
<tr><td rowspan="2">기말자본</td><td>기초자본금</td></tr>
<tr><td>당기순이익</td></tr>
</table>

기말자본 - 기초자본 = 당기순이익

기초자본 - 기말자본 = 당기순손실

재무제표 작성 시 통합표시 되는 계정과목	
현금, 보통예금, 당좌예금	현금 및 현금성자산
정기예금, 정기적금 등 단기예금	단기금융상품
외상매출금, 받을어음	매출채권
외상매입금, 지급어음	매입채무

서로 반대되는 계정	
자 산	부 채
단기대여금	단기차입금
외상매출금	외상매입금
받을어음	지급어음
(매출채권)	(매입채무)
선급금	선수금
선급비용	선수수익
미수금	미지급금
미수수익	미지급비용

2 기업의 경영성과

수익과 수익 계정과목

수익은 기업이 번 돈을 의미한다. 즉 상품을 팔거나, 부동산을 임대해 임대료를 받거나 돈을 은행에 예금해서 이자를 받는 것이 대표적인 수익 항목이라고 할 수 있으며, 주요 수익 항목으로 매출액, 기타수익과 금융수익이 있다.

그리고 발생한 모든 거래를 어느 시점에 수익으로 볼 것인가는 회계에 있어 매우 중요한 기준이다. 실무적으로 발생한 모든 거래를 아무 때나 수익으로 인식한다면 수익의 측정이 객관적으로 잘 될 것인가 하는 복잡한 문제가 발생한다.

- 실현되었거나 실현가능해야 하고
- 가득 되어야 수익으로 인식한다는 것이다.

즉

- 판매 대가로서의 현금 또는 현금청구권을 얻어야 함
- 생산물이 안정된 가격으로 쉽게 판매될 수 있는 상태에 있어야 함
- 수익 창출을 위한 결정적이며, 대부분의 노력이 발생해야 함

이러한 기준을 현실적으로 적용함이 매우 까다로우므로 개별 회사별로 거래유형에 맞는 인식기준을 기업회계기준에 맞게 구체적으로 정하는 것이 회계 관리자의 임무이다.

<table>
<tr><th colspan="3">계정과목 분류</th><th>내 용</th></tr>
<tr><td rowspan="6">수익</td><td rowspan="6">영업수익</td><td>상품매출이익</td><td>상품을 원가 이상으로 판매했을 때 발생하는 이익 금액</td></tr>
<tr><td>매출액</td><td>상품을 분할상품계정(3분법 이상)에 의해 처리할 경우, 상품의 판매금액. 매출액은 상(제)품의 매출 또는 용역의 제공에 따른 수입금액으로서 반제품, 부산품, 작업폐물 등을 포함한 총매출액에서 매출환입액, 에누리액 및 매출할인을 공제한 순매출액을 말한다.
<table>
<tr><th>구 분</th><th>내 용</th></tr>
<tr><td>매출
에누리</td><td>매출에누리는 고객에게 물품을 판매한 후 그 물품의 수량 부족이나 불량품 발생 등으로 인해서 판매대금을 감액해주는 것을 말한다. 예를 들어 100개의 물건을 팔았는데 2개가 불량품인 경우 동 불량품을 정상가액에서 차감해 주는 경우를 말한다.</td></tr>
<tr><td>매출환입</td><td>매출환입은 주문한 물품과 다른 물품의 인도 또는 불량품 발생 등으로 인해서 판매 물품이 거래처로부터 반송된 경우 그 금액을 말한다.</td></tr>
<tr><td>매출할인</td><td>매출할인은 매출 대금을 그 지급기일 이전에 회수함으로써 회수기일까지의 일수에 따라 일정한 금액을 할인해주는 것을 말한다. 즉 미리 외상 대금을 받음으로 인해 받을 금액에서 일정액을 차감해 주는 것을 말한다.</td></tr>
</table>
주 매출에누리와 매출환입은 그 성격이 유사하나 매출에누리는 반송되지 않고 협의하에 매출금액에서 일정액을 차감해 주는 경우를 말하며, 매출환입은 반송이 되어서 매출금액에서 차감한 경우를 말한다. 그리고 매출할인은 외상매출 후 약정기일보다 외상대금을 일찍 줌으로 인해서 감사의 뜻으로 받을 금액에서 일정액을 차감하고 받는 경우를 말한다.</td></tr>
<tr><td>이자수익</td><td>금융상품(예금), 대여금, 채권에서 발생해서 받는 이자</td></tr>
<tr><td>배당금수익</td><td>주식투자로 인한 이익분배를 현금으로 받는 경우 그 금액</td></tr>
<tr><td>임대료</td><td>부동산 등을 빌려주고 그 대가로 받는 금액</td></tr>
<tr><td>수수료수익</td><td>용역(서비스)의 제공으로 받는 수수료 금액</td></tr>
</table>

계정과목 분류		내 용
금융수익·기타수익	단기매매금융자산처분이익	단기투자 목적의 시장성 있는 유가증권을 장부가 이상으로 처분했을 때 발생하는 이익 금액
	단기매매금융자산평가이익	결산일에 단기투자 목적의 시장성 있는 유가증권의 공정가(시가)가 장부가보다 클 경우 그 차이에 해당하는 금액
	유형자산처분이익	유형자산을 장부가 이상으로 처분했을 때 발생하는 이익 금액
	잡이익	영업활동 이외에서 발생하는 이익으로 그 금액이 적은 경우 그 금액
	자산수증이익	자본 보전 등을 위해서 주주 등이 무상으로 불입한 금액
	채무면제이익	자본 보전 등을 위해서 주주 등에 의해 채무를 면제받은 금액
	보험차익	보험피해 금액 보다 보상받은 금액이 큰 경우 그 큰 금액

비용과 비용 계정과목

비용이란 기업이 수익을 얻기 위해 지출한 원가를 말한다. 즉 상품을 만들기 위해 들어간 매출원가라거나 판매비와 관리비, 기타비용, 금융비용이 대표적인 비용 항목이다.

비용의 인식은 수익이 인식된 시점에 그 수익과 관련한 비용을 인식한다(수익 · 비용의 대응).

그러나 현실적으로 매출액과 매출원가와 같이 모든 비용을 수익과 직접 대응시키는 것은 매우 복잡하고 어려운 작업일 것이다. 또한, 현실적으로도 그러한 대응 관계를 체계적으로 설명하기가 불가능한 것들도 있다. 이런 경우 사용하는 두 가지 방법이 있다.

첫째, 체계적이고 합리적인 배분이다. 유형자산을 취득하게 되면 우선 이를 자산으로 인식한 후 일정기간동안 감가상각 방법에 따라 비용을 나누어 인식하는 것이다. 언뜻 보기에는 수익 · 비용의 대응처럼 생각될 수도 있지만, 이는 비용을 사용기간에 대해 적절히 배분하는 절차이다.

그리고 즉시 인식의 방법이다. 이는 광고선전비처럼 판매와 관리에 지출되는 비용을 말한다. 이는 분명 현재와 미래의 수익 창출을 위해 쓰인 비용임에도 불구하고 그 내용 관계라든지 미래의 경제적 효익을 합리적으로 측정할 수 없는 경우 사용하는 방법이다. 이 경우에는 발생비용을 전액 당기 비용으로 처리한다.

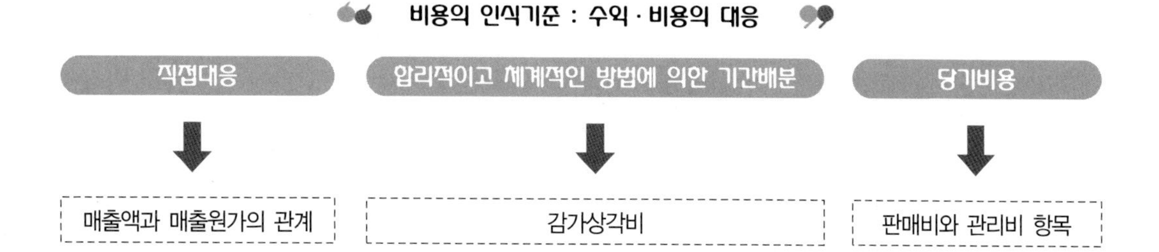

[직접대응]

매출액에 대한 매출원가와 같이 직접적으로 대응될 수 있는 비용은 수익이 실현되는 시점에 바로 비용처리 한다.

[합리적이고 체계적인 방법에 의한 기간배분]

감가상각비와 같이 직접적인 인과관계가 없는 비용은 수익 활동에 기여한 것으로 판단되는 해당 기간동안에 합리적으로 배분해서 비용처리 한다.

[당기에 즉시 인식(당기 비용)]

판매비와 관리비와 같이 발생 원가가 미래 경제적 효익의 가능성이 불확실한 경우 발생 즉시 비용처리 한다.

매출원가

매출원가는 매출을 실현하기 위한 생산이나 구매과정에서 발생한 재화와 용역의 소비액 및 기타 경비를 말한다.

판매업에서 매출원가는 기초상품재고액과 당기상품매입액의 합계액에서 기말상품재고액을 차감해서 산출되며, 제조업에서는 기초제품재고액과 당기제품제조원가의 합계액에서 기말제품재고액을 차감해서 산출된다.

구 분	내 용
매입에누리	매입에누리는 물품을 구입한 후 그 물품의 수량 부족이나 불량품 발생 등으로 인해서 구매대금을 감액받는 것을 말한다.
매입환출	매입환출이란 주문한 상품과 상이한 물품의 인도 등으로 인해서 구매 물품을 거래처로 반송한 경우 그 금액을 말한다.
매입할인	매입할인은 매입대금을 그 지급기일 이전에 지급함으로써 지급기일까지의 일수에 따라 일정한 금액을 할인받는 것을 말한다.

판매비와 관리비

판매비와 관리비는 제품, 상품, 용역 등의 판매 활동과 기업의 관리 및 유지 활동에서 발생하는 비용으로서 매출원가에 속하지 않는 모든 영업비용을 포함한다. 즉, 판매비와 관리비는 제품의 판매 또는 관리를 위해서 사용된 비용을 말한다.

<table>
<tr><th colspan="3">분류</th><th colspan="3">내 용</th></tr>
<tr><td rowspan="8">비용</td><td colspan="2">상품매출손실</td><td colspan="3">상품을 원가 이하로 판매했을 때 발생하는 손실금액</td></tr>
<tr><td colspan="2">매출원가</td><td colspan="3">상품을 분할 상품계정(3분법 이상)에 의해 처리할 경우 상품의 매출액에 대응하는 원가 금액</td></tr>
<tr><td rowspan="6">판매비와관리비</td><td>급여</td><td>임직원에게 근로의 대가로 지급하는 금액</td><td>광고선전비</td><td>상품 판매의 촉진을 위해 TV, 신문 매체 광고 시 지급하는 금액</td></tr>
<tr><td>퇴직급여</td><td>1년 이상 근무한 임직원이 퇴직할 때 지급하는 금액</td><td>여비교통비</td><td>출장 시 버스요금, 택시요금, 시내 출장비 등으로 지급하는 금액</td></tr>
<tr><td>복리후생비</td><td>급여 이외의 임직원의 복리 후생을 위해 지급하는 금액(구내식당 운영비, 체육 활동비, 경조사비 등)</td><td>통신비</td><td>전화, 우편 등의 이용으로 지급하는 금액</td></tr>
<tr><td>임차료</td><td>부동산 등을 빌려 쓰고 그 대가로 지급하는 금액</td><td>수도광열비</td><td>수도, 전기, 가스 등을 사용하고 지급하는 금액</td></tr>
<tr><td>접대비</td><td>사업상 거래처에 지출하는 비용</td><td>보험료</td><td>각종 보험료로 지급하는 금액</td></tr>
<tr><td>감가상각비</td><td>유형자산의 가치 감소를 인위적으로 측정한 금액</td><td>운반비</td><td>상품 매출 시 발송비 등으로 지급하는 금액</td></tr>
</table>

분류			내 용		
비용		무형자산상각비	무형자산의 가치 감소를 인위적으로 측정한 금액	수선비	건물, 차량운반구, 기계장치 등의 수리비로 지급하는 금액
		세금과공과	국가, 지방자치단체의 세금과 사업상 관련 단체의 회비로 지급하는 금액	잡비	신문구독료, 잡지구독료 등 소액으로 지급하는 금액
	금융비용·기타비용	이자비용	타인 자본을 이용한 대가로 지급하는 금액	기부금	아무런 대가 없이 기증하는 금전 및 물품의 금액
		단기매매금융자산처분손실	단기투자 목적의 시장성 있는 유가증권을 장부가 이하로 처분하였을 때 발생하는 손실금액	유형자산처분손실	유형자산을 장부가 이하로 처분했을 때 발생하는 손실금액
		단기매매금융자산평가손실	결산일에 단기투자 목적의 시장성 있는 유가증권의 공정가액이 장부가액보다 작은 경우 그 차이에 해당하는 금액	잡손실	영업활동과 관계없이 발생하는 소액의 손실금액
		재고자산감모손실	재고자산의 장부수량 보다 실제 수량이 작은 경우 차이에 해당하는 금액		
		재해손실	천재 · 지변 등으로 입은 손실금액		
	법인세비용		기업이 벌어들인 소득에 부과하는 세금		

이익과 이익 계정과목

수익에서 비용을 차감한 후, (+)인 경우 이익이 발생한 것이고, (-)인 경우 손실이 발생한 것이다.

05 거래 사례별 계정과목 사례

가

사 례	계정과목
가계수표	현금및현금성자산
가로등	구축물
가맹비(돌려받을 수 없는 경우)	영업권
가맹비(돌려받을 수 있는 경우)	보증금
가산금	잡손실
가산세	잡손실(세금과공과)
가설교량	가설재
가설목재(합판, 패널, 각재, 기와)	가설재
가설사무실	가설재
가설울타리	가설재
가설재	가설재
가설전기공급시설	가설재
가설철재(강관비계, PSPH-BEAM, 철삽보드)	가설재
가수금	기타유동부채
가수금 면제	채무면제이익
가스대금	수도광열비
가스설비	건물
가스충전비용	차량유지비
가습기	비품
가전제품	비품
가족수당	급여
가지급금 인정이자	미수수익
간부수련회 비용	교육훈련비
간식비(직원)	복리후생비
간주임대료(임대인부담)	세금과공과
간주임대료에 대한 부가가치세(임차인 부담)	지급수수료
간판	비품
간판제작비	광고선전비
감가상각비	감가상각비
감독자급여	급여
감리비	감리비(공사원가)
감자차익	감자차익
감정수수료	지급수수료
갑근세(근로소득세)대납액	급여(가지급금)
갑근세(근로소득세)예수	예수금
갑근세(근로소득세)(환급받을 근로소득세, 연말정산 환급액 등)	미수금
강사료(내부 임직원)	급여
강사료(외부)	지급수수료
강의참여비	교육훈련비
개발부담금	토지
개발비	개발비
개발비상각비	무형자산감가상각비
개발비의 회수가능액이 장부가액에 미달할 때	개발비감액손실
개발신탁수익증권	기타금융상품
개발활동과 관련해 발생되고 배부된 간접비(자산성 없음)	경상개발비
개발 활동과 관련해 발생 되고 배부된 간접비(자산성 있음)	개발비(무형자산)
개발 활동에 사용된 유형, 무형자산에 대한 감가상각비(자산성 없음)	경상개발비
개발활동에 사용된 유형, 무형자산에 대한 감가상각비(자산성 있음)	개발비(무형자산)
개발활동에 사용된 재료비, 용역비 등	경상개발비
개발활동에 사용된 재료비, 용역	개발비

비 등(자산성 있음)	
개발활동에 직접 참여한 인원에 대한 인건비(자산성 있음)	개발비
개발활동에 직접 참여한 인원에 대한 인건비	경상개발비
개업전 급여	급여
개인정보보호위반과태료	세금과공과
개인회사 사장의 출자액	출자금
갱도	구축물
거래명세서 용지대	소모품비
거래보증금	보증금
거래수량이나 거래금액에 따른 판매장려금	매출에누리
거래처 선물	접대비
거래처에 지출한 경조사비	접대비
거래처에 지출한 선물비용	접대비
거래처에 지출한 주대	접대비
거래처 체육대회 격려금	접대비
거푸집	가설재
건강검진미수금	의료미수금
건강보험미수금	의료미수금
건강보험료 직원부담금	예수금
건강보험료 회사부담분	복리후생비
건강보험료환급액	미수금
건강진단비	복리후생비
건물 부속 설비	건물
건물	건물
건물수선비	수선비
건물철거비용	잡손실
건물 취득시 내부 실내장치비용	건물
건물 취득시 내부 칸막이 비용	건물
건물 취득시에 전사용자에게 지급하는 퇴거비용	건물
건물 취득에 따른 명도비용	건물
건물(건설업, 부동산매매업)	상품
건물(공장, 사옥 등)상량식비용	건설중인자산
건물(공장, 사옥 등)설립허가비용	건설중인자산
건물(공장, 사옥 등)신축에 따른	건설중인자산

설계비	
건물(공장, 사옥 등)신축에 따른 토지측량비	건설중인자산
건물의 간단한 수리비용	수선비
건물의 도색비용	수선비
건물의 리모델링	건물
건물증여 받음	자산수증이익
건물화재보험료	보험료
건설공제조합 배당금	배당금 수익
건설공제조합 출자금	출자금
건설근로자퇴직공제증지	급여
건설목적지출 경비	건설중인자산
건설목적지출 노무비	건설중인자산
건설목적지출 외주비	건설중인자산
건설목적지출 자재비	건설중인자산
건설목적 토지	용지
건설용장비	건설용장비
건설용지	용지
건설자금이자	건물
건설자금이자 (자본화한 것은 제외)	이자비용
건전지	소모품비
건축물의 용도변경, 개량, 확장 및 증설을 위한 철거	건물
건축 중인 건물	건설중인자산
검사공구	공구와기구
검사비	지급수수료
검사비(수입시)	상품
검사비(수출시)	수출제비용
게이지	공구와기구
견본비	견본비
견본비(수출시)	수출제비용
견본품 수취	잡이익
견인료	차량유지비
견학비	교육훈련비
결산공고	광고선전비
결산시 주식배당결의	미교부주식배당금
결산이자	이자수익

경로잔치 지원금	기부금
경미한 도난손실	잡손실
경미한 상하수도 수리공사	수선비
경미한 정화조 공사	수선비
경상경비 충당 후 발생한 부족액 보전을 위해 정상적으로 추가부과 한 회비	세금과공과
경상연구개발비	경상연구개발비
경비용역비	지급수수료
경조사비(직원)	복리후생비
경조사비(거래처)	접대비
경상개발비	경상개발비
경유(차량) 비용	차량유지비
경품	광고선전비
계산기	비품(공구와기구)
계산서 용지대	소모품비
계산서합계표미제출(불성실)가산세	세금과공과
계약금 몰수	잡손실
계약금 지급	선급금
계약위반배상금(지급액)	잡손실
계약위반배상금(수입액)	잡이익
계약파기 후 반환받지 못한 계약금	미수금
고무인	소모품비
고문료	지급수수료
고사비용	잡손실
고속도로 통행료, 고속도로 통행카드 구입, 고속도로 통행카드 충전료	여비교통비 또는 차량유지비
고속버스요금	여비교통비
고속절단기	공구와기구
고용보험료의 기간미경과분	선급비용
고용보험료 직원부담분	예수금
고용보험료 회사부담분	복리후생비
고용유지지원금	국고보조금
고용촉진장려금	국고보조금
고장 등으로 인한 견인료	차량유지비

고정자산(기계장치, 건물 등)매각대금 중 미회수액	미수금
고정자산(기계장치, 건물 등)매입선지급액	선급금
고철매각대	잡이익
골동품	비품
골재	원재료(자재)
공구와기구	공구와기구
공기구수선비	수선비
공기정화기(공기청정기)	비품
공사대금 미수금	공사미수금
공사대금 선수금	공사선수금
공사대금 선지급	공사선급금
공사부담금	공사부담금
공사설계 인쇄비	도서인쇄비
공사수입	매출
공사수입금	공사수입금
공사 현장 운영비	전도금
공인인증서 발급 수수료	지급수수료
공작기기	기계장치
공장 운영비	전도금
공장	건물
공장견학자들에게 제공하는 견본품비	광고선전비
공장부지	토지
공장 상량식 비용	건설중인자산
공장설립 허가 비용	건설중인자산
공장신축에 따른 설계비	건설중인자산
공장신축에 따른 토지측량비	건설중인자산
공장 임차료	지급임차료
공장 토지 취득 시 하수종말처리장 설치부담금	토지
공중전화기	비품
공중전화보증금(가입비)	보증금
공중전화설치비	지급수수료
공증료	세금과공과
공장임차료	임차료
공채매입비용(단기자금 운용목적)	단기매매금융자산

공탁금	보증금
과대포장 과태료	세금과공과
과료	세금과공과
과태료	세금과공과
관계회사에 대한 일시대여금	단기대여금
관계회사에 대한 일시차입금	단기차입금
관리자 급여	급여
관보구독료	도서인쇄비
관세(수입시)	상품 또는 원재료
관세환급금	관세환급금
관청의무보고 위반시 과태료	세금과공과
광고물 구입비	광고선전비
광고료 기간미경과분	선급비용
광고물 구입비	광고선전비
광고물 미지급액	미지급비용
광고물 배포비	광고선전비
광고사진촬영비	광고선전비
광고선전비	광고선전비
광고선전용 견본품	광고선전비
광고선전용 달력	광고선전비
광고선전용 부채	광고선전비
광고선전용 수첩	광고선전비
광고선전용 컵	광고선전비
광고용 네온 탑	구축물
광고용 부착물 비용	광고선전비
광고용 쇼케이스	비품
광고용품	저장품
광고제작 의뢰비	광고선전비
광업권	광업권
교량	구축물
교육시 식대, 숙박비, 교통비 등	교육훈련비
교육용 책자와 매뉴얼 인쇄비	교육훈련비
교육장 임차료 등	교육훈련비
교육훈련비	교육훈련비
교통비	여비교통비
교통사고배상금	잡손실
교통유발부담금	세금과공과
교통위반 벌금, 과료, 과태료	세금과공과

구인구직광고료	광고선전비
구축물	구축물
국공채(단기자금 운용목적)	단기매매금융자산
국공채이자 미수	미수수익
국공채처분이익(단기자금운용목적)	단기매매금융자산 처분이익
국공채평가이익(단기자금운용목적)	단기매매금융자산 평가이익
국내출장여비	여비교통비
국립대학병원에 지출한 시설비 교육비 또는 연구비	기부금
국립암센터에 지출한 시설비 교육비 또는 연구비 기부금	기부금
국민신탁법인에 지출하는 기부금	기부금
국민건강보험료 직원부담분	예수금
국민건강보험료 회사부담분	복리후생비
국립대학병원에 지출한 시설비 교육비 또는 연구비	기부금
국립암센터에 지출한 시설비 교육비 또는 연구비	기부금
국민연금 직원부담분	예수금
국민연금 중 퇴직전환금	국민연금 전환금
국민연금 회사부담분	세금과공과
국민체육진흥기금	기부금
국방헌금, 국군장병 위문 금품	기부금
국제운송업체 파손품 보상액	잡이익
국제전화선불카드	통신비
국제특급우편(EMS), DHL, UPS, Fedex	운반비
국채, 공채 매입대금 및 수수료(단기자금 운용목적)	단기매매금융자산
국채, 공채 이자수입	이자수익
국채, 공채 처분손실(단기자금 운용목적)	단기매매금융자산 처분손실
국채, 공채 처분이익(단기자금 운용목적)	단기매매금융자산 처분이익

국채, 공채의 보유로 인한 기간 경과 이자	미수수익
국채, 공채평가손실 (단기자금 운용목적)	단기매매금융자산 평가손실
국채, 공채평가이익 (단기자금운용목적)	단기매매금융자산 평가이익
균등분 지방소득세	세금과공과
굴뚝	구축물
굴삭기	건설용장비
권리금	영업권
궤도	구축물
그레이더(Grader)	건설용장비
근로소득세 원천징수액 (종업원분)	예수금
근속수당	급여
금고	비품
금융리스이자	이자비용
금융수수료(송금수수료, 인터넷뱅킹 수수료, 모바일뱅킹 수수료, 텔레뱅킹 수수료, 자동이체수수료, 수표발행수수료, 신용조사수수료, 제증명발급수수료, 예금잔고증명수수료, 급여이체시 수수료)	지급수수료
금융어음 교부	단기차입금
금전신탁	단기금융상품
금형	공구와기구
급배수 설비	건물
급여	급여
급여가불	선급급여
급여반납시	자산수증이익
급여의 미지급액	미지급비용
급여 이체시 수수료	지급수수료
기금에 지출하는 분담금	세금과공과
기계수선비	수선비
기계식 주차장 관리시스템	기계장치
기계장치	기계장치
기계장치 운용리스료	지급임차료
기계장치 임차료	임차료
기계장치 철거비용	운반비
기금에서 지출하는 분담금	세금과공과
기능대학에 지출한 시설비, 교육비, 장학금, 연구비	기부금
기름값	수도광열비
기본급	급여
기부금	기부금
기숙사	건물
기숙사 운영비	복리후생비
기술개발준비금 전입	기술개발준비금전입
기술자문료	지급수수료
기업어음(CP)	단기금융상품
기업합리화 적립금	기업합리화 적립금
기중기	건설용장비
기차	차량운반구
기타 법정적립금	기타 법정적립금
기타소득세 원천징수액	예수금
기타의 대손상각비	기타의 대손상각비
기타 의료수익미수금	의료미수금
기타자본잉여금	기타자본잉여금

나

사 례	계정과목
난로 구입비용	비품
난방설비	건물
난방용 가스료, 유류대	수도광열비
냉장고	비품
너트	가설재
네온사인	비품
노동조합 기부금	기부금
노트	소모품비
노트북 컴퓨터	비품
녹차	복리후생비

다

사 례	계정과목
다과비	복리후생비
다듬질용 공구	공구와기구

다리	구축물
다이어리 인쇄(구입)비용	도서인쇄비
단기금융상품(MMF)	단기금융상품
단기대여금	단기대여금
단기대여금 이자	이자수익
단기자유금융상품(MMF)	단기금융상품
단기차입금	단기차입금
단기차입금 이자	이자비용
단수차이에 따른 납부이익	잡이익
단체퇴직급여설정액(비용)	단체퇴직급여
당기순손익	당기순손익
당좌개설 보증금	장기금융상품
당좌수표 결제 (당좌차월 약정이 없는 경우)	당좌예금
당좌수표 결제 (당좌차월 약정이 있는 경우)	당좌차월
당좌예금	현금및현금성자산
당좌차월	단기차입금
당좌차월이자	이자비용
당직비	급여
대리운전 비용(거래처 접대 관련)	접대비
대리운전비용(출장관련, 비영업용 소형승용차 제외)	여비교통비
대리점 운영비	전도금
대손상각비	대손상각비
대손채권의 회수	대손충당금
대여금이자	이자수익
대지	토지
대체료	지급수수료
대체저금환급증서	현금
대출금 연체이자	이자비용
대출이자	이자비용
대표이사 가수금	가수금(단기차입금)
대표이사 가수금 이자	이자비용
대표이사 가지급금 이자	이자수익
대표이사 동창회비	임원급여
대표이사의 대여금	가지급금(단기대여금)
대한적십자사회비	세금과공과
대한적십자사가 운영하는 병원에 지출한 시설비 교육비 또는 연구비	기부금
덤프카	건설용장비
덤프트럭(dump truck)	건설용장비
도난손실	잡손실
도로	구축물
도로반사경	공사원가
도로불법점용 과태료	세금과공과
도로수익자부담금	토지
도메인 등록수수료(소액의 경우)	지급수수료
도메인등록비용(금액이 큰 경우)	산업재산권
도서 구입대금	도서인쇄비
도서구입비용	도서인쇄비
도시계획세	세금과공과
도시가스료	수도광열비
도시가스 설치비용	지급수수료
도자기	비품
도장	소모품비
독립기념관기부금	기부금
동업자조합에 내는 입회금	영업권
동창회기부금	기부금
드릴	공구와기구
등기속달료	통신비
등기반송수수료	통신비
등기부등본 발급수수료	지급수수료
등기우편료	통신비
등기지연과태료	세금과공과
등록세(건물 구입시)	건물
등록세(토지 구입시)	토지

라

사 례	계정과목
라디오	비품
라디오광고료	광고선전비
랜카드 구입	소모품비
레미콘	원재료(자재)

레미콘트럭	건설용장비
레크리에이션비용	복리후생비
렌치	공구와기구
렌터카 대여비용	여비교통비
렌탈료 미지급	미지급금
렌트차량수리비(영업과정에서 발생한 것)	차량유지비
로고제작비(상표권으로 등록하지 않는 경우)	광고선전비
로열티(기술도입비용)	지급수수료
로우더(Loader)	건설용장비
리머	공구와기구
리서치(설문조사)비용	지급수수료
리어카	차량운반구
리프트카	가설재

마

사 례	계정과목
마네킹	비품
마우스 구입비용	소모품비
마이크로미터	공구와기구
마일리지	광고선전비(판매촉진비)
마일리지(포인트) 적립액 사용	잡이익
만기도래 공사채이자표	현금
만기도래 선일자수표	현금
만기보유금융자산	만기보유금융자산
만기수익자가 회사인 보장성 보험의 만기환급금	잡이익
망년회(직원)	복리후생비
망치	소모품비
매립비	토지
매도가능금융자산	매도가능금융자산
매수자가 부담하는 양도소득세	토지
매입부분품	원재료
매입상품 반품	매입환출
매출대금을 어음으로 지급받음	받을어음
매출상품 반품	매출환입
매출액	매출액
매출원가	매출원가
매출채권	매출채권
멀티탭	소모품비
무상 수리(보증기간 내)	매출원가
무인경비시스템 이용료	지급수수료
문구용품비용	소모품비
메뉴얼제작비	도서인쇄비
면책금	수선비(차량유지비)
면허공구(레벨, 트랜시트, 광파 측정기)	가설재
면허세	세금과공과
명찰	소모품비
명함인쇄비용	도서인쇄비
명함집	소모품비
문화예술진흥기금	기부금
미교부주식배당금	미교부주식배당금
미성공사	미성공사
미수금	미수금
미수수익	미수수익
미지급급여	미지급비용
미지급농어촌특별세	미지급법인세
미지급배당금	미지급배당금
미지급법인세	미지급법인세
미지급금 면제	미지급비용
미지급급료	미지급비용
미지급보험료	미지급비용
미지급사채이자	미지급비용
미지급수수료	미지급비용
미지급이자	미지급비용
미지급임차료	미지급비용
미지급전력료	미지급비용
미지급지방소득세	미지급비용
미착원재료	원재료
미착품	상품
민사예납금	기타보증금
밀링커터	공구와기구

바

사 례	계정과목
바이스	공구와기구
바이트	공구와기구
바인더	판매촉진비
박물관자료 또는 미술관자료로 지출하는 기부금	기부금
박스 비용	포장비
반제품	반제품
반제품 외부 가공 의뢰 비용	외주비
받을어음	매출채권
받을어음 만기나 할인 시 보통계좌 입금	보통예금
받을어음 할인료	매출채권처분손실
발기인의 보수	급여
발전기	기계장치
방문고객 주차요금	접대비
방범비	잡비
방석	비품
방송광고용 차량	광고선전비
방송 협찬 비용	광고선전비
방위성금	기부금
방화관리용역비	잡비
버티칼	비품(소모품비)
배달비	운반비
배당건설이자	배당건설이자
배당금 중 미지급한 배당금	미지급배당금
배당금수익	배당금수익
배당소득세 원천징수액	선납세금
배당이 결정된 배당금통지서	현금
배터리 팩	공구와기구
밸브의 대체비용	수선비
버니어 캘리퍼스	공구와기구
버스승차권	여비교통비
버스요금	여비교통비
번역 · 통역료	지급수수료
범칙금	세금과공과
벌금	세금과공과
법률회계자문수수료(법률자문료, 법률수수료, 법무사자문료, 변호사자문료, 소송 제비용, 등기 제비용, 공증수수료)	지급수수료
법률자문비	지급수수료
법무사 등기수수료(건물 취득 관련)	건물
법무사 등기수수료(토지 취득 관련)	토지
법인결산공고료	광고선전비
법인세 중간 예납액	선납세금
법인세할 농어촌 특별세	법인세비용(법인세 등)
법인세비용	법인세비용
법인세 분 지방소득세	법인세비용(법인세 등)
법인세추납액	법인세비용
법인세환급액	법인세비용
벽의 페인트 공사	수선비
변리사수수료(상표권 관련)	상표권
변리사수수료(실용신안권 관련)	실용신안권
변리사수수료(특허권 관련)	특허권
별단예금	기타제예금
병원비(직원)	복리후생비
보관료	보관료
보관 수수료(수출 시)	수출제비용
보너스	급여 또는 상여금
보상금 수입	잡이익
보상금 지불	잡손실
보일러 설비	건물
보조재료	저장품
보증금	보증금
보증금 기간미경과분	선급비용
보증보험료	보험료
보통예금	현금및현금성자산
보통예금 이자	이자수익
보호막	가설재
보험료 기간미경과분	선급비용
보험료	보험료

복리후생비	복리후생비
복사기	비품
복사기 부품 교체비	소모품비
복사기 유지관리 수수료	지급수수료
복사기팩스 임차료	임차료
복사대금	도서인쇄비
복사용지대	소모품비
복합기	비품
본봉	급여
볼트	가설재
볼펜곶이	소모품비
볼펜곶이	소모품비
봉투	통신비
부가가치세 간주임대료	세금과공과
부가가치세 경정청구시 추가환급	부가가치세대급금
부가가치세 기타공제 매입세액	잡이익
부가가치세대급금(매입자 부가가치세)	부가가치세대급금
부가가치세 수정신고시 추가납부	부가가치세예수금
부가가치세예수금(판매자 부가가치세)	부가가치세예수금
부가가치세환급액	미수금
부교	구축물
부도어음	받을어음
부동산중개수수료(구입시)	건물 또는 토지 원가
부동산중개수수료(임차시)	지급수수료
부분품	반제품
부산물	제품
부산물 판매수익	잡이익
부서 운영비	가지급금
부스 설치비용	광고선전비
부임여비	여비교통비
부탄가스구입비용	소모품비
분리수거위반 과태료	세금과공과
분쇄기에 투입되는 강구(Steel Ball)비	수선비
분양미수금	분양미수금
분양권(투자목적)	기타 투자자산
분양대행수수료	지급수수료
불도저	건설용장비
불법 주정차위반시 과태료	세금과공과
불우이웃돕기 성금	기부금
불특정다수 고객에게 사은품제공	광고선전비
브라인드	비품(소모품비)
비계	가설재
비계의 설치해체비용	가설비
비누	소모품비
비누곽	소모품비
비디오	비품(소모품비)
비상구 장애시 과태료	세금과공과
비업무용으로 보유하고 있는 건물	투자부동산
비업무용으로 보유하고 있는 토지	투자부동산
비영리교육재단에 지출한 시설비, 교육비, 장학금, 연구비	기부금
비품	비품
비품수선비	수선비
비품의 유지보수료	수선비

사

사 례	계정과목
사내써클활동비 보조금	복리후생비
사내강사료	교육훈련비
사내교육(현장 체험 실습 경비, 견학비, OJT 교육비, ACT 교육비, 교육용 책자와 매뉴얼 인쇄비, 교육장 임차료 등)	교육훈련비
사내근로복지기금	기부금
사내 식당 운영비	복리후생비
사내 운송	운반비
사립학교가 운영하는 병원에 지출한 시설비 교육비 또는 연구비	기부금
사립학교에 지출한 시설비, 교육비, 장학금, 연구비	기부금
사무소부지	토지
사무소운영비	전도금
사무실 부지	토지

항목	계정과목
사무실 실내화	소모품비
사무실 운영비	전도금
사무실 임차료	임차료
사무실 직원컵	소모품비
사무용 집기	비품
사무용품 미사용액	저장품
사보제작비	도서인쇄비 (광고선전비)
사복 구입 비용	복리후생비
사설 영어학원비 보조액	교육훈련비 (복리후생비)
사업보고서 인쇄비	도서인쇄비
사업부제 지침인쇄비	도서인쇄비
사업소득세 원천징수액	예수금
지방소득세	세금과공과
사업장 운영비	전도금
사용이 제한 되어 있는 예금	장기금융상품
사원연수비	교육훈련비
사원 채용 경비(사원 채용 모집공고료, 신입사원 연수비, 연수원 임차료, 사원 채용 신체 검사료, 교육용 책자와 매뉴얼 인쇄비, 교육 시 식대, 숙박비, 교통비 등)	교육훈련비
사원채용모집공고료	교육훈련비
사원채용신체검사료	교육훈련비
시음회	광고선전비
사전구입비용	도서인쇄비
사진현상대금	도서인쇄비
사진 현상 대금(광고선전 목적)	광고선전비
사진 현상 대금(제품 카달로그 제작 목적)	제품
사채	사채
사채상환손실	사채상환손실
사채상환이익	사채상환이익
사채이자 미수	미수수익
사채이자	이자비용
사택	건물
사택부지	토지
사택임차료	임차료
사회복지공동모금회에 지출하는 기부금	기부금
사회복지시설 기부금	기부금
산업재산권	산업재산권
산재보험료	보험료
산재보험료 기간 미경과분	선급비용
산재보험료 추가납부액	보험료
산재보험 미수금	의료미수금
산학협력단에 지출한 시설비, 교육비, 장학금, 연구비	기부금
상공회의소 회비	세금과공과
상여금	급여
상표 등록비	상표권
상표 출원비	상표권
상표권	상표권
상표권 상각	무형자산상각비
상품	상품
상품 · 제품 가치하락	재고자산평가손실
상품 · 제품 부패	재고자산감모손실
상품 · 제품 수량 부족	재고자산감모손실
상품 · 제품 파손	재고자산감모손실
상품 · 제품 폐기	재고자산감모손실
상품 · 제품 품질 저하	재고자산평가손실
상품권 선물비용(거래처)	접대비
상품권 선물비용(임직원)	복리후생비
상하수도	구축물
상하수도요금	수도광열비
상 · 하차비(수출비)	수출제비용
상 · 하차비(판매비)	운반비
상해보험	보험료
상호부금	단기금융상품
새마을금고에 지출하는 기부금	기부금
샘플 무환 통관 시의 관세	견본비
샘플 제작비	견본비
생명보험료	복리후생비
생수구입	복리후생비
생산품	제품
생수	복리후생비

서류봉투 인쇄비용	도서인쇄비
서류봉투 구입비용	소모품비
서류함 구입비용	소모품비
서버 컴퓨터 구입비용	비품
서버 호스팅 비용	지급수수료
석유구입	수도광열비
선거	구축물
선급공사비	선급공사비
선급금	선급금
선급비용	선급비용
선납세금	선납세금
선물비(거래처)	접대비
선물비(임직원)	복리후생비
선박	선박
선박운임	여비교통비
선수수익	선수수익
선수이자	선수이자
선수임대료	선수수익
선일자수표 발행(상거래 아닌 경우)	미지급금
선일자수표 발행(상거래)	지급어음
선일자수표 수령(상거래 아닌 경우)	미수금
선일자수표 수령(상거래)	받을어음
선임	여비교통비
선적비(수입시)	상품
선적비(수입시)	원재료
선적비(수입시)	미착품
선적비(수출)	수출제비용
선풍기	비품
설립등기비용	세금과공과
설립시 주식발행비	주식할인발행차금
설립시의 자본금 불입	자본금
세금계산서 용지대	소모품비
세금계산서합계표미제출가산세	세금과공과
세금과공과	세금과공과
세금선납 할인액	잡이익
세면대 설비	건물
세무기장료	지급수수료
세미나 개최 비용	회의비

세미나 참가비용	교육훈련비
세차비	차량유지비
세척기	비품(소모품비)
세탁기	비품(소모품비)
세탁비	잡비
세콤이용료	지급수수료
소개비 수취액	용역매출
소개비 지불액	지급수수료
소득세	인출금
소득할 농어촌 특별세	인출금
소득분 지방소득세	인출금
소득세 중간예납액	선납세금
소모공구기구비품	저장품
소모품 미사용액	저장품
소모품비	소모품비
소모품비(회의시)	회의비
소파	비품(소모품비)
소포비	통신비
소프트웨어	컴퓨터소프트웨어
소프트웨어의 구입비(금액이 적음)	소모품비
소화기	비품
속도계	공구와기구
손해보험료	보험료
송금수수료	지급수수료
송금시 수수료를 차감하고 받는 경우	매출에누리
송금수수료를 차감하고 준 경우	매입에누리
송금환	현금및현금성자산
송년회(직원)	복리후생비
쇼케이스	비품
쇼파	비품
쇼핑백 구입비	소모품비
쇼핑 봉투 구입비용	잡비
수강료	교육훈련비
수도광열비	수도광열비
수도료	수도광열비
수선비	수선비
수신료	잡비

수선용 부분품 미사용액	저장품
수익증권	단기매매금융자산
수입 관련 수수료(L/C 발급 수수료, 수입부담금, graceday charge, 전신료, 입항료, H/C, 하역료, 파출검사수수료, 통관 수수료 등 각종 수입 부대비용)	지급수수료
수입대금지급시 환이익	외환차익
수입대금지급시 환차손	외환차손
수입부담금	선급금
수입시 운반료	운반비
수입이자와 할인료	이자비용
수입인지	세금과공과
수입증지	세금과공과 (지급수수료)
수재의연금	기부금
수족관	비품(소모품비)
수출 관련 수수료(L/C 발급 수수료, B/L 발행료, Less Charge, 영사 수수료, 지연료 등 수출부대비용)	지급수수료
수출시의 검사료	수출제비용
수출시의 보관료	수출제비용
수출시의 선적비	수출제비용
수출시의 운반비	수출제비용
수출시의 통관비	수출제비용
수출시의 포장비	수출제비용
수출시의 해상보험료	수출제비용
수출시의 해상운임	수출제비용
수출제비용	수출제비용
수표	현금및현금성자산
수표발행 수수료	지급수수료
숙박료	여비교통비
숙직비	급여
스카이라이프 디지털위성방송 설치비	지급수수료
스카이라이프 디지털위성방송 수신기	소모품비
스카이라이프 디지털위성방송 시청료	잡비
스크레이퍼	공구와기구

스크레이퍼(Scraper)	건설용장비
스피커 구입비용	비품(소모품비)
승강기설비	건물
승강기설비(건설회사)	외주비
승선권	여비교통비
승용자동차	차량운반구
승합차	차량운반구
시계	비품
시멘트	원재료(자재)
시방서	판매촉진비
시설물환경개선부담금	세금과공과
시용매출	매출
시음회	광고선전비
시제품 출품비용	광고선전비
식사대(임직원)	복리후생비
식사대(거래처)	접대비
신문광고료	광고선전비
신문구독료	도서인쇄비
신용카드 결제수수료	지급수수료
신용카드 구입액	미지급금
신용카드 매출	매출채권
신용카드 연회비	지급수수료
신용카드 조회단말기	비품
신용카드 체크기	비품
신용카드 현금서비스	단기차입금
신용조회 수수료	지급수수료
신용협동조합에 지출하는 기부금	기부금
신입사원 연수비	교육훈련비
신제품 발표 비용	광고선전비
신종기업어음(CP)	단기금융상품
신주발행비	신주발행비
신주발행 수수료	주식할인발행차금
신주발행시 등록세	주식할인발행차금
신주발행시 주권 인쇄비(가쇄비)	주식할인발행차금
신주발행시 주식발행가액에서 신주발행비를 차감한 것이 액면가액 이하일 때 발생(액면발행이나 할인발행 시)	주식할인발행차금
신주인수권부사채	사채

신주인수권 조정계정 상각액	이자비용
신주인수권 처분손실	단기매매금융자산 처분손실
신주인수권 처분이익	단기매매금융자산 처분이익
신주인수권부사채의 권리행사로 인한 자본금 증가	자본금
신주청약증거금	신주청약증거금
신호장치	구축물
실용신안 등록비	실용신안권
실용신안 출원비	실용신안권
실용신안권	실용신안권
실용신안권 상각	무형자산상각비
실용신안권	산업재산권
실험기	공구와기구
써클활동비	복리후생비
쓰레기봉투	사무용품비
쓰레기봉투	소모품비

아

사 례	계정과목
아르바이트생 급여	잡급
안벽	구축물
안전 검사비(전기점검 수수료, 가스 점검 수수료, 소방설비 점검 수수료, 계량기 정기 점검 및 검사비)	지급수수료
안전 장구	안전관리비, 소모품비
안전협회비	세금과공과
액자	소모품비
야유회 경비	복리후생비
야외 옥탑 광고	광고선전비
약값	복리후생비
양건 예금	현금
양도성 예금증서	단기금융상품
양식지 구입비용	소모품비
어업권	어업권
어음 · 수표 추심수수료, 어음 할인수수료, 어음책 대금, 수표책 대금	지급수수료
어음관리구좌(CMA)	단기금융상품
어업 단기차입금	단기차입금
어음 장기차입금	장기차입금
어음 추심수수료	지급수수료
업무 관련 교제비	접대비
업무 관련 기밀비	접대비
업무 관련 사례금	접대비
업무 관련 접대비	접대비
업무 무관 경비의 지출	가지급금
에스원 이용료	지급수수료
에어컨	비품
에어컨 이전설치비	지급수수료
여관비	여비교통비
여권 · 비자 발급 수수료	지급수수료
여행사 대행 수수료, 비자 발급 대행 수수료	여비교통비
여행자수표	현금
연구 · 감사 · 자문용역비(경영컨설팅 자문료, 공인노무사자문료, 공인회계사자문료, 관세사자문료, 변리사자문료, 세무사자문료, 감정평가사자문료, 세무조정 수수료, 기장 수수료, 감정평가수수료(부동산 등), 신용평가 수수료)	지급수수료
연구시설의 감가상각비	연구비
연구원의 인건비	연구비
연구재료비	연구비
연구 활동 용역비	연구비
연료	저장품
연료료	수도광열비
연말정산 환급액	미수금
연삭기	공구와기구
연삭숫돌 차	공구와기구
연수원 임차료	교육훈련비
연소장치	기계장치
연장근무수당	급여
연차수당	급여

연체료	잡손실
열쇠 구입비용	소모품비
엽서	통신비
영수증 용지 대금	소모품비
영업권	영업권
영업권 감가상각	무형자산상각비
영업보증금	보증금
영업·양수·양도 시 순자산 가액 초과 지분액	영업권
영업자단체(상공회의소 등) 특별회비	기부금
영업자조직 단체(법인, 주무관청등록 조합, 협회 등)의 일반회비	세금과공과
예금잔고 증명수수료	지급수수료
예금 이자수익	이자수익
예금 적금 이자 미수	미수수익
오물 수거료	잡비
오폐수처리비	잡비
온도계	공구와기구
옥외광고물	구축물
온풍기	비품
완성건물(주택)	완성건물(주택)
외부강사료	교육훈련비
외상매입금	외상매입금
외상매출금	외상매출금
외상매출금 어음 회수	받을어음
외주가공비	외주비
외주비	외주비
외주용역비	외주비
외주포장비	포장비
외화예금	외화예금 (기타제예금)
외화환산손실	외화환산손실
외화환산이익	외화환산이익
외환 결제로 인한 이익	외환차익
외환차손	외환차손
외환차익	외환차익
외환평가로 인한 이익	외화환산이익

용달비	운반비
용수설비	구축물
용역계약이 체결되지 않은 청소비	잡비
용역수입	매출액
용접기	공구와기구
우리사주조합의 운영비	복리후생비
우편요금 및 사설 전기	통신비
우편 등기 반송 수수료	통신비
우편환	현금 및 현금성자산
우표	통신비
운동장	토지
운반비	운반비
운반비(수출시)	수출제비용
운송보험	보험료
워크샵 비용(경영전략 수립을 위한 경우)	회의비
워크샵 비용(신입사원이나 기타직원의 교육목적인 경우)	교육훈련비
원격대학형태의 평생교육 시에 지출한 시설비, 교육비, 장학금, 연구비	기부금
원료	원재료
원인불명 자금의 입금	가수금
원인불명 현금시제의 부족액	잡손실
원인불명의 현금시제 과잉액	잡이익
원재료	원재료
원재료 가치하락	재고자산평가손실
원재료 부패	재고자산감모손실
원재료 수량부족	재고자산감모손실
원재료 파손	재고자산감모손실
원재료 폐기, 원재료 수량부족	재고자산감모손실
원재료 품질저하	재고자산평가손실
원재료대금 선지급	선급금
원천징수 된 국세	선납세금
원천징수 된 지방소득세	선납세금
원천징수이행불성실가산세	세금과공과
월차수당	급여

웹하드 이용료	임차료
웹호스팅비용	지급수수료
위로금	복리후생비
위생시설	건물
위약금	잡손실
위탁 교육훈련비	교육훈련비
유가증권이자	이자수익
유로폼	가설재
유류대	수도광열비
유지보수료	수선비
유형자산처분손실	유형자산처분손실
유형자산처분이익	유형자산처분이익
육상운반구	차량운반구
음료수 구입비용	복리후생비
의료급여미수금	의료미수금
의무실 유지비	복리후생비
의약품 구입비	복리후생비
의자	비품(소모품비)
의장권	산업재산권
의장(디자인) 등록비	브랜드명
의장(디자인) 출원비	브랜드명
의장(디자인)권	브랜드명
의장권 상각	무형자산상각비
의제매입세액 원재료 차감분	원재료
이동전화요금	통신비
이벤트 행사비	광고선전비
이사비용	지급수수료
이사비용(건물 등의 신축시)	건물
이익준비금	이익준비금
이자비용	이자비용
이자소득세 원천징수 당한 금액	선납세금
이자소득세 원천징수액	예수금
이자수익	이자수익
인센티브(성과급)	급여
인쇄대금	도서인쇄비
인장 구입비	소모품비
인지세	세금과공과
인터넷 사용료	통신비
인터넷 정보이용료	도서인쇄비
인터넷 전용선 이용료	통신비
인터넷 홈페이지 관리비용	지급수수료
인터넷 홈페이지 제작비용	개발비 또는 비품
인테리어(임차인이 부담시)	장기선급비용
인테리어(건물과 별도 인테리어)	구축물
인테리어 원상복구비용	지급수수료
일반사채	사채
일반환자미수금	의료미수금
일시적인 주차료	여비교통비
일 · 숙직비	복리후생비
일용근로자급여	잡급
임대료 미수	미수수익
임대계약금 선수액	선수금
임대료 수입	임대료
임야	토지
임의개인단체, 비등록단체의 회비	접대비
임의적립금	임의적립금
임직원의 복리후생을 위해서 지출한 비용	복리후생비
임직원 포상금	복리후생비
임차료 기간미경과분	선급비용
임차 계약금	선급금
임차료	임차료
임차보증금	보증금
임차자산 도시가스 설치비용	선급비용 처리 후 임차기간동안 안분해서 임차료
입금표 용지대	소모품비
입장권	여비교통비
입찰보증금	보증금
잉크	소모품비

자

사 례	계정과목
자가건물 인테리어 비용(칸막이 공사 등) : 금액이 크고 중요한 경우	구축물

자가 건물 인테리어비용 : 100만 원 이하	소모품비
자가운전보조수당	복리후생비 (또는 급여)
자격 수당	급여
자기 발행 당좌수표	당좌수표
자기앞수표	현금
자기주식 처분으로 생긴 이익	자기주식처분이익
자기주식 취득 · 소각 · 처분시	자기주식
자동 납부 할인액	잡이익
자동차 등록이나 검사미필시 과태료	세금과공과
자동차보험	보험료
자동차세	세금과공과
자동판매기	비품(소모품비)
자본금	자본금
자재대 선지금	선급금
작업기계	기계장치
작업폐기물 매각대	잡이익
작업복	복리후생비
잔교	구축물
잡손실	잡손실
잡이익	잡이익
잡종지	토지
잡지 광고비용	광고선전비
잡지 구독료	도서인쇄비
장기거래에서 발생하는 명목 가액과 현재가치의 차이가 중요할 때	현재가치할인차금
장부서식대	소모품비
장비 임차료(일반기업)	임차료
장부 서식대(건설업)	장비사용료
장비 임차료	지급수수료
장치료	통신비
장학재단 기부금	기부금
재고자산 가치하락	재고자산평가손실
재고자산 부패, 상품 · 제품 폐기	재고자산감모손실
재고자산 수량 부족	재고자산감모손실
재고자산 품질 저하	재고자산평가손실

재료	원재료
재산세	세금과공과
재원 미수금	의료미수금
재해 입은 자산의 외장 복구, 도장 및 유리의 삽입	수선비
저녁 식대(직원)	복리후생비
저수지	구축물
저탄장	구축물
적송품	상품
적십자사회비	세금과공과
전구 구입비	소모품비
전근 여비	여비교통비
전기요금	수도광열비
전기요금 연체료	잡손실
전기줄	소모품비
전답	토지
전도금	전도금
전력비(료)	수도광열비 (전력비)
전력기금	수도광열비 (세금과공과)
전보료	통신비
전선	원재료(자재)
전세권	보증금
전시회 출품 비용	광고선전비
전신전화가입권	보증금
전자계산기	비품
전표 용지 대	소모품비
전자입찰 수수료	지급수수료
전파사용료	세금과공과
전화기	비품
전화 가입 보증금	보증금(또는 전신전화가입권)
전화 가입 보증금 환입액	(−)보증금
전화 가입 시 수수료 또는 설치비	지급수수료
전화기	비품(소모품비)
전화료	통신비
전화비 연체 시	미지급비용

전화료 자동이체 할인료	잡이익 ((-)통신비)
전환사채	사채
절삭공구	공구와기구
점포	건물
정관 작성 비용	지급수수료
정기 간행물 구독료	도서인쇄비
정기 건강진단비용	복리후생비
정기승차권	여비교통비
정기예금	단기금융상품
정기예금 기간경과로 발생한 이자	미수수익
정기예금(단기)의 예입, 중도 해약, 만기 인출	정기예금
정기예금, 정기적금이자	이자수익
정기적금	단기금융상품
정기적금 기간이자로 발생한 이자	미수수익
정기적금(단기)의 예입, 중도해약, 만기인출	정기적금
정기주차료	차량유지비
정수기	비품(소모품비)
정수기 할부구입시	미지급금
정원	구축물
정지비	토지
정치자금기부금	기부금
정화조 청소비용	지급수수료
제방	구축물
제본비	도서인쇄비
제수당	급여
제습기	비품(소모품비)
제품	제품
조경공사비	구축물
조명시설	건물
조의금(거래처)	접대비
조의금(임직원)	복리후생비
조합비	세금과 공과
조합의 출자액	출자금
종교단체 기부금	기부금
종업원 가수금	가수금

종이컵 구입비용	소모품비
종합보험료	보험료
종합소득세 회사 대신 납부액(개인회사)	인출금
종합소득세 회사 대신 납부액(법인)	급여
주방시설구입비	비품
지방소득세 예수금	예수금
주식	단기매매금융자산
주식모집비	주식발행초과금
주식매입대금 및 수수료(단기자금 운용목적)	단기매매금융자산
주식발행비	주식발행초과금
주식발행초과금	주식발행초과금
주식배당	배당금수익
주식처분이익(단기자금 운용목적)	단기매매금융자산처분이익
주식평가이익(단기자금 운용목적)	단기매매금융자산처분이익
주주임원종업원의 장기차입금	장기차입금
주주임원종업원의 단기대여금	단기대여금
주차료	여비교통비
주차위반 벌금, 과료, 과태료	세금과공과
주차장	구축물
주차장 부지	토지
주차장 임차료	임차료
주택보조금	복리후생비
주택자금 단기융자	단기대여금
주휴수당	급여
중간예납 시 납부한 소득세	선납세금
중간제품	반제품
증권거래세	세금과공과
증지대	세금과공과
지게차	건설용장비
지게차 사용료	장비사용료 (공사원가)
지급수수료	지급수수료
지급이자 기간미경과 분	선급비용

지도 구입비	도서인쇄비
지연이자수입	이자수익
지체상금 지급	잡손실
지하도관	구축물
지하수	구축물
지하철 부착광고	광고선전비
지하철 회수권	여비교통비
지하철 회수권 광고	광고선전비
지하철 요금	여비교통비
직무수당	급여
직원식당 운영비	복리후생비
직원에 대한 대여금	단기대여금
직장보육시설운영비	복리후생비
직장연예비	복리후생비
직장체육비	복리후생비
직책수당	급여

차

사 례	계정과목
차고	건물
차대(거래처)	접대비
차대(임직원)	복리후생비
차대(회의시)	회의비
차량검사비	차량유지비
차량 구입비	차량운반구
차량 렌트비	임차료
차량 리스 비용	리스료
차량수선비	차량유지비
차량 안전협회비	차량유지비
차량 엔진오일 교체 비용	차량유지비
차량운반구	차량운반구
차량 타이어 교체 비용	차량운반구
차량 할부금 미지급액	미지급금
차량 할부금 연체료	이자비용
차지권	차지권
창고	건물
창고보관료	보관료
창고 임차료	임차료
창립총회비	회의비 등 당기비용
책 곶이	소모품비(비품)
책 구입비	도서인쇄비
책상	비품
책임보험료	보험료
철근	원재료(자재)
철도비즈니스카드(철도할인카드)	여비교통비
철도운임	여비교통비
철도차량	차량운반구
철사	가설재
철탑	구축물
청소원급여	잡급
청소용역비(용역회사)	지급수수료
청소용품 구입비	소모품비
체력단련비 보조액	복리후생비
체육대회(직장)	복리후생비
체크 단말기 수수료	통신비
초청 강사료	교육훈련비
추심수수료	지급수수료
축의금(거래처)	접대비
축의금(임직원)	복리후생비
출입국 관리비용	여비교통비
출납수당	급여
출자액(개인사업자의 출자액)	출자금
출장시 숙박료	여비교통비
출장시 식사대	여비교통비
출장시 일당	여비교통비
출장시 출입국절차비용	여비교통비
취득세(건물구입시)	건물
취득세(토지구입시)	토지
측량	가설재
측정공구	공구와기구
칠판구입비	비품(소모품비)
침전지	구축물

카

사 례	계정과목
칸막이	비품
칸막이 설치비용	구축물
캐비닛	비품
캘린더 제작비	광고선전비
캠코더 구입비용	비품
커튼	비품
커피	복리후생비
컨베이어	기계장치
키폰	비품
커피잔	소모품비
컴퓨터	비품
컴퓨터유지보수비	지급수수료
콤비락	비품
케이블설치수수료	지급수수료
퀵서비스 비용	운반비
크레인	건설용장비
키보드 구입비용	소모품비

타

사 례	계정과목
타이어 교체 비용	차량유지비
타인이 발행한 당좌수표	현금및현금성자산
탁상용 달력구입비	도서인쇄비
택배비용	운반비
택시요금	여비교통비
텔레비전 시청료	잡비
탭	공구와기구
토목설비	구축물
토지	토지
통관료(수입시)	상품(원재료)
통관료(수출시)	수출제비용
통근수당	급여
통신비	통신비
통역비	지급수수료
통풍설비	건물
통행료	여비교통비
퇴직금	퇴직급여
퇴직급여	퇴직급여
퇴원미수금	의료비수금
퇴직보험예치금	기타의투자자산
퇴직위로금(정리해고 시)	퇴직급여
퇴직위로금	퇴직급여
트럭	차량운반구
특근수당	급여
트럭믹서	건설용 장비
특별상여	급여
특별소비세 예수	예수금
특허권 등록비	특허권
특허권 출원비	특허권
특허권	특허권
특허권 사용료	지급수수료
특허권 상각	무형자산상각비

파

사 례	계정과목
파렛트	비품(소모품비)
파손된 유리 대체	수선비
파지매각대	잡이익
판넬	가설재
판매보증금 납부액	보증금
판매수수료	판매수수료
팜플렛 인쇄대금	도서인쇄비
팩스	비품
팩스 부품교체비	소모품비
팩스사용료	통신비
팩스용지	소모품비
팩스유지보수비	지급수수료
팩스 임차료	임차료
편지 봉투 구입비용	소모품비
폐기물 배출부담금	세금과공과
폐기물처리비용(건설폐기물)	건물

폐기물처리비용(기타)	잡비
포장 박스 구입비용	포장비
포장 백 구입비용	포장비
포장비	포장비
포장비(수출비)	수출제비용
포장 비닐 구입비용	포장비
포장재료 미사용분	저장품
포장지 구입비용	포장비
품질인증수수료	지급수수료
프로그램 구입비용	비품(컴퓨터 소프트웨어)
프린터	비품
프린터 부품 교체비	소모품비
피복비	복리후생비
필기구 비용	소모품비

하

사 례	계정과목
하역비(수출시)	수출제비용
하자보증금	보증금
학자금	복리후생비
학원비	교육훈련비
학회 학술대회 참가비	교육훈련비
할부판매채권	매출채권
항공료	여비교통비
항공보험	보험료
항공운임	여비교통비
해고 예고수당	퇴직급여
해상보험료(수출 시)	수출제비용
해상운임(수출 시)	수출제비용
해외연수 비용	교육훈련비
해외 출장 여비	여비교통비
핸드폰	비품
현금배당	배당금수익
협회비	세금과공과
호이스트	기계장치
후원금	기부금

화단	구축물
화장지 구입 비용	소모품비
화재보험료	보험료
환가료	이자비용
환급받을 근로소득세 등	미수금
환급받을 부가가치세	미수금
화환대(임직원)	복리후생비
화환대(거래처)	접대비
환경개선부담금	세금과공과
환매체	단기금융상품
협찬비	광고선전비
회계자문수수료	지급수수료
회식비	복리후생비
회의비	회의비

기타

사 례	계정과목
CD 구입비	소모품비
CD 케이스 구입비	소모품비
CAPS 이용료	지급수수료
CCTV 구입액	비품(소모품비)
CPS 설치비용	차량유지비
ISO 인증 비용 및 갱신 비용	지급수수료
KT텔레캅 이용료	지급수수료
PG사 결제 대행 수수료	지급수수료
TV	비품
TV 시청료	잡비

06 결산 방법에 대한 해설

1 결산은 장부를 정리 · 마감하는 절차

결산은 기업의 경영활동에 의한 일정시점의 재무상태와 일정기간동안의 경영성과를 명확하게 파악하기 위해서 장부를 정리 · 마감하는 일련의 절차를 말한다.

월차결산

제조기업은 일반적으로 원가회계 기간을 1개월로 정하고 있으므로 매월 말에 그달의 손익을 계산하는 경우가 많다. 이것을 월차결산이라고 하며, 회계 기말에 실시하는 연차결산과 구별한다. 월차결산은 경영관리에 필요한 회계자료를 얻으려는 목적과 연차결산의 준비로서 이루어지는 것이며, 외부에 공표하기 위한 것은 아니다.

연차결산

연차결산은 회계 기말에 기업의 재무상태를 확정하고, 당 회계기간 중의 경영성과를 파악하기 위해서 제 장부를 마감하는 일반적 의미의 결산을 말한다.
월차결산에 의해서 월차손익 계정에 누적된 영업이익을 연차손익 계정 대변에 대체하고 그 밖의 당기에 속하는 수익과 비용을 연차손익 계정에 대체해서 당기순손익을 계산한다.

2 결산의 절차

결산절차는 결산의 예비절차, 결산의 본절차, 결산보고서 작성으로 구분한다.

종류	결산예비절차	결산 본 절차	결산보고서 작성
목적	결산 준비	장부의 마감	기업 내 · 외부 보고
내용	• 시산표 작성 • 결산 수정사항 일람표 작성 • 정산표 작성(선택사항)	• 주요부 마감 • 보조부 마감	• 재무상태표 작성 • 손익계산서 작성 • 자본변동표 작성 • 현금흐름표 작성

결산순서	결산업무 처리 내용 및 순서			
결산 예비절차	수정 전 시산표 작성			
	결산 정리 사항을 정리(재고조사표 작성)한 후 총계정원장에 전기			
결산 본절차	총계정원장 각 계정의 마감	손익계산서	수익과 비용	손익계정으로 마감 대변 합계가 많으면 순이익 차변 합계가 많으면 순손실 개인회사의 경우 자본금계정 법인회사의 경우 이익잉여금(이월결손금) 계정에 대체
		재무상태표	자산, 부채, 자본	차기 이월로 마감
	이월시산표 작성	차기이월액만을 집계한 후 자산은 차변, 부채와 자본은 대변에 나열한 이월 시산표 작성		
	기타보조원장(장부)의 마감	현금출납장, 매입장 · 매출장, 당좌예금출납장, 매입처원장, 매출처원장, 상품재고장, 받을어음기입장, 지급어음기입장, 유형자산 대장 등을 마감		
결산 보고서	손익계산서의 작성			
	재무상태표의 작성			
	이익잉여금처분계산서(또는 결손금처리계산서)의 작성			
	현금흐름표의 작성			

결산정리 서류

- 법인등기부등본(사본)
- 주주명부
- 예금잔고증명서

- 부채증명 확인서
- 재고 명세서(상품, 제조 등) ➜ 재고수불부
- 외상 채권, 채무 잔액 명세서
- 받을어음, 지급어음명세서(어음수불부)
- 출자금 명세서
- 예치금 명세서(은행 정기예금 등)
- 법인소유(건물, 토지) ➜ 건축물대장

결산하는 순서

- 현금을 제일 나중에 맞춘다. 그 외엔 상관이 없다. 합계시산표를 확인한다.
- 1년 동안 경비 사항(전표 입력)
- 재고자산 증가 · 감소 확인 ➜ 재고자산감모손실(원가성이 있으면 매출원가에 포함)
- 외상 채권, 채무 확인 ➜ 외상매출금, 외상매입금 회수 · 지급
- 어음 회수 지급 확인(받을어음 · 지급어음)
  어음할인, 배서양도 대손금 확인(부도, 파산 등 대손상각비)
- 차입금(차입금 내용 확인) ➜ 이자비용 확인, 부채증명서와 일치
- 법인통장(보통예금 · 당좌예금 확인) ➜ 예치금명세서와 일치
- 유형자산(취득 감가상각 처분 등) ➜ 고정자산대장과 일치
- 예수금 : 급여(급여대장) ➜ 4대 보험과 일치
  : 부가세예수금, 부가세대급금 ➜ 부가세 신고 한 것과 일치
- 매출 확인(부가세 신고서)
- 채무면제이익, 자산수증이익, 보험차익 확인
- 이자수익(선납세금) 확인
- 매출원가(제조원가) 확인 ➜ 원재료 확인
- 세금과공과 확인 ➜ 제세공과금
- 영수증, 세금계산서, 계산서, 카드, 현금영수증 ➜ 경비 확인
- 증여 · 출자금은 거의 변동사항 없다.

3 결산의 주요 항목과 결산 조정

<table>
<tr><th colspan="2">구 분</th><th colspan="6">내 용</th></tr>
<tr><td rowspan="15">손익
사항</td><td rowspan="5">수익의 이연
(선수수익)</td><td>시기</td><td>거래내용</td><td colspan="2">차변</td><td colspan="2">대변</td></tr>
<tr><td>당기중</td><td>8월 1일 1년분 임대료 현금수입액 1,200만 원 계상</td><td>현금</td><td>1,200</td><td>임대료</td><td>1,200</td></tr>
<tr><td>당기말</td><td>7개월분 임대료 선수(미경과)액 700만 원 계상</td><td>임대료</td><td>700</td><td>선수수익</td><td>700</td></tr>
<tr><td>차기초</td><td>재수정(재대체)분개</td><td>선수수익</td><td>700</td><td>임대료</td><td>700</td></tr>
<tr><td colspan="6"></td></tr>
<tr><td rowspan="5">비용의 이연
(선급비용)</td><td>시기</td><td>거래내용</td><td colspan="2">차변</td><td colspan="2">대변</td></tr>
<tr><td>당기중</td><td>5월 1일 1년분 보험료 현금지급액 1,200만 원 계상</td><td>보험료</td><td>1,200</td><td>현금</td><td>1,200</td></tr>
<tr><td>당기말</td><td>4개월분 보험료 선급(미경과)액 400만 원 계상</td><td>선급비용</td><td>400</td><td>보험료</td><td>400</td></tr>
<tr><td>차기초</td><td>재수정(재대체)분개</td><td>보험료</td><td>400</td><td>선급비용</td><td>400</td></tr>
<tr><td colspan="6"></td></tr>
<tr><td rowspan="5">수익의 예상
(미수수익)</td><td>시기</td><td>거래내용</td><td colspan="2">차변</td><td colspan="2">대변</td></tr>
<tr><td>당기중</td><td>9개월분 임대료 현금수입 900만 원 계상</td><td>현금</td><td>900</td><td>임대료</td><td>900</td></tr>
<tr><td>당기말</td><td>3개월분 임대료 미수액 300만 원 계상</td><td>미수수익</td><td>300</td><td>임대료</td><td>300</td></tr>
<tr><td>차기초</td><td>재수정(재대체)분개</td><td>임대료</td><td>300</td><td>미수수익</td><td>300</td></tr>
<tr><td colspan="6"></td></tr>
<tr><td rowspan="4">손익
사항</td><td rowspan="4">비용의 예상
(미지급비용)</td><td>시기</td><td>거래내용</td><td colspan="2">차변</td><td colspan="2">대변</td></tr>
<tr><td>당기중</td><td>10개월분 이자 현금지급액 1,000만 원 계상</td><td>이자비용</td><td>1,000</td><td>현금</td><td>1,000</td></tr>
<tr><td>당기말</td><td>2개월분 이자 미지급액 200만 원 계상</td><td>이자비용</td><td>200</td><td>미지급비용</td><td>200</td></tr>
<tr><td>차기초</td><td>재수정(재대체)분개</td><td>미지급비용</td><td>200</td><td>이자비용</td><td>200</td></tr>
</table>

구 분	내 용
불확정 채권 · 채무 : 가수금, 가지급금	불확정 채권, 채무는 귀속, 귀책 사유가 확정되지 않는 한 계상하지 않는다.
현금과부족 정리	현금 실사 후 현금과부족 원인 규명 처리
각종 충당금	결산일 현재 적립해야 할 총액으로 하며, 기존의 기준 또는 절차를 변경해서는 안 된다.
당좌예금	❶ 은행잔액증명서 확인 ❷ 은행계정조정표 작성 및 수정분개 여부
제예금의 이자수익 등	❶ 요구불예금 현금합산 ❷ 금융상품의 초단기 · 단기 · 장기 구분 ❸ 사용 제한 여부 확인 ❹ 미수이자 계상
단기매매금융자산, 매도가능금융자산, 만기보유금융자산 등 평가	❶ 보유목적 변경 여부 확인 ❷ 공정가액평가 ❸ 감액손실 검토
매출채권	❶ 기말채권 조회 ❷ 장기성매출채권(현재가치 평가) 확인 ❸ 대손충당금 설정
재고자산평가	❶ 재고 실사 및 감모 손실 확인 ❷ 공정가치로 평가
유(무)형자산의 감가상각	❶ 자본적 지출의 적정성 여부 검토 ❷ 감가상각 ❸ 감액손실 검토
차입금 이자비용	❶ 유동성장기부채 대체 여부 ❷ 미지급이자 계상
사채상각	❶ 사채이자의 미지급액 계상 ❷ 사채발행차금의 적정한 상각 여부
퇴직급여충당부채 설정	❶ 필요한 퇴직금추계액과 충당금 잔액 확인 ❷ 당기분 계산의 적정성
기타의 충당부채	❶ 기타 충당부채 설정의 필요성 및 적정성 여부 확인

구 분	내 용
수익	❶ 매출수익의 실현 여부 확인 ❷ 특수매매의 수익 인식의 적정성 확인 ❸ 미수수익/선수수익의 계상
비용	❶ 미지급법인세의 계상 ❷ 이연법인세 계상액 확인 ❸ 미지급비용/선급비용 계상

현금계정의 결산 정리

회계기간 중 현금의 실제 잔액이 장부상 금액과 차이가 발생할 경우 이를 먼저 현금과부족계정에 기록해서 현금계정과 시재액을 일치시키고, 조사 결과 현금과부족의 원인이 밝혀지면 해당 계정에 대체해야 하나 결산일까지도 그 원인이 밝혀지지 않을 경우는 부족액은 잡손실 계정에, 과잉액은 잡이익 계정에 대체해 현금과부족 계정을 소멸시킨다.

현금 과잉(장부 < 실제)	현금 부족(장부 > 실제)
❶ 현금과잉액 발견 : 현 금 XXX / 현금과부족 XXX ❷ 원인 규명 : 현금과부족 XXX / 해당 원인계정 XXX ❸ 결산 시까지 원인 불 규명 : 현금과부족 XXX / 잡이익 XXX	❶ 현금부족액 발견 : 현금과부족 XXX / 현금 XXX ❷ 원인 규명 : 해당 원인계정 XXX / 현금과부족 XXX ❸ 결산 시까지 원인 불 규명 : 잡손실 XXX / 현금과부족 XXX

당좌예금계정의 결산 정리

당좌차월 이자가 있는 경우 이를 이자비용으로 처리한다.

이자비용 XXX / 당좌예금 XXX

단기매매금융자산의 결산 정리

보유하고 있는 단기매매금융자산은 가격변동에 따라 결산기말 장부가액과 시장가액이 일치하지 않는 것이 보통이다. 시장성 있는 일시소유의 단기매매금융자산으로서 취득원가와 공정가액이 다른 경우 공정가액에 따라 평가해서 장부가액을 조정해야 한다.

❶ 상승 시의 회계처리(공정가액 > 취득원가)

단기매매금융자산	XXX /	단기매매금융자산평가이익	XXX

❷ 하락 시의 회계처리(공정가액 < 취득원가)

단기매매금융자산평가손실	XXX /	단기매매금융자산	XXX

매출채권계정의 결산 정리

외상매출금이나 받을어음 같은 매출채권은 거래처의 파산, 폐업, 행방불명 등으로 그 회수가 불가능하게 되는 경우가 있는데 이를 대손이라고 한다.

첫째, 기업은 외상매출금 중에서 몇 %는 회수되지 않음을 과거의 경험에 의해서 알 수 있다. 따라서 기말 외상매출금 계정 잔액 중 미래에 예상되는 대손액을 추산한다.

둘째, 추산된 대손액을 (포괄)손익계산서의 대손상각비라는 비용계정으로 처리하고, 재무상태표의 외상매출금을 감액시켜 기재한다.

셋째, 추산액은 확정된 금액이 아니므로 외상매출금에서 직접 차감하지 않고 외상매출금 계정의 부속 계정인 대손충당금 계정을 설정해서 외상매출금 계정에서 차감하는 형식으로 기재한다.

❶ 충당금설정액이 부족한 경우

대손상각비	XXX /	대손충당금	XXX

❷ 충당금설정액이 남는 경우

대손충당금	XXX /	대손충당금환입	XXX

상품계정의 결산 정리

❶ 계속기록법

상품을 판매할 때마다 매출원가를 기록하기 때문에 결산정리분개가 불필요하다.

매출원가	XXX /	상품	XXX

상품매출원가 = 기초상품재고액 + 당기상품매입액 - 기말상품재고액

(50,000원) (100,000원) (40,000원)

❷ 실지재고조사법

상품을 판매할 때 매출액만 기록하므로 결산 시점에서 매출원가와 기말상품평가를 위한 결산정리분개가 필요하다.

(기초상품) 매입 XXX / 상품 XXX (기말상품) 상품 XXX / 매입 XXX

❸ 재고자산감모차손 및 재고자산평가손실의 정리

상품은 보관 중에 도난, 분실, 파손, 증발 등의 원인에 의해서 장부상의 재고액과 실제재고액이 일치하지 않는 경우가 있다. 이때 실제재고액이 장부상 재고액보다 적으면 그 차액을 재고자산감모차손실로 처리해서 상품재고액을 감소시켜야 한다. 또한, 상품의 시가가 취득원가보다 낮을 때는 취득원가와 시가와의 차액을 재고자산평가손실로 처리해서 상품재고액을 감소시켜야 한다.

❶ 상품재고액 > 실제재고액

재고자산감모손실	XXX / 상품	XXX

❷ 취득원가 > 시가

재고자산평가손실	XXX / 상품	XXX

유형자산 계정의 결산 정리

영업활동에 사용되는 유형자산 중에서 토지 및 건설중인자산을 제외한 건물, 기계장치, 비품, 차량운반구 등은 시간의 경과나 매연도 사용에 따른 비용을 수명 기간에 걸쳐 조금씩 (포괄)손익계산서에 기록함과 동시에 유형자산의 가액을 감소시켜야 한다. 이를 감가상각이라고 하며, 유형자산의 매연도 사용에 따른 비용을 감가상각비라고 한다. 또한, 감가상각비와 계상되는 상대편 계정과목을 감가상각누계액으로 기록한다.

감가상각비	XXX / 감가상각누계액	XXX

무형자산 계정의 결산 정리

무형자산은 기업의 영업활동에 효익을 제공하는 자산이므로 영업활동에 사용됨에 따라 가

치의 감소가 이루어진다. 따라서 무형자산 역시 합리적인 기간에 걸쳐 상각으로 비용처리 해야 한다. 무형자산의 상각액은 비용으로 (포괄)손익계산서에 기록하며, 상대편 계정과목으로 재무상태표에 동 금액만큼을 직접 차감해서 기록한다.

특허권상각비 XXX / 특허권 XXX

미사용 소모품의 결산 정리

소모품 구입 시 자산으로 처리한 경우와 비용으로 처리한 경우 둘 다 미사용 소모품에 대한 정리 분개를 해야 한다.

❶ 소모품 구입 시 자산으로 처리한 경우의 분개

(구입 시)

소모품 XXX / 현금 XXX

(결산 수정분개)

소모품비 XXX / 소모품(사용액) XXX

❷ 소모품 구입 시 비용으로 처리한 경우의 분개

(구입 시)

소모품비 XXX / 현금 XXX

(수정분개)

소모품(미사용액) XXX / 소모품비 XXX

장기차입금(장기대여금) 계정의 결산 정리

장기차입금(장기대여금)을 조달한 후 시간이 경과 하면 지급기일이 1년 이내로 도래하게 되는 때에는 장기차입금(장기대여금)으로 회계처리 되었던 계정과목을 유동부채(유동자산)인 단기차입금(단기대여금)으로 재분류해야 한다.

단기차입금 XXX / 장기차입금 XXX

퇴직급여충당부채 계정의 결산 정리

퇴직급여는 종업원의 퇴직을 대비해서 급여 일부를 기업 내에 저축하게 되며, 기업은 종업원이 퇴직하게 되는 경우 퇴직금을 지급한다. 따라서 퇴직금은 종업원이 퇴직할 때 지급되지만 퇴직 시점의 비용이 아니라 종업원의 재직기간에 발생하는 비용이라 볼 수 있다. 따라서 1년 동안 불입된 퇴직금의 증가액은 종업원이 퇴직하지 않더라도 당해 기간의 비용으로 인식해야 한다. 1년 동안의 퇴직금 증가액은 (포괄)손익계산서의 판매비와 관리비인 퇴직급여 계정 차변에 기록하고, 상대편 계정과목으로 재무상태표의 비유동부채인 퇴직급여충당부채로 기록한다.

퇴직급여	XXX / 퇴직급여충당부채	XXX

인출금의 결산 정리

개인사업자의 인출금은 자본금과 같은 성격으로 사업주가 개인적 사용을 위해 별도 계정인 인출금을 설정해서 자본증감을 파악하고자 할 때 이용된다. 따라서 결산 시에는 인출금 계정의 잔액을 자본금계정으로 대체해야 한다.

인출금	XXX / 자본금	XXX

미지급비용(비용의 예상)

미지급비용은 비용이 발생하였으나 결산 시점일 현재까지 현금 지급이 이루어지지 않은 경우이다. 따라서 (포괄)손익계산서 차변에 발생한 비용(이자비용 가정)을 기록하고, 재무상태표에는 미지급비용이라는 부채를 기록한다(결산 시점에 아직 지급하지 않은 이자).

이자비용	XXX / 미지급비용	XXX

미수수익(수익의 예상)

미수수익은 수익이 발생하였으나 결산 시점일 현재까지 현금수입이 이루어지지 않은 경우이다.

따라서 (포괄)손익계산서 대변에 발생한 수익(이자수익 가정)을 기록하고, 재무상태표에는 미수수익이라는 자산을 기록한다(결산 시점에 아직 받지 않은 이자).

미수수익 XXX / 이자수익 XXX

선급비용(비용의 이연)

선급비용은 이미 지급한 비용 중에서 내년 이후에 해당하는 비용 분까지 현금 지급이 먼저 이루어진 경우이다. 예를 들어 7월에 보험료 1년분을 낸 경우 다음과 같이 처리한다.

선급비용 XXX / 보험료 XXX

선수수익(수익의 이연)

선수수익은 이미 받은 수익 중에서 내년 이후에 해당하는 수익분까지 현금수입이 먼저 이루어진 경우이다. 예를 들어 7월에 임대료 1년분을 미리 받은 때는 다음과 같이 처리한다.

임대료 XXX / 선수수익 XXX

결산 항목	정리자료	차변	대변
상품재고액 수정	기초상품 재고액 100원	매입 100	이월상품 100
	기말상품 재고액 200원	이월상품 200	매입 200
단기매매금융자산평가	기말 장부가액 150원 기말 결산일 현재 100원	단기매매금융자산평가손실 50	단기매매금융자산 50
	기말 장부가액 150원 기말 결산일 현재 180원	단기매매금융자산 30	단기매매금융자산평가이익 30
유형자산 감가상각	정액법 : 취득가액 1,000원 내용연수 10년	감가상각비 100	감가상각누계액 100
	정율법 : 취득가액 1,000원 상각율(감가율) 5%	감가상각비 50	감가상각누계액 50
매출채권 대손추산	기말매출채권 잔액 700원 전기 대손충당금 잔액 50원 대손 추산율 10%	대손상각비 20	대손충당금 20

결산 항목	정리자료	차변		대변	
가지급금과 가수금의 정리	가지급금 잔액 180원 여비교통비 지급 누락	여비교통비	180	가지급금	180
	가수금 잔액 130원 외상매출금 회수 누락	가수금	130	외상매출금	130
현금과부족 정리	현금과부족 차변 잔액 80원 원인불명	잡손실	80	현금과부족	80
	현금과부족 대변 잔액 50원 원인불명	현금과부족	50	잡이익	50
인출금 정리	인출금 500원 자본금에 대체	자본금	500	인출금	500
무형자산 감가상각	특허권 500원 5년간 상각	무형자산상각비	100	특허권	100
비용	보험료 계정 마감 시 대·차 합계를 해서 대변의 부족 금액 100원을 손익으로 기록하다.	손익	100	보험료	100
수익	이자수익계정 마감 시 대·차 합계를 해서 차변의 부족 금액 300원을 손익으로 기록하다.	이자수익	300	손익	100
손익	손익계정 마감 시 대·차 합계를 해서 차변의 부족 금액 200원을 자본금(또는 이익잉여금)으로 기록하다.	손익	200	자본금(이익잉여금)	200

4 원장의 마감 방법과 대체분개

원장의 마감

총계정원장의 마감에는 영미식 결산법과 대륙식 결산법이 있다.

❶ 자산, 부채, 자본의 마감과 이월

영미식 결산법	대륙식 결산법
• 자산계정은 잔액이 차변에 있으므로 대변에 차기이월이라는 붉은색 글씨로 기입하고, 대차를 일치시켜 마	• 자산, 부채, 자본계정 마감 시 대체분개를 해서 잔액으로 마감한 후 잔액계정을 작성한다. 즉, 잔액계정을

영미식 결산법	대륙식 결산법
감기입을 한다. 이월액의 정확 여부를 알기 위해서 이월시산표를 선택적으로 작성한다. • 부채와 자본계정은 잔액이 대변에 있으므로 차변에 차기이월이라는 붉은색 글씨로 기입하고, 대차를 일치시켜 마감 기입 한다. 이월액의 정확 여부를 알기 위해서 이월시산표를 선택적으로 작성한다. • 다음 회계연도 첫 날짜로 분개 없이 차기이월을 기입한 반대쪽에 전기이월이라고 기입하고 이월한 금액을 기입한다. 이를 개시기입이라고 한다. • 우리나라는 물론 세계적으로 대부분 사용하는 방법이다.	설정해서 자산계정의 잔액은 잔액계정 차변에, 부채와 자본계정은 자본계정 잔액의 대변에 대체 기입하는 방법이다. • 개시 분개를 한 후 개시 잔액으로 개시기입을 한다. • 대체로 사용하고 있지 않다.

❷ 수익계정과 비용계정을 손익계정에 대체해서 마감한다.

❸ 손익계정에서 계산된 당기순손익은 자본계정에 대체한다.

손익계산서 계정의 마감

손익계산서의 수익과 비용은 당기의 경영성과를 파악하기 위해 기록하는 것으로, 수익과 비용계정의 마감은 우선 손익계정을 임시로 설정해서 수익에 속하는 계정의 잔액은 손익계정의 대변에, 비용계정에 속하는 잔액은 손익계정의 차변에 대체하고 마감한 후 손익계정의 차액(순손익)을 자본금계정에 대체하고 손익계정을 마감한다. 여기서 대체란 한 계정에서 다른 계정으로 옮기는 것을 말하며, 대체분개는 대체를 정확하게 하려고 행하는 분개를 말한다.

주식회사의 경우는 손익계정의 차액(순손익)을 미처분이익잉여금(미처리결손금) 계정의 대변(차변)에 대체한다.

❶ 수익을 손익계정에 대체하는 분개

수익	XXX / 손익	XXX

❷ 비용을 손익계정에 대체하는 분개

손익	XXX / 비용	XXX

❸ 순이익을 계상해서 자본금계정에 대체하는 분개

손익 XXX / 자본금 XXX

❹ 순손실을 계상해서 자본금계정에 대체하는 분개

자본금 XXX / 손익 XXX

[수익계정의 마감]

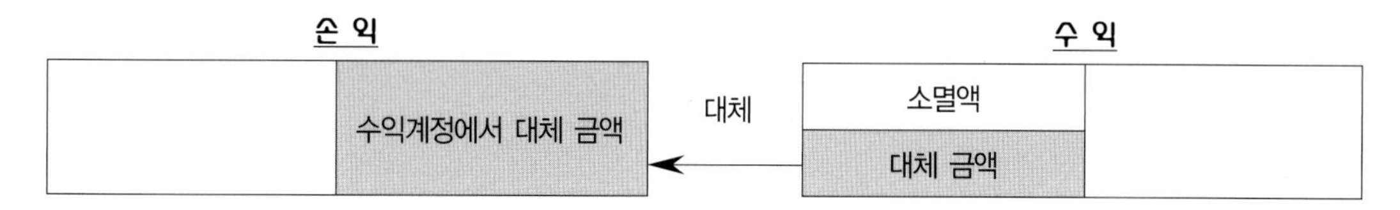

[비용계정의 마감]

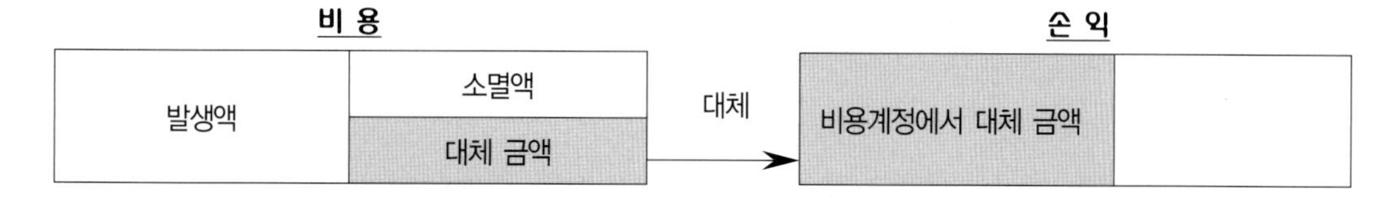

재무상태표 계정의 마감

재무상태표 계정의 마감 방법은 영미식 결산법과 대륙식 결산법이 있다. 일반적으로 영미식 결산법이 주로 사용되며, 그 절차는 다음과 같다.

❶ 자산, 부채, 자본에 속하는 각 계정의 잔액을 잔액이 부족한 쪽에 차기이월이라고 붉은색으로 기입하고, 대차의 합계금액을 일치시켜 마감한 후 반대쪽에 전기이월이라고 기입하고 이월된 금액을 기입한다.

연 금

	100,000	차기이월	150,000
	50,000		
	150,000		150,000
전기이월	150,000		

❷ 각 계정의 마감이 정확하게 이루어졌는지 확인하기 위해 자산, 부채, 자본계정의 이월된 잔액을 집계해서 이월시산표를 작성한다.

5 재무제표의 작성

구 분	작성 방법
재무상태표	이월시산표 또는 자산, 부채, 자본계정의 이월액을 기초자료로 작성한다.
손익계산서	손익계정 또는 수익, 비용계정의 금액을 기초자료로 작성한다.

재무상태표의 작성

일정 시점 기업의 재무상태를 나타내는 표를 재무상태표라고 하며, 자산, 부채, 자본에 속하는 계정의 차기이월액을 집계한 이월시산표를 기초로 작성한다.

기말 재무제표의 자본이 기초자본을 초과하는 경우 그 초과액만큼 당기순이익이 발생한 것이고, 부족한 경우는 당기순손실이 발생한 것이다. 이같이 기말자본과 기초자본을 비교해서 당기순손익을 계산하는 방법을 재산법이라고 한다.

기말 재무상태표

<table>
<tr><td rowspan="3">기말자산</td><td colspan="2">기말부채</td></tr>
<tr><td rowspan="2">기말자본</td><td>기초자본금</td></tr>
<tr><td>당기순이익</td></tr>
</table>

기말자본 - 기초자본 = 당기순이익

기초자본 - 기말자본 = 당기순손실

손익계산서의 작성

기업의 일정기간동안 경영성과를 나타내는 회계 보고서를 손익계산서라고 하며, 수익과 비용에 속하는 각 계정의 잔액을 집계한 집합 손익계정을 기초로 작성한다.

손 익

비용계정	수익계정
자 본 금	

손익계산서

비용	수익
당기순이익	

수익총액이 비용총액보다 많으면 당기순이익이 발생한 것이고, 비용총액이 수익총액보다 많으면 당기순손실이 발생한 것이다.

이같이 수익총액과 비용 총액을 비교해서 순손익을 계산하는 방법을 손익법이라고 한다.

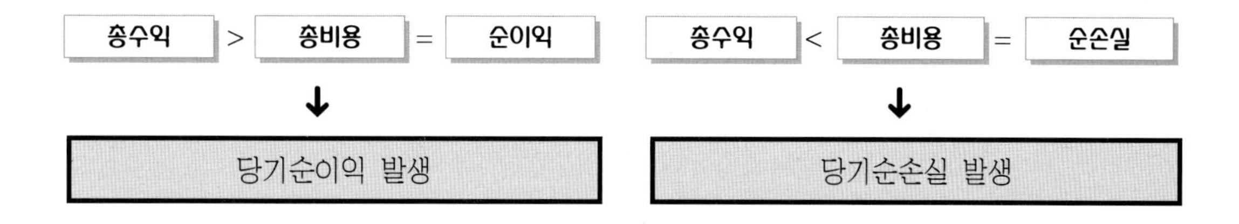

재무상태표와 손익계산서의 순손익 관계

당기순이익이 발생하는 경우

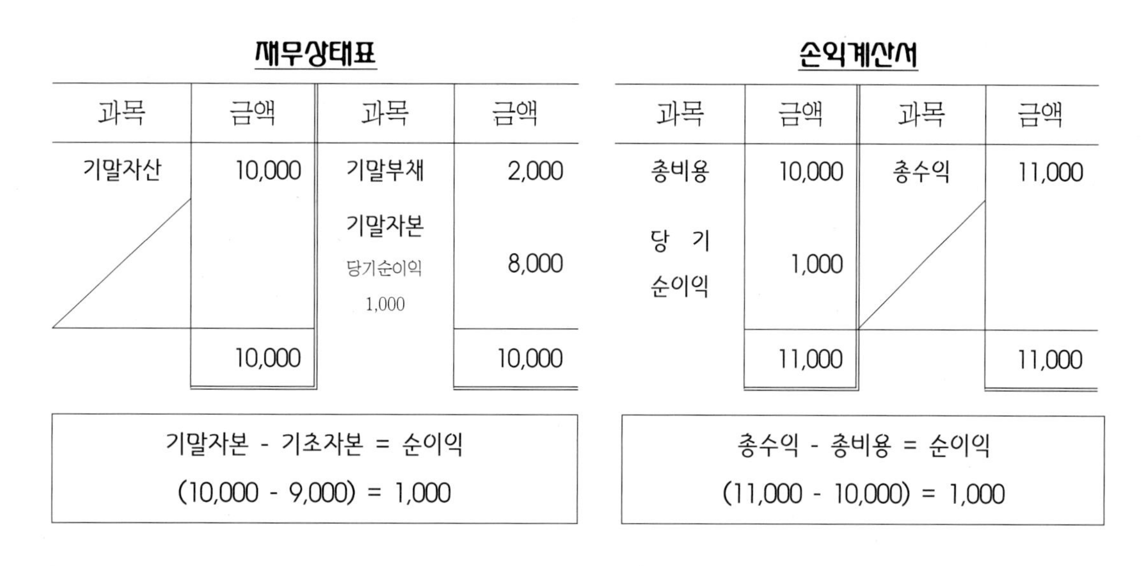

재무상태표

과목	금액	과목	금액
기말자산	10,000	기말부채	2,000
		기말자본 당기순이익 1,000	8,000
	10,000		10,000

기말자본 - 기초자본 = 순이익

(10,000 - 9,000) = 1,000

손익계산서

과목	금액	과목	금액
총비용	10,000	총수익	11,000
당 기 순이익	1,000		
	11,000		11,000

총수익 - 총비용 = 순이익

(11,000 - 10,000) = 1,000

당기순손실이 발생하는 경우

재무상태표

과목	금액	과목	금액
기말자산	10,000	기말부채	2,000
		기말자본 당기순손실 1,000	 7,000
	10,000		10,000

기말자본 - 기초자본 = 순손실
(7,000 - 8,000) = △1,000

손익계산서

과목	금액	과목	금액
총비용	10,000	총수익	9,000
		당 기 순손실	1,000
	10,000		10,000

총수익 - 총비용 = 순손실
(9,000 - 10,000) = △1,000

6 마감 분개에서 재무제표의 작성

손익계정의 마감

(주)한국의 수익계정과 비용계정을 마감하고, 수익계정의 대체분개, 비용계정의 대체분개, 당기순손익의 대체분개를 표시한 후, 손익계정에 대체 마감하시오.

자본금

		11/7	690,000
		손익	190,000

상품매출이익

손익	500,000	11/10	500,000

임대료

손익	60,000	11/30	60,000

잡이익

손익	10,000	11/26	10,000

급여

11/25	250,000	손익	250,000

보험료

11/26	100,000	손익	100,000

통신비

11/25	20,000	손익	20,000

잡비

11/26	10,000	손익	10,000

손 익

급여	250,000	상품매출이익	500,000
보험료	100,000	임대료	60,000
통신비	20,000	잡이익	10,000
잡비	10,000		
자본금	190,000		
	570,000		570,000

구 분	차변 과목	금 액	대변 과목	금 액
수익 대체 분개	상품매출이익	500,000	손익	570,000
	임대료	60,000		
	잡이익	10,000		
비용 대체 분개	손익	380,000	급여	250,000
			보험료	100,000
			통신비	20,000
			잡비	10,000
순손익 대체 분개	손익	190,000	자본금	190,000

이월시산표의 작성

현금 / **당좌예금**

	180,000		60,000		150,000		50,000
		차기이월	120,000			차기이월	100,000
	180,000		180,000		150,000		150,000
전기이월	120,000			전기이월	100,000		

단기금융상품 / **외상매출금**

	200,000				350,000		120,000
		차기이월	200,000			차기이월	230,000
	200,000		200,000		350,000		350,000
전기이월	200,000			전기이월	230,000		

상품 / **건물**

상품		상품		건물		건물	
	350,000		250,000		500,000		
		차기이월	100,000			차기이월	500,000
	350,000		350,000		500,000		500,000
전기이월	100,000			전기이월	500,000		

외상매입금 / **단기차입금**

외상매입금		외상매입금		단기차입금		단기차입금	
	500,000		700,000				70,000
차기이월	200,000			차기이월	70,000		
	700,000		700,000		70,000		70,000
		전기이월	200,000			전기이월	70,000

지급어음 / **자본금**

지급어음		지급어음		자본금		자본금	
	400,000		500,000				690,000
차기이월	100,000			차기이월	880,000	손익	190,000
	500,000		500,000		880,000		880,000
		전기이월	100,000			전기이월	880,000

이월시산표

(주)한국 20××년 ××월 ××일 단위 : 원

차 변	계정과목	대 변
120,000	현금	
100,000	당좌예금	
200,000	단기금융상품	
230,000	외상매출금	
100,000	상품	
500,000	건물	
	외상매입금	200,000
	지급어음	70,000
	단기차입금	100,000
	자본금	880,000
1,250,000	합계	1,250,000

제2장

장부와 증빙관리 업무

01 경리 필수장부의 작성법

1 매출장 및 매출처별 원장의 작성법

매출장은 회사의 판매내용을 기록하는 장부이며, 매출처별 원장은 거래처별 외상관리대장이다.

구 분	현금 매출	외상 매출
(매출)세금계산서 발행	매출장 기록	매출장 및 매출처원장 기록
(외상)대금 회수	일일거래내역서 기록	일일거래내역서 및 매출처원장 기록

8월 13일 (주)이지경리에 제품 5,800만 원(세액 별도)을 납품한 후 매출 세금계산서를 발행해 주고 대금은 나중에 받기로 하다.

매 출 장

일자		유형	코드	계정과목	적요	매출처		공급가액	세액	합계
월	일					코드	매출처명			
8	13	과세	404	제품매출			(주)이지경리	58,000,000	5,800,000	63,800,000

① 일자 : 매출세금계산서 및 계산서의 작성일자, 기타매출의 경우 매출일자

② 유형구분

유형	내용
과세	일반 매출 세금계산서
영세	Local 수출시 수출품 생산업자 등이 수출업자에게 발행하는 영세율 세금계산서

유형	내용
면세	부가가치세 면세사업자가 발행한 계산서
영수	세금계산서를 발행하지 않는 일반 소매 매출 및 서비스 매출
현영	현금영수증에 의한 과세매출 시 입력
카과	신용카드에 의한 과세매출 시 입력

매출처 원장

매출처명 : (주)경리

일자		적 요	차변(증가)	대변(감소)	잔액
월	일				
8	13	제품매출 대금	63,800,000		63,800,000

나중에 (외상)대금을 지급받을 시 일일거래내역서 및 매출처원장의 외상대금 감소(대변) 란에 기록한다.

2 받을어음기입장의 작성법

받을어음의 수취

어음이란 대금 지급을 어음이라는 증서로 일정 시점에 지급을 약속하는 외상거래의 일종이며, 어음의 지급장소는 어음발행인의 거래은행이 되고, 어음발행인의 당좌예금에서 인출한 후 지급한다.

8월 중 컴퓨터 모니터 3,000만 원(세액 별도)을 (주)경리에 납품하다. 8월 31일 세금계산서를 발행하고, (주)경리가 발행한 어음 3,300만 원(1,100만 원 3장)을 결제 대금으로 받았다. (지급일자 : 10월 30일 지급은행 : 기업은행 강남지점)

매출처별 거래명세서 내역

일자		품목	수량	단가	거래금액		합계금액	구분	비고
월	일				공급가액	세액			
8	2	컴퓨터 모니터			10,000,000	1,000,000	11,000,000		
8	5	컴퓨터 모니터			10,000,000	1,000,000	11,000,000		
8	20	컴퓨터 모니터			10,000,000	1,000,000	11,000,000		
8	31	합계			30,000,000	3,000,000	33,000,000		

월합계세금계산서 발행 시 작성일자는 반드시 해당 월의 말 일자로 한다.

매 출 장

일자		유형	코드	계정과목	적요	매출처		공급가액	세액	합계
월	일					코드	매출처명			
8	31	과세	404	제품매출	매출	101	(주)경리	30,000,000	3,000,000	33,000,000

일일거래내역서

년		코드	계정과목	적요	거래처		현금		예금				어음	
월	일				코드	거래처명	입금	출금	구분	입금	구분	출금	입금	출금
8	31	404	매출	매출대금입금	101	(주)경리							33,000,000	

받을어음 기입장

년		적요	금액	어음번호	지급인	발행인	발행일		만기일		지급장소	처리 전 말		
월	일						월	일	월	일		월	일	전말
8	31	매출 대금	11,000,000		(주)경리	(주)경리	8	31	10	30	기업 강남			
8	31	매출 대금	11,000,000		(주)경리	(주)경리	8	31	10	30	기업 강남			
8	31	매출 대금	11,000,000		(주)경리	(주)경리	8	31	10	30	기업 강남			

어음할인

어음상에 어음발행인이 지급하기로 약속한 기일(10월 30일) 이전에 어음을 받을 자가 어음발행인 및 어음 소지인의 신용을 바탕으로 금융기관에 이자를 먼저 지급하고 현금·예금 화하는 방법을 어음할인이라고 한다.

(주)경리로부터 백화점이 받을어음을 어음만기일(10월 30일) 이전인 9월 3일 거래은행인 기업은행에 어음을 할인하기로 하고 (주)경리가 10월 30일까지 기업은행 강남지점에 어음금액을 입금할 것임을 믿고, 할인료 174,794원을 공제한 10,734,795원을 기업은행 보통예금에 입금해주었다.
어음 할인료 계산 : 1,100만 원(어음금액) × 10%(이자율 10%인 경우) × 58일(9월 3일 ~ 10월 30일) ÷ 365(1년) = 174,794원

받을어음기입장

년		적요	금액	어음번호	지급인	발행인	발행일		만기일		지급장소	처리전말		
월	일						월	일	월	일		월	일	전말
8	31	매출대금	11,000,000		(주)경리	(주)경리	8	31	10	30	기업강남	9	3	할인

어음의 배서·양도(전자 어음은 전자적인 방법으로 하지만 효력은 동일)

물품 대금으로 받은 어음을 외상대금 등을 결제하기 위해 어음 뒷면에 양도인의 인적 사항을 기재해서 어음상의 권리를 양도하는 것을 배서 · 양도라고 한다.

9월 10일 신세계 백화점으로부터 받은 어음을 원재료 매입처인 (주)이지에 대한 외상매입금을 지급하기 위해서 배서 · 양도하다.

일일거래내역서

년		코드	계정과목	적요	거래처		현금		예금				어음	
월	일				코드	거래처명	입금	출금	구분	입금	구분	출금	입금	출금
9	10	251	외 상 매입금	외상대금		(주)경리								11,000,000

받을어음기입장

년		적요	금액	어음번호	지급인	발행인	발행일		만기일		지급장소	처리전말		
월	일						월	일	월	일		월	일	전말
8	31	매출대금	11,000,000		(주)경리	(주)경리	8	31	10	30	기업 강남	9	10	외상

3 매입장 및 매입처별 원장의 작성법

매입장은 회사의 구매내역을 기록하는 장부이며, 매입처별 원장은 거래처별 외상관리대장이다.

구 분	현금 매출	외상 매출
(매입)세금계산서 발행	매입장 기록	매입장 및 매입처 원장 기록
(외상)대금 지급	일일거래내역서 기록	일일거래내역서 및 매입처 원장 기록

(주)만들기는 셋톱박스 1,000만 원(세액 별도)을 (주)이지로부터 7월 중에 납품받은 후 7월 31일 매입 세금계산서를 받고 그 대금은 다음 달에 지급하기로 했다.

매입장

일자		유형	코드	계정과목	적요	매입처		공급가액	세액	합계
월	일					코드	매입처명			
7	31	과세	404	제품매입	매입		(주)이지	10,000,000	1,000,000	11,000,000

매입처 원장

매입처명 : (주)이지

일자		적 요	차변(증가)	대변(감소)	잔액
월	일				
7	31	매입 대금		11,000,000	11,000,000

복식부기 방식으로 기장하는 업체의 경우 부채(외상매입금 등)의 증가는 대변에 부채의 감소는 차변에 기재한다.

8월 31일 (주)만들기 (주)이지에 외상매입금 1,100만 원 중 300만 원을 현금으로 결제하고, 800만 원은 기업은행 보통예금에서 계좌이체 지급했다. 계좌이체 시 송금수수료 1,000원이 발생했다.

일일거래내역서

년		코드	계정과목	적요	거래처		현금		예금				어음	
월	일				코드	거래처명	입금	출금	구분	입금	구분	출금	입금	출금
8	31	251	외 상 매입금	외상 대금		(주)이지		3,000,000					기업	8,000,000
8	31	831	지 급 수수료	송 금 수수료									기업	1,000

매입처 원장

매입처명 : (주)이지

일자		적 요	차변(증가)	대변(감소)	잔액
월	일				
7	31	매입 대금		11,000,000	11,000,000
8	31	외상대금 결제	11,000,000		0

복식부기 방식으로 기장하는 경우 부채(외상매입금 등)의 증가는 대변에 부채의 감소는 차변에 기재한다.

4 지급어음기입장의 작성법

(주)만들기 셋톱박스 3,000만 원(세액 별도)을 ㈜이지로부터 7월 중에 납품을 받았다. 7월 31일 매입 세금계산서를 받고 그 대금은 어음을 발행해서 결제해 주었다. (1,100만 원권 3장) (지급일자 : 10월 30일, 지급은행 : 기업은행 강남지점)

매입처별 거래명세서 내역

일자		품목	수량	단가	거래금액		합계금액	구분	비고
월	일				공급가액	세액			
7	31	셋톱박스			30,000,000	3,000,000	33,000,000		

매입장

일자		유형	코드	계정과목	적요	매입처		공급가액	세액	합계
월	일					코드	매입처명			
7	31	과세	460	매입			(주)이지	30,000,000	3,000,000	33,000,000

지급어음기입장

일자		적요	금액	어음번호	지급인	발행인	발행일		만기일		지급장소	처리전말		
월	일						월	일	월	일		월	일	전말
7	31	매입대금	11,000,000		(주)이지	(주)이지	7	31	10	30	기업강남			
7	31	매입대금	11,000,000		(주)이지	(주)이지	7	31	10	30	기업강남			
7	31	매입대금	11,000,000		(주)이지	(주)이지	7	31	10	30	기업강남			

02 매일 관리가 필요한 장부

구 분	법정지출증빙
매일 관리하는 장부	① 전표와 경리 장부, 입 · 출금 증빙의 대조 ② 전표 작성과 매입 · 매출 거래명세서와 매입처 원장, 매출처원장 ③ 기타 관리자가 중요하다고 생각하는 장부
매일 보고받을 장부	① 경리일보 ② 영업일보 ③ 생산일보
일일 목표관리	외상매출금명세서를 통해 매일 매출 입금 실적을 확인하면서 매출목표관리와 미수채권 관리를 한다.
매일 재고 현황과 매출 현황 파악	재고수불부를 통해 매일 매일의 재고 현황을 파악한 후 매출장을 통해 일일 제품별 판매현황을 파악해 재고 주문 시점을 결정한다.
입금증빙과 지출증빙	입금 시에는 입금증(금융거래 시에는 불필요)을 지출 시에는 지출결의서와 법정증빙을 주고받는데, 동 입 · 출금내역이 현금 또는 어음, 외상 매출 관련 장부와 일치하는지 확인한다.
예금통장 관리	예금의 입출금 내역과 예금기입장의 입출금 내역이 일치하는지? 여부를 확인한다.

03 법정지출증빙을 꼭 챙기세요

세금을 계산할 때 관련 지출이 많을수록 내야 할 세금은 줄어든다. 따라서 지출을 증명할 수 있는 증빙서류를 잘 챙기는 것이 절세의 기본이다. 특히 건당 3만 원 초과 경비를 지출할 때는 아래에서 설명하는 법정지출증빙을 반드시 받아야 한다. 법인카드와 사업용 신용카드는 자동으로 홈택스에서 조회가 가능하나 수기 증빙은 반드시 받아서 보관한다.

1 법정지출증빙을 신경 써야 할 때

지출증빙에 대해 신경을 써야 할 대상자는 사업자이다. 즉, 경비사용자가 반드시 법인 또는 개인사업자이고, 사업과 관련성이 있는 지출이어야 하며, 재화나 용역을 공급할 상대방이 법인 또는 개인사업자이어야 한다. 그러므로 개인에게서 구입하거나 비영리기관과의 거래 시에는 거래 사실만을 객관적으로 입증하면 된다.

2 법정지출증빙의 종류

- 세금계산서
- 계산서
- 신용카드매출전표(기업업무추진비(= 접대비)는 반드시 법인카드 사용)
- (지출증빙용)현금영수증
- 일정한 요건을 갖춘 지로영수증
- 원천징수영수증

이상의 증빙을 통상적으로 법정지출증빙이라고 하고,
이외에 간이영수증은 건당 3만 원 이하 지출 시에만 법정지출증빙으로 인정된다.

사업자가 건당 3만 원 초과 경비를 지출할 경우 법정지출증빙을 받아야 하며, 그 외의 경우에는 일반영수증을 받아도 된다.

세금계산서

일반적으로 가장 신뢰성 있는 증빙으로 모든 세무상 증빙을 세금계산서로 명칭이 통용된다고 보아도 과언이 아니다. 이는 공급가액에 부가가치세가 별도로 붙어 별도 표기되는 형식으로 구매자가 판매자에게 세금계산서를 받기 위해서는 구입가격에 부가가치세를 별도로 부담해야 한다. 따라서 구매자가 부가가치세를 별도 부담하지도 않으면서 세금계산서를 발행해 달라고 판매자에게 요구하는 것은 억지다.

세금계산서는 과세물품에 대해 발행을 하며, 간이과세자(연 매출 4,800만 원 이상은 가능)나 면세사업자는 세금계산서를 발행하지 못한다. 물론 영세율에 대해서는 세율을 0%로 해서 세금계산서를 발행한다. 간이과세자는 세금계산서 발급을 못 하는 간이과세자와 발급 가능 간이과세자(연 매출 4,800~8,000만 원은 가능)가 있으니 이를 잘 구분해서 관리할 필요가 있다.

Tip 본 · 지점 관련 세금계산서 문제

1. 각 사업장의 경비를 본점에서 일괄처리 시

사업장별 소모품 등 경비를 본점에서 일괄 경비로 처리하는 경우 총괄납부대상자라면 내부거래명세서를 작성해야 하며, 총괄납부대상자가 아니라면 사업장별 거래로서 세금계산서를 수수해야 한다.

2. 신설사업장 세금계산서를 기존사업장 명의로 받는 경우

사업자가 부가가치세가 과세 되는 재화 또는 용역을 공급받은 때에는 당해 재화나 용역을 공급받는 사업장 명의로 세금계산서를 발급받아야 하는 것이 원칙이나, 사업을 확장하기 위해서 기존사업장 이외에 별도의 신설사업장을 취득함에 있어 당해 신설사업장의 사업자등록 이후에도 신설사업장 취득에 대한 세금계산서를 기존사업장 명의로 발급받은 경우는 기존사업장에서 당해 매입세액을 공제받을 수 있다.

3. 본지점 간의 거래 시 세금계산서

총괄납부사업자의 본지점 간 거래는 내부거래로 거래명세서를 작성하고 본지점 간 내부매출로 반영하며, 사업장별로 매출 · 매입반영 후 내부거래와 내부이익과 상계 반영해서 처리하면 된다. 다만, 총괄납부사업자가 아닌 경우에는 본지점 간 거래에 대해서도 세금계산서를 수수해야 한다.

4. 본점이 일괄 세금계산서 수취 시

본점과 지점 등 둘 이상의 사업장이 있는 사업자가 계약 · 발주 · 대금 지급 등의 거래는 당해 본점에서 이루어지고 용역은 지점에서 공급받는 경우 세금계산서는 본점 또는 지점 어느 쪽에서도 발급받을 수 있는 것이다.

그러나 본점에서 일괄하여 계약체결 및 대금결제를 한 경우에는 세금계산서를 본점 명의로 발급받을 수 있는 것이므로 동 세금계산서와 관련한 매입세액은 세금계산서를 발급받은 당해 법인 본점의 매출세액에서 공제하는 것이며, 당해 법인의 지점이 제공받은 재화 및 용역 등과 관련해서 본점에서 일괄하여 계약체결 및 대금결제를 하고 거래상대방으로부터 세금계산서를 발급받은 경우는 당해 세금계산서의 공급가액 범위 내에서 용역을 실지로 사용 · 소비하는 지점에게 세금계산서를 발급할 수 있는 것이다.

계산서

계산서는 면세 물품에 대해 발행하는 것으로 공급가액만 표기되고 부가가치세는 별도로 표기되지 않는다. 따라서 면세 물품을 구입하는 경우는 부가가치세를 별도로 부담하지 않는다. 참고로 과세 사업자라고 해도 면세 물품을 판매하는 경우 계산서를 발행할 수 있다. 즉 세금계산서와 계산서의 구분은 해당 물품이 과세물품이냐 면세 물품이냐에 따른 구분이다.

Tip 세금계산서와 계산서의 차이점

세금계산서는 구입 가격과 부가가치세가 구분된 것이고, 계산서는 구입가격과 부가가치세가 구분되지 않은 것이다.

그리고 세금계산서는 부가가치세법상 과세 되거나 영세율을 적용받는 물품이나 서비스에 대해서 발행하는 것이고, 계산서는 면세되는 물품이나 서비스에 대해서 발행되는 것이다.

우리가 흔히 범하는 실수사례 중의 하나가 일반과세자는 무조건 세금계산서를 발행하고 면세사업자는 계산서를 발행해야 한다는 점이다.

그러나 실질적으로는 일반과세자라고 해도 면세 물품을 판매하는 경우 세금계산서가 아닌 계산서를 발행하는 것이며, 면세사업자도 과세물품을 팔면 계산서가 아닌 세금계산서를 발행해야 한다. 물론 과세물품과 면세 물품을 섞어서 파는 경우는 과세물품은 세금계산서를 면세 물품은 계산서를 발행해야 한다.

여기서 문제의 핵심을 세금계산서와 계산서의 결정은 일반과세자다 면세사업자다. 라는 사업자등록증 상의 표시형식이 아닌 과세물품이다. 면세 물품이다. 라는 물품 구분에 따라 이루어진다는 점이다. 즉 일반적으로 나는 면세 물품만을 팔겠다고 약속을 한 경우 면세사업자로, 나는 과세물품만 팔거나 과세물품도 팔고 면세 물품도 팔겠다고 약속한 경우 과세사업자로 사업자등록을 해준 형식에 불과할 뿐 실질적으로 판매하는 물품의 성격에 따라 면세 물품은 계산서를 과세물품은 세금계산서를 발행하는 것이다.

따라서 일반과세자인데 왜 세금계산서가 아닌 계산서를 발행하지?'라고 이상하게 생각하거나 당신은 일반과세자인데 왜 계산서를 발행하지요?'라고 문의를 하기 전에 상대방이 일반과세자인지 면세사업자인지 확인하는 것보다는 구입하고자 하는 물품이 과세물품인지 면세 물품인지를 먼저 확인해 보는 지혜가 필요하다. 우리가 흔히 슈퍼나 대형마트에서 물건을 사고 영수증을 받아보면 그 의문이 말끔히 사라질 것이다. 즉 대형마트는 일반과세자인데 영수증 상에 보면 어떤 것은 부가가치세가 붙어 있고 어떤 것은 붙어 있지 않다. 지출증빙을 발행해달라고 하면 당연히 일반과세자로서 부가가치세가 붙은 세금계산서를 발행해주어야 하는데, 어떤 것은 계산서를 발행해 줄 것이다. 이와 같은 사례는 관리비 지급 시(전기료와 수도료)나 복합매장, 인터넷 쇼핑몰 등에서 흔히 볼 수 있다.

이것은 세금계산서와 계산서가 일반과세자, 면세사업자라는 사업자의 표시형식에 따라 발행되는 것이 아니라 과세물품이냐 면세물품이냐는 판매 물품의 형식에 따라 구분된다는 점을 보여 주는 사례들이다.

사업자 구분		판매물품	발행가능한 증빙
과 세 사업자	일반과세자	과세물품	세금계산서, 신용카드매출전표, 현금영수증
		면세물품	계산서, 신용카드매출전표, 현금영수증
	간이과세자	신용카드매출전표, 현금영수증, 연 매출 4,800만 원 이상은 세금계산서 발행 가능	
면세사업자		과세물품	우선 과세사업자로 전환한 후 세금계산서, 신용카드매출전표, 현금영수증
		면세물품	계산서, 신용카드매출전표, 현금영수증

신용카드매출전표(또는 현금영수증)

우선 신용카드매출전표와 현금영수증의 차이를 살펴보면 카드를 사용해서 지출하고 본사 또는 본인의 신용카드 만기일에 지출액을 결제하기 위해 받는 전표는 신용카드매출전표이고, 비용을 지출하고 현금을 즉시 내면서 본인의 카드나 핸드폰을 제시하고 영수증의 발행을 요구하는 경우 신용카드 단말기에서 발행해주는 전표는 현금영수증이다.

그러나 세무상으로는 두 증빙에 대해서 일반적으로 동일한 증빙으로 인정하고 있다. 다만, 현금영수증의 경우 증빙으로 인정받기 위해서는 현금영수증 발행 시 지출증빙용으로 발급받아야 한다.

지로영수증과 각종 청구서

지로영수증 또는 각종 청구서를 받아 세금계산서로 활용하기 위해서는 다음의 4가지 필수적 기재 사항이 기재되어 있는지 반드시 확인해야 한다. 만일 4가지 사항이 모두 기재되어 있는 경우 이는 세금계산서와 같은 것이며, 이 중 하나라고 기재가 누락되어 있는 경우에는 일반영수증과 같다고 보면 된다.

❶ 공급하는 자의 사업자등록번호와 성명 또는 명칭

❷ 공급받는 자의 사업자등록번호

❸ 공급가액과 부가가치세액

❹ 작성연월일

예를 들어 전화 등이 회사 명의로 되어 있지 않고 개인 명의로 되어 있는 경우 ❶, ❸, ❹는 모두 기재되어 있으나 ❷가 개인으로 되어 있어 4가지 요건을 충족하지 못해 부가가치세를 그냥 손해 보는 것이다. 따라서 이를 사전에 방지하기 위해서는 반드시 모든 사항을 회사 명의로 변경해 두어 ❷의 사항이 지로용지에 표기가 되도록 해야 한다.

부가가치세 신고 방법은 지로용지 = 세금계산서이므로 그냥 세금계산서로 생각하면 된다. 따라서 신고서상의 매입세액에 기재하고 매입처별 세금계산서 합계표에 기재해서 신고하면 된다.

간이영수증

간이영수증은 문방구에서 파는 간이영수증 또는 영수증이라고 쓰여진 용지를 말하며, 슈퍼나 음식점에서 영수증을 대신해서 사용하는 금전등록기영수증 등도 간이영수증에 포함이 된다.

원천징수영수증

근로를 제공한 직원이나 일용근로자에게 급여를 지급하거나 상대방에게 인적용역을 제공받은 경우 사업소득이나 기타소득 등 대가를 지급하게 되는데 이때 원천징수 후 원천징수영수증을 보관하면 이것이 법정지출증빙이 된다.

구 분	세무상 처리 방법
신용카드매출전표 현금영수증	❶ 일반과세사업자가 발행한 경우이다(공급사업자가 법인이면 세금계산서를 발행하는 것이 원칙임). ❷ 제외되는 경우 : 목욕, 이발, 미용업, 여객운송업, 입장권을 발행하여 영위하는 사업이다. ❸ 부가가치세액이 별도로 구분 기재 되어야 한다.

구 분	세무상 처리방법
직불카드 영수증, 결제대행업체의 신용카드매출전표, 선불카드 영수증	❹ 신용카드 매출전표 수취명세서, 현금영수증 수취명세서 등을 부가가치세 신고 시 제출해야 한다. ❺ 신용카드매출전표, 현금영수증을 5년간 보관해야 한다. ❻ 공급자의 인적 사항은 해당 증빙에 이미 인쇄 기재되거나 전자정보에 포함되어 있다. ❼ 공급받는 자의 성명, 주소, 사업자등록번호 등은 기재될 필요가 없다.
세금계산서와 전자세금계산서	과세사업 관련 업무상 구입 · 지출 등은 법정지출증빙으로 매입세액공제가 가능하다.
지로용지	세금계산서 필수사항 기재, 국세청장에 신고한 후 발급(전력, 전화, 가스 등 공익성 지출임)
수입세금계산서	❶ 해외로부터의 재화 수입 : 세관장이 작성, 발급 ❷ 국내 수입 회사가 매입세액공제 적용받음
계산서 해당액	일반적인 경우는 매입세액공제가 안 된다.
일반영수증, 금전등록기 영수증	매입세액공제가 안 된다. 3만 원 초과 지출 시 법정지출증빙으로 인정받지 못한다.

3 법정지출증빙의 사용기준

일반경비

기준 건당 거래금액이 3만 원 초과 시 법정지출증빙 수취(임직원 개인카드도 가능)

위반시 비용으로 인정받는 대신 법정지출증빙 미수취 금액의 2%를 증빙불비가산세로 부담

접대비

기준 건당 접대금액이 3만 원 초과 시 법정지출증빙 수취 : 반드시 법인카드(법인사업자) 또는 대표자 개인카드(개인사업자)만 사용해야 한다.

위반시 지출금액 자체를 비용으로 인정받을 수 없다. 다만 증빙불비가산세는 내지 않는다.

4 비법정지출증빙

세금계산서와 계산서, 신용카드매출전표 및 지출증빙용 현금영수증 또는 영수증을 제외한 거래명세서나 입금표는 거래 증빙이고, 판매처와 구매처가 서로 물건을 주고받고 돈을 지급했다는 외부거래 사실을 증명해주는 증빙일 뿐이지 세법에서는 이를 법정지출증빙으로 인정해 주지 않는다. 또한, 회사마다 지출 시 지출 청구 및 지출 사실을 증명하기 위해 회사 자체적으로 지출결의서를 작성해서 사용하는 경우가 많은데, 이 또한 내부 지출 증빙일 뿐 법적으로 인정해 주는 법정지출증빙이 아니다.

구 분	내 용
지출결의서	지출사실을 증명하기 위해서 회사 자체적으로 만들어 사용하는 내부거래 증빙이다.
거래명세서	거래명세서는 판매자가 구매자에게 구매 물품을 이상 없이 제공했다는 사실을 증명하는 외부거래 증빙이다.
입금표	입금표는 판매자와 구매사 또는 기타의 원인으로 인해 대금의 수불이 정확히 이루어졌다는 사실을 증명하는 돈을 받은 증표이다. 현재는 계좌이체가 일반화되어 잘 사용하지 않는다.

04 법정지출증빙을 꼭 받아야 하는 거래

구 분			증빙 적용
영 리	법인		적용
	개인	❶ 신규사업자 ❷ 직전 연도 수입금액 4,800만 원 미만 ❸ 연말정산 하는 사업소득만 있는 자	미적용
		❶, ❷, ❸ 이외의 개인사업자	적용
비영리	단, 수익사업 부분은 적용 대상		미적용

주 부가가치세법상 간이과세자는 원칙적으로 적용 대상이며, 연 매출 4,800만 원 미만이라도 신용카드가맹점인 경우 반드시 신용카드매출전표를 받아야 한다. 단, 읍 · 면 지역의 간이과세자로 신용카드가맹점이 아닌 경우 증빙을 받지 않아도 되는 예외 사항이다.

1 법정지출증빙 규정이 적용되는 사업자

증빙 규정이 적용되는 사업자는

❶ 영리법인 또는 비영리법인의 수익사업 관련 지출로서

❷ 업무와 관련해

❸ 자산의 취득이나 비용의 지출 시 : 재화나 용역을 제공받고 회사의 돈이 나가는 경우에만 적용하고, 들어오는 돈에는 적용하지 않는다.

❹ 일정 금액을 초과하는 지출이면서 : 건당 3만 원 초과, 경조사비는 20만 원 초과

❺ 증빙 예외 규정에 해당하지 않는 거래이다.

지출한 비용을 받는 상대방이 영리 행위인지 비영리 행위인지를 판단한다.

증빙은 원칙적으로 영리 목적에 해당하는 경우에만 적용이 되고, 비영리 목적에는 신경을

쓰지 않아도 된다. 따라서 영리법인에만 적용이 되고, 비영리법인은 수익사업을 제외하고는 적용이 되지 않는다.

그리고 법인은 영리 목적의 모든 법인이 적용 대상이나 개인은 신규사업자나, 단순경비율 적용 대상, 직전 연도 수입금액이 4,800만 원 미만인 사업자는 적용 대상이 되지 않는다.

Tip 연 매출 4,800만 원 미만 간이과세자와 거래 시 유의 사항

연 매출 4,800만 원 미만 간이과세자와 거래 시 반드시 신용카드로 결제를 하는 것이 좋으며, 상대방이

❶ 간이과세자이면서

❷ 읍 · 면 이외의 지역에 위치하고

❸ 신용카드가맹점이 아닌 경우에는 건당 3만 원 이하 거래만 하는 것이 좋다.

만일 3만 원을 초과하는 경우

❶ 부동산임대용역, 중개수수료, 운송용역 등(증빙특례 규정)을 제공받은 경우 송금명세서를 제출하면 되나

❷ 다른 거래의 경우 법정지출증빙을 받지 못하면 2%의 가산세를 부담한다.

증빙규정은 업무관련지출에 한해 적용된다.

증빙규정은 업무관련지출에 한해서 적용되며, 업무와 관련되지 않는 지출은 원칙적으로 비용 자체가 인정되지 않으므로 증빙규정이 적용되지 않는다.

예를 들어 개인사업자가 개인의 집과 관련한 가사 관련 지출이나, 대표이사가 가사 관련 비용 등 개인의 사생활과 관련한 지출은 적용대상이 되지 않는다.

증빙규정은 돈의 지출 시에만 적용된다.

증빙규정은 돈의 지출 시에만 적용되는 것으로 돈이 들어오는 수입과 관련해서는 적용되지 않는다. 즉 증빙규정이 적용되는 경우는 자산의 취득과 비용의 지출 시(물품이나 서비스를 구입하고 비용을 지출하는 경우)이다.

자산의 취득 시에는 법정지출증빙 수취 이외에 계약서 등으로 증빙을 대체할 수 있는 예도 있으나. 비용의 지출 시에는 반드시 법정지출증빙을 받아야 한다.

그리고 비용 중 인건비와 관련해서는 법정지출증빙을 대신해서 원천징수영수증이 법정지출증빙의 역할을 한다. 또한, 비용의 지출 시에도 해당 비용의 성격에 따라 법정지출증빙을

받아야 하는 한도금액을 정하고 있으므로 이것도 구분해서 알아두어야 한다.

<table>
<tr><th colspan="4">구 분</th><th>증빙 종류</th></tr>
<tr><td rowspan="3">자산취득</td><td colspan="3">❶ 금융자산 : 현금, 예금, 수표 · 어음, 유가증권(국 · 공채) 등
❷ 매출채권 : 외상매출금 · 받을어음 · 부도어음
❸ 자금의 선지급 : 선급금 · 선급비용</td><td>증빙관리규정의 적용대상이 아니다.</td></tr>
<tr><td colspan="3">토지, 건물 등 부동산, 보증금</td><td>매매계약서, 송금명세서 등 소명자료</td></tr>
<tr><td colspan="3">재고자산 구입, 차량운반구나 기계장치 구입 등</td><td>세금계산서 등 법정지출증빙</td></tr>
<tr><td rowspan="8">비용지출</td><td colspan="3">물품 또는 서비스(재화 또는 용역)의 구입</td><td>세금계산서 등 법정지출증빙</td></tr>
<tr><td rowspan="7">경비지출</td><td colspan="2">인건비</td><td>원천징수영수증</td></tr>
<tr><td rowspan="2">기업업무추진비(= 접대비)</td><td>3만 1원~</td><td>세금계산서 등 법정지출증빙</td></tr>
<tr><td>~3만원</td><td>법정지출증빙 이외에 간이영수증도 가능</td></tr>
<tr><td rowspan="2">경조사비</td><td>거래처 : 20만원</td><td>청첩장 등</td></tr>
<tr><td>임직원 : 사규상의 금액</td><td>청첩장 등</td></tr>
<tr><td rowspan="2">인건비, 기업업무추진비(= 접대비), 경조사비를 제외한 일반비용</td><td>3만 1원~</td><td>세금계산서 등 법정지출증빙</td></tr>
<tr><td>~3만원</td><td>법정지출증빙 이외에 간이영수증도 가능</td></tr>
</table>

2 증빙규정의 적용에도 예외는 있다.

법정지출증빙의 예외가 적용되는 경우

다음에 해당하는 거래에 대해서는 법정지출증빙을 받지 않아도 세제상 불이익이 없다. 즉, 대금의 지급방법에도 불구하고 법정지출증빙을 받지 않아도 되는 거래로써 법정지출증빙이 아닌 간이영수증을 증빙으로 받아도 된다.

❶ 다음에 해당하는 사업자와의 거래

가. 비영리법인(수익사업과 관련된 부분은 제외함)

나. 국가 · 지방자치단체

다. 금융보험업 영위법인(금융 · 보험용역을 제공하는 경우에 한함)

라. 국내사업장이 없는 외국법인 및 비거주자

마. 연 매출 4,800만 원 미만 읍 · 면 지역 소재 간이과세자. 단, 연 매출 4,800만 원 미만 간이과세자 중 비록 읍 · 면 지역에 소재하는 때도 신용카드가맹점으로 등록된 경우는 동 간이과세자로부터 신용카드매출전표를 법정지출증빙으로 반드시 수취해야 한다.

바. 농 · 어민으로부터 재화 또는 용역을 공급받은 경우

농민으로부터 직원 명절선물로 사과를 구입하는 경우 지출 사실을 입증할 수 있는 영수증만 받거나 송금을 하는 경우 증빙이 된다.

❷ 공급받은 재화 또는 용역의 건당 거래금액(부가가치세 포함)이 3만원(경조사비는 20만원) 미만인 경우

❸ 원천징수대상 사업소득자로부터 용역을 공급받는 경우(원천징수한 것에 한함)

상대방이 사업자등록이 되어 있는 사업자의 경우 세금계산서를 받아야 하나, 세금계산서 대신 3.3% 원천징수 후 원천징수영수증을 증빙으로 보관해도 동 원천징수영수증을 법정지출증빙으로 본다. 물론 기타소득 및 근로소득 등 인적용역에 대한 대가의 지급 시에도 원천징수영수증이 법정지출증빙이 된다.

❹ 부가가치세법상 재화의 공급으로 보지 않는 사업의 양도에 의하여 재화를 공급받은 경우

❺ 방송법에 의한 위성방송 · 종합유선방송 · 중계유선방송용역을 공급받은 경우

스카이라이프 등 방송사업자로부터 방송용역을 제공받는 경우 동 지로영수증을 받아서 보관하면 법정지출증빙이 된다.

❻ 전기통신사업자로부터 전화세가 과세 되는 용역을 공급받은 경우

전화료를 납부하는 경우 전화요금 청구서를 보관하면 동 청구서가 법정지출증빙이 되는 데 반드시 세금계산서와 같은 필수적 기재 사항이 기재되어 있어야 한다. 즉 당사의 상호와 사업자등록번호가 청구서에 기재되어 있어야 한다.

❼ 국외에서 재화 또는 용역을 공급받은 경우(세관장이 세금계산서 또는 계산서를 발급한 경우를 제외함)

❽ 공매 · 경매 · 수용에 의하여 재화를 공급받은 경우

❾ 토지 또는 주택을 구입하는 경우

⑩ 주택임대업자(법인 제외함)로부터 주택임대용역을 공급받은 경우

⑪ 택시운송용역을 제공받은 경우

⑫ 건물(토지와 함께 거래 시 당해 토지를 포함하며, 주택을 제외함)을 구입하는 경우(매매계약서 사본을 과세표준신고서에 첨부해서 납세지 관할 세무서장에게 제출하는 경우에 한함)

사옥이나 업무용 토지를 구입하는 경우 매매계약서를 보관하면 동 매매계약서가 법정지출증빙이 된다.

⑬ 금융 · 보험용역을 제공받은 경우

⑭ 전산발매통합관리시스템에 가입한 사업자로부터 입장권 · 승차권 · 승선권을 구입하여 용역을 제공받은 경우

⑮ 항공기의 항행용역을 제공받은 경우

⑯ 부동산임대용역을 제공받은 경우로서 부동산 간주임대료에 대한 부가가치세액을 임차인이 부담하는 경우

⑰ 재화 또는 용역공급 계약에 의해서 확정된 대가의 지급지연으로 인하여 연체이자를 지급하는 경우(위약금, 손해배상금 등)

⑱ 한국철도공사법에 의한 한국철도공사로부터 철도의 여객운송용역을 공급받는 경우

⑲ 유료도로법에 따른 유료도로를 이용하고 통행료를 지급하는 경우

법정지출증빙 대신 송금명세서로 가능한 지출

다음의 거래에 대해서는 법정지출증빙을 받지 않아도 되나 금융기관을 통해서 대금을 지급하고 '경비 등의 송금명세서'를 납세지 관할 세무서장에게 제출해야 한다.

❶ 연 매출 4,800만 원 미만 간이과세자로부터 부동산임대용역 · 운송용역 및 재활용 폐자원 등을 공급받는 경우(운수업을 영위하는 자가 제공하는 택시운송용역 제외).

❷ 임가공용역을 제공받은 경우(법인과의 거래를 제외한다)

❸ 항공법에 의한 상업서류 송달용역을 제공받는 경우

❹ 부동산중개업법에 의한 중개업자에게 수수료를 지급하는 경우

❺ 복권사업자가 복권을 판매하는 자에게 수수료를 지급하는 경우

05 장부와 중요서류 관리

1 경리관리 업무

전표관리

전표는 회사의 경리에서 가장 기본적인 작업이 되며, 이를 통해서 장부 등 여러 가지 회계 자료가 발생하고 정리된다.

전표 관리는 회계상 거래를 기록하는 가장 기초 단계에 있는 장부이다.

전표의 종류에는 수시작업 시에는 출금전표와 입금전표, 대체전표를 가장 많이 사용했으나 최근에는 전산화로 매입매출전표나 일반전표(출금전표와 입금전표, 대체전표 포함)를 사용한다.

구 분	사용 시기
입금전표	현금의 입금 시 작성(통장에서 시재 인출 시)
출금전표	현금의 출금 시 작성
대체전표	일부 현금 입금이나 지출시 또는 전부 비현금 거래 시 작성

통장관리

개인사업자는 통장에 대한 경리가 보통 들어가지 않는 것이나 법인사업자의 경우에는 법인 통장에 기재된 것을 경리로 옮기는 작업이 상당한 부분 주의를 필요로 한다. 왜냐하면, 대부분의 거래가 법인통장을 통해서 이루어지기 때문이다.

- 입출금 통장에서 현금을 인출할 경우 : 입금전표에 기재하는 것이 보통
- 인출한 현금으로 지출할 경우 : 출금전표에 기재하는 것이 보통
- 통장에 대한 전표 발행 시에는 거래처 코드를 걸어주어서 외상대정산 시 누락되는 항목이 없도록 한다.

세금계산서 관리

매출 세금계산서 관리

아래와 같은 보조원장을 가지고 있으면 부가가치세 신고 시에 아주 유용하게 사용할 수 있다. 다만, 표준서식은 아니므로 참고만 한다.

매출총괄표

매출 날짜	매출처 상호	사업자 등록번호	공급가액	부가가치세	합계	입금 시기	입금 종류 (계정과목)

주 입금 종류는 현금, 어음, 보통예금을 적는다.

주 입금 시기는 자금이 들어오는 시기를 알 수 있어서 자금계획을 세우는데, 도움 된다.

매입 세금계산서 관리

매입총괄표

매입 날짜	매입처 상호	사업자 등록번호	공급가액	부가가치세	합계	출금 시기	출금 종류 (계정과목)

계정과목은 매입처별로 다음과 같이 세분화해서 적는다.

- 원재료 : 제품이나 상품을 만들 때 원료로 들어가는 것을 말한다.
- 소모품비 : 제품을 만들 때 1회 용으로 쓰이는 소모품 구입비용을 말한다.
- 지급수수료 : 수수료 성격이 있는 지출을 말한다(예 : 세무사사무실 기장료).
- 통신비 : 전화요금, 핸드폰 요금 등을 말한다.
- 지급임차료 : 사무실 임차료를 지급하거나 용역을 제공받은 대가의 지급액을 말한다.
- 기타

출금 시기는 자금이 빠져나가는 시기를 예측할 수 있어서 자금의 지출 규모를 알 수 있다. 물론 자금이 실제로 지출되는 것을 기재할 수도 있다.

세금계산서 관리

세금계산서 발생 시 및 금액 정산 시에 각각의 전표 발생을 시킨다. 아래에서 세금계산서의 관리 요령을 자세히 살펴본다.

가공세금계산서 및 위장세금계산서가 발행되지 않도록 철저한 관리가 필요하다. 가공 또는 위장 거래의 징후나 실제 거래가 있을 경우는 반드시 후속 조처를 할 수 있도록 해야 한다.

거래는 4장의 증빙이 한 묶음이 되게 한다.

❶ 거래명세표(사업자등록증 사본)

❷ 계약서 및 견적서

❸ 입금표 및 계좌이체 확인서 등

❹ 세금계산서 발행

모든 거래에 대해서는 4장의 증빙이 한 묶음이 되는 것이 원칙이다. 거래의 입증을 위해서는 반드시 있어야 하므로 철저하게 준비한다.

법인카드 관리 및 개인카드 관리

법인의 경우 기업업무추진비(= 접대비)지출은 반드시 법인카드로 이루어져야 손비로 인정받을 수 있으므로 카드관리가 중요하다.

또한, 법인카드의 통제가 잘 이루어지지 않으면 불필요한 사적비용이 회사 밖으로 유출되는 경우가 발생하므로 카드를 명확히 통제해야 한다.

주식 관리

법인에 있어서 주식의 변동에는 양도, 증여, 증자, 감자 등 여러 가지 형태가 있다. 이 중에서 각 변동사항에 따라서 세금이 발생할 수 있으므로 주의를 필요로 한다.

- 양도 : 양도소득세, 증권거래세
- 증여 : 증여세
- 증자 : 불균등 증자 시 증여세
- 감자 : 불균등 감자 시 증여세

주요 보조원장

외상매출금 관리 대장

거래처별로 외상매출액을 관리하며, 회수 수단을 적어 놓아 수단별 계정별 원장과 대조할 수 있도록 작성해 놓는다.

외상매입금 관리 대장

거래처별로 외상매입액을 관리하며, 지급수단을 적어 놓아 수단별 계정별 원장과 대조할 수 있도록 작성해 놓는다.

미지급금 관리 대장

기계장치 및 건물 등 고정자산내역 별로 적어서 관리한다.

일반영수증 관리

계정과목	설명	증빙관리
증빙은 세금계산서, 계산서, (법인)신용카드매출전표, (지출증빙용)현금영수증, 원천징수영수증, (공과금)지로영수증을 기본으로 수취하데, 상황에 따라 계좌이체 및 계약서, 승차권, 영수증을 첨부한다.		
급여 및 임금	임직원의 급여, 잡급	급여명세표, 원천징수영수증 등 급여대장
상여금	매달, 명절, 연말 등 보너스 지급금	상여금지급표
복리후생비	직원을 위한 식대, 약품대, 차대, 간식, 유니폼대, 부식대	식사 시 신용카드매출전표, 간식 대 영수증, 유니폼비 영수증
여비교통비	출장업무 자동차 교통비, 출장 시 식대, 출장 시 사용된 기타 경비 등	유류비 신용카드매출전표, 출장 시 간이영수증, 기차표 및 버스승차권
통신비	전화요금, 우표대금, 송금수수료, 등기료 및 소포 우송비	통신비 지로용지, 우표대금 영수증, 송금수수료 영수증, 등기우편 영수증
수도광열비	전기요금, 상하수도료, 난로에 사용되는 석유와 경유 가스레인지에 사용되는 가스대	전기·상하수도 지로용지, 건물관리비 세금계산서 및 계산서
지급임차료	건물 및 기타부동산을 임대 사용 시 지급하는 비용	건물임대차 계약서, 세금계산서 등

계정과목	설명	증빙관리
세금과공과	자동차세, 적십자회비, 면허세, 주민세, 도로하천 수거 사용료	각각의 세금 고지서
수선비	동산 및 기타 부동산을 수선복구 시 사용되는 비용	수선비 세금계산서
보험료	차량 보험료, 책임보험료, 화재보험료, 산재보험료	보험료 영수증
기업업무추진비(= 접대비)	거래처 손님을 위한 화분이나 축의금, 식대, 주대, 차대, 손님에게 제공하는 비용	간이영수증(3만 원 까지), 청첩장(20만 원까지), 법인 신용카드 매출전표
광고선전비	간판, 광고용 타울이나 달력 신문이나 전화번호부의 광고료	간이영수증 및 세금계산서
차량유지비	차량에 사용되는 유류대, 수리 부품, 기금 분담금, 검사수수료, 통행료, 주차료, 세차, 타이어 교환 등에 사용되는 비용	신용카드매출전표
운반비	모든 동산 등의 운반 시 사용되는 운임	물건 운반 시 운반운임 영수증
지급수수료	기장 수수료, 조정 수수료, 대행 수수료 등	세금계산서, 기타수수료 영수증
도서인쇄비	복사대, 도장고무인 대, 서식 인쇄비, 도서 구입비, 신문구독료, 서식구입비	간이영수증, 구독료 등 영수증
소모품비	청소용품, 화장지, 의자 및 기타소모품	간이영수증, 금전등록기 영수증
사무용품비	사무용 연필, 볼펜, 계산기, 풀, 고무판, 장부, 전표, 스테플러, 수정액 등	간이영수증, 금전등록기 영수증
협회비	세금과공과에 해당하지 않는 협회 등의 회비	협회비 영수증
잡비	오물수거비, 범칙금, 유선 방송비, 방범비, 쓰레기 봉투비	간이영수증
감가상각비	부동산 및 동산 상각비	감가상각명세서
등록면허세 취득세	건물 또는 비품, 차량운반구, 시설장치, 기계장치 등의 등록면허세, 취득세	세금납부고지서

경조사비는 20만 원까지, 경조사비을 제외한 비용은 3만 원까지 간이영수증으로 증빙이 되나 이를 넘는 금액은 세금계산서, 계산서, 신용카드매출전표, (지출증빙용)현금영수증 중 하나는 받아야만 증빙으로 인정된다.

재고관리

재고관리는 각 방법에 따라서 수불부를 작성하고 월말 남은 재고와 장부상 재고를 파악해서 그 차이를 분석하면서 연말결산 시에는 재고의 잔고가 얼마나 남아 있는지 정확히 파악해서 장부에 반영해 두어야 한다.

원가관리

각종 원가분석 방식을 통해서 제품의 원가를 파악하고, 손익분기점 분석을 통해서 손익분기점을 알아두어야 하며, 원가 동인별로 그 테이블을 만들어 과도하게 지출되는 부분을 개선해 나가는 관리를 해야 한다.

2 인사관리 업무

- 급여 대장
- 4대 보험 관리대장(국민연금, 건강보험, 고용보험, 산재보험)
- 각종 규정의 구비

급여 부분은 연봉제를 하는 경우가 대부분이므로 퇴직금에 대한 문제가 발생할 수 있다. 따라서 반드시 퇴직금 규정을 고려해야 한다.

한편, 연차유급휴가가 발생해 1년간 유급휴가를 주어야 하므로 이에 대한 급여를 고려해야 한다.

- 일용직 급여 대장 및 지급명세서

일용직에 대한 지급명세서를 매 분기 종료 후 신고해야 하므로 지출내역을 작성해 두어야 한다.

3 법인이 갖추고 있어야 할 사규나 사칙 등 업무

인사/총무 분야

구 분	사규나 규칙
취업규칙 및 급여 지급 규정	법인의 근로자(임원)에 대한 취업규칙 및 급여 지급 규칙 등을 이사회나 주주총회에 의해서 정해 놓는다.
근태관리규정	
상여금 규정	상여금에 대한 기준임금의 개념과 지급시기 등을 정해 놓는다. 상여금은 별도로 근로기준법 등에 규정하고 있지 않으므로 지급 관행이 중요하다. 따라서 사전에 문제가 발생하지 않도록 규정을 명확히 해두는 것이 좋다.
퇴직금 규정	퇴직금 지급에 관한 규정을 정해 놓는다. 매월 급여에 포함해서 지급하는 퇴직금은 위법이므로 해당 내용을 퇴직금 규정에 명시한다고 해서 퇴직 시점에 퇴직금 지급의무를 면하는 것은 아니다.
연봉제 규정	연봉계약기간, 임금 · 수당 · 상여금(성과급) 등 연봉의 구성, 연봉의 지급 방법 및 시기와 대상, 시간외근무수당의 지급, 퇴직급여의 종류 및 지급 대상 등에 대해 명확히 규정해야 한다.
교육훈련비 지급 규정	교육훈련의 대상과 방법, 교육훈련비 지급기준에 대해서 명확히 규정해야 한다.
각종 수당 규정	기본급 또는 기본연봉과 별도로 연장근로 등 시간외근로에 따른 수당과 법에서 정한 수당 및 회사 사규상 규정된 각종 수당의 지급대상과 금액 및 계산 방법에 대해 명확히 규정한다. 이는 급여 지급기준에 포함해서 급여 규정에 규정을 하거나 별도의 규정을 만들어 규정할 수도 있다. 또한 직원이나 임원에 따라 차등 적용할 수도 있다.
경조사비 지급 규정	경조사 휴가의 부여 대상과 부여 일수, 지원내용에 대해서 세분화해 규정한다. 또한 부여일수와 관련해 분쟁의 소지가 많다. 따라서 토요일, 일요일, 기타 공휴일이 부여 일수에 포함되는지? 여부를 명확히 규정해두는 것이 사전에 분쟁을 예방하는 하나의 방법이다.
연차유급휴가 관리 규정	연차휴가는 법적으로 그 계산기준이 명확하게 규정되어 있으므로 특별히 분쟁의 소지가 작다고 하지만 연차휴가 정산과 관련해 원칙은 입사일 기준이므로, 무조건 정산을 입사일 기준으로 할지 아니면 입사일기준과 회계연도 기준 중 근로자에게 유리한 방법으로 정산할지를 명확히 해두는 것이 좋다. 또한 선연차 부여 및 반차 또는 반반차 허용여부도 직원은 복리후생 차원에서 신경 쓰는 부분이므로 별도 규정을 두는 것이 좋다.

- 자산관리규정
- 차량 관리규정
- 사원증규정
- 고정자산 처리규정
- 건물 관리규정
- 인장 관리규정
- 비품 관리규정
- 피복 관리규정
- 도서 관리규정

- 문서 관리규정
- 사규/서식/보고서 관리규정
- 주차장 관리규정
- 품의규정
- 업무 인수인계규정
- 당직 근무규정
- 표준취업규칙
- 사원채용규정
- 신원보증규정
- 교육훈련규정
- 워크샵 운영규정
- 해외연수규정
- 상벌규정
- 포상규정
- 징계 관리규정
- 자기개발비 규정
- 사내강사 운영규정
- 성희롱 예방 관리규정
- 인사관리규정
- 급여규정
- 연봉제규정
- 상여금 지급규정
- 성과급 지급규정
- 초과근무 수당규정
- 가족수당 지급규정
- 승진 관리규정
- 인사이동규정
- 퇴직금 지급규정
- 임원 퇴직금규정
- 퇴직금 중간정산규정
- 인사고과규정
- 휴직 및 복직 업무규정
- 인사평가 규정
- 연봉제 규정
- 임원 보수 지급규정
- 복리후생 관리규정
- 경조금 지급규정
- 직원주택자금 대출규정
- 기숙사 운영규정
- 상조회 운영규정
- 사내동호회 운영규정
- 휴가규정
- 연차휴가규정
- 의료비 지원규정
- 구내식당 운영규정
- 장학금 지급규정
- 사택 관리규정
- 선택적 복리후생규정

회계 분야

복리후생비, (해외)여비교통비, 출장비 등에 대한 규정을 정해 놓는다.

- 경리규정
- 회계관리규정
- 출납업무규정
- 접대비 지급규정
- 법인카드 관리규정
- 급여규정
- 현금 회계규정
- 자금관리규정
- 팀 운영비 규정
- 출장여비 지급규정
- 차량유지비 지원규정
- 휴대폰 통신비 지급규정
- 해외출장비 지급규정

기타 분야

- 안전 수칙 및 기타 특수한 사업의 경우에 필요한 여러 가지 규칙을 항상 비치해 놓고, 업무 매뉴얼화 하는 것이 중요하다.
- 발주 부분, 구매 부분, 생산부분, 판매 부분, 자금 부분, 품질 부분에 대해서 각각의 규칙을 정해 놓고 이를 준수하도록 해야 한다.

- 주식회사 표준정관
- 예산규정
- 내부감사규정
- 복무규정
- 이사회 운영규정
- 상무회 규정
- 경영위원회 규정
- 노사협의회 규정
- 단체협약규정

주요 관리철

경영 일반관리	재무관리 및 회계 관리	인사관리
• 정관 • 사업자등록증 사본 • 법인등기부등본 • 법인인감증명서 • 이사회회의록 • 주주명부 및 변동 내역서 • 일반 회사 조직도 • 조직 내 비상 연락도 • 주요 거래처 내용	• 모든 계약서 정본 및 사본 • 매출세금계산서철 • 매입세금계산서철 • 급여대장철 • 4대 보험관리철 • 외상매출금 관리대장 • 외상매입금 관리대장 • 미지급금 관리대장 • 법인카드 관리대장 • 법인통장철 • 일일자금일보 • 전표철 • 재고관리대장 • 여비교통비 복명서 • 일용직 급여대장	• 근로계약서 • 상여금지급규정 • 퇴직금 지급 규정 • 휴가 및 상벌 규정 • 여비교통비 지급 규정 • 기타 필요한 규정 등

제3장

누구나 간단한 세금계산

1. 원천징수 대상 세금의 계산 방법
2. 부가가치세의 직접 계산 방법
3. 종합소득세의 직접 계산 방법
4. 법인세의 직접 계산 방법
5. 세금신고를 잘못한 경우 처리 방법

01 원천징수 대상 세금의 계산 방법

1 원천징수는 누가, 어떤 경우에 해야 하나?

원천징수는 원천징수 대상이 되는 소득이나 수입금액을 지급할 때 이를 지급하는 자(원천징수의무자)가 해야 한다.

원천징수 대상 소득은 다음과 같다.

- 봉급, 상여금 등의 근로소득
- 이자소득, 배당소득
- 퇴직소득, 연금소득
- 상금, 강연료 등 일시적 성질의 기타소득
- 인적용역소득(사업소득)
- 공급가액의 20%를 초과하는 봉사료

2 원천징수 대상 소득의 원천징수 방법

봉급, 상여금 등 근로소득의 원천징수

봉급에 대한 세금은 매월 월급을 줄 때 그 소속기관이나 사업자(원천징수의무자)가 우선 간이세액표에 의해 원천징수하고 다음 해 2월분 월급을 줄 때 1년분의 정확한 세금을 정산하게 된다.

봉급 이외에 다른 소득이 없으면 연말정산으로 납세의무가 종결되고, 다른 소득이 있으면 연말정산을 한 후 다른 소득과 봉급을 합산한 후 다음 해 5월에 종합소득세 확정신고 · 납부를 다시 해야 한다.

기타소득의 원천징수

원천징수할 세액 = (지급액 – 필요경비) × 20%

- 필요경비로 지급금액의 60%를 인정하는 경우
- 일시적 인적용역(강연료, 방송 해설료, 심사료 등)
- 다수가 순위 경쟁하는 대회에서 입상자가 받는 상금 · 부상
- 창작품에 대한 원작자로서 받은 원고료, 인세 등
- 상표권, 영업권, 산업상 비밀 등의 자산이나 권리의 대여금액
- 기타 : 수입금액을 얻기 위해서 지출한 비용

기타소득 지급 시 기타소득금액(기타소득에서 필요경비를 차감한 금액)이 건별 5만 원 이하면, 소득세를 내지 않는다.

예를 들어 1개 과정 당 보통 1~2주 하는 직무 교육과정을 운영하는데 강사에게 특정 과목 교육과정을 의뢰하면서 해당 과목의 교재 원고 집필 · 시험출제 및 채점 · 강의를 함께 하기로 하고 지급하는 원고료 · 출제 및 채점수당 · 강의료에 대해 각각을 별개의 건으로 일자를 달리해서 강사료 등을 지급하였다 하더라도 동일 과정 전체를 1건으로 보아 5만 원 이하인 경우는 소득세를 내지 않지만, 5만 원 이상이면 소득세를 내야 한다.

강연료 125,000원 지급 시 필요경비는 지급금액의 60%에 해당하는 것으로 가정
기타소득금액 5만원 = 125,000원 – 125,000원 × 60%(과세 최저한)

Tip 기타소득을 원천징수로 종결할까? 종합소득에 합산해서 신고할까?

소득금액이 연 300만 원 미만이라면 본인 의사에 따라 종합과세나 분리과세 중 유리한 것을 선택하도록 하고 있다. 이때 둘 중 하나를 선택하는 기준은 한계세율이다. 만일 근로소득 등 종합소득에 대한 한계세율이 지방소득세를 제외한 원천징수 세율 20%보다 높으면 분리과세, 낮으면 종합과세를 선택하는 것이 유리하다. 예를 들어 근로소득 등 종합소득세율을 24% 적용받는다면 기타소득 금액을 합산하지 않는 것이 더 유리하다. 합산하게 되면 20%가 아닌 24%가 적용되기 때문이다.

- 종합소득 기본세율 24% 적용부터 : 분리과세가 유리
- 종합소득 기본세율 24% 이하 적용 : 종합과세가 유리

사업소득의 원천징수

원천징수 대상 사업소득을 지급할 때는 지급금액의 3%를 원천징수 해야 한다.

원천징수 할 세액 = 지급액 × 3%(지방세 포함 3.3%)

원천징수 대상 사업소득은 다음과 같다.

- 전문지식인 등이 고용 관계없이 독립된 자격으로, 직업적으로 용역을 제공하고 받는 대가
- 의사 등이 의료보건 용역을 제공하고 받는 대가 등

봉사료의 원천징수

사업자가 음식 · 숙박용역 등을 제공하고 그 대가와 함께 봉사료를 받아 자기의 수입금액으로 계상하지 않고 이를 종업원에게 지급하는 경우로서, 그 봉사료 매출액의 20%를 초과하는 경우 봉사료 지급액의 5%를 원천징수해야 한다. 따라서 대가를 받을 때 봉사료를 구분해서 받아야 하며, 합쳐서 받으면 모두 사업자의 소득으로 간주하므로 유의해야 한다.

원천징수 할 세액 = 지급액 × 5%

퇴직소득의 원천징수

퇴직소득의 원천징수와 관련해서는 다음에 설명할 것이므로 뒤에서 설명할 별도의 내용을 참고하기 바란다.

지방소득세 특별징수 및 납세지

원천징수의무자가 다음에 해당하는 소득세 · 법인세를 원천징수한 경우 지방소득세를 소득세 등과 동시에 특별징수한다.

소득자	국세 원천징수	지방소득세 특별징수	비 고
개 인	○	○	
내국법인	○	○	법인세 자진신고 시 지방소득세 납부
외국법인	○	○	

특별징수하는 소득할 지방소득세 납세지는 다음과 같다.

구 분	납세지
근로소득 및 퇴직소득에 대한 소득세분	근무지(본점 또는 지점)를 관할 하는 시 · 군
이자소득 · 배당소득 등에 대한 소득세의 원천징수사무를 본점 또는 주사무소에서 일괄처리하는 경우 소득세 분	그 소득을 지급하는 지점 등의 소재지를 관할 하는 시 · 군

3 원천징수 세액의 납부

원천징수한 세액은 다음 달 10일까지 은행 · 우체국 등 가까운 금융회사에 납부하고, 원천징수이행상황신고서는 세무서에 제출해야 한다.

관할 세무서장으로부터 반기별 납부승인 또는 국세청장의 지정을 받은 자는 상반기 원천징수한 세액을 7월 10일까지, 하반기 원천징수 한 세액을 다음 해 1월 10일까지 납부하면 된다. 이때 원천징수이행상황신고서도 반기별로 제출하면 된다.

- 반기별 납부대상자

  직전 과세기간 상시 고용인원이 20인 이하인 사업자(금융보험업 제외)로서 세무서장의 승인 또는 국세청장의 지정을 받은 자

- 신청기간
  상반기부터 반기별 납부를 하고자 하는 경우 : 직전 연도 12월 1일~12월 31일
  하반기부터 반기별 납부를 하고자 하는 경우 : 6월 1일~6월 30일

Tip 사업소득과 기타소득은 어떻게 구분해야 하나요?

소득 종류에 따라 소득금액을 계산하는 구조가 다르고 신고 · 납부 절차도 다르므로 소득을 정확하게 구분하는 것은 매우 중요하다. 특히, 기타소득으로 소득세법에서 열거된 소득이라 하더라도 그 소득이 계속적 · 반복적으로 발생하는 경우는 사업소득으로 구분되는 등 소득귀속자에 따라 달라지는 경우가 있다.

1. 기타소득과 구분되는 사업소득의 특성

구 분	사업소득의 특성
독립성	사업자등록 유무를 불문하고 사업과 관련해서 다른 사업자에게 종속 또는 고용되지 않고, 대외적으로 독립해서 자기계산과 자기 책임하에 사업을 영위하는 것을 말한다.
계속 · 반복성	동종의 행위를 계속적으로 반복하는 것을 말한다. 애초에 계속적 · 반복적인 의사가 있었던 경우에도 사업소득으로 보는 것이다.
영리 목적성	경제적 이익을 얻기 위한 직업적 의도를 가지고 행하는 것을 의미한다.

2. 실무상 유의 사항

사업소득과 기타소득 구분기준은 "계속적 · 반복적" 여부이며, 소득귀속자의 상태에 따라 달라지는 것으로 수 차례, 수 개월 또는 다수연도에 걸쳐 반복적으로 인적용역을 제공하거나 직업으로 하는 경우 사업소득으로 구분하는 것이 실무상 편리하다.
예를 들어 1~2개월 단기간에 인적용역을 제공했더라도 사업성을 띠고 반복적으로 제공하는 경우는 소득자의 의사에 따라 사업소득으로 구분하고, 한두 번 우연한 기회에 영리 목적 없이 제공하는 인적용역은 기타소득으로 구분된다.
사업소득과 기타소득의 구분이 모호하여 원천징수의무자가 기타소득으로 원천징수 했더라도 해당 소득이 사업소득인 경우, 소득자는 종합소득세 확정신고 시 기타소득을 사업소득으로 신고해야 사후 점검에서 불이익을 받지 않는다.

3. 사업소득으로 구분 가능한 주요 기타소득

- 강연 등의 인적용역 제공에 따른 소득 구분

(사례) 강의에 대한 대가

구 분	소득 종류
학교에 강사로 고용되어 지급받은 급여	근로소득

구 분	소득 종류
일시적으로 강의를 하고 지급받은 강사료	기타소득
독립된 자격으로 계속적·반복적으로 강의를 하고 받는 강사료	사업소득
학교와 학원이 계약을 체결하고 당해 학원에 고용된 강사로 하여금 강의하고 그 대가로 학원이 지급받는 금액	당해 학원의 사업소득

(사례) 고문료

구 분	소득 종류
거주자가 근로계약에 의한 고용관계에 의하여 비상임 자문역으로 경영 자문용역을 제공하고 받는 소득(고용관계 여부는 근로계약 내용 등을 종합적으로 판단)	근로소득
전문직 또는 컨설팅 등을 전문적으로 하는 사업자가 독립적인 지위에서 사업상 또는 부수적인 용역인 경영 자문용역을 계속적 또는 일시적으로 제공하고 얻는 소득	사업소득
근로소득 및 사업소득 외의 소득으로서 고용 관계없이 일시적으로 경영 자문용역을 제공하고 얻는 소득	기타소득

• 특허권 등의 양도 및 대여에 따른 소득 구분

광업권 등 무체재산권의 양도나 대여로 인해서 발생하는 소득이 사업적 목적을 갖고 계속적 · 반복적으로 발생하느냐 아니면 일시적 · 우발적으로 발생하느냐에 따라 사업소득 또는 기타소득으로 구분된다.

구 분		소득 종류
특허권	당사자 간의 계약에 따라 일정기간동안 계속적 · 반복적으로 사용하도록 하고 받는 대가	사업소득
	일시적으로 특허권 대여하고 받는 대가	기타소득
영업권	개인사업자가 그 사업을 양도하는 경우 영업권(점포임차권 포함)의 양도로 발생하는 소득	기타소득
	개인사업자가 사업용 고정자산과 함께 양도하고 받는 소득	양도소득

• 문예 창작 수입(원고료, 인세 등)의 소득 구분

(사례) 문예 창작소득

구 분	소득 종류
• 일시적인 창작활동의 대가 즉, 문필을 전문으로 하지 않는 사람이 신문 · 잡지 등에 일시적으로 기고하고 받는 고료	기타소득
• 신인 발굴을 위한 문예 창작 현상 모집에 응하고 지급받는 상금 등 • 사원이 업무와 관계없이 독립된 자격으로 사내에서 발행하는 사보 등에 원고를 게재하고 받는 대가	기타소득

구 분	소득 종류
• 독립된 자격으로 계속적이고 직업적으로 창작활동을 하고 얻는 소득 즉, 교수 등이 책을 저술하고 받는 고료 또는 인세, 문필을 전문으로 하는 사람이 전문분야에 대해 기고하고 받는 고료	사업소득
• 미술 · 음악 등 예술을 전문으로 하는 사람이 창작활동을 하고 받는 금액, 정기간행물 등에 창작물(만화, 삽화 등 포함)을 연재하고 받는 금액, 신문 · 잡지 등에 계속적으로 기고하고 받는 금액 • 전문가를 대상으로 하는 문예 창작모집에 응하고 받는 상금 등	사업소득

• 재산권에 관한 알선 수수료 소득 구분

(사례) 알선 수수료 소득

구 분	소득 종류
• 알선행위가 고용 관계없이 독립된 자격으로 계속적 · 반복적으로 행해지는 경우의 알선 수수료 • 부동산 중개 알선행위가 사업 활동으로 볼 수 있을 정도의 계속성과 반복성이 있는 경우의 매매 알선 수수료 • 부동산중개업자(법인 포함)가 금융기관과 업무협약을 체결하고 그 계약 내용에 따라 금융기관과 개인 고객 사이에 대출 알선 후 금융기관으로부터 받는 알선 수수료	사업소득
• 알선행위가 고용 관계없이 일시적으로 행해지는 경우의 알선 수수료 • 일시적으로 부동산을 중개하고 지급받는 매매알선 수수료	기타소득

Tip 대가를 지급하는 사람이 세금을 대신 내주는 경우 원천징수세액 계산

대가를 지급하는 자가 세금을 부담하기로 약정한 경우 과세표준은 다음과 같이 역산해서 산출(계약서상 조세 부담에 관한 언급이 없이 순액으로 지급하기로 약정한 때도 지급자 세금 부담조건과 동일) 한다.

$$과세표준 = 지급금액 \times \frac{1}{1 - 원천징수\ 세율}$$

원천징수 세율에는 소득세 또는 법인세의 원천징수 세율뿐만 아니라 지방소득세 세율도 포함한다.

4 원천징수 지급명세서 제출

제출자

소득세 납세의무가 있는 개인에게 기타소득에 해당하는 금액을 국내에서 지급하는 자는 지급명세서를 제출해야 한다. 이 경우 국내에서 지급하는 자에는 법인을 포함하며, 소득금액의 지급을 대리하거나 그 지급을 위임 또는 위탁받은 자, 원천징수 세액의 납세지를 본점 또는 주사무소의 소재지로 하는 자와 부가가치세법에 의한 사업자 단위 과세사업자를 포함한다.

지급명세서 제출 제외 대상

- 비과세되는 기타소득
- 복권 · 경품권 그 밖의 추첨권에 의해서 받는 당첨금품에 해당하는 기타소득으로서 1건당 당첨 금품의 가액이 10만 원 이하인 경우
- 「한국마사회법」에 따른 승마투표권, 「경륜 · 경정법」에 따른 승자투표권, 「전통소싸움경기에 관한 법률」에 따른 소싸움경기투표권 및 「국민체육진흥법」에 따른 체육진흥투표권의 구매자가 받는 환급금에 해당하는 기타소득으로서 1건당 환급금이 500만 원 미만(체육진흥투표권의 경우 10만원 이하)인 경우
- 과세최저한이 적용되는 기타소득. 다만, 다음의 경우 과세최저한에 적용되더라도 지급명세서를 제출해야 한다.

  가. 문예 · 학술 · 미술 · 음악 또는 사진에 속하는 창작품(정기간행물에 계재하는 삽화 및 만화와 우리나라의 창작품 또는 고전을 외국어로 번역하거나 국역하는 것 포함)에 대한 원작자로서 받는 원고료, 저작권사용료인 인세(印稅), 미술 · 음악 또는 사진에 속하는 창작품에 대해서 받는 대가

  나. 다음의 인적용역을 일시적으로 제공하고 지급받는 대가

  - 고용 관계없이 다수 인에게 강연하고 강연료 등의 대가를 받는 용역
  - 라디오 · 텔레비전방송 등을 통하여 해설 · 계몽 또는 연기의 심사 등을 하고 보수 또는 이와 유사한 성질의 대가를 받는 용역
  - 변호사 · 공인회계사 · 세무사 · 건축사 · 측량사 · 변리사 그 밖의 전문적 지식 또는 특별한 기능을 가진 자가 당해 지식 또는 기능을 활용하여 보수 또는 그 밖의 대가를 받고 제공하는 용역
  - 그밖에 용역으로서 고용 관계없이 수당 또는 이와 유사한 성질의 대가를 받고 제공하는 용역(재산권에 관한 알선 수수료, 사례금 및 위의 가에서 규정하는 용역 제외)

제출 시기

- 그 지급일이 속하는 연도의 다음 연도 2월 말일까지
- 원천징수의무자가 휴업 또는 폐업한 경우는 휴업일 또는 폐업일이 속하는 달의 다음다음 달 말일까지

구 분		지급시기	제출기한
간이지급명세서	사업소득	1월~12월	다음 달 말일
	근로소득	1월~6월	다음 연도 1월 말일
		7월~12월	7월 말일
지급명세서	일용근로소득 지급명세서	1월~12월	다음 달 말일
	근로 · 퇴직 · 사업 · 종교인소득 · 봉사료	1월~12월	다음 연도 3월 10일
	그 밖의 소득(이자 · 배당 · 연금 · 기타)	1월~12월	다음 연도 2월 말일

사업소득은 매달 간이지급명세서 제출 시 지급명세서 제출을 생략한다.

이미 제출한 지급명세서에 근로소득에 대한 경정청구 · 수정신고 · 인정상여 처분 등에 따라 수정상황이 발생한 경우는 지급명세서를 수정하여 원천징수 관할 세무서에 제출한다.

2024년 12월분 근로소득을 2025년에 1월에 지급한 경우에는 2024년 12월에 지급한 것으로 보아 작성해야 한다. 예를 들어, 사업자가 근로자에게 2024년 12월분 근로소득 200만 원을 2025년 1월에 지급한 경우, 2024년 하반기 지급분 간이지급명세서(근로소득)의 지급월 12월에 200만 원을 기재해 2025년 1월 말일까지 제출하면 된다.

02 부가가치세의 직접 계산 방법

1 부가가치세는 어떤 세금인가?

부가가치세는 상품(재화)의 거래나 서비스(용역)의 제공과정에서 얻어지는 부가가치(이윤)에 대해서 내는 세금이다. 따라서 상품(재화) 등을 판매하거나 서비스(용역)를 제공하면 부가가치세를 내야 한다.

그러나 다음과 같이 생활필수품을 판매하거나 의료 · 교육 관련 용역을 제공하는데, 대해서는 부가가치세가 면제된다.

- 곡물, 과실, 채소, 육류, 생선 등 가공되지 아니한 식료품의 판매
- 연탄 · 무연탄, 복권의 판매
- 병 · 의원 등 의료보건 용역업(산후조리원 용역 포함)

다만, 국민건강보험법 제39조 제3항에 따라 요양급여의 대상에서 제외되는 쌍꺼풀 수술, 코성형수술, 유방 확대 · 축소술(단, 유방암 수술에 따른 유방 재건술은 면세), 지방흡입술, 주름살 제거술의 진료용역은 2011년 7월 1일 이후 제공하는 용역부터 과세 적용

- 허가 또는 인가 등을 받은 학원, 강습소, 교습소 등 교육용역업
- 도서, 신문, 잡지(광고 제외)

2 부가가치세의 계산 방법은?

사업자가 납부하는 부가가치세는 매출세액에서 매입세액을 차감해서 계산한다.

그러나 부가가치세는 물건값에 포함되어 있으므로 실지로는 최종소비자가 부담하는 것이다.

즉, 최종소비자가 부담한 부가가치세를 사업자가 세무서에 대신 납부하는 것이다.

일반과세자 부가가치세 =

판매금액 × 10%(매출세액) - 구입금액 × 10%(매입세액)

간이과세자 부가가치세 = 매출액 × 업종별 부가가치율 × 10% - 공제세액(공급대가 × 0.5%) + 가산세

업 종	업종별 부가가치율
1. 소매업, 재생용 재료수집 및 판매업, 음식점업	15%
2. 제조업, 농업 · 임업 및 어업, 소화물 전문 운송업	20%
3. 숙박업	25%
4. 건설업, 그 밖의 운수업, 창고업, 정보통신업, 그 밖의 서비스업	30%
5. 금융 및 보험 관련 서비스업, 전문 · 과학 및 기술서비스업(인물사진 및 행사용 영상 촬영업 제외), 사업시설관리 · 사업지원 및 임대서비스업, 부동산 관련 서비스업, 부동산임대업	40%

예를 들어 1억 원을 매출하고 1천만 원의 부가가치세를 받고, 재료 7천만 원어치를 구입하면서 부가가치세 700만 원을 부담한 경우

부가가치세 = 1천만 원 - 700만 원 = 300만 원이 되는 것이다.

3 부가가치세의 신고 · 납부

부가가치세의 신고 · 납부			신고 · 납부 기한
간 이 과세자	예정부과	7월 25일 관할 세무서에서 예정부과 한 금액 납부(세금계산서 발행한 경우 신고)	7월 25일
	확정신고	1월 1일~12월 31일의 부가가치세 – 예정부과 납부액을 1년에 1번 확정신고 후 납부	다음 해 1월 25일
일 반 과세자	예정고지	예정신고 · 납부 기간에는 관할 세무서에서 예정고지한 금액 납부	4월 25일과 10월 25일
	확정신고	확정신고 기간의 부가가치세 – 예정고지납부액을 1년에 2번 확정신고 후 납부	7월 25일과 다음 해 1월 25일

법인사업자

법인사업자는 모두 부가가치세법상 일반과세자에 해당하므로 매출과 매입 자료를 정리한 후 예정 및 확정신고 · 납부를 한다. 단, 영세 법인사업자(매출액(공급가액) 1억 5천만 원)는 2021년부터 개입사업자와 동일하게 예정신고의무가 면제되어 예정부과액을 납부만 하면 된다.

개인사업자

개인사업자는 간이과세자와 일반과세자로 구분이 된다.

간이과세자는 7월 25일 관할 세무서에서 부과하는 예정부과액을 납부만 하면 되고(세금계산서 발행한 경우 신고), 다음 해 1월 25일에 1월 1일~12월 31일의 매출과 매입 자료를 정리한 후 7월 25일 예정부과 · 납부액을 차감한 후 확정신고 · 납부를 한다(1년에 1회 신고). 반면, 개인사업자 중 일반과세자의 경우 세무서에서 예정신고 · 납부 기간에는 예정고지서를 통보받게 되면 25일까지 금융기관에 납부만 하면 되며, 확정신고 · 납부 기간에는 예정 및 확정신고 · 납부 기간 매출과 매입 자료를 신고한 후 예정고지액을 차감한 금액을 확정 납부한다.

구분	내용
개인 간이과세자	• 7월 25일 : 예정부과액 납부(세금계산서를 발급한 경우 신고) • 1월 25일 : 확정신고 및 납부
개인 일반과세자	• 4월 25일, 10월 25일 : 예정고지액 납부 • 7월 25일, 1월 25일 : 확정신고 및 납부
법인 일반과세자	• 4월 25일, 10월 25일 : 예정신고 및 납부 • 7월 25일, 1월 25일 : 확정신고 및 납부

주 영세(매출액(공급가액) 1억 5,000만 원) 법인사업자는 2021년부터 개입사업자와 동일하게 예정고지액 납부

03 종합소득세의 직접 계산방법

1 종합소득세 신고대상과 안 해도 되는 경우

종합소득(이자 · 배당 · 사업 · 근로 · 연금 · 기타소득)이 있는 사람은 다음 해 5월 1일~5월 31일까지 종합소득세를 신고 · 납부해야 한다.

성실신고 확인 대상 사업자가 성실신고 확인서를 제출하는 경우 다음 해 6월 30일까지 신고 · 납부가 가능하다.

종합소득이 있더라도 다음의 경우에는 소득세를 신고하지 않아도 된다.

- 근로소득만이 있는 사람으로서 연말정산을 한 경우
- 직전 연도 수입금액이 7,500만 원 미만인 보험모집인 또는 방문판매원 등으로 소속 회사에서 연말정산을 한 경우
- 비과세 또는 분리과세 되는 소득만이 있는 경우
- 연 300만 원 이하인 기타소득이 있는 자로서 분리과세를 원하는 경우 등

지방소득세 소득분도 함께 신고해야 한다. 소득세 신고서에 지방소득세 소득분 신고내용도 함께 기재해서 신고하고, 세금은 별도의 납부서에 의해서 5월 31일까지 납부하면 된다.

2 종합소득세의 계산과 신고 · 납부 방법

소득금액을 계산하는 방법에는 사업자가 비치 · 기장한 장부에 의해 계산하는 방법과 정부에서 정한 방법에 따라 소득금액을 추산, 계산하는 방법(추계 신고)이 있다. 여기서 기장이란 영수증 등 증빙서류를 근거로 거래내용을 일일이 장부에 기록하는 것을 말한다.

소득금액을 계산하는 방법으로 기장에 의한 소득금액을 계산하는 방법은 총수입금액에서

총수입금액을 얻기 위해 들어간 비용을 차감한 금액을 기준으로 세금을 납부하는 방법을 말한다.

기장하면 총수입금액에서 수입금액을 얻기 위해 지급의무가 확정된 비용을 공제해 소득금액을 계산하므로, 자기의 실질소득에 대해 세금을 내게 된다.

그러나 기장을 하기 위해 세금계산서나 영수증 등 관련 증빙자료를 빠짐없이 챙겨야 하는 불편이 있으며, 직접 기장할 능력이 안 돼 세무 대리인에게 위탁하는 경우 기장수수료 등 별도의 비용이 든다.

다음으로 추계에 의한 소득금액 계산이 있다. 앞서 설명한 바와 같이 소득금액은 수입금액에서 필요경비를 공제해 계산하는데, 필요경비는 장부에 의해 확인된 금액을 공제하는 것이 원칙이다.

그러나 장부가 없으면(추계에 의한 경우) 필요경비를 계산할 수 없으므로 이때에는 정부에서 정한 방법에 따라 소득금액을 계산한다. 즉, 정부에서 정한 기준경비율에 의해 소득금액을 계산한다. 기준경비율 제도란 매입경비 · 인건비 · 임차료 등 기본적인 경비는 증빙서류가 있어야만 필요경비로 인정해 주고 나머지 경비는 정부에서 정한 기준경비율에 의해 필요경비를 인정받는 제도이다. 따라서 앞으로는 기장하지 않거나 증빙서류를 수취하지 않으면 지금까지보다 훨씬 더 많은 세금을 부담하게 된다. 기장하지 않으면 결손이 났더라도 이를 인정받지 못하며, 그 외에도 다음과 같은 불이익을 받게 된다.

- 직전 연도 수입금액이 4천 800만 원 이상인 사업자가 기장하지 않으면 산출세액의 20%에 상당하는 무기장가산세를 물어야 한다.
- 복식부기의무자가 기장을 하지 않고 추계로 신고하면 신고를 하지 않은 것으로 보고 산출세액의 20%(또는 40%)와 수입금액의 0.07%(또는 0.14%) 중 큰 금액의 신고불성실가산세를 물어야 한다.
- 소득금액을 추계 신고 또는 결정하면 공제 가능한 이월결손금이 있더라도 공제를 받을 수 없다.

- 장부를 비치 · 기장하고 있는 사업자는 총수입금액에서 필요경비를 공제해서 계산한다.

사업 소득금액 = 총수입금액 − 필요경비

- 장부를 비치 · 기장하지 않은 사업자의 소득금액은 다음과 같이 계산한다.

1. 기준경비율 적용 대상자(①, ② 중 적은 금액)

① 소득금액 = 수입금액 − 주요경비 − (수입금액 × 기준경비율*)

* 복식부기의무자는 기준경비율의 $\frac{1}{2}$ 곱하여 계산

② 소득금액 = 수입금액 − (수입금액 × 단순경비율) × 배율

* 배율 : 간편장부대상자 2.8배, 복식부기의무자 3.4배

2. 단순경비율 적용 대상자

소득금액 = 수입금액 − (수입금액 × 단순경비율)

Tip 간편장부 대상자와 복식부기의무자는 어떻게 구분하나요?

1. 간편장부 대상자

- 해당연도에 신규로 사업을 시작하였거나
- 직전 연도의 수입금액이 아래에 해당하는 사업자를 말한다.

업종 구분	직전연도 수입금액
농업 · 임업 및 어업, 광업, 도매 및 소매업(상품중개업을 제외한다), 부동산매매업, 아래에 해당하지 아니하는 사업	3억 원 미만
제조업, 숙박 및 음식점업, 전기 · 가스 · 증기 및 공기조절 공급업, 수도 · 하수 · 폐기물처리 · 원료재생업, 건설업(비주거용 건물 건설업은 제외), 부동산 개발 및 공급업(주거용 건물 개발 및 공급업에 한정), 운수업 및 창고업, 정보통신업, 금융 및 보험업, 상품중개업, 욕탕업	1억 5천만 원 미만
부동산 임대업, 부동산업(부동산매매업 제외), 전문 · 과학 및 기술서비스업, 사업시설관리 · 사업지원 및 임대서비스업, 교육 서비스업, 보건업 및 사회복지 서비스업, 예술 · 스포츠 및 여가관련 서비스업, 협회 및 단체, 수리 및 기타 개인 서비스업, 가구내 고용 활동	7천 5백만 원 미만

2. 복식부기 의무자

간편장부대상자 이외의 모든 사업자는 재산 상태와 손익거래 내용의 변동을 빠짐없이 거래 시마다 차변과 대변으로 나누어 기록한 장부를 기록 · 보관해야 하며, 이를 기초로 작성된 재무제표를 신고서와 함께 제출해야 한다.

Tip 추계에 의한 신고 시 주요경비의 범위와 증빙서류의 종류

1. 주요경비의 범위

구 분	주요경비의 범위
매입비용	상품 · 제품 · 원료 · 소모품 · 전기료 등의 매입비용(사업용 고정자산의 매입을 제외)과 외주가공비 및 운송업의 운반비를 말한다.
임차료	사업에 직접 사용하는 건축물, 기계장치 등 사업용 고정자산의 임차료를 말한다.
인건비	종업원의 급여와 임금 및 일용근로자의 임금과 실제 지급한 퇴직금을 말한다.

2. 증빙서류의 종류

주요경비는 다음과 같은 증명서류가 있어야 필요경비로 인정받아 소득세를 적게 낼 수 있다.

구 분	주요경비의 종류
매입비용 및 임차료	세금계산서, 계산서, 신용카드매출전표, 현금영수증 등 정규 증명`서류를 받아야 하며, 정규 증명서류가 아닌 영수증 등을 받은 경우는「 주요경비지출명세서」를 제출해야 한다.
인건비	원천징수영수증이나 지급명세서 또는 지급 관련 증명서류를 갖추어 두고 보관해야 한다.

Tip 종합소득세 신고 시 장부를 작성해 신고하는 경우와 작성하지 않고 신고하는 경우 혜택과 불이익

구 분	혜택 및 불이익
장부를 작성해서 신고하는 경우	기장세액공제
장부를 작성하지 않고 신고하는 경우	20%의 무기장가산세 납부

04 법인세의 직접 계산 방법

1 법인세란?

법인세는 주식회사와 같이 법인 형태로 사업을 하는 경우 그 사업에서 생긴 소득에 대해 납부하는 세금이다. 법인세는 총 3가지 소득(각 사업연도 소득, 토지 등 양도소득, 청산 소득)으로 구분해서 과세한다. 여기서 각 사업연도 소득은 익금에서 손금을 차감한 금액이 된다.

2 익금과 손금

익금

사업에서 생기는 수익금액 외에 사업과 관련해서 발생하는 자산의 양도금액, 이자수익 등 법인이 벌어들인 자산의 증가분을 익금이라고 한다.

손금

제품의 원가 및 인건비 등을 포함해서 사업과 관련해서 지출한 자산의 감소분 중 세법에서 손금으로 규정한 것을 말한다.

3 법인세의 신고

법인세 신고기한은 사업연도 종료일부터 3개월 이내에 법인세 과세표준 및 세액신고서를 작성해서 납세지 관할 세무서장에게 신고해야 한다. 신고 시 꼭 제출해야 할 서류는 다음과 같다.

- 재무상태표와 손익계산서

- 이익잉여금처분계산서(결손금처리계산서)
- 세무조정계산서
- 기타 부속서류

4 법인세의 납부

법인세의 납부는 법인세 신고 및 납부기한 내에 금융기관을 통해 납부하거나 전자납부한다. 이 경우 납부할 세액이 1천만 원을 초과할 경우는 1천만 원 초과분 중 일부를 납부기한이 경과한 날부터 1월 내(중소기업의 경우 2개월 이내)로 나누어 납부할 수 있다. 법인세할 지방소득세의 납부는 개인사업자와 달리 사업연도 종료일로부터 4월 내에 법인세액의 10%를 사업장 소재지를 관할하는 시 · 군 · 구에 신고 · 납부해야 한다.

5 세금 신고를 위한 증빙관리

챙겨야 할 증빙

주요활동	종류	증빙활동
매출	현금 매출(예) 위탁 매출, 할부매출, 신용카드 매출, 외화매출 등	통장과 대사
	외상 매출	매출거래처별 원장과 대사
	받을어음	어음 대장과 대사, 할인 여부 확인
	선수금	거래처원장(중간지급조건부 등 세금계산서 발행 유의 사항 체크)
	매출 차감 계정 확인	매출환입, 매출에누리, 거래할인, 수량할인, 매출할인 사항 체크
	영업외수익	판매장려금 확인
접대	접대비(기업업무추진비)	법인카드사용 내역 확인

주요활동	종류	증빙활동
매입	현금매입(예) 위탁 구입, 할부 구입, 신용 카드 구입, 외화 구입(수입)	현금일보 및 지출장 구비 통장 지급내역 확인(이체확인서)
	외상 매입	매입처별 원장과 대사
	지급어음	어음장과 대사
	선급금	거래처별 원장 대사
	재고자산	재고수불부와 대사(주로 자재부에서 행함)
고정자산 구입	비품구입	세금계산서 등 법정지출증빙 및 지출결의서 대사
	유형자산	
	무형자산	산업재산권 등 양수도 계약서
	미지급금	거래처원장
	미수금	유형자산 처분 후 미수금 관리 대장
기타활동	자본적 지출	세금계산서 및 계약서 확인
	사업상 증여, 개인적 공급	재고자산 등의 대체 확인
	비영업용소형승용차 구입	매입세액불공제 확인

챙겨야 할 장부

주요활동	종류	장부종류
지출관리	관리비	소액현금 제도 확인, 3만 원 초과 법인카드사용(개인 신용카드 사용) 급여, 복리후생비, 소모품비, 임차료 지출결의서
	판매비	출장비, 여비교통비, 광고비 지출결의서 출장비와 여비교통비는 지급 규정에 의해 복명서를 작성한 후 지출 정산
	세금 납부 활동	법인세 관리, 부가가치세 대급금과 예수금 관리
	선급비용, 미지급비용	거래처별 원장으로 관리
	일일 현금관리	현금예산관리, 현금출납장과 자금관리표 작성
재무활동	재무 활동 (사채발행, 증자, 차입)	각 활동별 계약서 및 법무 서류 작성

주요활동	종류	장부종류
매출관리	소매 매출	현금매출장, 신용카드매출명세서, 현금영수증명세서
	세금계산서 매출	세금계산서 철
	계산서 매출	계산서 철
매입관리	소매매입	간이영수증, 현금영수증
	세금계산서	세금계산서 철(증거 서류 같이 준비)
	계산서	계산서 철(증거서류 같이 준비)
원천징수	근로소득세	근로소득세 철 및 4대 보험 관리대장
	기타소득 등	기타소득, 사업소득에 대한 원천징수 철

05 세금을 잘못 신고한 경우 처리 방법

세금을 잘못 신고한 경우 수정신고 또는 경정청구를 한다. 수정신고는 본래 신고·납부 해야 할 세금보다 적게 신고·납부한 경우 이를 수정해서 신고·납부 하는 것을 말하며, 경정청구는 본래 신고·납부 해야 할 세금보다 많게 신고·납부한 경우 이를 수정해서 신고·납부 하는 것을 말한다. 이와 같은 수정신고와 경정청구는 원칙적으로 당초 신고기한에 신고한 사항에 대해서만, 정정이 가능하다는 점이다. 따라서 당초 신고 자체를 안 한 경우에는 수정신고나 경정청구의 대상이 되지 않으며, 기한 후 신고를 이용해야 한다.

1 수정신고와 경정청구의 사유와 기한

구 분	수정신고	경정청구	
		통상적인 경정청구	후발적 사유로 인한 경정청구
신고자· 청구자	법정신고기한까지 과세표준 신고를 한 자	법정신고기한까지 과세표준 신고를 한 자	법정신고기한까지 과세표준신고를 한 자 또는 과세표준과 세액의 결정을 받은 자
신고· 청구의 사유	당초에 과소신고를 한 경우(또는 불완전한 신고를 한 경우)	당초에 과대 신고를 한 경우(과대결정·경정 포함)	후발적 사유로 인해 당초 신고·결정·경정 등이 과대한 것으로 되는 경우
신고· 청구의 기한	결정·경정해서 통지하기 전까지	법정신고기한이 지난 후 5년	후발적 사유가 발생한 것을 안 날로부터 3개월 이내

앞의 표에서 후발적 사유란 다음의 경우를 말한다.

- 최초의 신고·결정 또는 경정에서 과세표준 및 세액의 계산 근거가 된 거래 또는 행위 등이 그에 대한 소송에 대한 판결(판결과 같은 효력을 가지는 화해나 그 밖의 행위를 포함 한다)에 의해서 다른 것으로 확정되었을 때

- 소득이나 그 밖의 과세물건 귀속을 제3자에게로 변경시키는 결정 또는 경정이 있을 때
- 조세조약에 따른 상호합의가 최초의 신고·결정 또는 경정의 내용과 다르게 이루어졌을 때
- 결정 또는 경정으로 인하여 그 결정 또는 경정의 대상이 되는 과세기간 외의 과세기간에 대하여 최초에 신고한 국세의 과세표준 및 세액이 세법에 따라 신고해야 할 과세표준 및 세액을 초과할 때
- 최초의 신고·결정 또는 경정을 할 때 과세표준 및 세액의 계산 근거가 된 거래 또는 행위 등의 효력과 관계되는 관청의 허가나 그 밖의 처분이 취소된 경우
- 최초의 신고·결정 또는 경정을 할 때 과세표준 및 세액의 계산 근거가 된 거래 또는 행위 등의 효력과 관계되는 계약이 해제권의 행사에 의해서 해제되거나 해당 계약의 성립 후 발생한 부득이한 사유로 해제되거나 취소된 경우
- 최초의 신고·결정 또는 경정을 할 때 장부 및 증거서류의 압수, 그 밖의 부득이한 사유로 과세표준 및 세액을 계산할 수 없었으나 그 후 해당 사유가 소멸한 경우
- 그 밖에 이와 유사한 경우가 발생한 경우

Tip 경정청구를 하면 세무조사를 받나요?

원칙적 대답은 'NO'이다. 세무조사 대상자 선정은 국세기본법 제81조 6에 규정된 사유에 따라 선정하는데, 경정청구는 세무조사 대상자 선정 기준으로 규정되어 있지 않으므로 세무조사 대상은 아니다. 하지만 환급이 발생하는 경우 담당공무원은 돈을 내주는 일이라 민감할 수밖에 없고, 평소에 업무량이 많아 대수롭지 않게 넘기던 납세 정보를 보다 세심히 봐 이상한 점이 발견되면 소명자료를 요구할 수는 있다.

2 수정신고와 경정청구의 절차

수정신고의 절차

- 과세표준수정신고 및 추가자진납부계산서
- 최초 신고서 사본 및 자진납부계산서(수정된 내용을 함께 기입한다) : 당초 분은 적색으로 정정 분은 흑색으로 표시해서 신고

예시 법인세 : 법인세 과세표준 및 세액신고서, 부가가치세 : 부가가치세 신고서 및 세금계산서합계표 등이다.

경정청구의 절차

- 과세표준 및 세액의 결정(경정)청구서
- 최초 신고서 사본 및 자진납부계산서(수정된 내용을 함께 기록한다.) : 당초 분은 적색으로 정정 분은 흑색으로 표시해서 신고

예시 법인세 : 법인세 과세표준 및 세액신고서, 부가가치세 : 부가가치세 신고서 및 세금계산서합계표, 연말정산 경정청구 시 제출서류는 근로소득원천징수영수증, 소득공제신고서, 추가공제 증명서류 등이다.

- 경정(결정)청구 사유 증명자료

3 수정신고 시 가산세

경정청구 시에는 일반적으로 가산세 부담이 없으므로 수정신고 시 가산세 등을 세금 종류별로 살펴보면 다음과 같다.

부가가치세 수정신고

당초 신고한 부가가치세 확정신고서를 수정 신고하면 된다. 당초 분은 적색으로 정정 분은 흑색으로 표시해서 신고와 동시에 자진납부해야 한다. 이 경우 신고불성실가산세 10%, 납부불성실가산세로 무납부 일당 0.022%를 납부하고, 세금계산서 미교부가산세 1%를 적용하면 된다.

Tip 부가가치세 신고와 무신고의 세금 차이

도매업을 하는 일반과세자 갑의 2xx9년 제1기 사업 현황이 아래와 같을 때 신고를 한 경우와 신고를 하지 않은 경우의 세금 부담 비교

- 매출액 1억 원, 매입액 7천만 원
- 신고하고 납부는 하지 않은 세액은 50일 후에 고지서를 발부하고, 신고·납부 하지 않은 세액은 180일 후에 고지서를 발부한 것으로 가정한다.
- 매입세액은 경정결정 시 매입 사실이 확인되어 공제한다.

1. 신고한 경우

- 납부세액 = (1억 원 × 10%) – (7천만 원 × 10%) = 3백만 원
- 납부불성실가산세 = 3백만 원 × 50일 × 2.2/10,000 = 33,000원
- 총부담세액 = 3,033,000원

2. 신고하지 않은 경우(일반 무신고인 경우로 계산)

- 납부세액 = (1억 원 × 10%) – (7천만 원 × 10%) = 3백만 원
- 매출처별세금계산서합계표 미제출가산세 = 50만 원 1억 원 × 0.5%)
- 매입처별세금계산서합계표 미제출가산세 = 35만 원(7천만 원 × 0.5%)
- 신고불성실가산세 = 3백만 원 × 20% = 60만 원
- 납부불성실가산세 = 3백만 원 × 180일 × 2.2/10,000 = 118,800원
- 총부담세액 = 4,568,800원

법인세 수정신고

법인세 신고기한이 지났으므로 결산조정은 불가능하고 신고조정을 통해서 수정신고를 하면 된다.

매출누락액이 확인되지 않는 경우는 세무서에서 당해 업종 평균부가가치율, 매매총이익율, 당해 사업자의 평균부가율 등으로 매출을 환산해서 추계결정하게 될 것이다. 또한, 소득처분 시 매출누락 금액이 아직 회수되지 않은 매출채권으로 존재하는 경우는 소득처분은 유보로 하게 된다. 매출누락에 대한 상여처분은 부가가치세를 포함한 매출누락액 전액에 대해서 해야 한다는 견해와 매출총이익에 대해서만 해야 한다는 견해가 있으나 판례는 법인이 매출누락 사실이 있음에도 불구하고 그 매출액을 장부에 기재하지 않은 매출누락이 있는 경우에는 다른 사정이 없는 한 원가 상당액을 포함한 매출누락액 전액을 사외유출 된 것으로 보아야 한다고 판시하고 있다. 이는 매출을 누락한 경우에도 비용은 누락 없이 전부 신고한 것이 통상적이라는 경험칙에 바탕을 두는 것이다. 따라서 납세자가 매출누락 금액 중에서 매출에 직접대응 되는 상품 매입액을 지급한 경우에는 지급한 금액을 제외한 잔액만

을 상여처분 해야 할 것이다. 소득세 또는 법인세의 매출누락에 대해서는 신고불성실가산세와 납부불성실가산세를 부담한다.

인정상여에 대한 수정신고

수정신고 시 인정상여 처분 금액에 대해서는 대표자의 근로소득으로 해서 연말정산을 하고 다음 달 10일까지 연말정산을 다시 해 납부해야 한다. 이 경우 가산세는 없다.

[수정신고 시 가산세 감면]

구 분	가산세 감면
법정신고기한이 지난 후 1개월 이내	90% 감면
법정신고기한이 지난 후 3개월 이내	75% 감면
법정신고기한이 지난 후 3~6개월 이내	50% 감면
법정신고기한이 지난 후 6개월~1년 이내	30% 감면
법정신고기한이 지난 후 1년~1년 6개월 이내	20% 감면
법정신고기한이 지난 후 1년 6개월~2년 이내	10% 감면

주 2020년부터 기한후신고도 경정청구와 수정신고를 허용한다.

제4장

직원의 근태와 노무관리

01 연차휴가제도와 연차수당

1 법률상 반드시 주어야 하는 휴가의 종류

근로기준법 등 노동관계법이 규정하고 있는 휴가는 연차휴가, 생리휴가, 출산휴가 등이 있으며, 모성보호휴가 성격의 육아휴직이 있다.

하계휴가 등 약정 휴가(노사 간 합의로 정해진 휴가)는 노동법상 규정된 휴가가 아니다. 근로계약, 취업규칙, 단체협약 등에 법정휴가와 별도로 하계휴가를 부여하게 되어 있는 경우가 아니라면 하계휴가는 연차휴가로 대체한다.

2 연차휴가의 계산 방법

주간 기준근로시간이 40시간인 경우 사용자는 근로자가 1년간 80%(출근율) 이상 출근 시 15일의 연차유급휴가를 주어야 한다. 다만, 1년간 80% 미만 출근 근로자에 대해서도 1개월 개근 시 1일의 연차유급휴가를 부여한다(근기법 제60조).

1년에 80% 이상 출근이란 1년간 법정휴일(주휴일, 근로자의 날) 및 약정휴일(노사 간에 휴일로 하기로 정한 날 : 국경일, 명절 전후, 기타 공휴일 등)을 제외한 사업장의 연간 총 소정근로일수에서 출근한 날이 80% 이상인 경우를 말한다.

연차휴가의 계산 방법

- 계속근로기간이 1년 미만의 경우(입사 1년 차) 또는 1년간 80% 미만 출근한 경우, 1개월 만근 시 1일 부여
- 1년간 80% 이상 출근한 경우 15일부여(1년 후 입사일과 같은 날까지 근무시 입사 1년차 휴가 11일과 별도로 발생)

- 1년간 80% 이상 출근한 경우 한 해 3년 이상 계속근로 시 1년 초과 매 2년에 대해서 1일 가산(25일 한도)
  [예시] 입사 후 1년~2년 : 15일, 3년~4년 : 16일, 5년~6년 : 17일 한도는 25일
- 연차유급휴가는 근로자가 청구한 시기에 주어야 하고, 그 기간에 대해서는 취업규칙 등에서 정하는 통상임금 또는 평균임금을 지급해야 한다. 다만, 사용자는 근로자가 청구한 시기에 휴가를 주는 것이 사업 운영에 막대한 지장이 있는 경우에는 그 시기를 변경할 수 있다.
- 휴가는 발생한 날부터 1년간 사용할 수 있으며, 미사용한 휴가는 수당으로 받을 수 있다. 다만, 사업주가 연차유급휴가사용촉진 제도를 이용하면 수당 지급 의무를 면하게 된다.

구 분	연차휴가 부여
1년 미만 근속한 자 또는 1년간 80% 미만 출근자	1월간 개근 시 1일의 유급휴가를 부여하며, 총 11일의 연차휴가가 발생한다.
1년 이상 근속한 자	최초 1년간의 근로에 대해서 15일의 연차휴가가 발생하고, 2년마다 1일의 추가 연차휴가 발생(총 25일 한도).

예시 입사 1년 차에는 매월 1일의 연차가 발생하며, 입사 2년 차부터는 다음과 같이 연차휴가가 발생한다. 미사용 시 연차수당을 지급해야 하나 합법적인 방법으로 연차휴가사용촉진을 한 경우는 수당을 지급하지 않아도 된다(총 25일 한도).

1년	2년	3년	4년	5년	10년	15년	20년	21년
15일	15일	16일	16일	17일	19일	22일	24일	25일

출근율의 계산 방법

$$출근율 = \frac{출근일\ 수}{소정근로일수}$$

- 소정근로일수 = [365 − (주휴, 근로자의 날, 약정휴일, 휴업기간, 쟁의 행위기간, 강제 휴직, 부당해고 기간]
- 출근일수 = [실제 출근 일자 + (재해 기간 + 출산휴가 + 예비군훈련 + 공민권 행사 + 연차휴가 + 생리휴가 + 육아휴직)]
- 소정근로일수에는 포함되나, 결근으로 처리하는 기간(출근일 수 제외) = 업무 외의 사유에 의한 병가, 구속수감 기간, 정직 · 직위해제 기간

소정근로일수 계산에서 제외되는 기간	소정근로일수에 포함 출근으로 간주하는 기간
• 근로기준법에 의한 주휴일 • 근로자의날제정에관한법률에 의한 근로자의 날 • 취업규칙 또는 단체협약 등에 의한 약정휴일 • 사용자의 귀책 사유로 인한 휴업기간 • 적법한 쟁의행위 기간 • 기타 이상의 기간에 준해서 해석할 수 있는 날 또는 기간(강제 휴직, 부당해고 기간 등)	• 남녀고용평등법에 의한 육아휴직기간, 출산전후휴가 기간 • 예비군훈련기간 • 업무상 재해로 인한 휴업 기간, • 민방위 훈련 또는 동원 기간 • 공민권 행사를 위한 휴무일 • 연차 유급휴가, 생리휴가 • 기타 이상의 날 또는 기간에 준해서 해석할 수 있는 날 또는 기간
소정근로일수에 포함, 결근으로 처리하는 기간	
• 업무 외 사유에 의한 병가, 구속수감 등 • 정직, 직위해제 등 징계 기간(대법원 판례)	

연차휴가는 근로자의 청구가 있는 시기에 주어야 하는 것이 원칙이며, 근로자가 청구한 시기에 휴가를 주는 것이 사업 운영에 막대한 지장이 있는 경우에는 그 시기를 변경할 수 있다.

연차휴가는 1년에 걸쳐 분할 · 적치 해서 사용할 수 있으므로 연차휴가대장을 작성해서 근로자별로 관리하는 것이 바람직하다.

근로자가 1년 이내에 연차휴가를 사용하지 않을 때는 취업규칙에서 정하는 연차휴가일수 만큼의 통상임금을 지급해야 한다.

구 분	촉진내용
연차휴가 사용촉진	사용자는 연차휴가사용기간(1년)이 끝나기 6월 전(1년 미만 연차는 3개월 전)에 근로자별로 휴가사용일수를 알려주고 근로자에게 사용 시기를 통보하도록 요구
근로시간 저축휴가제	사용하지 않은 연차휴가를 근로시간으로 환산해 저축한 뒤에 근로자가 필요할 때 휴가로 사용하거나 저축한 근로시간이 없어도 미리 휴가를 사용하고 나중에 초과근로로 보충할 수 있는 제도

Tip 입사 첫해 및 1년간 80% 미만 근속자의 연차휴가 계산

연차휴가제도는 1년간 80% 이상을 출근한 근로자에게 15일의 유급휴가를 주는 것이다. 기본적으로는 1년간 근무를 성실히 한 것에 대해 다음 해에 보상으로 휴가를 주는 제도라고 생각하면 된다.

그러면 올해 입사를 한 근로자 및 1년간 80% 미만 근속인 근로자들에게는 연차휴가가 부여되지 않게 된다. 이는 월차휴가도 부여받지 못하게 된 근로자들에게 너무 가혹하므로 근로기준법은 근로기간이 1년이 되지 않은 근로자의 경우에는 1개월 개근 시마다 1일의 연차휴가를 부여하도록 규정을 마련해두고 있다. 올해 입사를 했을 경우 1달을 개근할 때마다 1일의 연차휴가가 발생하며, 연말까지 총 11개의 연차휴가가 발생하게 된다.

회계연도 기준으로 내년 1월 1일에는 올해 1년간 80% 이상 출근한 경우 15일의 연차휴가를 받을 수 있으며, 내년 1월 1일부터 12월 31일까지 사용할 수 있다. 단, 1년 차 11일은 연차사용촉진에 의해 1년 안에 모두 사용해야 하며, 2년 차에는 새롭게 발생한 15일의 연차만 사용할 수 있다.

주 40시간이 시행되는 사업장에서 2024년 1월 1일 입사한 근로자의 경우 연차휴가 산정

[해설]

입사 후 매월 개근하면 2024년 2월 1일, 3월 1일 ···· 12월 1일에 총 11일의 연차휴가가 발생하면, 1년간 80% 이상 근로한 경우는 2025년 1월 1일(고용관계가 유지되는 경우)에 15일의 휴가가 발생한다. 1년 미만 근속기간 중 발생하는 11일의 연차휴가는 사용자의 연차휴가사용촉진 제도 시행 시 입사일로부터 1년 안에 모두 사용해야 하며, 2025년에 발생하는 15일의 연차휴가도 발생일로부터 1년 안에 모두 사용해야 한다.

예를 들어 회계연도 기준으로 1월 1일 입사자의 경우 11일의 연차휴가는 2월 1일~12월 31일까지 모두 사용해야 한다. 그러나 1년간 80% 이상 출근한 경우는 다음 해에 15일의 연차휴가가 발생하므로 새롭게 발생하는 연차휴가 전체에 대해 다시 1년간의 사용기간이 주어진다. 다만, 최초 1년간 80% 미만 출근한 경우는 그다음 해 15일의 연차가 발생하지 않고, 1년간 80% 미만 출근한 해에 1개월 개근 시 1일의 연차휴가가 발생하고, 이 연차를 다음 해 1년간 사용하면 된다. 즉 입사연도에 80% 이상 출근한 근로자는 다음연도에 15일의 연차휴가가 발생하지만 입사연도에 80% 미만 출근한 근로자는 1달 개근 시마다, 1일의 연차휴가가 발생한다. 예를 들어 입사연도에 5개월을 개근한 경우 다음연도에 15일이 아닌 5일의 연차휴가가 발생한다.

Tip 중도입사자의 연차휴가를 회사의 회계연도에 맞추는 경우 연차휴가 계산

연차휴가 및 연차수당의 산정 기산일은 원칙적으로 개별근로자마다 입사 일을 기준으로 한다. 따라서 2024년 4월 1일에 입사한 근로자는 2024년 4월 1일부터 2025년 3월 31일까지의 근무기간에 따른 개근 여부를 판단해서 2025년 4월 1일부터 2026년 3월 31일까지 15일의 연차휴가를 사용할 권한이 발생하며, 연차휴가를 사용하지 못하고 중간에 퇴직하는 경우는 그 부분만큼 연차유급근로수당을 청구할 권한을 갖는 것이다.

이렇듯 연차휴가의 부여는 근로자의 입사일을 기준으로 기산하는 것이 원칙이나 회사마다 이렇게 개별근로자의 입사일을 기준으로 연차휴가 부여 및 수당의 지급을 계산할 경우, 업무의 효율성이 떨어진다는 점을 고려해서 회사가 임의로 정하는 기산일(대개 1월 1일)을 기준으로 연차휴가의 부여 여부를 판단하기도 한다.

이렇게 회사가 임의로 정한 날짜를 기준으로 연차휴가 부여의 기산일을 정하는 것이 근로기준법의 원칙에는 다소 벗어난 것이기는 하지만 회사 임의의 기산일 이외에 중간입사자(1월 1일 이외의 입사자)에 대해서

는 "전반적으로 불이익이 없다면 회사가 임의로 기산일을 정해서 연차휴가를 부여해도 위법한 것은 아니라는 것이 고용노동부 행정해석과 법원 판례의 일반적인 입장이다. 따라서 회사 임의의 기산일 이전 기간(2024년 4월 1일~12월 31일)에 대한 연차휴가를 12일부여(15일 × 9월/12월 = 11.25일 이상) 했다는 전제하에서 2025년 1월 1일부터 연차휴가 산정을 위한 기산일을 잡았다면 이는 굳이 위법이라고 볼 수는 없을 것이다. 즉, 중간입사자의 연차 처리 문제에 대해서는 회사가 정한 특정 기산일을 기준으로 할 경우, 불이익 금지의 원칙만 세워져 있다면 아무런 문제가 되지 않는다.

참고로 불이익하지 않은 예를 살펴보면 다음과 같다.

❶ 입사 당해 연도의 2024년 4월 1일~12월 31일까지의 기간에 대해 개근 여부를 기준으로 연간 15일에 비례하는 부분만큼 연차휴가 12일(15일 × 9개월/12개월)을 부여하고, 입사 다음 연도부터는 재직 1년 차로 계산하는 방법

❷ 입사 당해 연도의 2024년 4월 1일~12월 31일에 대해서는 연차휴가를 부여하지 않되 다만, 최종 퇴직 연도의 1년 미만의 근로분에 대해서는 소정의 연차수당을 지급하는 방법

[연차휴가 산정 사례 : 2024년 7월 1일 입사자의 경우]

구분	기간계산	연차휴가	산정식
입사연도 (2024년)	월차 성격의 연차(1년 미만자 휴가)	5일	만 근무 개월 수 − 1일 (2024년 사용 또는 2025년 6월 30일까지 사용)
연 차 비례휴가	2024년 7월 1일~12월 31일 (연차 비례 휴가)	7.5일	15일 × 입사 연도 재직일 ÷ 365일 = 15일 × 184일 ÷ 365일
합계(2024년 12월 31일 기준)		12.5일	13일 부여하면 문제없음 (1년 미만자 휴가 + 비례 휴가)

회계연도 단위 연차휴가 부여 방법 계산식 =
다음 회계연도에 발생하는 연차휴가일 수(15일 × 근속기간 총일수 ÷ 365) + 입사일부터 1년간 1월 개근 시 1일씩 발생하는 휴가일 수)

3 연차휴가를 미리 사용할 수 있나?

연차휴가 선사용은 가능한 것인가?

연차유급휴가의 선사용(발생하지 않은 연차유급휴가에 대해 차후 발생할 것을 전제로 미리 연차유급휴가를 사용하는 것)이 가능해지려면,

첫째, 근로자의 신청이 있고

둘째, 회사가 이에 동의한다면 가능하다. 즉, 근로자의 요구가 있고 회사가 이를 수용한다면 차후 발생할 연차유급휴가를 미리 가불 형태로 당겨 사용하는 것이 법에 위반된다고 볼 수는 없다. 다만, 근로자의 신청 없이 회사에서 일방적으로 연차유급휴가를 선 사용하도록 지시하는 것은 위법이다.

Tip 연차휴가를 근로자의 편의를 위해 미리 가불형식으로 부여할 수 있다

연차유급휴가 제도는 근로자의 피로에서 회복시켜 노동력의 유지 배양을 도모하는 데 그 목적이 있고, 원칙적으로 동 청구권의 발생은 연차 청구 사유(만근, 계속근로) 등 발생 이후에 부여함이 원칙이나 사용자는 근로자의 요구와 편의를 위해 연차휴가를 미리 가불형식으로 부여할 수도 있다(법무 811-27576, 1980.10.23.).

선사용 할 수 있는 휴가일 수는?

연차유급휴가 선사용 가능 일수에 대해서는 따로 정함이 없으며, 당사자 간의 약정에 따르면 된다.

연차휴가를 선사용 한 후에 퇴사하는 경우 처리

연차유급휴가를 선사용 한 이후 선사용한 휴가 발생요건(1년간 80% 이상 출근)을 충족하지 못하고 퇴사하는 경우, 임금 공제 문제가 생긴다.

→ 별도의 임금 공제에 대한 동의 없이 일방적으로 임금 또는 퇴직금에서 공제하는 것은 법에 위배 된다.

Tip 업무 외 부상 및 병가는 회사 내 규정에 따라야 한다.

근로자가 업무와는 관계없이 개인적으로 다친 경우는 산재 요양 신청을 할 수가 없으므로 회사에서 어떻게 처리해 줘야 하는지 궁금해하는 경우가 많다.

근로기준법에는 업무 외적으로 부상이나 질병이 발생했을 때는 회사에서 특정한 처우를 하도록 정한 기준이 없다. 이런 경우 근로자의 처우를 어떻게 할지는 회사에서 자율적으로 정할 수 있다. 취업규칙으로 병가기간이나 병가 기간동안의 급여에 대해 정하는 경우가 대부분이다.

법으로 정해진 기준이 없으므로 병가기간 동안 근로자에게 급여를 지급하지 않아도 무방하다. 다만, 근로자의 생활을 보장해주기 위해 일정 기간은 유급으로 정하는 경우가 많다.

취업규칙에 유급으로 정해진 경우 정해진 기간동안은 유급으로 병가를 부여해야 한다. 그 이상의 기간에 대해 병가를 부여할지? 여부나, 급여를 지급할지? 여부는 회사의 결정에 따라야 한다.

Tip 병가를 연차휴가로 대체할 수 있는지?

- 개인적 질병으로 병가를 신청하는 경우 남은 연차휴가 일수에서 우선 차감할 수 있으며, 병가기간은 무급이 원칙이므로 병가일 수에 해당하는 통상임금을 임금에서 공제한다. 다만, 업무상 사유에 의한 병가 시에는 최소 평균임금의 70% 이상을 지급해야 한다(산재보험에서 지급하는 경우는 이를 공제한 차액이 있는 경우 지급한다.). 단, 병가를 대신해서 연차휴가를 사용하는 것은 병가가 무급을 원칙으로 하고 있으므로 본인의 선택사항이지 회사의 강제 사항은 아니다.
- 업무상 재해로 통원 치료 일에 소정의 임금을 지급하고 있다면 별도의 휴업보상을 하지 않아도 무방하다(근기 1451-2072, 1984.10.12).
- 업무상 요양 중인 근로자에 대해서 휴업수당과 별도로 상여금을 지급할 것인지는 취업규칙 등이 정하는 바에 따른다(근기 01254-8647, 1987.06.29). 여기서 휴업수당은 임금에 해당한다(근기 01254-11057, 1986.07.07).

4 연차수당의 계산 방법

연차수당은 미사용한 연차휴가에 대해 지급하는 수당으로 연차수당의 계산은 연차휴가청구권이 소멸한 달의 통상임금 수준이 되며, 그 지급일은 휴가청구권이 소멸된 직후에 바로 지급해야 함이 마땅하나, 취업규칙이나 근로계약에 근거해서 연차유급휴가청구권이 소멸된 날 이후 첫 임금지급일에 지급해도 된다.

예를 들어 2024년 1월 1일~12월 31일까지 개근하여 2025년 1월 1일~12월 31일까지 사용할 수 있는 15개의 연차휴가가 발생하였으나 이를 사용하지 않았다면 2025년 12월 31일 자로 연차휴가청구권은 소멸하고, 휴가청구권이 소멸하는 다음 날(2026년 1월 1일)에 연차유급휴가 근로수당이 발생하게 되는 것이다.

그리고 연차수당산정의 기준임금은 연차휴가청구권이 최종적으로 소멸하는 월(2025년 12월 31일)의 통상임금을 기준으로 한다.

Tip 연차수당 계산 방법과 연차수당 지급 시 기준이 되는 임금은?

연차유급휴가를 1년간 사용하지 않아서 휴가청구권이 소멸한 경우 미사용 휴가일 수에 대해서 수당으로 대체 지급하고자 하는 때에 그 수당(임금)은 최종 휴가 청구권이 있는 달의 임금 지급일의 통상임금을 기준으로 산정 · 지급한다.

1. 12월의 월 통상임금 ÷ 통상임금 산정 시간 = 시간급 통상임금

통상임금이란 기본급만 포함되는 것이 아니라 직책수당, 근속수당 등 매월 정기적 혹은 일정하게 지급되었던 기본급과 상여금 및 수당을 말한다.

주 월 통상임금 산정 기준시간 예시

❶ 주당 소정근로시간이 40시간이며, 유급 처리되는 시간이 없는 경우 : 209시간 = [(40 + 8(주휴)) × 52 + 8시간] ÷ 12

❷ 주당 소정근로시간이 40시간이며, 주당 4시간이 유급 처리되는 경우 : 226시간 = [(40 + 4(4시간 유급) + 8(주휴)) × 52 + 8시간] ÷ 12

❷ 주당 소정근로시간이 40시간이며, 주당 8시간이 유급 처리되는 경우 : 243시간 = [(40 + 8(8시간 유급) + 8(주휴)) × 52 + 8시간] ÷ 12

2. 시간급 통상임금 × 8시간 = 1일 통상임금
3. 연차수당 = 1일 통상임금 × 미사용 연차 일수

Tip 지정된 휴가일에 근로자가 휴가를 사용하지 않고 출근하는 경우 연차수당의 지급의무

사용자는 노무 수령 거부 의사를 명확히 표시해야 하며, 명확한 노무 수령 거부 의사에도 불구하고 근로를 제공한 경우는 연차휴가 미사용 수당을 지급할 의무가 없다.

사용자가 노무 수령 거부 의사를 명확히 표시하지 않았거나 출근한 근로자에 대해서 업무지시 등을 해서 근로자가 근로를 제공한 경우는 휴가일 근로를 승낙한 것으로 보아야 하므로 연차휴가 미사용 수당을 지급해야 한다.

Tip 중도퇴사자의 연차수당 지급방법

연차수당은 전전년도 발생 분을 전년도에 사용하고 전년도에 사용하지 못하면 올해 수당으로 지급받는 것이다. 즉, 연차수당은 전전년에 연차 발생한 것을 전년에 사용하지 않은 대가로 올해에 지급받는 것이다. 따라서 전년에 발생한 연차휴가는 올해 사용하고 올해 사용하지 않은 연차휴가에 대한 수당은 내년에 받게 되는데, 퇴사하게 되면 못 받는 게 아닌지? 궁금해하는 경우가 많다.

결론을 말하자면 중도 퇴사를 하는 경우는 금품정산을 해야 하므로 미사용 연차의 총일수(전전년도 분과 전년도분)를 수당으로 지급해야 한다. 단, 사용가능일수가 없는 상황에서 퇴직하는 경우 회사에서 휴가를 주고 싶어도 못 주는 상황이 되므로 사용가능일수가 부족한 일자에 대한 수당은 지급하지 않아도 된다는 실무상 의견이 있기는 하나 고용노동부 등에서는 사용가능일수와 관계없이 수당을 지급해야 한다고 보고 있다.

발생 시기	사용 시기	수당지급시기
2024년 6월 1일 ~ 2025년 5월 31일	2025년 6월 1일 ~ 2026년 5월 31일	2026년 5월 31일 통상임금을 기준으로 미사용 연차휴가 수당 지급, 일급 3만 원에 미사용일 수 10일인 경우 30만 원 지급
2026년 6월 1일 ~ 2027년 5월 31일	2027년 6월 1일 ~ 2028년 5월 31일	2027년 11월 30일 퇴사 시 퇴사일 현재 미사용분 5일 일급 4만 원인 경우 퇴직 시 20만 원의 연차수당 지급

Tip 1년 미만 근무한 퇴직자에게 미사용 연차수당 지급의무

주 40시간제에서는 1년 미만 근속자에 대해서도 매달 1일의 월차 개념의 연차가 발생한다. 1달이 지난 시점에는 월차 개념의 1일의 연차가 확정되는 것이다. 따라서 연차청구권은 발생하는 것이며, 발생한 휴가를 사용하지 못하고 퇴직하는 경우는 그 미사용한 휴가에 대해 연차유급휴가 근로수당을 지급해야 한다.

예를 들어 1월 1일 입사를 해서 6월 30일 퇴사 시 연차가 5개 발생하므로 5일분의 연차수당을 지급해야 한다.

1. 연차휴가 일수는 입사일로부터 1년 만기 시 15일이 발생한다.
2. 1년 미만 근로자는 1개월 만근 후 1일의 연차휴가를 사용할 수 있다.
3. 당해 연도 발생 된 연차를 다음 연도에 사용할 수 있고, 다음 다음 연도에 미사용 연차수당을 정산 및 지급한다.
4. 연차휴가일 수를 산정하는 방법은 회계연도 기준으로 처리하는 게 일반적이다.

Tip 퇴직으로 인해 발생하는 연차수당의 퇴직금 계산에 포함 여부

퇴직하기 전 이미 발생한 연차유급휴가 미사용 수당은 퇴직금 산정을 위한 평균임금 산정 시에 포함되어야 하나, 퇴직함으로써 비로소 지급사유가 발생하는 연차유급휴가 미사용 수당은 퇴직금 산정을 위한 평균임금 산정시 포함되지 않는다(근로복지과-1715, 2012.5.21.).

02 연장근로와 연장근로수당

연장근로는 상시근로자 수 5인 이상인 사업장만 적용된다.

1 연장근로

연장 가능 시간

당사자 간의 합의가 있는 경우에는 1주간에 12시간(휴일근로 포함)을 한도로 연장할 수 있다. 18세 이상의 남성 근로자의 경우는 1주일에 12시간을 초과하지 않는다면 특별한 사정이 없으면 1일 연장근로시간의 제한은 없다(대법원 1997.7.25, 96다29892).

연소근로자는 1일 1시간, 1주 5시간 한도로 연장할 수 있다(근로기준법 제69조 단서). 출산 후 1년이 지나지 않은 여성에 대해서는 단체협약이 있는 경우라도 1일 2시간, 1주 6시간, 1년에 150시간을 초과하는 연장근로를 시키지 못한다(근로기준법 제71조). 연장근로시간에 대해서는 통상임금의 50%를 가산수당으로 지급해야 한다. 즉 연장근로에 대해서는 총 150%의 임금을 지급해야 한다. 연장근로수당을 지급한다고 하더라도 주 12시간을 초과하는 경우는 근로기준법 위반이며, 근로기준법 위반이라도 12시간을 초과한 시간에 대한 연장근로수당은 지급해야 한다.

당사자 간 합의

당사가 간에 합의하면 연장근로를 할 수 있다고 명시하고 있다(근로기준법 제53조 제1항). 여기서 당사자 간 합의는 근로자 개인과 사용자 사이의 개별적 합의를 말한다. 단체협약 등에 의한 집단적 합의도 가능하지만, 개별적 근로자의 의사결정의 자유를 침해하지 않는 범위 안에서 인정된다(대법원 1993.12.21, 93누5796). 합의의 형식과 내용 및 시기에 대해서는 법에서 정한 것이 없으므로 서면합의, 구두 합의 모두 가능하다.

포괄적 합의 가능

당사자 간의 합의는 연장근로를 할 때마다 개별적으로 하기보다는 근로계약을 체결할 때 미리 정할 수 있다(대법원 2000.6.23, 98다54960). 또한, 단체협약 · 취업규칙 · 근로계약에서 연장근로를 할 수 있도록 사전에 포괄적으로 정해 놓았을 때는 사용자가 이를 근거로 연장근로 명령을 내릴 수 있으며, 근로자가 정당한 이유 없이 이를 거부하는 경우 계약위반이 된다(근기 01254 -450, 1990.1.12). 상황에 따라서는 징계해고의 근거가 되기도 한다(대법원 1997.7.25, 96다29892). 다만, 포괄적인 연장근로의 합의가 있었다 하더라도 실제로 연장근로를 할 때는 근로자의 정당한 거부권이 허용되어야 할 것이다. 그렇지 않을 때는 근로시간 제한의 목적인 인간다운 생활, 일과 생활의 균형이 깨질 염려가 있기 때문이다. 따라서 기업이 연장근로를 명령할 때는 예측이 가능하고 근로자의 정당한 거부권을 보장하며, 예외적인 경우에만 하는 등 사용자의 권리남용이 없어야 한다. 위법해도 연장근로수당은 지급해야 한다.

2 연장근로시간의 계산

1시간 미만의 단수처리

연장근로시간이 1시간 미만일 때는 이를 1시간으로 인정하는 것은 근로자에게 유리한 조건이므로 가능하다.

그러나 1시간 미만은 근로시간으로 인정하지 않는다거나 30분 이상만 1시간으로 인정한다는 규정이나 합의는 근로자에게 불리한 조건이므로 허용되지 않는다.

철야 연장근로

날짜를 달리해서 계속근로가 이어지는 경우는 이를 전일 근로의 연장으로 보아 연장근로수당을 지급해야 할 것이나, 다음날의 소정근로시간 대까지 계속 이어지는 경우는 다음날 시업 시각 이후의 근로는 근로계약 · 취업규칙 등에 의해서 당초 근로 제공 의무가 있는 소정근로이므로 이를 전일의 연장근로로 볼 수 없다(근기 68207-402, 2003.3.31).

예를 들어 휴일에 시작된 근로가 날짜를 달리해서 계속되어 다음 날 소정근로시간 종료 후 퇴근하는 경우 그다음 날의 소정근로 시업 시각 전까지에 대해서는 전일(휴일) 근로의 연장으로 보아 휴일근로수당(연장 및 야간근로에 해당하는 때는 연장 · 야간근로수당은 각각 별도 산정)을 지급해야 하며, 월요일 시업시각 이후의 근로는 이를 휴일근로와 연장근로로 볼 수 없다.

철야 연장근로 후 대체휴식

철야 근무로 인한 심신의 피로를 해소해 주기 위해 사용자가 대체 휴식을 주었을 때는 특별한 사정이 없으면 이는 무급으로 부여한 것으로 볼 수 있고 이 대체 휴식을 주휴일이나 결근으로도 처리할 수 없다(근기 68207-2500, 2001.8.2). 다만, 단체협약이나 취업규칙 등에 특별히 정한 바가 있으면 그에 따르면 되고 근로자가 사용자의 대체 휴식 부여에도 불구하고 근로를 제공한 경우 사용자는 이에 대한 임금을 지급해야 한다.

24시간 이내에 2개조 연속근무

3교대제 근무 형태에서 일정한 시각을 기산점으로 24시간 안에 연속적으로 2회 또는 3회의 근로가 이루어질 수 있다. 이럴 때 연속되는 교대 형태라면 전체를 하나의 근무로 보아 8시간이 넘는 부분은 연장근로수당을 지급해야 한다.

예를 들어 저녁 근무(23:00~07:00)하고 다시 아침 근무(07:00~15:00)와 오후 근무(15:00~23:00)를 연속적으로 한 경우에는 전체 24시간에서 법정기준근로시간인 8시간을 제외한 16시간이 연장근로가 되며, 8시간은 야간근로가 된다.

그러나 저녁 근무 후 휴식을 취하다가 오후 근무를 하는 경우와 같이 중간에 단절되는 시간이 있다면 이는 별개의 근무로서 연장근로로 보기 어렵다. 이 경우 고용노동부 행정해석은 연장근무로 보아 연장근로수당을 지급하라는 견해이다(근기 68207-682, 2003.6.10.).

주중 지각 · 결근이나 휴일이 있는 경우

연장근로는 실제 근무한 시간을 기준으로 하므로 주중에 지각 · 결근이나 휴일이 있으면 그 시간을 빼고 연장근로시간을 계산한다. 예컨대 주중에 하루 결근하거나 휴일이 있어서 실제로 일을 하지 않는 경우 토요일에 8시간을 근무했더라도 주 전체의 근로시간이 40시간을 넘지 않으면 연장근로수당을 지급하지 않아도 된다(근기68207- 2776, 2002.8.21).

3 연장근로수당

연장근로 임금과 연장근로 가산할증임금

연장근로에 대한 금전적인 보상은 연장근로 자체에 대한 보상(100%)과 가산할증임금(50%)을 합한 금액이다. 연장근로 자체에 대한 보상 100%를, 연장수당 50%의 가산할증임금을 「연장근로 가산수당」, 연장수당과 연장근로 가산수당을 합한 150%를 「연장근로수당(시간외근로수당)」이라고 통칭한다. 연장근로 가산수당은 법에서 통상임금의 50% 이상을 지급하도록 강행규정을 두고 있다. 연장근로 가산수당은 기본급만으로 산정해서 지급하는 경우 자칫 법 위반의 위험이 있다.

시급 10,000원인 근로자가 1일 10시간 근로한 경우 연장근로수당은?

해 설

(10,000원 × 10시간) + (2시간 × 50% × 10,000원) = 110,000원

1일 단위와 1주 단위가 경합하는 경우 하나만 인정

연장근로시간을 계산할 때 1일 단위와 1주 단위가 경합하는 경우는 중복되지 않게 어느 쪽이든 근로자에게 유리한 것을 적용하면 된다(근기 01254- 3558, 1988.3.9.). 즉 1일 8시간을 초과하거나 주 40시간을 초과하는 한 가지 경우만 발생하면 연장근로수당을 지급해야 한다.

예를 들어 ❶ 월요일부터 금요일까지 매일 8시간씩 근무하고 토요일에 2시간을 근무한 경우 총근로시간은 「8시간 × 5일 + 2시간 = 42시간」이 되는데 이때 일 단위 8시간을 초과한 연장근로시간은 발생하지 않지만, 주 40시간을 2시간 초과했으므로 2시간의 연장근로시간이 발생한다. ❷ 월요일 10시간 근무, 화~목 각각 8시간 근무, 금요일 6시간을 근무하는 경우 1주 총 근무시간은 주 40시간으로 주 40시간을 초과하는 연장근로시간은 발생하지 않았으나 일 단위로 보면 월요일 1일 근무시간 8시간을 초과한 2시간이 발생했으므로 2시간의 연장근로시간이 발생한다.

법 위반의 연장근로와 연장근로 가산수당

당사자 사이에 합의가 없거나 연장근로에 대한 합의가 있더라도 주당 12시간을 초과하는 연장근로는 법 위반이다(근로기준법 제53조). 이러면 법 위반에 대한 형사처벌을 받는 것과 별개로 연장근로에 대한 연장근로 가산수당은 지급해야 한다. 연장근로 가산수당을 지급하는 것과 법 위반에 대한 형사처벌은 다른 제도적 취지를 가지고 있으므로 가산수당을 지급한다고 해서 형사처벌이 면제되는 것은 아니며 형사처벌이 된다고 해서 가산수당의 지급의무가 면제되는 것도 아니다.

Tip 지각출근자의 연장근로수당 지급여부

취업규칙이나 근로계약서상에 별다른 규정이 없다고 한다면, 지각하였다고 하더라도 근로계약서상의 종업시간인 18:00 이후 근무를 시키고자 한다면 노동자와 사용자 간의 합의가 필요하다. 따라서 이러한 합의가 없는 한, 지각한 시간 만큼 종업시간 이후로 제공하는 것이 의무는 아니다. 종업시간 이후 지각한 시간 만큼의 근로를 추가적으로 제공하지 않는다면, 사용자는 지각한 시간만큼의 임금을 공제할 수 있다.

연장근로의 기준은 실근로시간이다. 따라서 지각했고 그에 따라 종업시간 이후 지각한 부분만큼 근로를 제공하였다면, 그 시간이 종료된 시간 이후부터 연장근로시간이 된다.

예를 들면 30분 지각하여 30분만큼 추가 근무를 하였다면 연장근로시간의 기준은 18:30분이 되며, 18:30분 이후 근로에 대해서 연장근로수당이 발생한다. 다만, 종업시간(18:00) 이후의 근로를 연장근로로 보는 근로계약 내용이 있거나 이를 연장근로로 간주하여 연장근로수당을 지급해온 관행이 있다면 18:00 이후의 시간은 연장근로수당의 지급 대상이다.

결론은 종업시각 이후의 근로는 연장근로로 간주하여 연장근로수당을 지급한다는 규정이나 관행이 있다면 지각과 상관없이 18:00 이후 근로분은 연장근로수당의 지급 대상이지만, 해당 규정이 없는 때는 연장근로의 기준은 실근로시간이 1일 8시간을 초과하는 18:30분 이후 근로에 대해서 연장근로수당이 발생한다.

Tip 사업주의 지시가 아닌 자발적으로 연장근로를 한 경우 연장근로수당 지급

업무 완료를 위해서 불가피하게 2시간을 더 근로하였다고 주장하는 근로자의 2시간분에 대한 연장근로수당 지급 여부가 문제가 될 수 있다.

당해 업무의 성격상 연장근로가 불가피하였음이 인정될 경우는 연장근로수당을 지급해야 할 것이나, 반드시 그 시간대에 업무를 처리해야 할 객관적인 필요성이 인정되지 않을 경우는 연장근무의 필요성 없이 자발적으로 당해 근로자가 일한 것으로 볼 수 있는바 추가적인 2시간분에 대한 연장근로수당을 지급하지 않아도 법 위반으로 볼 수는 없을 것이다. 다만, 업무처리의 완료를 기준으로 업무지시가 있었던 경우에는 당해 근로자에 대해서 2시간 이외의 추가적인 연장근로를 하지 말도록 하는 적극적인 조치가 없었다면 연장근로는 실제로 근로를 제공한 시간으로 볼 수 있는바, 이에 대한 가산임금을 지급하는 것이 적절할 것으로 판단된다.

근로기준법 제52조의 규정에 따른 연장근로의 제한은 1주간의 법정기준근로시간 이외에 12시간을 초과해서 근무할 수 없다는 것으로서 휴일근로시간은 동조에서 정한 연장근로시간에는 포함되지 않는 것으로 보며, 사용자의 근무 지시 없이 근로자가 자발적으로 소정근로시간 이외에 근무한 경우는 근로기준법의 가산임금을 지급하지 않더라도 법 위반으로 볼 수는 없다(1999.05.07, 근기 68207-1036).

회사입장에서 근로자에 대해서 기왕에 실시하던 연장근로를 앞으로 실시하지 않겠다는 의사표시를 분명히 하고(예 : 게시판 공고, 근로자 개별 통지 등), 실제 연장근로를 시키지 않는다면 별도의 연장근로수당을 지급하지 않아도 근로기준법 위반 문제는 발생하지 않는다.

Tip 정해진 출근 시간보다 30분 일찍 출근하는 것도 연장근로가 되나요?

일반적으로 출근 시간은 8~9시인 경우가 많다. 하지만 누구도 정각에 딱 맞춰서 출근하지 않는다. 대개 15~30분 정도 일찍 출근해서 오늘 하루 시작될 업무를 준비한다.

설령 준비할 필요가 없더라도, 대개 본래 출근 시간보다 일찍 출근하는 것이 일반적이다.

그렇다면 이렇게 본래의 출근 시간보다 이른 시간에 출근하는 행위도 근로시간에 해당한다거나, 연장근로에 해당될 수 있는지가 문제 된다.

원칙적으로는 출근 시간 이전에 출근하는 것은 근로시간에 산입하지 않기에 연장근로가 문제 될 여지가 없다.

다만, ① 사업주가 조기출근 할 것을 지시 및 명령하였거나 ② 지시로 인해 이러한 조기출근이 관행화된 경우 ③ 그 시간에 출근하지 못할 때는 지각 처리되는 경우 등과 같이 의무적인 출근이 요구되는 경우는 근로시간에 산입되고, 이 시간을 포함해서 일 8시간을 초과하였다면 연장근로에 해당한다.

따라서 단순히 상사의 눈치 때문에 자의적으로 일찍 출근했다거나 사업주가 너무 정시에 맞춰서 출근하지 말라고 해서 조기출근 한 경우에는 근로시간이 아니며, 해당 시간이 연장근로가 될 여지도 없다.

03 휴일근로와 휴일근로수당

휴일이란 주유급휴일(1주 일에 근무하기로 정해진 날을 개근할 경우 부여되는 유급휴일, 통상 일요일인 경우가 많다) 외에 취업규칙이나 단체협약상 휴일(무급휴일, 유급휴일)로 정해진 날을 말한다. 따라서 휴일근로수당은 주휴일(일요일) 근로는 물론 단체협약이나 취업규칙에 따라서 휴일로 정해진 날 근로의 경우에도 지급되어야 한다.

휴일의 종류

실시 근거	법정휴일 (임시공휴일)	근로기준법상 주휴일 근로자의 날 제정에 관한 법률상 근로자의 날
	약정휴일	노사자치 규범에 따라 정한 휴일(공휴일, 회사 창립기념일 등)
임금지급 여부	유급휴일 (임시공휴일)	법정유급휴일 : 주휴일, 근로자의 날 약정 유급휴일 : 노사자치 규범에 따라 정한 유급휴일
	무급휴일	법정유급휴일과 약정 유급휴일을 제외한 휴일

구 분	휴일근로수당
유급휴일근로	유급휴일에 당연히 유급으로 지급되는 임금(100%) + 휴일근로에 대한 임금(100%) + 휴일근로에 대한 가산임금(50%, 8시간 초과 시간은 100%)이 지급된다. 월급제 근로자의 경우 유급휴일에 당연히 유급으로 지급되는 임금(100%)은 이미 월급에 포함된 것으로 본다. 따라서 휴일 근로 시 150%의 임금만 지급하면 된다. 반면 시급제의 경우는 포함되지 않은 것으로 보므로 250%를 지급해야 한다.
무급휴일근로	무급휴일 근로에 대한 임금(100%) + 휴일근로에 대한 가산임금(50%)이 지급된다.

법정근로시간이 1주 40시간으로 단축되었다고 해서 당연히 토요일이 휴일로 되는 것은 아니며, 토요일을 소정근로일에서 제외하더라도 그날을 반드시 유급으로 해야 하는 것은 아니다. 근로기준법에서 사용자는 주 1일의 유급휴일을 주도록 하고 있으므로 1주일 중 소정근로일

이 5일 (통상 월~금요일)인 경우 법상 유급휴일은 1일(통상 일요일)이고 나머지 1일(통상 토요일)은 노사가 별도로 정하지 않는 이상 무급휴무일이다. 이 경우 토요일에 근로를 시키는 경우 휴일근로수당은 발생하지 않으며, 주 40시간을 초과하였거나 1일 8시간을 초과한 경우 연장근로수당만 발생한다.

시급 10,000원인 근로자가 주 유급휴일에 8시간 근로한 경우 받을 수 있는 임금은?

해 설

❶ (10,000원 × 8시간 : 유급휴일에 근무하지 않아도 지급되는 임금, 월급근로자는 월급에 주휴수당이 포함되어 있다고 봄) + ❷ (10,000원 × 8시간 : 유급휴일 근로에 대한 대가) + ❸ (10,000원 × 8시간 × 50% : 휴일근로 가산임금) = 200,000원(월급제의 경우 ❶을 제외한 160,000원)

Tip 토요일 근무 시 수당의 계산 방법

토요일에 대해서 고용노동부는 노사가 별도로 정하지 않은 경우는 무급휴무일로 본다. 즉 유급도 아니며, 휴일도 아니라고 보는 견해다.

토요일이 고용노동부의 견해와 같이 휴일이 아닌 휴무일인 경우는 비록 토요일에 근무하더라도 휴일근로수당이 발생하지 않는다.

토요일인 휴무일이 유급의 경우 일반적인 시간당 통상임금 산정을 위한 월 소정근로시간수(209시간)의 변동이 발생한다. 시간당 통상임금 산정을 위한 산정 기준시간은 소정근로시간 외에 유급 처리되는 시간을 합산한 시간이다. 이 통상임금 산정 기준시간 수는 통상임금의 액수에 영향을 미치고, 다시 통상임금을 기준으로 산정하는 시간외수당, 연차유급휴가 수당, 해고수당에 영향을 미치므로 산정 기준시간 수의 변동 문제도 주의해서 검토해야 한다.

통상임금 산정의 기준이 되는 시간 수 = [❶ 주 소정근로시간 + ❷ 토요일 유급근로시간 + ❸ 주휴시간(❶ ÷ 5)]
❶ 주 소정근로시간이 40시간, 토요일(4시간) 무급으로 한 경우
209시간 = ((40 + 8) × 52 + 8) ÷ 12
❷ 주 소정근로시간이 40시간, 토요일(4시간) 유급으로 한 경우
226시간 = ((40 + 8 + 4) × 52 + 8) ÷ 12

따라서 주 40시간제의 경우 단지 근로시간 4시간의 단축에만 극한하지 말고 노사합의를 통해 토요일의 유급 처리 여부, 유급 · 무급에 따른 통상임금 산정 기준시간의 변동 여부까지 합의할 필요가 있다.

1. 무급휴일(시급 1,000원일 경우)

토요일을 휴일로 하되 무급으로 한 상태에서 월~금 40시간을 근무하고 토요일에 주간 4시간을 일한 경우

(4시간 × 1,000원) + (4시간 × 1,000원 × 50%) = 6,000원

(토요일 4시간 근로는 연장근로가 아닌 휴일근로에 해당되어 휴일근로 가산수당 50%를 가산)

예시 토요일에 주간 10시간을 일한 경우

(10시간 × 1,000원) + (10시간 × 1,000원 × 50%) + (2시간 × 1,000원 × 50%) = 16,000원

(8시간을 초과하는 2시간은 연장근로 가산수당 50%를 가산)

2. 유급휴일(시급 1,000원일 경우)

토요일을 휴일로 하되 유급으로 한 상태에서 월~금 40시간을 근무하고 토요일에 주간 4시간을 일한 경우

(4시간 × 1,000원) + (4시간 × 1,000원) + (4시간 × 1,000원 × 50%) = 10,000원

(토요일 유급휴일에 대한 임금 100% 및 4시간 근로에 대한 임금 100%와 휴일근로가산수당 50%를 지급)

예시 토요일에 주간 10시간을 일한 경우

(10시간 × 1,000원) + (10시간 × 1,000원) + (10시간 × 1,000원 × 50%) + (2시간 × 1,000 × 50%) = 26,000원

(토요일 유급휴일에 대한 임금 100% 및 10시간 근로에 대한 임금 100%와 휴일근로 가산수당 50%, 8시간을 초과하는 2시간에 대해서는 연장근로 가산수당 50%를 지급)

3. 무급휴무일(시급 1,000원일 경우)

토요일을 무급휴무일(근로 면제일)로 한 상태에서 월~금 40시간을 근무하고 토요일에 주간 4시간을 일한 경우

(4시간 × 1,000원) + (4시간 × 1,000원 × 50%) = 6,000원

(토요일 4시간 근로는 근로기준법상 휴일근로가 아니라 주 40시간을 초과한 연장근로로 연장근로 가산수당 50%를 지급)

예시 토요일에 주간 10시간을 일한 경우

(10시간 × 1,000원) + (10시간 × 1,000원 × 50%) = 15,000원

(토요일 4시간 근로는 근로기준법상 휴일근로가 아니라 주 40시간을 초과한 연장근로로 10시간은 연장근로 가산수당 50%를 가산해서 지급)

4. 유급휴무일(시급 1,000원일 경우)

토요일을 유급휴무일(근로면제일)로 한 상태에서 월~금 40시간을 근무하고, 토요일에 주간 4시간을 일한 경우 (4시간 × 1,000원) + (4시간 × 1,000원) + (4시간 × 1,000원 × 50%) = 10,000원

(토요일 유급휴무일에 대한 임금 100% 및 4시간 근로에 대한 임금 100%와 연장근로 가산수당 50%를 지급)

예시 토요일에 주간 10시간을 일한 경우

(10시간 × 1,000원) + (10시간 × 1,000원) + (10시간 × 1,000 × 50%) = 25,000원

(토요일 유급휴무일에 대한 임금 100% 및 10시간 근로에 대한 임금 100%와 초과 10시간 가산수당 50%를 가산해서 지급)

주 기타 : 월급근로자로 근로시간 단축에 따른 임금 변화가 없는 경우 근로자에게 유리한 근로 형태는 무급휴일 〉 무급휴무일 〉 유급휴일 〉 유급휴무일 순임

무급일 때는 월 소정근로시간이 단축되어 시간급 통상임금이 사실상 인상되기 때문에 무급휴일이 가장 유리하다.

Tip 연장근로와 야간근로가 겹치는 경우 시간외수당의 지급

가장 일반적인 형태로는 오전 9시에 출근해서 점심시간 동안 쉬고 오후 6시에 퇴근하므로 6시 이후에 근무하는 것은 연장근로가 되고 연장근로가 이어져 10시 이후에는 야간근로가 되는 것이다. 따라서 연장근로와 야간근로가 겹칠 수 있다. 이렇게 연장근로와 야간근로가 겹칠 경우는 야간근로 시에 50%를 가산해서 주는 것이 아니라 연장과 야간의 가산율을 각각 더해서 야근에 따른 수당을 계산해야 한다. 즉 연장근로 가산율 50%와 야간근로 가산율 50%를 더해서 100%를 지급해야 한다. 따라서 시급 통상임금이 1만 원이라면 위의 경우와 같이 5천 원을 가산해서 야간수당을 주는 것이 아니라 1만 원을 가산해서 야간수당을 주어야 한다. 따라서 이 경우 시급 통상임금 1만 원과 (연장 + 야간) 가산수당 1만 원을 더한 2만 원을 지급해야 한다.

Tip 휴일근로와 연장근로가 겹치는 경우 시간외수당의 지급

[일요일 등 유급휴일에 8시간 일했을 경우]

유급휴일 근로 시 임금 지급률은 유급휴일이므로 당연히 지급되는 임금 100%와 그날 실제 근로의 대가 100% 및 휴일근로수당 50%를 합해서 합계액 250%(시급제) 다(월급제는 150%).

❶ 일하지 않더라도 유급으로 인정되는 당연분 임금으로 8시간분 임금(월급에 이미 포함)

❷ 휴일 8시간 실 근로 제공에 대한 8시간분 임금

❸ 휴일근로 가산 분 임금(50%)으로 4시간 임금 등 총 20시간분(월급제는 ❶제외 12시간) 임금을 받는다.

[일요일 등 유급휴일에 8시간을 초과해서 일했을 경우]

❶ 8시간까지는 앞의 경우와 같게 250%이고(월급제는 150%),

❷ 8시간을 초과한 시간에 대해서는 그 시간만큼의 근로에 대한 대가 100%와 시간외근로에 대한 할증 50% 및 휴일근로수당 50%를 합해서 200%가 지급된다(야간근로 시 야간근로수당 50% 추가지급).

[예] 유급휴일인 일요일에 12시간(기본 8시간 + 연장 4시간)을 근로하는 경우
❶ 8시간 휴일근로 한 경우의 20시간분 임금에
❷ 연장근로 4시간분 임금
❸ 연장근로 가산 분 임금(50%) 2시간분 임금과
❹ 휴일근로 가산 분 임금(50%) 2시간분 임금을 모두 합한 총 28시간분 임금을 받는다.

Tip 휴일·연장·야간 근로 시 수당계산 방법

연장 · 야간 · 휴일근로가 중복되는 경우는 각각 가산하는 것이 원칙이며, 아울러 가산이라는 표현에서 확인할 수 있듯이 통상임금의 50%분이란 순전히 가산된 수당만을 의미하는 것이며, 해당 근로에 대한 대가 100%가 추가로 지급되는 것은 당연하다 할 것이다.

다만, 해당 연장 · 야간 · 휴일근로에 대한 대가 100%는 그 사유가 중복된다고 하더라도 각각 추가될 이유는 없다.

[예시1] 평일의 연장, 야간근로 시 법정수당 계산 방법

시간	근로의 대가	연장	야간	합계
18:00~22:00	100%	50%	–	150%
22:00~06:00	100%	50%	50%	200%
06:00~09:00	100%	50%	–	150%

[예시2] 휴일의 연장, 야간근로 시 법정수당 계산방법

시간	근로의 대가	휴일	연장	야간	합계
09:00~18:00	100%	50%	–	–	150%
18:00~22:00	100%	50%	50%	–	200%
22:00~06:00	100%	50%	50%	50%	250%
06:00~09:00	100%	50%	50%	–	200%

Tip 휴일근로와 관련해서 유의할 사항

회사의 지시나 관리 감독이 이루어지는 체육대회, 워크숍 등은 근로로 인정될 수 있으므로 휴일에 동 행사 등을 개최할 경우는 원칙적으로 휴일근로수당이 발생할 수 있음에 유의해야 한다.

Tip 직원이 무단결근할 때는 어떻게 대처해야 하나요?

근로자가 사전 또는 당일에 아무런 연락 없이 무단으로 출근하지 않는 경우 혹시라도 나중에 있을지도 모를 다툼에 대비하기 위해 일단 문자나 전화로 연락하고, 문자와 전화 수신 내역을 자료로 보관한다.

3일 이상 무단결근하는 경우는 내용증명으로 정상적 출근을 요청하고, 정상 출근하지 않을 때는 결근한 일수에 대한 임금이 지급되지 않고, 퇴직금도 감액되며, 며칠 이상 무단결근할 때는 해고할 수밖에 없다는 내용을 문서로 보내두는 것이 좋다.

5인 미만 사업장의 경우 무단결근이 없더라도 언제든지 해고예고만 하면 해고할 수 있지만, 1년 이상 근로하였을 때는 퇴직금 산정의 문제가 생길 수 있기 때문이다.

만약 근로자가 무단결근 이후 연락 두절로 행방불명이 된 경우에는 해고의 의사가 근로자에게 도달할 수 없으므로, 이 경우에는 민사소송법에서 규정하고 있는 공시송달의 방법에 따라 명확히 해두는 것이 좋다.

Tip 지각, 결근, 조퇴 등 근태 불량사원에 대한 대처방법

근태 불량 사원에게 불이익을 주는 방법으로는 징계, 승진 불이익, 임금인상 불이익, 급여 및 상여금 삭감을 하는 등의 방법이 있다.

예를 들어 임금 삭감, 상여금 삭감 등을 하는 것이다. 지각, 조퇴 시간을 합쳐 8시간이라면, 휴가를 공제하는 방법도 가능하다. 다만, 한 주에 지각시간, 조퇴 시간을 합쳐서 8시간 된다고 해서 이를 하루 결근한 것으로 처리하고 그 주의 주휴수당을 삭감하는 것은 허용되지 않는다.

횟수가 빈번하고 반성이 없으면 경고 후 당연히 징계해고해야 한다.

지각 10분/20분 등과 같이 짧은 시간에 대해서는 급여 삭감보다는 징계나 해고를 하는 것이 인사관리 상 더 효율적이다.

Tip 결근 시 벌금을 내도록 하는 계약은 가능한가?

근로기준법에서는 회사가 근로계약 불이행에 대한 위약금 또는 손해배상금을 예정하는 계약을 체결하지 못하도록 하고 있으므로, 결근 시 벌금을 내도록 하는 계약을 하거나 임금에서 일방적으로 상계하는 것은 금지된다.

Tip 입사 시 퇴직금을 받지 않기로 하거나, 월급에 퇴직금이 포함된 것으로 근로계약을 했을 경우 퇴직금을 지급하지 않아도 되는 것은 아니다.

입사 시 퇴직금을 받지 않기로 하거나, 퇴직금이 없어도 어떤 법률상 문제를 제기하지 않겠다는 각서를 받고 근로계약을 체결한 경우라도 이는 유효한 근로계약이 아니므로 퇴직금을 지급해야 한다. 또한, 월급에 퇴직금이 포함된 것으로 근로계약을 했을 경우도 법률에 위반되므로 근로자가 요구 시 퇴직금을 지급해야 한다.

Tip 지각·조퇴·외출이 월 3회 이상이라도 1일을 결근으로 처리할 수 없다.

'월 3회의 지각은 1일의 결근으로 본다.' 고 하거나 '일주일간의 지각 또는 조퇴 시간을 합산해서 8시간이 되면 1일 결근으로 간주해서 유급휴일수당을 지급하지 않는다' 는 취업규칙에 의해 3회의 지각이나 조퇴를 결근으로 보고 휴일을 주지 않는 것은 위법이다(2009.12.23., 근로기준과-5560).

지각 · 조퇴 · 외출 등의 사유로 소정근로일의 근로시간 전부를 근로하지 못하였다 하더라도 소정근로일을 단위로 그날에 출근해서 근로를 제공하였다면 이를 결근으로 처리할 수 없다. 단체협약 · 취업규칙 등에 지각 · 조퇴 · 외출을 몇 회 이상하면 결근 1일로 취급한다고 규정하고, 일정 횟수 이상의 지각·조퇴·외출 시 결근 1일로 취급하여 주휴일, 연차 유급휴가 등에 영향을 미치게 하는 것은 근로기준법 취지에 비추어 타당하지 않다. 다만, 사용자는 지각 혹은 결근에 따른 시간만큼의 임금 공제를 할 수는 있으며, 사규 등을 통해 일정 횟수 이상의 지각자에게 감급의 제재를 할 수는 있다. 다만, 근로기준법에 따라 1회의 감급은 1일 평균임금의 2분의 1을 초과할 수 없으며, 그 총액 역시 1 임금 지급기의 임금총액의 10분의 1을 초과할 수 없다.

04 야간근로와 야간근로수당

1 야간근로

야간근로는 오후 10시부터 다음날 오전 6시까지를 말한다(근로기준법 제56조).
야간근로는 신체적인 리듬이 깨져서 근로자의 건강에 나쁜 영향을 미칠 수 있다.
그러나 근로기준법에서는 야간근로에 대한 일반적인 제한은 두고 있지 않고 여성과 연소자, 임산부 등 상대적으로 약자인 근로자는 동의 또는 인가를 받도록 규정하고 있다.

2 야간근로의 제한

18세 이상의 여성 근로자

18세 이상의 여성 근로자는 본인의 동의가 있어야 야간근로를 시킬 수 있다. 동의는 개별근로자의 동의를 의미하며, 노동조합과 집단으로 합의했더라도 본인이 반대하면 야간근로를 시킬 수 없다.

연소근로자, 산후 1년 미만 근로자, 임신 중인 근로자

18세 미만 연소근로자의 동의가 있는 경우, 출산 후 1년이 지나지 않은 여성 근로자의 동의가 있는 경우, 임신 중인 여성 근로자가 명시적으로 청구하는 경우는 고용노동부 장관의 인가를 얻어 각각 야간근로를 시킬 수 있다. 동의는 개별근로자의 동의를 의미하며, 서면동의가 아닌 구두 동의도 가능하다.
사용자는 고용노동부 장관의 인가를 받기 전에 근로자의 건강 및 모성보호를 위해 그 시행 여부와 방법 등에 관해서 근로자대표와 성실하게 협의해야 하고(근로기준법 제70조 제3항), 이러한 협의 의무를 이행하지 않을 경우는 5백만 원 이하의 벌금에 처한다.

3 야간근로수당

야간근로에 대해서는 통상임금의 50%를 가산해서 임금을 지급해야 한다. 연장근로 · 휴일근로와 야간근로는 제도적인 취지가 다르므로 이들이 중복될 경우는 가산수당을 각각 지급해야 한다. 즉 야간근로수당은 연장근로수당 및 휴일근로수당과 중복해서 적용한다.
그리고 감시 · 단속적 근로자 등 근로시간 · 휴일 · 휴게의 적용 제외 근로자에게도 야간근로 가산수당은 지급되어야 한다.

시급 10,000원인 근로자가 오후 22시부터 오전 06시까지 근로한 경우 받을 수 있는 임금은?

해 설

(10,000원 × 8시간 : 야간근로에 대한 대가) + (10,000원 × 8시간 × 50% : 야간근로에 대한 가산임금) = 120,000원
실무상 야간에는 2시간 정도의 휴게시간을 부여해 통상적으로 6시간의 야간근로가 발생한다.

05 해고예고수당

근로기준법에서는 먼저 사용자가 근로자를 해고하고자 할 때는 적어도 30일 전에 이를 예고하도록 규정하고 있다.

- 예고의 방법은 구두 또는 문서 모두 가능하나 반드시 해고될 날을 명시해야 한다.
- 해고예고 기간은 근로일이 아닌 역일로 계산하므로 휴일이 있더라도 연장되지 않는다.
- 계산에 있어 첫날은 포함되지 않고 그 익일부터 계산한다.
- 해고 효력은 통지가 상대방에 도달한 때에 발생한다.

이러한 해고예고에서는 반드시 해고될 날을 명시해야 한다. 불확정한 기한이나 조건을 붙인 예고는 예고로서 효력이 없다.

그리고 예고기간 중에는 정상적인 근로관계가 존속하는 경우와 같이 근로자는 임금 또는 근로를 청구할 수 있음은 물론이나, 근로자가 새로운 직장을 구하기 위해서 부득이 결근한 경우라도 사용자는 이에 대한 임금을 지급해야 할 것이다.

이렇듯 해고의 예고는 적어도 30일 전에 해야 하는데, 예고기간의 계산에 대해서는 예고가 행해진 당일은 포함되지 않고 그 익일부터 계산되어 그 기간 말일의 종료로 기간이 만료되므로 예고하는 날과 해고의 효력발생일 사이에는 적어도 30일간의 기간을 두어야 한다.

근로기준법에서는 이와 같은 30일간의 해고예고 기간을 설정하지 않은 해고(이른바, 갑작스러운 해고)에 대해서는 해고예고 기간을 설정하지 않은 대가로 30일분 이상의 통상임금을 해고예고수당으로 지급해야 한다고 정하고 있다. 따라서 사용자가 급작스럽게 해고하는 경우는 그에 대한 대가로 해고예고수당을 반드시 지급해야 한다.

제5장

급여관리와 근로소득세

01 임금관리 시 작성해야 하는 장부

1 임금대장의 작성과 임금명세서 교부

사용자는 사업장별로 임금대장을 작성하고, 임금과 가족수당 계산의 기초가 되는 사항, 임금액, 성명, 주민등록번호, 고용연월일, 종사하는 업무, 근로일수, 근로시간 수, 연장 및 야간 또는 휴일근로를 시켰을 때는 그 시간 수, 기본급과 제 수당 등 임금의 내역별 금액 등의 사항을 매 임금지급 시마다 기입해야 한다(근로기준법 제48조).

- 성명
- 주민등록번호(사용기간 30일 미만인 일용근로자 제외)
- 고용연월일
- 종사하는 업무
- 임금과 가족수당 계산의 기초가 되는 사항(사용기간 30일 미만인 일용근로자 제외)
- 근로일
- 근로시간 수(상시 4인 이하의 근로자를 사용하는 사업, 근로시간 및 휴게, 휴일 적용 제외 사업의 경우 제외)
- 연장근로, 야간근로 또는 휴일근로를 시킨 경우는 그 시간 수(상시 4인 이하의 근로자를 사용하는 사업, 근로시간 및 휴게, 휴일 적용제외 사업의 경우 제외)
- 기본급, 수당, 그 밖의 임금의 내역별 금액(통화 이외의 것으로 지급된 임금이 있는 경우에는 그 품명과 수량 및 평가총액)
- 법령 또는 단체협약에 따라 임금의 일부를 공제한 경우는 그 공제금액

그리고 급여지급일이 당월 말 혹은 익월 초로 정해진 사업장은 2021년 11월 급여분부터 임금명세서를 교부해야 한다.

2 근로자명부의 작성

사용자는 사업장별로 근로자명부를 작성하고 근로자의 성명, 성별, 생년월일, 주소, 이력, 종사하는 업무의 종류, 고용 또는 고용갱신 연월일, 계약기간을 정한 경우에는 그 기간, 기타 고용에 관한 사항, 해고 · 퇴직 또는 사망의 경우에는 그 연월일과 사유, 기타 필요한 사항을 기입해야 한다(근로기준법 제41조). 그 후 기입 할 사항에 변경이 있는 경우에는 즉시 정정해야 한다. 다만, 사용기간 30일 미만인 일용근로자는 근로자명부를 작성하지 않을 수 있다.

Tip 근로자가 신용불량자여서 배우자 또는 가족의 계좌로 임금을 입금해주는 경우 문제가 없나요?

신용불량자인 근로자가 회사 측에 요청하여 자신의 배우자나 부모의 계좌로 입금을 요청하였다면, 어떻게 해야 할까? 또는 아들이나 딸의 급여를 아버지나 엄마의 통장으로 입금하면 안 되나?

근로기준법 제43조에 따르면 임금은 통화로 직접 근로자에게 지급하게 되어 있다. 따라서 임금을 근로자의 요청에 따른 타인의 명의로 된 계좌에 입금하였다면 불법이 된다.

만 18세 미만자와 근로계약을 체결할 경우 근로계약 체결은 만 18세 미만자 본인과 직접 해야 한다.

친권자가 근로계약이나 임금 수령을 대리할 수 없다. 따라서 사용자는 근로자와 근로계약서를 작성해야 하고, 임금 또한 근로자 본인 명의 계좌로 이체하거나 현금을 직접 근로자에게 지급해야 한다.

참고로 현금으로 지급할 경우는 급여대장 등에 임금을 수령하였다는 서명 또는 날인을 받아두는 것이 좋다.

또한, 신용불량인 근로자가 급여계좌로 들어온 급여의 압류를 피하고자 배우자 명의의 통장이나 부모 통장으로 입금을 요청하는 경우가 있다.

4대 보험, 소득세의 신고 등과 관련하여 여간 신경 쓰이는 것이 아닌데,

추후에 부당해고 또는 임금체불 등의 사건과 연관이 되면 더욱 복잡해질 수 있다.

이는 건설 현장에서도 심심치 않게 발생하는 일이다.

이 같은 경우 4대 보험과 소득세 신고를 정상적으로 하고, 계좌가 아닌 현금으로 근로자에게 직접 지급하면서 임금대장에 급여 수령에 대한 서명 날인(급여수령확인증)을 받아두는 것이 한 방법이 될 수는 있으나 근로자가 임금을 직접 받지 못하였다고 하면서 노동부에 진정을 제기할 경우 사용자는 억울하게 이중 지급해야 하는 상황이 나올 수 있다.

이때 사용자의 억울함은 민사소송으로 제3자를 상대로 부당이득반환청구를 제기해야 한다.

어떤 경우에도 임금은 직원 본인에게 직접 지급하는 것이 문제를 최소화하는 방법이다.

02 임금에서 차감 가능한 금액

1 근로소득세

일반적으로 가장 먼저 공제되는 것이 근로소득세이다. 근로소득세는 국세청이 정한 근로소득 간이세액표에 따라 정해지는데, 이때 공제금액을 결정하는 기준은 근로소득 중 비과세를 제외한 금액 수준과 부양가족 수가 된다. 이 기준에서 볼 때 같은 신입사원이라도 급여수준은 같지만, 공제대상이 되는 부양가족 수가 다를 수 있으므로 근로소득 공제금액에서 차이가 발생할 수 있다.

매달 회사의 급여지급내역과 원천징수 내역을 신고하는 서식

↓

원천징수이행상황신고서

간이세액, 일용근로, 중도퇴사, 연말정산으로 나누어서 신고

각 개인의 소득별 원천징수 사실을 증명하는 서식

↓

원천징수영수증(지급명세서)

매년 3월 10일 신고. 각 지급명세서 내역과 매달 신고한 원천징수이행상황신고서의 내역이 일치해야 한다.

매달 납부한 근로소득 내역을 개인별로 집계해둔 서식

↓

소득자별근로소득원천징수부

매달 지급받은 급여와 근로소득세 납부내역 및 공제대상가족의 내역과 비과세 급여내역, 4대 보험 납부내역

구 분	가산세 내용
신고에 필요한 서류	원천징수이행상황신고서
집계에 필요한 서류	소득자별 근로소득원천징수부
각 개인의 원천징수영수증	근로소득 원천징수영수증(지급명세서)
납부에 필요한 서류	근로소득세 : 납부서 지방소득세 : 지방소득세 특별징수분 납입서

2 사회보험료

두 번째로 우리가 흔히 4대 보험이라고 부르는 사회보험료 공제이다.

근로자 부담분이 발생하는 것은 국민연금, 건강보험(장기요양보험 포함), 고용보험인데, 산재보험료는 사업주가 100% 부담하므로 급여에서 공제되지 않는다. 사회보험료는 근로소득 중 비과세를 제외한 보수에 따라 결정되는데, 급여가 같다면 비과세 항목에서 차이가 발생할 수 있다. 비과세 항목으로는 식대, 자가운전보조비, 보육수당 등이 있다.

3 노동조합비

노조가 있는 경우에는 단체협약에서 공제항목을 정해서 임금의 일부를 공제할 수 있다. 노동조합비 등이 여기에 해당한다.

4 결근 · 지각, 초과 지급된 임금

결근, 출근정지, 징계로 임금이 삭감된 경우는 임금채권 자체가 발생하지 않으므로 이로 인해 임금액이 적어지는 것은 전액 지급원칙에 위배되지 않는다. 또 계산 착오로 임금이 초과 지급된 때는 차기에 이를 공제해도 문제가 없다.

5 가불한 금액

전액 지급원칙하에서는 사용자가 근로자에 대해서 가지고 있는 채권을 가지고 동의 없이 일방적으로 근로자의 임금채권을 상계하는 것이 금지된다. 하지만 가불액은 이미 제공한 근로에 대해 임금 지급일이 되기 전에 지급한 것이므로 가불액을 제외한 나머지 임금만을 지급하더라도 법 위반이 되지 않는다.

03 임금명세서 작성방법

임 금 명 세 서			
			지급일 : 2024-11-25
성명	홍 길 동	사번	073542
부서	개발지원팀	직급	팀장

세부 내역

지 급			공 제	
임금 항목		지급 금액(원)	공제 항목	공제금액(원)
매월 지급	기본급	3,200,000	소득세	115,530
	연장근로수당	379,728	국민연금	177,570
	야간근로수당	15,822	고용보험	31,570
	휴일근로수당	94,932	건강보험	135,350
	가족수당	150,000	장기요양보험	15,590
	식대	100,000	노동조합비	15,000
격월 또는 부정기 지급				
지급액 계		3,940,482	공제액 계	490,610
			실수령액(원)	3,472,161

계산 방법

구분	산출식 또는 산출방법	지급액(원)
연장근로수당	연장근로시간 수(16시간) × 15,822원 × 1.5	379,728
야간근로수당	야간근로시간 수(2시간) × 15,822원 × 0.5	15,822
휴일근로수당	휴일근로시간 수(4시간) × 15,822원 × 1.5	94,932
가족수당	100,000원 x 1명(배우자) + 50,000원 x 1명(자녀 1명)	150,000

* 가족수당은 취업규칙 등에 지급요건이 규정되어 있는 경우 계산 방법을 기재하지 않더라도 무방(기재 사항이 모두 포함되어 있다면 사업장에서 자율적으로 임금명세서 서식을 만들어서 사용 가능)

① 임금 항목과 지급액

- 임금을 구성하고 있는 모든 항목에 대해 기재
- 기본급, 연장근로수당, 가족수당, 식대, 직책 수당 등 매월 정기적으로 지급하는 항목 기재

• 명절 상여금, 성과금 등 격월 또는 부정기적으로 지급하는 항목이 있는 경우에도 해당 항목 모두 작성
• 매월 지급되는 항목과 격월 · 부정기적으로 지급하는 항목을 구분하여 작성하는 것이 바람직함

② 공제항목과 공제액

• 법 제43조 제1항 단서에 따라 임금의 일부를 공제한 경우 그 항목과 금액을 기재
  (예시) 근로소득세, 4대 보험료, 조합비 등
• 공제항목과 항목별 금액만 기재하면 되며, 근로소득세 세율, 사회보험의 보험료율에 대해서는 관련 법률에서 규정하고 있으므로 그 계산 방법을 기재하지 않더라도 무방

③ 계산 방법

• 임금의 구성 항목별 금액이 어떻게 산출되었는지, 산출식 또는 산출방법을 작성하되, 추가적인 정보 확인 없이 근로자가 바로 알 수 있도록 구체적인 수치를 포함한 산출식을 적을 것
  (예시) 연장근로수당 288,000원 = 16시간 × 12,000원 × 1.5
• 임금 구성 항목별 계산 방법은 임금명세서에 별도로 작성란을 마련하여 기재할 수도 있고, 해당 임금항목란에서 그 계산법을 기재하더라도 무방함
• 임금명세서 일괄 작성 등 편의를 위해 취업규칙이나 근로계약서 등에 기재된 기본적인 계산방법을 공통적으로 기재하고, 계산에 필요한 정보를 별도로 기재하는 것도 가능함
• 모든 임금 항목에 대한 산출식 또는 산출방법을 기재할 필요는 없으며, 출근일수 · 시간 등에 따라 금액이 달라지는 항목에 대해서만 계산 방법을 작성
  ㉮ 사업장에 출근한 경우에만 지급(재택근무 시에는 미지급)되는 통근수당 또는 식대의 경우 출근일수 기재
  ㉯ 월 15일 이상 근무 등의 조건으로 지급되는 임금 항목의 경우 해당 지급요건 충족 여부 등
  ㉰ 일 · 숙직수당의 경우 그 일수 기재
  ㉱ 연장 · 야간 · 휴일수당의 경우 해당하는 근로시간 수를 기재
• 정액으로 지급되는 임금 항목은 계산 방법을 작성하지 않아도 됨
  (예시) 매월 20만 원씩 고정적으로 지급되는 식대는 계산 방법을 별도로 기재할 필요가 없으나, 근로일수에 따라 일당 7천 원씩 지급되는 식대의 경우 계산 방법에 18일(근로일수) × 7,000원과 같이 작성
• 연장 · 야간 · 휴일 근로를 하는 경우 추가된 근로시간에 대한 임금 이외에 가산수당이 발생하므로, 실제 연장 · 야간 · 휴일 근로시간 수를 포함하여 계산 방법을 작성
  (예시) 연장근로수당 288,000원 = 16시간 × 12,000원 × 1.5
  연장 및 휴일근로의 경우 소정근로시간을 넘어 추가적인 근로에 해당하므로 통상임금의 1.5배를 지급해야 하나, 야간근로의 경우에는 소정근로시간에 해당하면 통상임금의 50%를 가산하여 임금을 지급
• 가족수당의 경우 가족 수에 따라 지급금액이 달라진다면 계산방법에 가족 수 및 각각의 금액 등을 기재하는 것이 바람직
  (예시) ① 부양가족 1인당 2만원, ② 배우자 4만원, 직계존비속 2만원 등
  다만, 취업규칙이나 근로계약서에 특정 임금 항목에 대한 지급요건이 규정되어 있는 경우에는 임금명세서에 이를 기재하지 않더라도 무방

④ 연장근로시간 수

- 해당 월의 실제 근로한 연장근로시간 수를 기재

  상시 5인 이상 사업장의 경우 통상임금의 50%를 가산하여 근로자에게 지급(연장근로 관련 총지급액 : 통상임금의 150%)

  상시 5인 미만 사업장 및 농수축산업의 경우 해당 근로시간에 따른 통상임금의 100%를 지급하더라도 법 위반은 아님

⑤ 야간근로시간 수

- 오후 10시부터 다음날 오전 6시 사이에 근로한 경우 해당 근로시간을 기재

  상시 5인 이상 사업장의 경우 통상임금의 50%를 가산하여 지급

⑥ 휴일근로시간 수

- 휴일에 근로한 시간 수 기재

  ※ 상시 5인 이상 사업장의 경우 하루 8시간 이내 휴일근로는 통상임금의 50%를 가산하며, 8시간을 초과한 휴일근로는 통상임금의 100%를 가산하여 지급(휴일근로 관련 총지급액 : 통상임금의 150% 또는 200%)

〈야간근로 관련 임금명세서 기재 요령〉

소정근로시간이 아닌 시간에 근로를 제공하는 연장근로 및 휴일근로와 달리 야간근로는 소정근로시간 여부와 관계없이 발생할 수 있음

따라서, 사업장 편의에 따라 야간근로수당을 별도의 항목으로 구분하여 지급할 수도 있고, 야간근로가 연장 또는 휴일근로에 해당할 경우는 연장 또는 휴일근로수당에 포함하여 산정하는 것도 가능

야간근로가 연장근로에 해당하는 경우 :

① (해당 근로시간 수 × 통상임금의 200%)를 연장근로수당으로 기재 또는

② (해당 근로시간 수 × 통상임금의 150%)를 연장근로수당으로 기재하고 (해당 근로시간 수 × 통상임금의 50%)를 야간근로수당으로 기재 가능

04 월급 지급 시 근로소득세 원천징수

1 근로소득세란?

근로소득이란 고용관계 또는 이와 유사한 계약에 의해서 근로를 제공하고 지급받는 봉급 · 상여 · 수당 등 모든 대가를 말하며, 이에 부과하는 세금이 소득세 중 근로소득세이다. 다만, 근로소득에서 다음의 소득은 제외된다.

❶ 퇴직금을 지급하기 위해서 적립되는 금액

❷ 연 70만 원 이하의 단체순수보장성보험료와 단체환급부보장성보험료

❸ 종업원에게 지급한 경조금 중 사회통념상 타당한 범위 내의 금액 등이 있다.

2 비과세 근로소득

직장에 근무하면서 받는 금액 중에서 다음의 금액은 소득세를 납부하지 않아도 되므로 원천징수 대상 근로소득이 아니다.

❶ 일직료 · 숙직료 또는 여비로서 실비변상 정도의 금액

❷ 현금으로 지급하는 경우 월 20만 원 이내의 식대, 현금 지급 없이 직접 제공하는 식사 기타 음식물은 금액과 관계없이 전액 비과세

❸ 4대 보험 회사부담금

❹ 본인 차량(본인 명의 임차차량 포함)을 업무에 이용하고 실제 여비 대신에 받는 월 20만 원 이내의 보조금(자가운전보조금)

타인 명의 차량이나 업무용으로 이용하지 않거나, 실제 여비를 별도로 받는 경우는 세금을 납부해야 한다.

❺ 월 20만원의 자녀보육수당과 육아휴직수당

❻ 생산직 근로자가 받는 시간외 근로수당(연장 · 야간 · 휴일근로수당)

❼ 종업원 등의 사택 제공 이익(단, 사택의 수도광열비 보조액 등은 근로소득으로 본다.)

3 인터넷에서 직접 계산해 홈택스로 신고 · 납부

예를 들어 10월에 직원 1명을 채용했다. 경력직인 갑에게는 월 250만 원을 지급하기로 하였으며, 가족 사항은 다음과 같다.

- **소득이 없는 부모님(부 71세, 모 65세) 부양**
- **연봉 3천만 원인 배우자(배우자는 본인의 회사에서 연말정산을 하고 있다) 및 자녀 1인(10세, 인적공제는 본인이 받는다.)**
- **비과세소득은 없다.**

회사는 10월 31일 급여 350만 원을 지급하면서, 어떻게 원천징수를 해야 할까?

해 설

1. 간이세액표를 적용해서 원천징수

[공제대상가족 수]

구 분	공제대상
직계존속	만 60세 이상
직계비속, 동거입양자	만 8세 이상 20세 이하
형제자매	만 8세 이상 20세 이하 또는 만 60세 이상
기타 부양가족	• 국민기초생활수급자 • 직계비속 또는 입양자와 그 배우자가 모두 장애인에 해당하는 경우 그 배우자 • 「아동복지법」에 따른 가정위탁을 받아 양육하는 아동으로서 해당 과세기간에 6개월 이상 직접 양육한 위탁아동(만 18세 미만). 다만, 직전 과세기간에 소득공제를 받지 않은 경우는 해당 위탁아동에 대한 직전 과세기간의 위탁기간을 포함해서 계산한다.

구 분		공제대상가족의 수
본인 1명만 있는 경우		1명
배우자가 있는 경우	배우자의 연간 총급여가 500만 원 이하	1명
	배우자의 연간 총급여가 500만 원 이상	0명
부모님이 계시는 경우	만 60세 이하	0명
	만 60세 이상	1명 × 인원수
자녀가 있는 경우	만 8세 이상 20세 이하	인원수
	만 8세 이상 20세 이상	0명
형제자매가 있는 경우	만 8세 이상 20세 이하 또는 60세 이상	1명
	만 8세 이상 20세 이상 또는 60세 이하	0명
그 밖의 위탁아동 등		인원수

[홈택스 〉 세금신고 〉 원천징수 신고 〉 근로소득 간이세액표]

근로소득간이세액표

- **2023년 02월 개정된** 근로소득 간이세액표입니다.
  시행일(2023.02.28) 이후 원천징수하는 분부터 적용합니다.

<개정내용>

○ 소득세 과세표준 구간 조정 및 총급여 1.2억원 초과자에 대한 근로소득세액공제 한도 축소 및 자녀세액공제 기준 조정(7세 이상 20세 이하 자녀 수→8세 이상 20세 이하 자녀 수)에 따라 근로소득 간이세액표 개정

- 원천징수의무자가 매월분의 근로소득을 지급하는 때에는 「소득세법」 제 134조 및 같은법 시행령 제 194조에 따라 근로소득 간이세액표(시행령 별표2)에 의하여 원천징수하도록 규정하고 있습니다.
- 근로소득 간이세액표는 연말정산시 추가납부 등에 따른 근로자의 부담을 분산하기 위해 월 급여수준과 공제대상 부양가족 수 별로 매월 원천징수해야하는 세액을 정한 표입니다.
- 근로자는 원천징수세액을 근로소득간이세액표에 따른 세액의 80%, 100%, 120% 중에서 선택할 수 있으며(원천징수의무자에게 '소득세 원천징수세액 조정신청서'를 제출하여야 함), 원천징수방식을 변경한 이후에는 재변경 전까지 계속 적용하여야 합니다. (단, 변경한 과세기간에는 재변경 불가)
- 근로소득 간이세액표에 따른 세액보다 적게 원천징수 · 납부하는 경우 과소납부한 세액에 대하여 원천징수납부불성실가산세가 부과되므로 유의하시기 바랍니다.

근로소득에 대한 간이세액표 자동 조회 프로그램 이용방법

- 월급여액은 비과세 소득을 제외한 금액입니다.
- "전체 공제대상 가족 수"는 기본공제대상자(본인 포함)에 해당하는 부양가족의 수를 기재합니다.
- "전체 공제대상 가족 중 8세 이상 20세 이하 자녀 수"는 기본공제대상자에 해당하는 8세 이상 20세 이하의 자녀수를 선택합니다. 따라서, 8세 이상 20세 이하의 자녀이더라도 연간 소득금액이 100만원을 초과하는 경우에는 "8세 이상 20세 이하의 자녀수"에서 제외됩니다.

근로소득 간이세액표(조견표) 한글 다운로드 엑셀 다운로드 PDF 다운로드

※ PDF 다운로드가 되지 않을 경우, 다음과 같이 조치해 보시기 바랍니다.
아크로뱃 리더에서 편집 -> 액세서빌러티 -> 설정 도우미 -> 다음 -> 다음 -> 다음 -> 다음 -> **웹 브라우저에서 PDF 문서 표시 체크 해제**
크롬 브라우저 사용자께서는 chrome://plugins 로 들어가셔서 Chrome PDF Viewer 항목이 '사용 중지'로 되어 있으면 '사용' 으로 변경하시기 바랍니다.

나의 월급에서 한 달에 납부하는 세금은?

· **나의 월급에서 한 달에 납부하는 세금은?**

- 계산된 세금은 2023년 근로소득 간이세액표상의 세액으로서 회사의 실제 징수세금과는 차이가 있을 수 있습니다.
- 월급에 대한 세금은 사용자(원천징수의무자)가 월급을 줄 때 징수하여 세무서에 납부하고, 다음연도 2월분 월급을 지급할 때 1년간의 정확한 세금을 정산(연말정산)합니다.
- 월급 이외에 다른 소득이 없으면 연말정산으로 납세의무가 종결되고, 다른 소득이 있으면 타 소득과 합산하여 다음연도 5월에 종합소득세를 확정신고 하여야 합니다.

월 급여액	2,500,000 원		
실제 공제대상 가족 수(본인 포함)	4 명	공제대상 가족 중 8세 이상 20세 이하 자녀 수	1 명

◎ **80% 선택**

소득세	7,820 원	지방소득세	780 원
납부세액의 합계액	8,600 원		

◎ **100% 선택**

소득세	9,780 원	지방소득세	970 원
납부세액의 합계액	10,750 원		

◎ **120% 선택**

소득세	11,730 원	지방소득세	1,170 원
납부세액의 합계액	12,900 원		

위의 계산 결과에 따라 근로소득세로 9,780원, 지방소득세 970원을 합해서 총 10,750원을 급여에서 공제하면 된다.

2. 원천징수이행상황신고서 서식에 따라 작성한다.

3. 납부서를 출력한다.

❶ 납부서 출력 시 복수의 소득이 있을 경우, 가령 근로, 사업, 기타소득을 원천징수이행상황신고서 상에 기재하여 신고하였다면, 근로, 사업, 기타소득세 납부서를 각각 출력해서 납부한다.

❷ 홈택스로 전자신고 시에는 신고서 전송 후 납부서 조회 · 출력화면에서 납부서를 출력하면 된다.

❸ 납부한 후 영수증서는 세금 납부에 대한 증거자료로 활용할 수 있도록 5년간 보관한다.

① 신고구분						☐ 원천징수이행상황신고서 ☐ 원천징수세액환급신청서	② 귀속연월	2024년 10월
(매월)	반기	수정	연말	소득처분	환급신청		③ 지급연월	2024년 10월

원천징수의무자						
법인명(상호)	○○○	대표자(성명)	△△△	일괄납부 여부	여, (부)
				사업자단위과세 여부	여, (부)
사업자(주민)등록번호	xxx-xx-xxxxx	사업장 소재지	○○○○○	전화번호	xxx-xxx-xx
				전자우편주소	00@00.00

❶ 원천징수 명세 및 납부세액 (단위 : 원)

소득자 소득 구분			코드	원천징수명세: 소득지급(과세 미달, 일부 비과세 포함) ④ 인원	⑤ 총지급액	징수세액 ⑥ 소득세등	⑦ 농어촌특별세	⑧ 가산세	⑨ 당월 조정 환급세액	납부 세액 ⑩ 소득세 등 (가산세 포함)	⑪ 농어촌 특별세
개인(거주자·비거주자)	근로소득	간이세액	A01	1	2,500,000	9,750					
		중도퇴사	A02								
		일용근로	A03								
		연말정산 합계	A04								
		연말정산 분납신청	A05								
		연말정산 납부금액	A06								
		가감계	A10	1	2,500,000	9,750				9,750	
	퇴직소득	연금계좌	A21								
		그 외	A22								
		가감계	A20								
	사업소득	매월징수	A25								
		연말정산	A26								
		가감계	A30								
	기타소득	연금계좌	A41								
		종교인소득 매월징수	A43								
		종교인소득 연말정산	A44								
		그 외	A42								
		가감계	A40								
	연금소득	연금계좌	A48								
		공적연금(매월)	A45								
		연말정산	A46								
		가감계	A47								
	이자소득		A50								
	배당소득		A60								
	저축 등 해지 추징세액 등		A69								
	비거주자 양도소득		A70								
법인	내·외국법인원천		A80								
수정신고(세액)			A90								
총합계			A99	1	2,500,000	9,750				9,750	

❷ 환급세액 조정 (단위 : 원)

전월 미환급 세액의 계산: ⑫ 전월미환급 세액	⑬ 기 환 급 신청세액	⑭ 차감잔액 (⑫-⑬)	당월 발생 환급세액: ⑮ 일반 환급	⑯ 신탁재산 (금융회사 등)	⑰ 그밖의 환급세액: 금융 회사 등	합병 등	⑱조정대상 환급세액 (⑭+⑮+⑯+⑰)	⑲ 당월조정 환급세액계	⑳ 차월이월 환급세액 (⑱-⑲)	㉑ 환 급 신청액

4 간이세액표를 이용한 근로소득세 원천징수

근로자에게 매월 급여(상여 포함)를 지급하는 경우 근로소득 간이세액표를 참조해서 소득세를 원천징수한다.

월급여액(천원) [비과세 및 학자금 제외]		공제대상가족의 수										
이상	미만	1	2	3	4	5	6	7	8	9	10	11
2,230	2,240	26,910	19,910	11,160	7,790	4,410	1,040	0	0	0	0	0
2,240	2,250	27,240	20,240	11,360	7,980	4,610	1,230	0	0	0	0	0
2,250	2,260	27,560	20,560	11,560	8,180	4,810	1,430	0	0	0	0	0
2,260	2,270	27,880	20,880	11,760	8,380	5,010	1,630	0	0	0	0	0
2,270	2,280	28,200	21,200	11,960	8,580	5,210	1,830	0	0	0	0	0
2,280	2,290	28,520	21,520	12,150	8,780	5,400	2,030	0	0	0	0	0

월급여액

간이세액표 적용을 위한 월급여액은 매월 받는 총급여에서 비과세와 학자금을 차감한 금액을 말한다. 예를 들어 매월 급여 또는 연봉이 250만 원에 식대보조금 등 비과세급여가 25만 원의 경우 월급여액은 225만 원이 된다.

공제대상가족의 수(실제 공제대상가족의 수)

본인과 배우자도 각각 1명으로 보아 공제대상가족의 수를 계산한다. 즉 공제대상가족 수는 본인과 배우자 그리고 공제대상에 해당하는 다음의 부양가족수(실제 공제대상가족의 수)의 합을 말한다.

구 분	공제대상
직계존속	만 60세 이상
직계비속, 동거입양자	만 8세 이상 20세 이하

구 분	공제대상
형제자매	만 8세 이상 20세 이하 또는 만 60세 이상
기타 부양가족	• 국민기초생활수급자 • 직계비속 또는 입양자와 그 배우자가 모두 장애인에 해당 하는 경우 그 배우자 • 「아동복지법」에 `따른 가정위탁을 받아 양육하는 아동으로서 해당 과세기간에 6개월 이상 직접 양육한 위탁아동(만 18세 미만). 다만, 직전 과세기간에 소득공제를 받지 않은 경우는 해당 위탁아동에 대한 직전 과세기간의 위탁기간을 포함해서 계산한다.

예를 들어 보면 아래 표의 인원수의 합을 간이세액표의 공제대상가족의 수로 한다.

구 분		공제대상가족의 수
본인 1명만 있는 경우		1명
배우자가 있는 경우	배우자의 연간 총급여가 500만 원 이하	1명
	배우자의 연간 총급여가 500만 원 이상	0명
부모님이 계시는 경우	만 60세 이하	0명
	만 60세 이상	1명 × 인원수
자녀가 있는 경우	만 8세 이상 20세 이하	인원수
	만 8세 이상 20세 이상	0명
형제자매가 있는 경우	만 8세 이상 20세 이하 또는 60세 이상	1명
	만 8세 이상 20세 이상 또는 60세 이하	0명
그 밖의 위탁아동 등		인원수

8세 이상 20세 이하의 자녀가 있는 경우 공제대상가족 계산

가. 공제대상가족 중 8세 이상 20세 이하 자녀가 있는 경우의 세액은 아래의 산식에 따른 「공제대상가족의 수」에 해당하는 금액으로 한다.

공제대상가족의 수 = 실제 공제대상가족의 수 + 8세 이상 20세 이하 자녀의 수

나. 적용사례

❶ 공제대상가족의 수가 3명(8세 이상 20세 이하 자녀가 1명)인 경우에는 "4" 의 세액을 적용

❷ 공제대상가족의 수가 4명(8세 이상 20세 이하 자녀가 1명)인 경우에는 "5" 의 세액을 적용

❸ 공제대상가족의 수가 5명(8세 이상 20세 이하 자녀가 1명)인 경우에는 "6" 의 세액을 적용

홍길동씨는 월 265만 원에 식대보조금 20만 원과 보육수당으로 20만 원을 받고 있다. 가족으로는 전업주부인 부인과 10살 딸아이를 두고 있다. 이 경우 매월 원천징수액은?

해 설

1. 월급여액 = 265만 원 − 20만 원(식대 보조금) − 20만 원(보육수당) = 225만 원
2. 공제대상가족의 수 : 본인 + 배우자 + 딸 + 8세 이상 20세 이하 자녀(딸) = 4명
3. 원천징수액 = 8,180원

월급여액(천원) [비과세및학자금제외]		공제대상가족의 수										
이상	미만	1	2	3	4	5	6	7	8	9	10	11
2,230	2,240	26,910	19,910	11,160	7,790	4,410	1,040	0	0	0	0	0
2,240	2,250	27,240	20,240	11,360	7,980	4,610	1,230	0	0	0	0	0
2,250	2,260	27,560	20,560	11,560	8,180	4,810	1,430	0	0	0	0	0
2,260	2,270	27,880	20,880	11,760	8,380	5,010	1,630	0	0	0	0	0

지급대상 기간이 있는 상여금의 원천징수

지급대상 기간이 있는 상여 등을 지급하는 때의 원천징수하는 소득세의 계산(① × ②) − ③

① (상여 등의 금액 + 지급대상 기간의 상여 등 외의 급여의 합계액 / 지급대상기간의 월수) 에 대한

간이세액표의 해당 세액

② 지급대상 기간의 월수

③ 지급대상 기간의 상여 등외의 급여에 대해 이미 원천징수해서 납부한 세액(가산세액 제외)

지급대상 기간이 없는 상여의 원천징수

지급대상 기간이 없는 상여 등을 지급하는 때의 원천징수 하는 소득세의 계산

- 그 상여 등을 받은 과세기간의 1월 1일부터 그 상여 등의 지급일이 속하는 달까지를 지급대상 기간으로 해서 지급대상 기간이 있는 상여의 방법으로 계산한다.
- 이 경우 과세기간에 2회 이상의 상여 등을 받았을 때는 직전에 상여 등을 지급받은 날이 속하는 달의 다음 달부터 그 후에 상여 등을 지급받은 날이 속하는 달까지를 지급대상 기간으로 해서 세액을 계산한다.

상여금 원천징수 시 지급대상기간의 계산

- 지급대상기간이 1년을 초과하는 경우는 1년으로 보고, 1월 미만의 끝수가 있는 경우에는 1개월로 본다.
- 지급대상 기간의 마지막 달이 아닌 달에 지급되는 상여 등은 지급대상기간이 없는 상여 등으로 본다.
- 지급대상 기간이 서로 다른 상여 등을 같은 달에 지급하는 경우 지급대상 기간을 다음과 같이 계산한다.

$$\text{지급대상기간} = \frac{\text{같은 달에 지급받은 상여 등의 지급대상 기간의 합계}}{\text{같은 달에 지급받은 상여 등의 개수}}$$

5 매달 원천징수 후 연말에는 합쳐서 연말정산

근로소득은 그 특성상 매월 발생하므로 매월 근로소득세를 간이세액표에 의해 원천징수하고, 다음 해 2월에 1월~12월 근로소득을 합산해서 실제 부담할 세액을 정산한 후 3월 10일까지 납부한다. 이와 같은 정산을 연말정산이라고 한다.

연말정산 시기

❶ 중도 퇴사자 : 연도 중에 퇴직하는 경우 퇴직하는 달의 급여를 지급하는 때

❷ 계속 근로자 : 계속 근로자의 경우에는 다음 해 2월분 급여를 지급하는 때

05 반기별로 원천징수 신고·납부하기

1 반기별 신고 · 납부제도란?

사업자의 원천징수 신고 · 납부 편의를 위해 금융 및 보험업을 제외한 상시 고용인원 20인 이하인 사업자가 신청(승인)에 따라 반기별로 신고 · 납부할 수 있는 제도이다.

반기별 신고 · 납부 조건

❶ 금융 및 보험업에 해당하지 않고
❷ 상시 고용인원 20인을 넘으면 안 되며,
❸ 사업자가 신청한 후 승인을 받아야 한다.

지급 시기	신고 · 납부 시기
당해 연도 1월부터 6월까지	당해 연도 7월 10일까지
당해 연도 7월부터 12월까지	다음 연도 1월 10일까지

2 승인신청 요건 및 방법은

구 분		내 용
신청요건	종업원 수	직전 과세기간의 1월부터 12월까지의 매월 말일 현재의 상시 고용인원의 평균인원 수가 20인 이하
	제외 대상	국가 및 지방자치단체, 납세조합, 금융보험업 사업자
신청 기간		6월 1일~6월 30일, 12월 1일~12월 31일

구 분		내 용
신청방법	전자신청	홈택스에 의한 승인신청 국세증명 · 사업자등록 · 세금관련 신청/신고 〉 원청징수 관련 신청 · 신고 〉 원천징수세액 반기별 납부 승인신청
	서면신청	원천징수 세액 반기별납부승인신청서(소득세법 시행규칙 별지 제21호의 2서식)를 작성해서 원천징수 관할 세무서장에게 제출

3 반기별 납부 포기

반기별 납부 포기

반기별 납부 사업자가 매월 납부하고자 하는 경우는 "원천징수세액 반기별 납부 포기신청서"를 관할 세무서장에게 제출해야 한다.

국세청 홈택스 홈페이지(www.hometax.go.kr)를 통해 포기신청도 가능(공인인증서 필요)하다.

홈택스 > 국세증명 · 사업자등록 · 세금관련 신청/신고 > 원천징수 관련 신청 · 신고 > 원천징수 세액 반기별 납부 포기신청 선택 > 내용입력 후 신청한다.

매월 납부로 전환 시 원천세 신고방법

반기 시작(개시) 월로부터 매월 납부로 전환되기 전 월(포기 월)까지 지급금액 및 원천징수 내역을 1장의 원천징수이행상황신고서로 작성한다.

2023년 12월 1일 원천세 반기별 승인신청서를 사업장 관할 세무서장에게 신청하였고, 관할 세무서장은 평균 인원 20인 이하의 소규모 사업장으로 확인되어서 2024년 1월부터 원천세 반기별 납부자로 승인하였다.
2024년 7월 10일 갑과 을의 6개월간의 급여를 신고하려고 한다. 어떻게 원천징수 할까?

해 설

갑의 급여로 간이세액표를 적용하면 근로소득 세액은 9,780원이다.

❶ 먼저 하반기 신규사업자로서 당해 12월 1일~31일까지 반드시 원천징수 세액 반기별 납부승인을 신청한다(필수사항).

계속사업자의 경우 원천세 반기별 신청기한은 매년 6월 1일~30일, 12월 1일~31일 두 차례이다.

그러나 신규사업자의 경우 신청 기간을 주의해야 한다. 상반기 개업 시 6월에 반기별 신청을 할 수 없다. 이유는 직전 과세기간 상시 고용인원이 없기 때문이다. 하지만 당해 12월에는 신청할 수 있다. 왜냐하면, 12월에 반기별 신청 시 내년 1월부터 적용되는 것이므로 신청서상의 직전 과세기간의 상시 고용인원이 있기 때문이다. 즉 하반기에 개업한 사업장은 위의 내용을 토대로 당해 12월에 반기별 납부승인을 신청한다면 직전 과세기간의 상시 고용인원이 있으므로 신청할 수 있는 것이다.

❷ 사업장 관할 세무서장으로부터 원천세 반기별 납부승인통지(1월 말일까지)를 받았다면 신청일의 다음 달인 1월부터 6월까지의 원천세 신고는 다음 해 7월 10일까지 해야 한다.

원천징수 세액을 구하는 방법은 위의 매월 신고자와 같다. 다만 6개월분을 한 번에 신고하는 것이므로 6개월분의 세액을 합산하면 된다(위의 매월 신고자의 세액계산 방법으로 대체한다.).

❸ 원천징수이행상황신고서 서식에 따라 작성한다.

❹ 납부서를 출력한다.

❺ 위와 같이 작성한 원천징수이행상황신고서를 사업장 관할 세무서장에게 등기우편으로 발송하고 출력한 납부서는 가까운 은행이나 우체국에 납부한다.

구 분	귀속월	지급월	신고, 납부
2024년 1월부터 6월까지 (2023년 12월 미지급 포함)	2024년 1월	2024년 6월	2024년 7월
2024년 7월부터 12월까지 (2024년 1월~11월 미지급 포함)	2024년 7월	2024년 12월	2025년 1월

① 신고구분						☐ 원천징수이행상황신고서 ☐ 원천징수세액환급신청서	② 귀속연월	2024년 1월
매월	(반기)	수정	연말	소득처분	환급신청		③ 지급연월	2024년 6월

원천징수의 무 자						
	법인명(상호)	○○○	대표자(성명)	△△△	일괄납부 여부	여, (부)
					사업자단위과세 여부	여, (부)
	사업자(주민)등록번호	xxx-xx-xxxxx	사업장 소재지	○○○○○	전화번호	xxx-xxx-xx
					전자우편주소	00@00.00

❶ 원천징수 명세 및 납부세액 (단위 : 원)

소득자 소득 구분			코드	원천징수명세: 소득지급(과세 미달, 일부 비과세 포함) ④ 인원	⑤ 총지급액	징수세액 ⑥ 소득세등	⑦ 농어촌특별세	⑧ 가산세	⑨ 당월 조정 환급세액	납부 세액 ⑩ 소득세 등 (가산세 포함)	⑪ 농어촌 특별세
개인(거주자·비거주자)	근로소득	간이세액	A01	1	2,500,000	9,750					
		중도퇴사	A02								
		일용근로	A03								
		연말정산 합계	A04								
		연말정산 분납신청	A05								
		연말정산 납부금액	A06								
		가감계	A10	1	2,500,000	9,750				9,750	
	퇴직소득	연금계좌	A21								
		그 외	A22								
		가감계	A20								
	사업소득	매월징수	A25								
		연말정산	A26								
		가감계	A30								
	기타소득	연금계좌	A41								
		종교인소득 매월징수	A43								
		종교인소득 연말정산	A44								
		그 외	A42								
		가감계	A40								
	연금소득	연금계좌	A48								
		공적연금(매월)	A45								
		연말정산	A46								
		가감계	A47								
	이자소득		A50								
	배당소득		A60								
	저축 등 해지 추징세액 등		A69								
	비거주자 양도소득		A70								
법인	내·외국법인원천		A80								
수정신고(세액)			A90								
총합계			A99	1	2,500,000	9,750				9,750	

6개월간 지급한 총급여와 내역을 합산해서 기재한다.

반기 마지막(6월 또는 12월)의 인원이다. 예를 들어 1월~6월의 월평균 고용인원이 5인이었다 하더라도, 6월 말의 고용인원이 1명이면 인원란에 1명으로 기재한다.

❷ 환급세액 조정 (단위 : 원)

전월 미환급 세액의 계산: ⑫ 전월미환급 세액	⑬ 기 환 급 신청세액	⑭ 차감잔액 (⑫-⑬)	당월 발생 환급세액: ⑮ 일반 환급	⑯ 신탁재산 (금융회사 등)	⑰ 그밖의 환급세액: 금융 회사 등	합병 등	⑱조정대상 환급세액 (⑭+⑮+⑯+⑰)	⑲ 당월조정 환급세액계	⑳ 차월이월 환급세액 (⑱-⑲)	㉑ 환 급 신청액

06 일용근로자 원천징수 신고·납부 하기

1 일용근로자란?

근로계약을 1일 단위로 체결하고, 계속 고용이 보장되지 않는 근로자로서(일당, 시간제, 아르바이트 등) 동일 고용주에게 3월(건설업종 1년) 이상 계속 고용되지 않는 근로자를 말한다(소득세법 시행령 제20조).

세법에서 근로계약에 따라 동일한 고용주에게 3월(건설노무자는 1년) 이상 계속 고용되어 있지 않은 자를 일용근로자로 규정하고 있으므로, 3월(또는 1년) 이상 계속 같은 고용주에게 고용된 경우, 계속 고용으로 3월(또는 1년)이 되는 날이 속하는 월부터 상용근로자로 보아 근로소득 간이세액표를 적용해서 원천징수한다.

당초 근무 계약 시 3월 이상 근무할 조건으로 취업하였으나, 3월 미만 근무 후에 퇴직한 때도 상용근로자로 분류해서 급여 지급 시 근로소득 간이세액표를 적용하여 원천징수한다.

일용근로 여부를 판단 시 3월 이상 근무란 매일 근로를 제공하지 않더라도 월 단위로 근로월수를 판단한다. 즉 1달을 다 채우지 않고 매달 며칠만 일해도 계속근로로 본다.

2 세법상 근로자의 구분

상용근로소득은 매월 급여 지급 시 간이세액표에 따라 원천징수하고 연말정산 하며, 다른 종합소득이 있는 경우 이를 합산해서 종합소득세를 신고해야 하나, 일용근로소득은 원천징수로 종결되므로 연말정산을 하지 않고 다른 소득과 합산하여 신고하지 않는다.

최초 일용근로자로 취업을 했으나 근무하다가 3개월 이상이 된 경우 상용근로자로 봐 일용근로소득과 합산해 연말정산을 해야 한다.

상용근로소득

상용근로소득이란 일정한 고용주에게 매달 계속해서 고용되어 지급받는 급여를 말한다.
근로계약상 근로 제공에 대한 시간 또는 일수나 그 성과에 의하지 않고 월정액에 의해서 급여를 지급받는 경우에는 그 고용기간에 불구하고 상용근로자의 근로소득이다(통칙 20-0…1).

일용근로소득

일용근로자란 근로를 제공한 날 또는 시간에 따라 근로 대가를 계산하거나, 근로를 제공한 날 또는 시간의 근로 성과에 따라 급여를 계산해서 받는 사람을 말한다.

❶ 건설공사에 종사하는 자로서 다음의 경우를 제외한 자를 말한다.

가. 동일한 고용주에게 계속하여 1년 이상 고용된 자

나. 다음의 업무에 종사하기 위하여 통상 같은 고용주에게 계속하여 고용되는 자

(1) 작업준비를 하고 노무에 종사하는 자를 직접 지휘 · 감독하는 업무

(2) 작업 현장에서 필요한 기술적인 업무, 사무, 타자, 취사, 경비 등의 업무

(3) 건설기계의 운전 또는 정비업무

❷ 하역작업에 종사하는 자(항만 근로자를 포함한다)로서 다음 각목의 자를 제외한 자

가. 통상 근로를 제공한 날에 근로 대가를 받지 아니하고 정기적으로 근로 대가를 받는 자

나. 다음의 업무에 종사하기 위하여 통상 같은 고용주에게 계속하여 고용되는 자

(1) 작업준비를 하고 노무에 종사하는 자를 직접 지휘 · 감독하는 업무

(2) 주된 기계의 운전 또는 정비업무

❸ ❶ 또는 ❷ 외의 업무에 종사하는 자로서 근로계약에 따라 같은 고용주에게 3월 이상 계속해서 고용되어 있지 아니한 자

3 일용근로자 세금신고 방법

일용근로자의 근로소득에 대해서는 원천징수의무자가 일 급여를 기준으로 원천징수함으로써 납세의무가 종결되는 것이므로 별도의 연말정산은 하지 않는다.

그리고 반드시 일용근로소득지급명세서를 지급일이 속하는 달의 다음 달 말일까지 제출해야 한다. 해당연도 귀속 일용근로소득을 12월 31일까지 미지급한 경우도 지급월란에 12월로 기재하고 다음 연도 1월 말일까지 반드시 제출해야 한다. 다만, 건설공사에 종사하는 자가 1년 이상 계속해서 동일한 고용주에게 고용된 경우 일용근로자 또는 상용근로자로 보는 시기 등은 다음과 같다(통칙20-20…1).

❶ 근로소득에 대한 원천징수는 계속 고용으로 1년이 되는 날이 속하는 월부터 상용근로자로 본다.

❷ 연말정산 시는 1년이 되는 날이 속하는 과세기간의 초일부터 상용근로자로 본다.

바쁠 때마다 사무실 청소나 잡일을 도와줄 수 있는 일용근로자를 채용하고, 7일 동안 일급 20만 원을 지급했으며, 비과세소득은 없다.
10월 31일 일당에 대한 급여 140만원을 지급하면서 원천징수를 했다.

해 설

- 일용근로소득 - 비과세소득 = 일용 총급여액
- (-)근로소득공제 (일 15만 원) = 일용 근로소득금액
- (×)세율 (6%) = 산출세액
- (-)근로소득 세액공제(55%) = 결정세액

일용근로세액은 아래와 같다.

① 지급액은 1,400,000원(200,000원 × 7일 = 1,400,000원)

② 소득세(9,450원)는 다음과 같이 산정한다.

㉠ 근로소득금액 : 200,000원 - 150,000원 = 50,000원

일용근로자는 1일 15만원을 근로소득공제 하며, 다른 공제사항은 없다.

㉡ 산출세액 : 50,000원 × 6% = 3,000원

(원천징수세율 6%를 적용한다.)

㉢ 세액공제 : 3,000원 × 55% = 1,650원

(산출세액의 55%를 적용한다.)

㉣ 소득세 : 3,000원 - 1,650원 = 1,350원

※ 약식계산 : (200,000원 - 150,000원) × 2.7% = 1,350원

㉤ 원천징수 할 소득세는 소득세의 7일 합계액 9,450원(1,350원 × 7일 = 9,450원)이다.

③ 지방소득세는 940원(135원 × 7일)이다(소득세의 10%를 적용한다.)

① 신고구분						□ 원천징수이행상황신고서 □ 원천징수세액환급신청서	② 귀속연월	2024년 10월
(매월)	반기	수정	연말	소득처분	환급신청		③ 지급연월	2024년 10월

원천징수 의무자	법인명(상호)	○○○	대표자(성명)	△△△	일괄납부 여부	여,(부)
					사업자단위과세 여부	여,(부)
	사업자(주민)등록번호	xxx-xx-xxxxx	사업장 소재지	○○○○○	전화번호	xxx-xxx-xx
					전자우편주소	00@00.00

❶ 원천징수 명세 및 납부세액 (단위 : 원)

소득자 소득 구분				코드	원천징수명세					⑨ 당월 조정 환급세액	납부 세액	
					소득지급 (과세 미달, 일부 비과세 포함)		징수세액					
					④ 인원	⑤ 총지급액	⑥ 소득세등	⑦ 농어촌특별세	⑧ 가산세		⑩ 소득세 등 (가산세 포함)	⑪ 농어촌 특별세
개인(거주자·비거주자)	근로소득	간이세액		A01								
		중도퇴사		A02								
		일용근로		A03	1	1,400,000	9,450					
		연말정산	합계	A04								
			분납신청	A05								
			납부금액	A06								
		가감계		A10	1	1,400,000	9,450				9,450	
	퇴직소득	연금계좌		A21								
		그 외		A22								
		가감계		A20								
	사업소득	매월징수		A25								
		연말정산		A26								
		가감계		A30								
	기타소득	연금계좌		A41								
		종교인소득	매월징수	A43								
			연말정산	A44								
		그 외		A42								
		가감계		A40								
	연금소득	연금계좌		A48								
		공적연금(매월)		A45								
		연말정산		A46								
		가감계		A47								
	이자소득			A50								
	배당소득			A60								
	저축 등 해지 추징세액 등			A69								
	비거주자 양도소득			A70								
법인	내·외국법인원천			A80								
수정신고(세액)				A90								
총합계				A99	1	1,400,000	9,450				9,450	

❷ 환급세액 조정 (단위 : 원)

전월 미환급 세액의 계산			당월 발생 환급세액				⑱조정대상 환급세액 (⑭+⑮+⑯+⑰)	⑲ 당월조정 환급세액계	⑳ 차월이월 환급세액 (⑱-⑲)	㉑ 환 급 신청액
					⑰ 그밖의 환급세액					
⑫ 전월미환급 세액	⑬ 기 환 급 신청세액	⑭ 차감잔액 (⑫-⑬)	⑮ 일반 환급	⑯ 신탁재산 (금융회사 등)	금융 회사 등	합병 등				

일용근로소득 지급명세서(지급자제출용)
[일용근로소득 지급명세서(원천징수영수증) 월별 제출집계표]

지급자			
지급자	① 상 호 (법인명)	② 성 명 (대표자)	③ 사업자 등록번호
	④ 주민(법인) 등록번호	⑤ 소재지 (주 소)	
	⑥ 전화번호	⑦ 전자우편주소	

❶ 월별 원천징수 집계현황

⑧ 귀속연도 2024	⑨ 지급월 (해당 월에 "○")	[ ]1월 [ ]2월 [ ]3월 [ ]4월 [ ]5월 [ ]6월 [ ]7월 [ ]8월 [ ]9월 [○]10월 [ ]11월 [ ]12월

⑩ 일용근로자수 (⑰번에 적은 칸의 개수. 다만, 동일인의 경우 1명으로 합계)	⑪ 제출자료 건수 (㉑번에 적은 칸의 개수)	⑫ 과세소득 합계 (㉔번 합계)	⑬ 비과세소득 합계 (㉕번 합계)	원천징수세액 합계 ⑭ 소득세 (㉖번 합계)	원천징수세액 합계 ⑮ 지방소득세 (㉗번 합계)
1 명	1 건	1,400,000		9,450	940

❷ 소득자 인적사항 및 일용근로소득 지급내용
[일용근로소득 지급명세서(원천징수영수증)에 작성한 내용과 동일하게 작성합니다]

⑯ 번호	⑰ 성명 / ⑱ 전화번호	⑲ 외국인 여부 (외국인 "○")	⑳ 주민등록번호	귀속 ㉑ 근무월	귀속 ㉒ 근무일수	귀속 ㉓ 최종 근무일	㉔ 과세소득	㉕ 비과세소득	원천징수세액 ㉖ 소득세	원천징수세액 ㉗ 지방소득세
1	홍길동		650120-1234567	10	7	10월 5일	1,400,000		9,450	940
2			-							
3			-							
4			-							
5			-							
6			-							
7			-							
8			-							

위와 같이 제출합니다.

2024년 11월 30일

징수의무자(지급자) (서명 또는 인)

※ 서식작성에 관한 설명은 제2~3쪽의 작성 방법을 참고하시기 바랍니다.

210㎜×297㎜[백상지80g/㎡ 또는 중질지80g/㎡]

일용근로소득 지급명세서(원천징수영수증)
([ ] 소득자 보관용 [ ] 지급자 보관용)

외국인 여부
(예, 아니오)

구분		
원천징수 의무자 (지급자)	① 상 호 (법인명)	② 성 명 (대표자)
	③ 사업자등록번호	④ 주민등록번호 (법인등록번호)
	⑤ 소재지 (주 소)	⑥ 전화번호
소득자	⑦ 성 명	⑧ 주민등록번호
	⑨ 주 소	⑩ 전화번호

⑪ 귀속연도	2024	⑫ 지급월 (해당 월에 "○")	[ ]1월 [ ]2월 [ ]3월 [ ]4월 [ ]5월 [ ]6월 [ ]7월 [ ]8월 [ ]9월 [○]10월 [ ]11월 [ ]12월

귀 속			⑯ 과세소득	⑰ 비과세소득	원천징수 세액	
⑬ 근무월	⑭ 근무일수	⑮ 최종근무일			⑱ 소득세	⑲ 지방소득세
10월	7일	10월 5일	1,400,000		9,450	940

위의 일용근로소득(원천징수 세액)을 지급(영수)합니다.

2024년 11월 30일

징수의무자(지급자) (서명 또는 인)

※ 서식작성에 관한 설명은 제2~3쪽의 작성 방법을 참고하시기 바랍니다.

210㎜×297㎜[백상지80g/㎡ 또는 중질지80g/㎡]

영수증서(납세자용)

납부번호					수입징수관서				QR코드
분류기호	납부연월	납부구분	세목	발행번호	세무서명	서코드	계좌번호		
0126	2411	4	14		중부세무서	201	011989		
성명 (상호)	○○○		주민등록번호 (사업자등록번호)		xxx-xx-xxxxx		회계연도	2024	
주소 (사업장)	○○○○○				일반회계	기획재정부소관	조세		

연도/기분	2024년 10월 귀속분												
세목명	납부금액												
	조	천	백	십	억	천	백	십	만	천	백	십	일
근로소득세										9	4	5	0
농어촌특별세													
계										9	4	5	0

왼쪽의 금액을 한국은행 국고(수납)대리점인 은행 또는 우체국 등에 납부합니다.
(인터넷 등에 의한 전자납부 가능)

납부기한 2024년 11월 10일

년 월 일
은 행 지점 수납인
우체국 등

일용근로와 상용근로가 같이 있을 경우 둘의 합계분을 기재하여 납부한다. 위 신고서상에서는 일용근로만 있으므로 일용근로만 기재

위와 같이 작성한 원천징수이행상황신고서를 사업장 관할 세무서장에게 등기우편으로 발송하고 출력한 납부서는 가까운 은행이나 우체국에 납부한다.

물론 홈택스를 통해서도 신고 · 납부가 가능하다.

07 외국인 근로자 원천징수 신고·납부 하기

외국인 근로자가 국내에서 근무함으로써 매월 지급받는 근로소득에 대해서 소득세를 원천징수 하는 경우 근로소득 간이세액표에 의해 원천징수 하는 방법과 해당 근로소득에 19%를 곱한 금액을 원천징수 하는 방법 중 선택해서 적용할 수 있다.

매월 급여에 19%를 곱한 금액을 원천징수 하는 방법을 적용받고자 하는 외국인 근로자(원천징수 신청일 현재 대한민국 국적을 가지지 않는 사람만 해당)는 근로를 제공한 날이 속하는 달의 다음 달 10일까지 "단일세율 적용 원천징수신청서" 를 원천징수의무자를 거쳐 원천징수 관할 세무서장에게 제출해야 한다.

월급여액 2,000만 원(비과세소득 50만 원 포함)이고, 부양가족 4명(본인 및 8세 이상 20세 이하 자녀 1명 포함)인 외국인 근로자의 원천징수세액은?

방법 1과 방법 2 중 적은 금액 납부

방법1

간이세액표 적용

❶과 ❷의 합계금액 : 4,801,340원

❶ 월급여 1,000만원 공제대상가족의수 5명에 해당하는 세액

월급여액(천원) [비과세및학자금제외]		공제대상가족의 수										
이상	미만	1	2	3	4	5	6	7	8	9	10	11
10,000천원		1,560,440	1,484,600	1,251,340	1,221,340	1,191,340	1,161,340	1,131,340	1,101,340	1,071,340	1,041,340	1,011,340

❷ 1,000만원을 초과하는 월급여액에 해당하는 세액 :

(2,000만원 − 1,000만원) × 98% × 38% = 3,610,000원

방법2

19% 단일세율 원천징수 적용 ➜ 원천징수 세액 3,800,000원

비과세를 포함한 월급여액에 19% 단일세율 적용

2,000만원 × 19% = 3,800,000원

간이세액표를 적용하는 방법 / 19% 단일세율 원천징수 적용

둘 중 선택 적용

원천징수이행상황신고서								
소득자 소득구분		코드	원 천 징 수 명 세					
			소득 지급(과세 미달, 일부 비과세 포함)		징수세액			
			④ 인원	⑤ 총지급액	⑥ 소득세 등	⑦ 농어촌특별세	⑧ 가산세
근로소득	간이세액	A01	1명	20,000,000원	3,800,000원		
	중도퇴사	A02					
	일용근로	A03					
	연말정산	A04					
	가감계	A10	1명	20,000,000원	3,800,000원		

08 원천징수 신고·납부일과 가산세

1 언제 원천징수를 하나요?

원천징수 대상 소득금액 또는 수입금액을 지급할 때 원천징수를 한다.

원천징수의무자는 그 징수일이 속하는 달의 다음 달 10일까지 원천징수이행상황신고서를 작성해서 홈택스 또는 우편 등으로 관할 세무서장에게 제출하고, 원천징수 세액을 금융회사 등에 납부해야 한다.

구분	소득	신고 · 납부의무
(일반) 근로소득	급여, 상여금 등	• 간이세액표에 의해 매월 급여에서 원천징수 • 다음 달 10일까지 홈택스 또는 세무서에 원천징수이행상황신고를 하고 은행 등에 납부 • 다음 연도 2월 급여 지급 시 연말정산하고 3월 10일까지 근로소득 지급명세서를 홈택스 또는 관할 세무서장에게 제출
일용 근로소득	일용근로자 일당	• 일용근로소득 원천징수 세액계산 방법에 따라 원천징수하고 다음 달 10일까지 신고 · 납부 • 지급일이 속하는 달의 다음 달 말일까지 일용근로소득 지급명세서를 홈택스 또는 관할 세무서장에게 제출
기타소득	상금, 당첨금, 원고료 · 인세, 강연료, 알선 수수료 사례금, 서화 · 골동품의 양도소득 등	• 기타소득금액에 원천징수 세율을 적용해서 계산한 소득세를 원천징수하고 다음 달 10일까지 신고 · 납부 • 다음 연도 2월 말일까지 기타소득 지급명세서를 홈택스 또는 관할 세무서장에게 제출
사업소득	외부 강사의 강사료 등 직업적 인적용역	• 지급금액에 원천징수 세율을 적용하여 계산한 소득세를 원천징수하고 다음 달 10일까지 신고 · 납부 • 다음 연도 3월 10일까지 사업소득 지급명세서를 홈택스 또는 관할 세무서장에게 제출

[주] 지급명세서 작성은 소득세법 시행규칙 제100조의 별지 서식(제 23호, 제 24호)에 따라 소득자별로 작성한다.

2 원천징수영수증의 발급 시기

원천징수의무자는 소득자가 소득금액, 원천징수 세액을 확인할 수 있도록 소득자에게 원천징수영수증을 반드시 발급해야 한다.

대상		발급 시기
근로소득	계속근로자	원천징수의무자는 해당 과세기간의 다음 연도 2월 말일까지 근로소득 원천징수영수증을 근로소득자에게 발급 [주] 다만, 종된 근무지의 원천징수의무자는 주된 근무지에서 연말정산을 받고자 하는 자에게 원천징수영수증을 즉시 발급
	중도퇴직자	퇴직일이 속하는 달까지의 근로소득에 대해서 그 퇴직일이 속하는 달의 급여 지급일 다음 달 말일까지 발급
근로소득	일용근로자	지급일이 속하는 달의 다음 달 말일까지 발급
퇴직소득		그 지급일의 다음 달 말일까지 발급
이자소득 · 배당소득		지급하는 때
사업소득	연말정산 대상 소득	연말정산 일이 속하는 달의 다음 달 말일까지
	연말정산 대상 제외	소득을 지급하는 때
연금소득	국민연금 · 직역연금	다음 연도 2월 말일까지
	퇴직연금 · 사적연금	지급하는 때
기타소득		지급하는 때

3 원천징수하지 않은 경우 불이익은?

미납부세액(또는 과소납부세액)의 10%에 상당하는 금액을 한도로 ❶와 ❷의 금액을 합한 금액을 가산세로 납부해야 한다.

❶ 미납부세액(또는 과소납부세액) × 3%

❷ 미납부세액(또는 과소납부세액) × 경과일수 × 0.022%

0.022%는 시행령 정기 개정 시 시중은행 연체이자율을 감안하여 결정

10월 급여 신고를 다음 달 11월 10일까지 신고하지 못하고 11월 25일에 기한 후 신고 · 납부했다.
근로소득세가 9,780원이라고 할 때 가산세는 어떻게 계산할까?

해 설

원천세 신고 시 기한후신고를 하더라도 신고불성실가산세는 적용되지 않는다. 다만, 납부불성실가산세만 납부하면 된다.

가산세의 계산은 원천징수의무자가 수동 계산해서 신고서 및 홈택스 신고 시 가산세 란에 기재한다.

원천징수 지연납부 가산 세액(납부지연 가산 세율 0.022% 가정)은 아래와 같다.

① 미납부세액(근로소득 세액)은 9,780원이다.

② 경과일수는 당초 신고 · 납부기한이 지급일의 다음 달 10일인 11월 10일이므로 다음 날인 11월 11일부터 기산해서 신고납부일인 11월 25일까지이다. 따라서 경과일수는 15일이다.

③ 계산산식은 미납세액 × 3% + (과소 · 무납부 세액 × 경과일수 × 0.022%) ≦ 10%이므로 9,780 × 3% + (9,780 × 15 × 0.022%) = 320원이며,

㉠ 상기 계산된 가산세 320원은 미납세액의 10%(한도금액)인 978원 이하이므로

㉡ 원천징수 지연납부 가산세는 320원이다.

09 홈택스를 활용한 신고·납부 방법

세무서에 방문하지 않고 인터넷 홈택스(www.hometax.go.kr)를 통해서 원천세 신고서를 온라인으로 전송할 수 있다.

❶ 정기분 신고와 납부 : 지급월의 다음 달 10일까지 신고와 납부

❷ 수정, 기한 후 전자신고 : 지급월의 다음 달 25일부터 신고 가능(환급신청은 할 수 없음)

❸ 이용시간 : 신고기간 중 06:00~24:00(휴일, 공휴일 포함)

1 전자신고 시 유의해야 할 사항은

귀속연월과 지급연월이 동일한 원천세 신고서를 여러 번 전송한 경우 신고기한까지 최종 전송한 자료만 신고서로 인정한다.

정기신고서는 법정신고기한까지, 수정신고서 및 기한 후 신고서는 월말까지 최종으로 전송한 자료만을 신고서로 인정한다.

홈택스로 전송한 신고서를 삭제하고자 하는 경우 '전자신고 삭제요청서' 를 작성해서 관할 세무서장에게 제출한다.

전자신고 삭제요청서는 홈택스 첫 화면 상단의 자료실에서 검색한 후 내려받을 수 있다.

2 전자신고 후 세금납부의 방법은

홈택스로 세금신고 후 세목별로 납부서를 출력한 후 은행 등에 다음 달 10일까지 납부할 수 있다.

세금신고 후 납부할 세액을 홈택스(www.hometax.go.kr)를 통해 납부할 수 있으며, 이 경우 금융결제원의 지로시스템에 연결하여 계좌이체 방식으로 다음 달 10일까지 납부한다.

전자신고 분 납부의 경우 세금신고 한 세액을 자동조회한 후 납부한다.

지방소득세는 위택스(www.wetax.go.kr)에 신고 · 납부한다. 단, 서울시는 서울시 지방세 인터넷 납부시스템(etax.seoul.go.kr)에서 신고 · 납부한다.

3 홈택스를 활용한 전자신고 방법

❶ 인터넷 국세청 홈택스(www.hometax.go.kr)에 로그인한다.

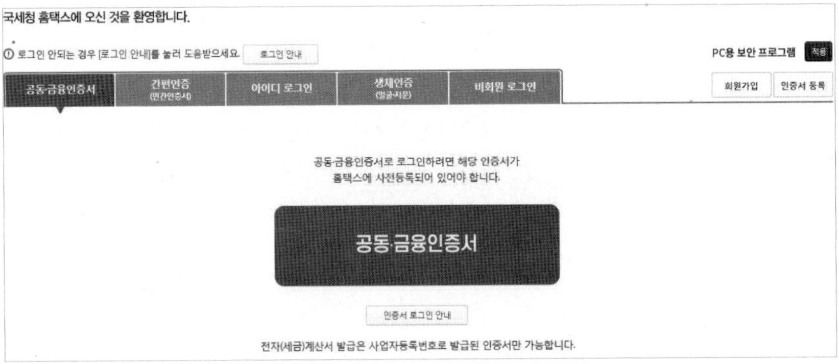

국세청 홈택스에 오신 것을 환영합니다.

① 로그인 안되는 경우 [로그인 안내]를 눌러 도움받으세요. 로그인 안내

PC용 보안 프로그램 적용

공동·금융인증서 | 간편인증(민간인증서) | 아이디 로그인 | 생체인증(얼굴·지문) | 비회원 로그인

회원가입 | 인증서 등록

공동·금융인증서로 로그인하려면 해당 인증서가 홈택스에 사전등록되어 있어야 합니다.

공동·금융인증서

인증서 로그인 안내

전자(세금)계산서 발급은 사업자등록번호로 발급된 인증서만 가능합니다.

❷ 로그인 후 세금신고 > 원천세 신고로 이동한다.

원천세 신고

세금신고 | 신고내역 조회(접수증·납부서) | 신고 부속·증빙서류 제출 | 삭제내역 조회

신고서 작성 소득을 지급하는 자가 소득을 지급할 때 소득자로부터 세금을 미리 징수하여 국가에 납부하는 조세

원천세 신고서 서식

일반 신고

정기신고 | 정기신고(연말정산 환급/분납 신청 대화형 방식) | 기한후신고 | 수정신고

파일 변환신고(회계프로그램)

□ 일반 신고

· 매월 납부
- 정기신고납부기간 : 소득 지급일이 속하는 달의 다음달 10일까지

· 반기 납부
- 정기신고납부기간 : 소득 지급일이 속하는 반기의 다음달 10일까지
* 1월 ~ 6월분(상반기) : 7.10까지 / 7월 ~ 12월분(하반기) : 다음해 1.10까지

□ 버튼 설명

① 정기신고 : 법정 신고납부기간 내에 신고하는 경우
② 기한후신고 : 법정 신고납부기간을 경과하여 신고하는 경우
③ 수정신고 : 당초 세금을 적게 신고하여 과세표준과 세액을 증액 신고하고자 하는 경우
④ 파일 변환신고 : 회계 프로그램에서 작성한 파일로 정기신고, 기한후신고, 수정신고하는 경우
⑤ 정기신고(대화형) : 연말정산 환급/분납신청을 포함한 정기신고를 하는 경우
(반기 신고자의 연말정산은 정기신고 이용)

❸ 신고유형(정기, 수정, 기한후 신고)을 선택한 후 클릭한다.

❹ 사업자 기본사항 및 소득 종류를 선택한 후 [저장 후 다음 이동]을 클릭한다.

징수의무자 기본정보 | 신고서 불러오기 | 새로작성하기

* 제출년월	2023 년 10 월	* 귀속년월	2023 년 09 월	* 지급년월	2023 년 09 월
* 사업자(주민)등록번호	********** 확인	※ 확인해야만 세부사항을 입력할 수 있습니다.			

※ 귀속년월 변경은 사업자(주민)등록번호 확인 전에 수정 가능합니다.

원천징수신고구분

* 원천신고구분	◉ 매월 ○ 반기	* 신고구분	◉ 정기 ○ 수정 ○ 기한후		
연말정산	☐ 연말정산포함	소득처분	☐ 소득처분신고	환급신청	☐ 환급신청

※ 당월환급은 '환급신청' 체크 후 [환급신청서 부표]를 작성해야 합니다.

원천징수의무자

상호(법인명)	지식만들기	* 성명(대표자)	김희경
전화번호	02 - 2234 - ****	전자우편주소	fo***** @ naver.com naver.com
사업장주소	우편번호 04726 주소검색 도로명주소 서울특별시 성동구 장터길 37 (금호동3가) 지번주소 서울특별시 성동구 금호동3가 893		
* 일괄납부여부	○ 예 ◉ 아니오	* 사업자단위과세여부	○ 예 ◉ 아니오

소득종류선택

☑ 근로소득	☐ 퇴직소득	☐ 사업소득	☐ 기타소득
☐ 연금소득	☐ 이자소득	☐ 배당소득	☐ 금융투자소득
☐ 저축해지추징세액	☐ 양도소득	☐ 법인원천	☐ 수정신고(세액)

※ 금융투자소득은 2025년부터 시행될 예정입니다.

세무대리인

성명		사업자등록번호	- -	전화번호	- -

저장 후 다음이동

❺ 원천징수내역 및 납부내역에 원천징수 내역을 입력하고, 환급세액 조정 내역을 입력한다. 신청 환급신청 여부에 체크한 경우에는 환급신청액란에 환급받을 금액을 반드시 작성(차월이월 환급세액 내의 금액만 환급신청 가능)한다.

지식만들기 | 730405-******* | 제출여부 ▸▸▸▸ 작성중입니다. | 미리보기

원천징수이행상황신고서(원천징수세액 환급신청서) | 원천징수이행상황신고서 안내

원천징수내역 및 납부세액

› 근로소득

※ 아래 스크롤을 좌우로 움직이면 환급세액조정내역을 확인할 수 있습니다. (단위:원)

소득구분	코드	소득지급		징수세액			(9)당... 환...
		(4)인원수	(5)총지급금액	(6)소득세 등	(7)농어촌 특별세	(8)가산세	
간이세액	A01	1	2,500,000	9,750			
중도퇴사	A02						
일용근로	A03						
연말정산_합계	A04						
연말정산_분납신청	A05						
연말정산_납부금액	A06						
가감계	A10	1	2,500,000	9,750			

근로소득 작성 안내 > | ※ 근로소득에 대한 간이세액표 조회

› 총 합계 (단위:원)

소득구분	코드	소득지급		징수세액			(9)당월조정 환급세액
		(4)인원수	(5)총지급금액	(6)소득세 등	(7)농어촌 특별세	(8)가산세	
총합계	A99	1	2,500,000	9,750			

❻ 신고서 부표 화면에서 소득종류를 확인한 뒤, [저장 후 다음 이동]을 클릭한다.

비거주자 항목은 원천징수 대상자 중 비거주자가 있는 경우 체크한다.

❼ 부표화면에서 본표에 작성한 소득내용을 바탕으로 해당하는 항목들의 인원, 총지급액, 징수세액 등을 작성한 후 [저장 후 다음이동] 버튼을 클릭한다.

❽ 환급신청서부표 화면에서 환급대상이 되는 세액들에 대한 명세를 (21)환급신청액과 환급신청서 부표의 「⑥환급신청액」의 합계가 일치하도록 입력한다.

❾ 환급 신청시 전월미환급세액이 있는 경우에는 「전월미환급세액 조정명세서」를 작성해야 한다.

「기납부세액 명세서」가 반드시 첨부되어야 한다. 다만, 환급대상 소득코드가 수정신고(A90)인 경우에는 첨부대상이 아니다.

환급신청서 부표를 작성한 후 [신고서작성완료]를 클릭한다.

10 근로소득 비과세소득

1 식사와 식대와 관련한 비과세

❶과 ❷ 중 큰 금액을 비용처리 한다. ❶과 ❷ 모두 비용처리 시 ❷는 과세한다.

❶ 근로자가 사내 급식 또는 이와 유사한 방법으로 제공받는 식사 기타 음식물

사용자가 기업 외부의 음식업자와 식사 · 기타 음식물 공급계약을 체결하고 그 사용자가 발급하는 식권에 의해서 제공받는 식사 · 기타 음식물로서 당해 식권이 현금으로 환금할 수 없는 때에는 이와 유사한 방법으로 제공받는 식사 · 기타 음식물로 본다.

❷ 식사 기타 음식물을 제공받지 않는 근로자가 받는 월 20만 원 이하의 식대 : 식대가 사규 또는 급여 지급기준 등에 식대에 대한 지급기준이 정해져 있어야 한다.

식대 20만 원만 제공	식대 20만 원 + 현물 식사를 제공
회사가 급여 처리를 해도 식대보조금으로 세금을 납부하지 않고 비과세 처리된다.	현물 식사는 비과세되나 식대 20만 원은 과세된다.

예를 들어 월 20만 원의 비과세 식대 보조금을 책정해 두고 매일 회사경비로 식사를 하는 경우(또는 사장님이 식사를 사주는 경우) 월 20만 원은 비과세가 아닌 과세로써 당연히 근로소득세를 납부해야 하나, 식대 보조금은 비과세 처리하고 현물 식사비는 법정지출증빙에 의해 비용처리를 해버리는 경우 당장은 걸리지 않아도 세무조사 시 발각되면 식대 보조금은 근로소득세가 추징될 수 있다. 따라서 당초부터 월 20만 원과 현물 식대 금액을 비교해 큰 금액을 회사경비 처리 후 직원은 비과세 처리하도록 한다.

구 분	비과세 여부
휴일 또는 야간근무 등 시간 외 근무하는 경우 제공받는 식사 · 기타 음식물	다른 근로자와 함께 일률적으로 식대 보조금을 지급받고 있는 근로자가 휴일 또는 야간근무 등 시간외근무를 하는 경우 별도로 제공받는 식사 · 기타 음식물은 비과세되는 급여에 포함한다. 즉, 20만 원 한도와 별도로 비과세 금액에 포함된다.

구 분	비과세 여부
직원의 식사를 구내식당 등에서 저가로 제공하는 경우	종업원에게 식대를 저가로 판매하는 경우는 부당행위계산부인 규정이 적용되지 않는다.
출산휴가기간 등 일정 휴가기간에 급여에 포함해 지급하는 식대	휴가기간 중에 식대 명목으로 지급받는 금액은 비과세되는 식대로 볼 수 없으므로 근로소득세가 과세되는 것이다.
일용근로자 식대	일용근로자가 근로를 제공하는 날에 고용주로부터 지급받는 모든 급여는 그 지급방법이나 명칭에 불과하고 일급여(일당)에 해당하는 것이므로 사내지급규정에 의거 근로일 수에 따라 일정액을 지급하는 여비 및 숙식비는 일용근로자의 일급여에 포함되는 것이며, 동 여비 및 숙식비 중 식대에 해당하는 금액으로서 실비상당액(월 20만 원)은 소득세가 비과세되는 것이다.
식대의 매입세액공제	간식비, 점심 식대가 사업과 관련되어 지출되었고, 세금계산서(신용카드매출전표, 현금영수증 포함)를 발급받은 경우라면, 공제가 가능하다. 다만, 기업업무추진비(= 접대비) 및 이와 유사한 비용의 지출과 관련된 매입세액은 공제되지 않는다.
연봉제에서 식대 비과세 적용	비과세 대상 식대가 연봉계약서에 포함되어 있고, 지급기준이 정해져 있는 경우에는 비과세가 가능할 것이나, 이에 해당하지 않으면 과세대상이다.
근로소득지급명세서 신고 시 전 근무지 비과세 항목 기재 여부	근로소득지급명세서 상 비과세 란에 식대는 포함하고, 자가운전보조금은 제외된다. 전근무지 지급명세서상 기재된 경우는 현 근무지에서 제외하면 된다. 그러나 포함해서 기재하더라도 가산세가 없으므로 크게 문제될 것은 없다.

2 자가운전보조금의 비과세

자가운전보조금(또는 차량유지비)이 비과세되기 위해서는 아래의 요건이 모두 충족되어야 한다. 즉 아래의 요건이 충족되는 경우 해당 직원은 20만 원까지 비과세되고 회사는 특별한 증빙이 없어도 비용으로 인정이 된다.

그러나 아래의 요건을 충족하지 않으면서 차량유지비 명목으로 매달 지급하는 비용은 세금계산서나 신용카드매출전표와 같은 법정지출증빙을 받지 않은 때에는 비용으로 인정받지 못하게 되며, 해당 직원은 급여로 보아 근로소득세를 납부해야 한다.

- 근로소득자만 비과세된다.

자가운전보조금은 근로소득자만 비과세 되며 다른 소득(사업소득(개인회사 사장도 비적용), 부동산임대소득 등)에는 비과세되지 않는다. 외국인 근로자에게도 적용되며, 생산직 근로자에게도 적용된다.

- 종업원(법인 대표이사, 출자 임원, 비출자 임원, 직원 포함)의 자기 소유 차량이어야 한다.
  차량이 종업원 단독 소유 또는 배우자와 공동소유인 경우에만 비과세된다.
  타인 명의 차량 또는 차량이 없는 종업원에 대한 자가운전보조금은 과세된다. 따라서 차량등록증 등을 제출받아 사실관계를 확인할 필요가 있다.
- 종업원이 직접 운전해야 한다.
  종업원이 직접 운전하는 경우에만 자가운전보조금이 비과세된다. 종업원 소유 차량을 회사에 제공해서 다른 종업원이 사용하고 지급받는 자가운전보조금은 과세된다.
- 자가운전보조금을 지급받는 종업원이 시내출장비 등을 실비로 별도로 지급받으면 안 된다.
  시내 출장에 드는 실제 경비를 별도로 받으면서 월액의 자가운전보조금을 지급받으면 시내 출장 실제 경비는 비용인정이 되나 자가운전보조금은 근로소득에 포함된다.
- 회사의 업무수행에 이용하는 것이어야 한다.
  사용자(법인이나 개인사업자)의 업무수행에 이용하고 받는 자가운전보조금만 비과세된다.
  단순히 종업원이 출퇴근의 편의를 위해서 지급받는 출퇴근보조비 및 주차 비용은 자가운전보조금 명목으로 지급하더라도 과세된다. 따라서 일반적으로 영업직 등의 차량유지비는 의심의 소지가 작으나 업무수행에 차량이 필수적으로 필요 없는 관리직의 경우 의심의 소지가 많다.
- 당해 사업체가 미리 정한 지급규정(사규) 등에 의해 지급하는 것이어야 한다.
  사규에 지급규정 없이 무작정 지급하는 금액은 인정되지 않으며, 지급규정을 초과한 금액, 지급대상자가 아닌 자에게 지급하는 것도 인정되지 않는다. 사규에는 자가운전보조금의 지급대상자 범위를 외근직 영업직원 등으로 분명히 정해두어야 한다. 가령 모든 직원에게 월정액으로 자가운전보조금을 지급하는 것으로 정해둔 때에는 비과세되지 않을 수 있다. 따라서 차량운행일지 등을 작성해서 보관한다.
- 월 20만 원까지만 비과세 처리한다.

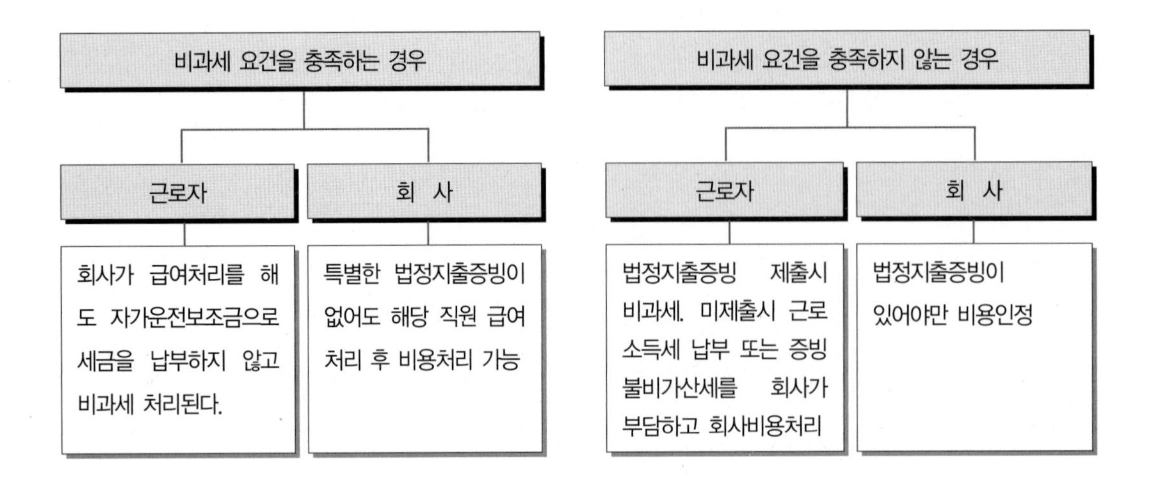

비과세 요건을 충족하는 경우
근로자
회 사
회사가 급여처리를 해도 자가운전보조금으로 세금을 납부하지 않고 비과세 처리된다.
특별한 법정지출증빙이 없어도 해당 직원 급여처리 후 비용처리 가능
비과세 요건을 충족하지 않는 경우
근로자
회 사
법정지출증빙 제출시 비과세. 미제출시 근로소득세 납부 또는 증빙불비가산세를 회사가 부담하고 회사비용처리
법정지출증빙이 있어야만 비용인정

3 출산 · 보육(가족수당)의 비과세

아래의 2가지 요건을 모두 충족해야 비과세된다.

- 회사 내부규정에 따라 육아보조비 지원 규정이 있어야 하고
- 월 20만 원까지 비과세 처리한다.

예를 들어 3달분을 한꺼번에 60만 원 지급 시 해당 월의 20만 원만 비과세(20만원 비과세 40만 원 과세)하므로 매달 지급한다.

4 학자금의 비과세

근로자(임원 포함)의 초 · 중등교육법 및 고등교육법에 의한 학교(외국에 있는 이와 유사한 교육기관을 포함한다.)와 근로자직업능력개발법에 의한 직업능력개발훈련시설의 입학금 · 수업료 · 수강료 기타 공납금 중 아래의 3가지 요건을 모두 충족해야 비과세된다(당해 연도에 납입할 금액을 한도로 한다).

- 근로자가 종사하는 사업체의 업무와 관련 있는 교육훈련을 위해 지급받는 학자금으로
- 당해 업체의 규칙 등에 정해진 지급규정에 의해 지급되고,
- 교육훈련기간이 6월 이상의 경우는 교육훈련 후 교육기간을 초과해 근무하지 않는 경우 반환하는 조건일 것

5 생산직 근로자 시간외근무수당의 비과세

아래의 3가지 요건을 모두 충족해야 비과세된다.

- 생산직, 공장, 광산근로자, 어선원, 운전원 및 관련 종사자 중 직전 연도 총급여가 3천만 원 이하로써 월정액급여가 210만 원 이하인 근로자의

월정액급여에 포함되는 급여	월정액급여에 포함되지 않은 급여
❶ 매월 정기적으로 받는 식대 ❷ 연간상여금 지급총액을 급여지급 시에 매월 분할 해서 지급받는 경우	❶ 부정기적으로 지급받는 연차수당. 다만, 통상적으로 매월 지급되는 급여에 해당하는 때는 월정액급여의 범위에 포함 ❷ 매월 업무성과를 평가하고 실적 우수자를 선정해서 성과급상여금 지급약정에 의해 지급하는 상여금 ❸ 국민연금법에 의한 사용자 부담금

- 연장시간근로급여, 야간근로급여 및 휴일근로급여 등 통상급여에 더해서 받는 급여로서
- 추가되는 금액 중 연 240만 원(광산근로자 및 일용근로자의 경우 : 전액)까지의 금액은 전액 비과세한다.

6 연구보조비 및 연구활동비 비과세

다음 중 어느 하나에 해당하는 자가 받는 연구보조비 및 연구활동비 중 월 20만 원 이내의 금액은 비과세한다.

- 유아교육기관, 초·중등 및 고등교육기관의 교원이 지급받는 연구보조비나 연구활동비 : 교원에 한한다.
- 정부·지자체 출연연구기관 연구원과 직접적으로 연구활동을 지원하는 자(단, 건물의 유지·보수와 식사 제공이나, 차량의 운전에 종사하는 자는 제외) : 대학교원에 준하는 자격을 가진 자에 한한다.
- 중소기업·벤처기업 부설연구소 연구원이 받는 연구비 : 연구원에 한한다.

7 일직료 · 숙직료의 비과세

다음의 두 가지 요건을 만족하는 일직료 · 숙직료는 비과세한다.

- 회사의 사규 등에 의해서 지급기준이 정해져 있고,
- 사회통념상 타당하다고 인정되는 범위 내의 금액. 여기서 사회통념상 타당한 금액이란 일반적으로 생각해서 과도한 금액이 아닌 적절한 금액으로 누가 봐도 객관적인 금액이라고 생각되는 금액을 말한다.

8 육아휴직급여의 비과세

장해급여 · 유족급여 · 실업급여 · 육아휴직급여 등은 비과세한다.

9 국외에서 근로를 제공하고 받는 급여 비과세

다음의 두 가지 요건을 만족하는 경우 비과세한다.

- 해외 또는 북한지역에 주재하면서 근로를 제공하고 받는
- 월 100만 원. 다만, 원양어업 선박, 국외 등을 항행하는 선박, 국외건설현장 등에서 근로를 제공하고 받는 보수의 경우 월 500만 원

10 핸드폰 사용료의 비용인정 요건

핸드폰 사용료는 다음의 3가지 요건을 충족해야 비과세 처리된다.

- 회사의 사규 등에 의해서 지급기준이 정해져 있고,
- 일반적으로 영업직원에 한해 지급하며(전 직원에게 지급하는 조건의 경우 내근직원은 업무용 사용을 입증해야 한다.)
- 업무용에 한해 비용인정 된다(개인용도와 업무용을 최대한 구분해 두어야 한다.).

11 단체순수보장성보험료, 퇴직보험료 등

종업원의 사망 · 상해 또는 질병을 보험금의 지급 사유로 하고 종업원을 피보험자 · 수익자로 하는 보험 또는 만기에 납입보험료를 환급받지 않는 단체순수보장성보험, 만기에 납입보험료를 초과하지 않는 범위 안에서 환급하는 단체환급부보장성보험의 보험료로써 70만 원 이하의 금액

➡ 연 70만 원을 초과하는 금액은 과세대상 근로소득이다.

12 출퇴근용 통근버스

종업원이 출 · 퇴근을 위해서 차량을 제공받는 경우 운임에 상당하는 금액

➡ 차량 제공 대신 출 · 퇴근보조금을 받는 금액은 근로소득에 해당하므로 근로소득세를 납부해야 한다.

13 회사 사택을 이용하는 경우 소요비용

- 주주 또는 출자자가 아닌 임원(주권상장법인의 주주 중 소액주주인 임원을 포함)과 임원이 아닌 종업원(비영리법인 또는 개인의 종업원 포함) 및 국가 · 지방자치단체로부터 근로소득을 지급받는 자

➡ 출자 임원(상장법인 소액주주 임원 제외)은 근로소득

- 다음의 사택 범위에 해당해야 한다.

  사용자 소유주택을 종업원 등에게 무상 또는 저가로 제공하는 주택 또는 사용자가 직접 임차해서 종업원 등에게 무상으로 제공하는 주택(해외에 소재하는 주택도 포함하며, 주택 규모에 대한 제한은 없다.)

➡ 종업원이 일부의 금액을 부담하거나 회사에서 무상 또는 저리로 대여받은 후 종업원 명의로 임대차 계약 시에는 사택에 해당하지 않는다.

사용자 소유주택 : 무상 또는 저가 제공주택

사용자 임차주택 : 무상 제공주택

참고로 입주한 종업원이 전근 · 퇴직 또는 이사한 후 당해 사업장의 종업원 중에서 입주희망자가 없거나, 당해 임차주택의 계약 잔여기간이 1년 이하인 경우로서 주택임대인이 주택임대차계약의 갱신을 거부하는 경우를 포함한다.

14 경조사와 관련한 경조사비

경조사비 지급 규정, 경조사 내용, 법인의 지급 능력, 종업원의 직위, 연봉 등을 종합적으로 고려해 사회통념상 타당한 범위 내의 금액

➡ 이를 초과하는 금액은 급여로 처리 후 근로소득세를 납부한다.

구 분	세무상 처리
출산축의금	자녀 출산에 따른 축의금은 원칙적으로 근로소득에 해당한다. 다만, 육아보조비 지급 규정이 없는 회사에서 출산축의금을 받는 경우 20만 원 이내의 금액은 비과세하고 초과하는 금액은 근로소득으로 과세한다.
생일축하금과 명절선물	종업원이 지급받는 생일축하금과 설날 등 특정한 날에 지급받는 선물은 근로소득이 과세된다.

15 선물비용

임직원에게 창립기념일, 명절, 생일 기타 이와 유사한 때에 지급하는 선물용품은 원칙적으로 급여에 해당하므로 근로소득으로 과세하는 경우는 법정지출증빙을 받을 필요가 없으나 실무자들이 근로소득으로 과세하지 않고 복리후생비로 처리를 해버리는 경우가 많다.

그러나 복리후생비로 회계처리 시에는 법정지출증빙을 받아야 하며, 선물을 지급하는 때에 부가가치세가 과세된다(1인당 연 10만 원 이하는 부가가치세 납부 안 함). 이 경우 부가가치세 과세표준은 시가이며, 세금계산서는 작성 · 발행되지 않는다.

구 분	세무상 처리
소득세법 과세대상소득(근로소득) 여부 판단	자사 생산 제품을 제공 시 수령자에게는 근로소득에 해당한다. 근로소득세를 원천징수 시 근로소득 대상 금액은 원가가 아닌 판매가액 즉, 시가가 된다.
법인세법상 비용인정 여부 판단	사회통념상 타당한 범위 내의 금액은 비용인정 된다.
부가가치세 과세대상 여부 판단	금전이나 상품권 등으로 지급하는 경우는 과세대상이 아니나, 현물로 지급하는 경우 개인적 공급으로서 부가가치세 과세대상이다(1인당 연 10만 원 이하는 부가가치세 납부 안 함).

16 부서별 회식비

구 분	세무상 처리
회식비로 회식을 한 경우	법정지출증빙을 받아서 비용 처리한다.
회식비를 받아서 회식을 안하고 나누어 가진 경우	법정지출증빙을 받을 필요는 없으나 각 직원의 급여로 보아 근로소득세를 원천징수 · 납부해야 비용인정이 가능하다.

17 회사에서 종업원에게 빌려준 금액

종업원 주택자금 대출의 경우 업무무관가지급금으로 보아 지급이자 손금불산입 및 가지급금 인정이자를 계산하는 것이며, 인정이자를 계산함에 있어서 그 이자율은 가중평균이자율 또는 당좌대출이자율 중 선택한 이자율로 이자를 계산한다. 무주택 사용인에게 국민주택규모 이하의 주택의 구입 또는 임차에 드는 자금을 대여한 경우 그 대여금액에 대해서도 예외 없이 가중평균이자율 또는 당좌대출이자율을 적용해서 인정이자를 계산하는 것이다. 단, 중소기업이 근로자(임원·지배주주 등 제외)에게 대여한 주택 구입 및 전세 자금은 업무무관 가지급금에서 제외한다.

회사의 직원에게 주택자금 대여 시 금전소비대차계약을 체결하고 대여하면 되며, 사내직원은 법인과 특수관계자이므로 가중평균이자율 또는 당좌대출이자율 중 선택한 방법을 적용한다. 무이자로 대여 시 해당 인정이자율만큼 해당 직원의 근로소득에 합산한다.

18 학원 수강료, 도서구입비 보조액

구 분		세무상 처리
회사가 업무와 관련해 강사 등을 초빙하거나 외부 학원을 이용해서 직접 대가를 지급하는 경우		회사 : 계산서나 신용카드매출전표, 현금영수증 중 하나를 법정지출증빙으로 받아서 비용처리 개인 : 근로소득세 부담이 없음
개인이 학원을 다니는 경우	업무 관련이 있는 학원비로써 내부규정에 따른 지급	회사 : 계산서나 신용카드매출전표, 현금영수증 중 하나를 법정지출증빙으로 받아서 비용처리 개인 : 근로소득세 부담이 없음
	업무와 관련이 없는 학원비	회사 : 계산서나 신용카드매출전표, 현금영수증 중 하나를 법정지출증빙으로 받지 않아도 됨(근로소득세 원천징수 후 복리후생비 또는 교육훈련비가 아닌 해당 직원 급여로써 비용처리) 개인 : 해당 직원이 근로소득세를 부담해야 한다.

19 직원 병원비

구 분		세무상 처리
업무상 직원 본인 병원비		비과세
업무 무관 직원 본인 병원비		근로소득세 신고 · 납부
직원 가족 병원비		근로소득세 신고 · 납부
병원의 임직원 가족 병원비 경감액		근로소득세 신고 · 납부
건강검진비	임직원 차별	임원과 직원과의 차이금액은 과세될 수 있다.
	임직원 무차별	비과세
사내복지기금 지원 의료비		비과세

11 4대 보험 핵심 정리

구 분		국민연금	건강보험	고용보험	산재보험
가입대상	연령	18세 이상 60세 미만	연령 제한 없음	근로기준법에 의한 모든 근로자(사용자와 그의 친족은 제외)	
	제외	• 퇴직연금수급권자 • 일용근로자나 1개월 미만의 기한을 정해서 사용되는 근로자 • 소재지가 일정하지 아니한 사업장의 근로자 • 법인의 이사 중 근로소득이 없는 사람 • 1개월간의 근로일수가 8일 미만이거나 소정근로시간이 60시간 미만인 단시간근로자. 다만, 해당 단시간근로자 중 3개월 이상 계속해서 근로를 제공하는 사람으로서 고등교육법시행령에 따른 시간강사 또는 사용자의 동의를 받아 근로자로 적용되기를 희망하는 사람은 사업장가입자가 될 수 있다. 단, 근로일수시간이 미달하지만 매월 220만원의 소득이 발생하는 경우 가입대상	• 비상근 근로자 또는 1개월 동안의 소정(所定)근로시간이 60시간 미만인 단시간근로자 • 비상근 교직원 또는 1개월 동안의 소정근로시간이 60시간 미만인 시간제공무원 및 교직원 • 소재지가 일정하지 아니한 사업장의 근로자 및 사용자 • 근로자가 없거나 비상근 근로자 또는 1개월 동안의 소정(所定)근로시간이 60시간 미만인 단시간근로자만을 고용하고 있는 사업장의 사업주	• 65세 이후에 고용된 자 • 1개월 60시간(주 15시간) 미만 • 타 회사 가입자 · 외국인 · 사용자	• 타회사 가입자, 사용자 • 연령 제한 없음

구 분	국민연금	건강보험	고용보험	산재보험
사용자	가입 대상(무보수 대표이사 제외)	가입대상(무보수 대표이사 제외)	가입불가	
외국인	보험 가입 여부는 보험별로 다름으로 해당 기관에 직접 문의			
취득	• 월중 입사자 보험료 납부 여부 선택(희망/미희망) • 취득일 1일 : 납부	• 월중 입사자는 다음 달부터 • 취득일 1일 : 납부 • 피부양자 취득 신고	• 학력 · 직종 · 주당 근무시간 등 신고 • 입사(퇴사)한 달 일할계산한 보험료 납부	
상실	• 2일 이후 상실 : 1개월분 납부(정산제도 없음)	• 상실신고 시 당해 연도 보수총액 신고함으로 보험료 정산실시	• 상실신고 시 당해 연도 보수총액을 신고함으로 보험료 정산실시 • 고용보험 신고 시 유의 사항 : 퇴직 사유 정확히 기재(실업급여 받는 사유)	
보험료율	• 기준소득월액의 9% ➜ 사용자와 근로자가 1/2씩	• 보험료율 매년 변경 : 건간보험료 + 노인장기요약보험료 ➜ 사용자와 근로자가 1/2씩	• 사업장 근로자 전체의 개인별 월평균 보수의 전체 합계액 × 보험료율 ➜ 실업급여(0.9% 근로자 부담) ➜ 고용안정 · 직업능력개발사업 및 산재보험료는 규모 또는 사업종류에 따라 보험료율 다름, 사용자만 부담	
신고 · 납부 마감	• 매월 15일 신고 마감 후 다음 달 10일까지 납부(건강보험관리공단에서 고지) : 따라서 15일 이후 신고분은 다음 달에 2달분 납부할 수 있음			
소득(적용 기간)	• 전년도 소득을 기준으로 연 1회 정기결정 • 개인사업장 사용자 및 근로소득 미확인자는 5월 소득총액신고 안내 주 적용기간 : 당해 7월~익년 6월	• 매년 3월 10일(직장가입자 보수총액 통보서 제출) ➜ 매년 4월분 보험료에 합산 고지, 급여변동 시 또는 퇴직 시 보수총액 신고 주 적용기간 : 당해 1월~12월	• 매년 3월 15일까지 보수총액 신고서 제출(소멸 사업장의 경우 소멸 일로부터 14일 이내 보수총액 신고)	
급여 변경	거의 신고 불가	신고 가능(직장가입자보수월액 변경신청서)하지만 연말정산을 통해 정산하는 경우 많음	신고 가능(월평균보수변경신청서)하지만 연말정산을 통해 정산하는 경우 많음	

12 급여에서 공제해야 하는 4대 보험료

1 건강보험료율

건강보험료 근로자 부담액 = 건강보험료(❶) + 노인장기요양보험료(❷)
❶ 건강보험료 = 월급여(총급여 - 비과세급여) × 3.545%(10원 미만 단수 버림)
❷ 노인장기요양보험료 = 건강보험료(❶) × 12.95%(10원 미만 단수 버림)

건강보험료

가입자부담(50%) 보험료 산정방법 : 월 보험(10원 미만 단수 버림)료 = 보수월액 × 보험료율
보수월액(월평균보수 = 월급여)
= 연간 총보수액(총급여 - 비과세소득) ÷ 근무월수
보험료율 : 7.09%
(사용자와 종업원이 각각 1/2 부담)(10원 미만 단수 버림)

(2023년 기준)

상한액	월보험료 산정
3,911,280원(근로자 부담분)	9,890원(근로자 부담분)

[예시] 보수월액이 1,000,000원일 때, 계산방법
건강보험료 : 1,000,000원(보수월액) x 7.09%(건강보험료율) = 가입자 부담금 35,540원, 사업주 부담금 35,540원
장기요양보험료 : 70,900원(건강보험료) x 12.95%(장기요양보험료율) = 가입자 부담금 4,590원, 사업자 부담금 4,590원

직장 가입자가 2 이상 적용사업장에서 보수를 받는 경우는 각 사업장에서 받는 보수를 기

준으로 각각 보수월액을 결정한다.

보수월액에 따라 산정한 직장 가입자의 보험료액을 직장 가입자 및 사업주 등이 각각 1/2씩 부담하는 경우 그 금액에 10원 미만의 단수가 있을 때는 이를 절사한다.

노인장기요양보험료

노인장기요양보험료 = 건강보험료 × 12.95%(노인장기요양보험료율)
= (총급여 − 비과세급여) × 3.545% × 12.95%

2 국민연금료율

월 국민연금(10원미만 단수 버림)
= 기준소득월액[월급여(총급여 − 비과세소득)] × 국민연금료율
기준소득월액 = 연간 총보수액(총급여 − 비과세소득) ÷ 근무월수
보험료율 : 9%(사용자 4.5%, 종업원 4.5%)(10원 미만 단수 버림)

계	종업원부담	사용자부담
9(100%)%	4.5(50%)%	4.5(50%)%
기준소득월액 범위	**국민연금료율**	**월 국민연금 산정**
37만원 미만	4.5%	= 37만원 × 4.5%
37만원 ~ 590만원	4.5%	= 기준소득월액 × 4.5%
590만원 초과	4.5%	= 590만원 × 4.5%

[예시] 기준소득월액은 최저 32만 원에서 최고금액은 590만 원까지의 범위로 결정하게 된다. 따라서 신고한 소득월액이 37만 원보다 적으면 37만 원을 기준소득월액으로 하고, 590만 원보다 많으면 590만 원을 기준소득월액으로 한다.

3 고용보험료율

고용보험료 = 월급여(총급여 − 비과세소득) × 보험료율

구분		근로자	사업주
실업급여		0.9%	0.9%
고용안정, 직업능력개발사업	150인 미만 기업		0.25%
	150인 이상(우선지원 대상기업)		0.45%
	150인 이상~1,000인 미만 기업		0.65%
	1,000인 이상 기업, 국가 · 지방자치단체		0.85%

13 60세 이상 국민연금, 65세 이상 고용보험

<table>
<tr><th colspan="2">구 분</th><th>4대 보험 처리</th></tr>
<tr><td colspan="2">건강보험</td><td>건강보험의 경우에는 연령 제한이 없다. 연령에 상관없이 소득을 기준으로 보험료가 동일하게 부과된다.</td></tr>
<tr><td rowspan="4">60세 이상 근로자의 국민연금</td><td colspan="2">국민연금의 경우에는 만 18세 이상 만 60세 미만의 소득이 있는 국민은 의무적으로 가입해야 한다. 따라서 만 60세 이상 근로자의 경우에는 자동으로 직장가입자의 자격을 잃게 된다. 다만 본인이 원하는 경우는 임의계속가입자로 가입할 수 있다. 이 경우에는 회사에서 50%를 부담하는 것이 아니고, 본인이 100% 부담해야 한다.</td></tr>
<tr><td>만 60세 이전부터 근무 중인 근로자</td><td>만 60세가 된 생일의 달에 자동으로 직권 해제됨</td></tr>
<tr><td>만 60세 이후 입사한 근로자</td><td>취득 신고 불가능(EDI 같은 경우 아예 불가능 팝업창 뜸)</td></tr>
<tr><td colspan="2">고용보험 부과 항목은 실업급여(근로자 부담 및 사용자부담)와 고용안정직업능력개발비가 있다.</td></tr>
<tr><td rowspan="2">65세 이상 근로자의 고용보험</td><td>만 65세 이전부터 근무 중인 근로자</td><td>만65세가 되기 전 상태 그대로 지속. 즉 3가지 전부 부과</td></tr>
<tr><td>만 65세 이후 입사한 근로자</td><td>• 무조건 고용보험 취득신고를 해야 하고, 안 한다면 과태료가 부과될 수도 있다.
• 실업급여 수급이 불가능하여 실업급여는 부과가 안 되지만, 고용안정직업능력개발비는 부과가 되니 회사는 납부해야 된다.
• 취득신고를 하면 고용보험 공단이 전산으로 조회를 해서 실업급여 부분은 자동으로 부과를 안 한다.
• 만 65세 이후 입사한 근로자가 이전 근무지에서 쉼 없이 연속 근로일 경우(주말 제외)
예를 들어 만65에 이전부터 근무 중인 근로자가 A 회사를 금요일에 관두고 B 회사를 월요일에 입사했다면, 고용보험 공단 전산에 조회가 되어 자동으로 실업급여 및 고용안정직업능력개발비 모두 부과된다. 또한 B 회사에서 실업급여 수급 조건에 해당했을 시 수령 가능.</td></tr>
</table>

Q. 전직장에서 고용보험을 가입했던 만 65세 이상 근로자가 입사시 가입대상인가요?

A. 하루라도 단절이 없을 경우 고용보험 대상 근로자이다.

동일 사업장에서 고용을 유지하지 않고 전직한 경우라도 토요일, 일요일(법정 공휴일), 법정 휴일을 제외하고 하루라도 단절이 없어야 계속하여 고용되는 것으로 간주된다.

예를 들어 4월 30일 전 직장 퇴사, 5월 1일 입사의 경우 실업급여, 고용안정/직업능력개발 보험료를 납부해야 한다.

Q. 전직장에서 고용보험을 가입했던 만 65세 이상 근로자가 퇴사시 실업급여는?

65세 이전에 취업(고용보험 피보험자 자격취득)하여 65세 이후에 비자발적으로 퇴직하는 경우 수급자격을 인정된다. 퇴직일이 비록 65세 이후인 경우라도 65세 이전에 고용보험 피보험자 자격을 취득했고, 65세 이후 직장에서의 퇴직 사유가 비자발적인 퇴직인 경우는 통상의 근로자와 동일하게 실업급여 수급자격 인정 여부를 판단 받아 실업급여를 지급받을 수 있다.

다음으로 65세 이전에 취업하여 근무하던 중 회사(사업주)가 변경된 경우 수급자격을 인정받게 된다. 65세 이전부터 계속하여 동일 사업주에게 고용된 경우에도 고용보험 피보험자 자격이 계속 유지된다. 따라서 이런 경우 65세 이후 퇴직 사유가 비자발적인 퇴직인 경우는 실업급여를 지급받을 수 있다.

Q. 만 65세 이상 신규채용 근로자의 고용보험가입대상 여부 및 보험료 납부

A. 고용보험 가입의무가 없으므로 실업급여 납부의무도 없다.

65세 이후에 신규 채용 근로자는 고용보험법상 실업급여와 육아휴직급여가 적용되지 않음으로 이에 따라 65세 이후에 입사한 자에게는 고용보험료에서 실업급여 분을 공제하지 않는다.

즉, 근로자의 경우 실업급여 보험료는 면제되어도 사업주는 고용안정/직업능력개발 보험료는 부담해야 한다.

14 당월 입사 당월 퇴사 업무처리

1 급여지급액 계산

구 분	급여
기본급 및 기본수당	일반적으로 일할계산(내부규정에 따라 다름). 주휴수당 발생할 수 있음
시간외수당	통상임금을 기준으로 계산 5인 이상(5인부터) 사업장은 통상시급의 1.5배 5인 미만(4인까지) 사업장은 통상시급의 1배
연차수당	1개월을 채우지 못했으므로 미발생

2 공제액 계산

4대 보험료

당월 입사 당월 퇴사를 하는 경우라면 4대 보험과 관련해서는 고용보험 0.9%만 공제된다(건강보험료와 국민연금은 미공제, 산재보험료는 사업주만 부담).

공제되지 않는다고 해서, 애초에 취득 신고를 안 해도 된다는 뜻은 아니다. 즉 국민연금, 건강보험, 고용보험, 산재보험 모두 취득신고 및 상실신고를 해야 한다. 다만 공제액 계산할 때 고용보험료만 공제하면 된다. 따라서 실무자들은 업무 편의를 위해 일용근로자로 다음 달 15일 신고하는 경우가 많다(일용직 근로자가 아님(모집 때 상용근로자)에도 단순히 해당 근로자가 짧은 기간 내에 그만두었다고 해서 상용근로자로 고용된 자를 4대 보험의 적용 자체를 하지 않는다는 것은 위법이다.).

건강보험이나 국민연금은 해당 월의 1일 취득이 아니면 보험료는 납부하지 않는다.

• 입사일이 해당 월 1일의 경우 해당 월 4대 보험료가 모두 부과된다.

• 입사일이 해당 월 2일~31일의 경우, 4대 보험 부과 일은 다음과 같다.

❶ 국민연금 / 건강보험 : 다음 달 1일부터 부과

❷ 고용보험 / 산재보험 : 해당 월부터 부과

구 분	2일~말일 입사 및 퇴사기준 공제 여부
국민연금	당월 입사 당월 퇴사 시 부과되지 않음 : 급여에서 미공제
건강보험	당월 입사 당월 퇴사 시 부과되지 않음 : 급여에서 미공제
고용보험	(받은 급여 − 비과세급여) × 보험료율 : 공제 필요
구 분	**입사일에 따른 공제 여부**
1일 입사자	• 고용보험료 공제 • 국민연금, 건강보험료 공제
2일~말일	• 고용보험료만 공제 • 국민연금은 취득 월 납부 희망이 가능하나 당월에 취득신고 + 상실신고를 함께하는 경우 국민연금에 취득신고서상 취득 월 납부 희망 부분과 상실신고서상 초일 취득·당월 상실자 납부 여부 부분에 둘 다 체크를 안 하고 신고하는 게 유리하다.

근로소득세 및 지방소득세

근로소득세는 간이세액표에 따라 급여에서 공제하면 된다.

참고로 공제대상이 본인만 있는 경우는 1,060,000원, 공제대상이 2인인 경우는 1,340,000원, 3인인 경우는 1,720,000원, 4인인 경우는 1,890,000원까지 납부할 세액이 없다.

물론 당월 입사 당월 퇴사의 경우 중토 퇴사자 연말정산을 해도 일반적으로 납부할 세액이 발생하지 않는다.

Tip 날짜별로 4대 보험 납부여부가 달라지는 이유? (부과 기준일과 고지 기준일)

1. 부과기준

• 국민연금/건강보험 : 취득월이 1일인 경우와 마지막 근로일(이직일, 퇴직일 전일, 상실일 전일)이 1일인 경우 입사

및 퇴직 시 그달 보험료 납부. 즉 입사일이 1일인 경우 그달 부과, 마지막 근무일이 1일인 경우 그달 부과(퇴사일이 1일인 경우는 마지막 근무일이 전달 말일이므로 미부과)

- 고용보험/산재보험 : 무조건 근무한 달은 급여에서 공제

2. 고지기준

15일 이전에 취득신고 완료 시 그달 부과, 지나서 취득신고시 다음 달에 2달치 한꺼번에 부과될 수 있다.

구 분	마감 기준	비고
자 격	매월 15일	공휴일인 경우 익일
징 수	매월 10일	

15 4대 사회보험 정보 연계센터 활용법

1 사업장가입자 자격취득 신고

근로자 채용 등의 사유로 4대 사회보험에 가입(취득) 신고하기 위하여 작성하는 업무이다. 4대 사회보험 공통 신고를 할 수 있으며, 신고하고자 하는 보험을 선택하여 개별 신고할 수 있다. 건강보험 『피부양자 취득신고』를 동시에 신청할 수 있다

4대 사회보험 정보연계센터 홈페이지 ➲ 민원신고 ➲ 가입자업무 ➲ 자격취득신고 선택

❶ 가입자업무 – 자격취득신고 메뉴를 선택한다.

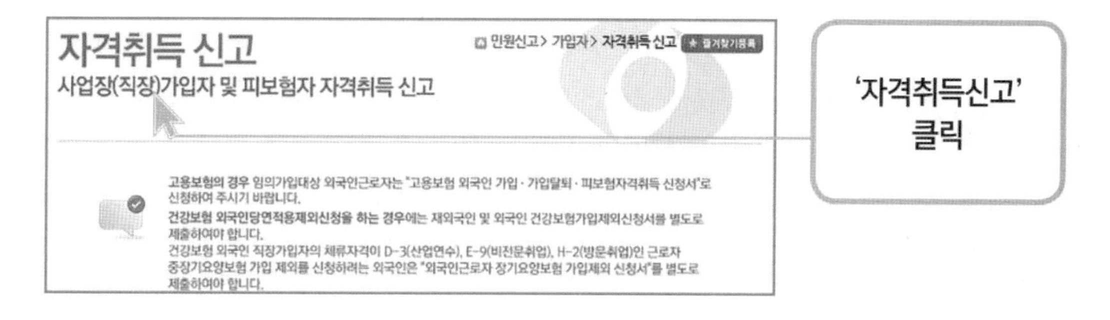

❷ 로그인한 사업장의 사업장 정보가 자동으로 표시된다.

사업장 정보

사업장 관리번호				사업장 명칭			
가입여부	국민연금 성립		건강보험 성립		고용보험 성립		산재보험 성립
소재지							
전화번호	- -			FAX번호	- -		
단위사업장				영업소 명칭			

사업장 정보 부분은 입력하지 않습니다. 현재 사업장 정보와 다른경우, [사업장내역변경] 신고를 하시기 바랍니다.

로그인 '사업장 정보' 자동 표출

사업장가입자 신고대상자의 가입자 정보, 국민연금, 건강보험, 고용보험, 산재보험 정보를 순차적으로 입력한다.

[가입자 정보] 입력

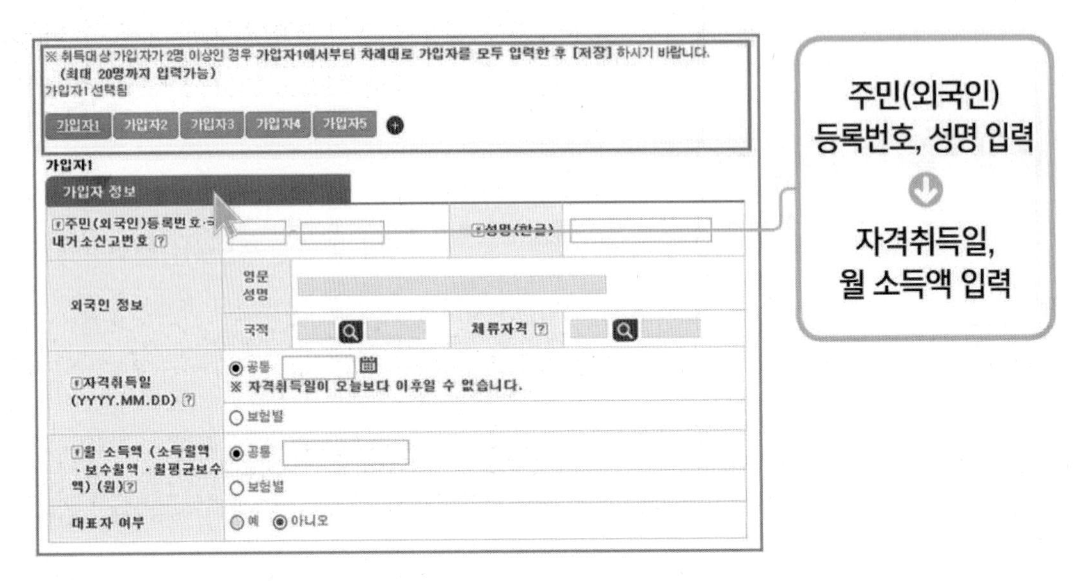

❶ 『주민(외국인)등록번호』, 『성명』을 입력한다.

❷ 외국인인 경우는 『영문성명』, 『국적』, 『체류자격』이 자동 입력된다.

❸ 『자격취득일』, 『월 소득액』을 입력하고, 『대표자 여부』는 사업장 대표자 정보로 자동 입력된다.

[국민연금] 정보 입력

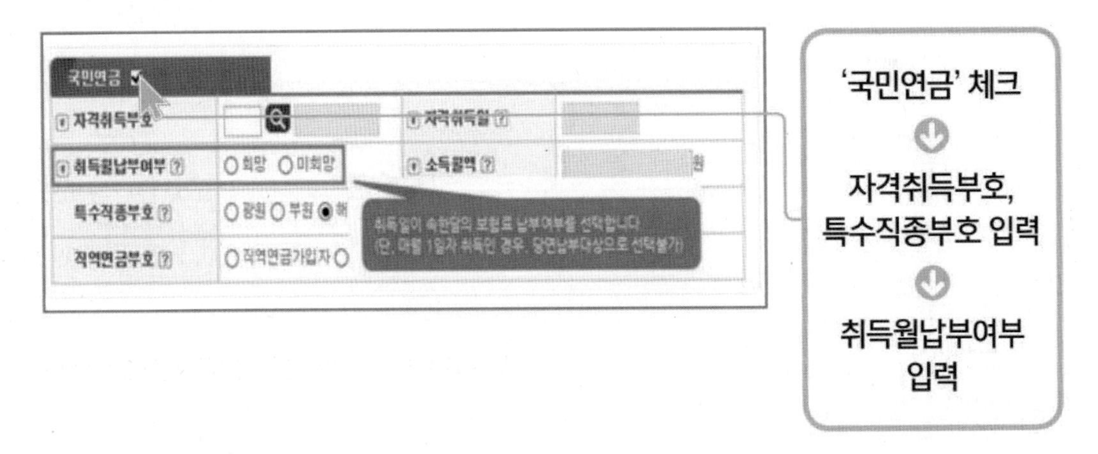

❶ '국민연금 체크박스(□)' 를 선택한다.

❷ 『자격취득부호』, 『특수직종부호』 입력하고, 『자격취득일』, 『소득월액』 은 상단의 [가입자정보]에서 입력한 자격취득일, 소득월액이 자동 입력된다.

❸ 『취득월 납부 여부』 를 선택한다. 『자격취득일』 이 매월 1일일 경우는 "희망" 으로 자동 입력되어 변경이 불가하다.

[건강보험] 정보 입력

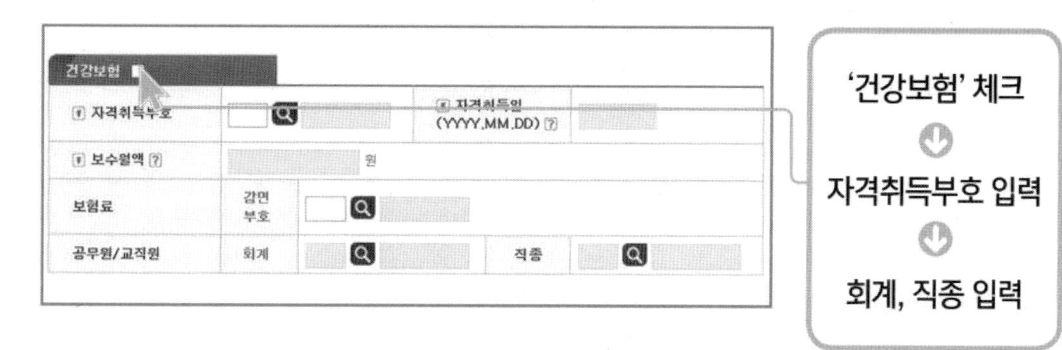

❶ '건강보험 체크박스(□)' 를 선택합니다.

❷ 『자격취득부호』 를 입력, 『자격취득일』, 『보수월액』 은 상단의 [가입자정보]에서 입력한 자격취득일, 보수월액이 자동 입력된다.

❸ 사업장성립 시 건강보험의 『사업장특성부호』 가 "공무원" 과 "사립학교 교직원" 으로 신고했을 경우는 『회계』, 『직종』 을 입력한다.

[고용보험] 정보 입력

❶ '고용보험 체크박스(□)' 를 선택한다.

❷ 『직종』 을 입력, 『자격취득일』, 『월평균보수』 는 상단의 [가입자정보]에서 입력한 자격취득일, 월평균보수가 자동 입력된다.

❸ 『1주 소정근로시간』 은 한 주간의 근로시간을 시간 단위로 입력한다.

❹ 『계약직여부』 가 "예" 일 경우만 계약종료연월을 입력한다.

❺ 『보험료 부과구분 부호』 는 해당자일 경우만 입력한다.

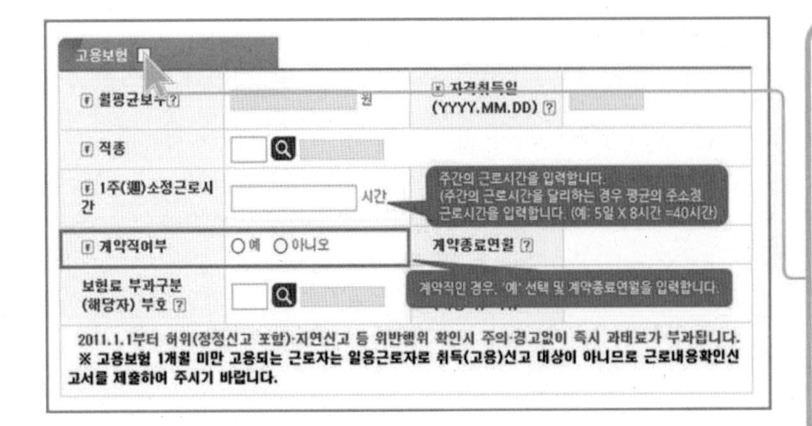

'고용보험' 체크

↓

직종 입력

↓

1주 소정근로시간 입력

↓

계약직여부 입력

[산재보험] 정보 입력

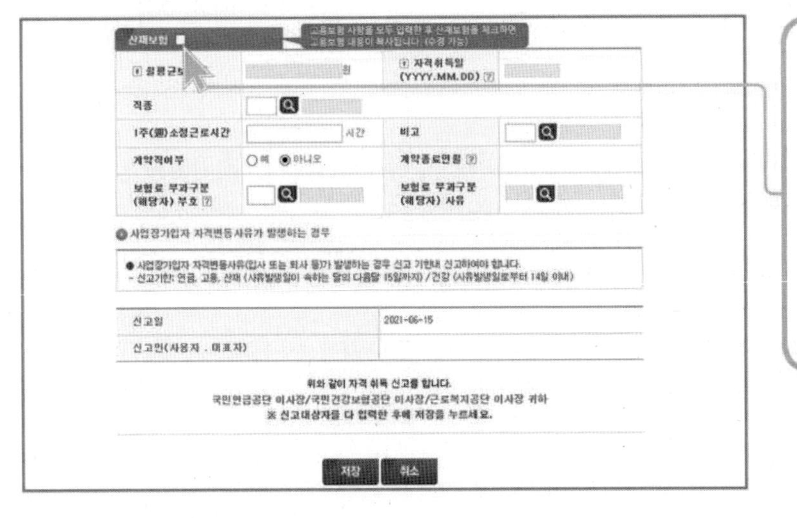

'산재보험' 체크

↓

내용 확인·수정

↓

저장 클릭

❶ '산재보험 체크박스(□)' 를 선택한다.

❷ [고용보험] 항목을 모두 입력 후 산재보험 체크박스(□)를 선택하면 고용보험 입력내용이 자동 표출되고 관련 내용 수정이 가능하다.

❸ 작성이 완료되면 저장 버튼을 선택한다.

[건강보험 피부양자 자격취득신고] 입력 – 해당되는 경우 입력

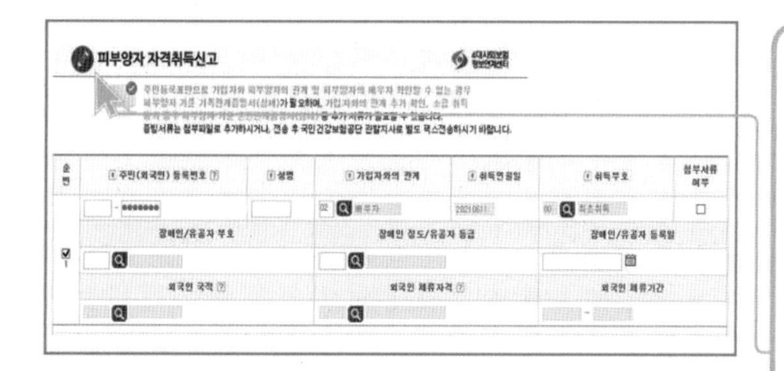

'피부양자 추가'선택
↓
주민(외국인)등록번호, 성명, 가입자와의 관계 입력
↓
첨부 서류 여부 선택
↓
장애인, 유공자 정보 입력
↓
외국인 정보 입력

❶ '건강보험' '피부양자 추가' 버튼을 클릭한다.

❷ 『주민(외국인)등록번호』, 『성명』, 『가입자와의 관계』를 입력한다.

❸ 추가로 제출하는 서류가 있을 경우 『첨부서류 여부』를 선택한다.

❹ 장애인/유공자일 경우는 『부호』, 『정도/등급』, 『등록일』을 입력한다.

❺ 외국인인 경우는 『국적』, 『체류자격』 『체류기간』을 입력한다.

Tip 근로자의 4대 사회보험 취득 신고가 지연되었다면?

- 사업장의 4대 사회보험 신고는 해당 사업장의 사업주(대표자)에게 신고 의무 및 권한이 있어 사용자(대표자)가 신고해야 한다.
- 신고기한

– 건강보험 : 사유 발생일로부터 14일 이내

– 국민연금 : 해당일이 속하는 달의 다음 달 15일까지

– 고용, 산재보험 : 고용한 날이 속하는 달의 다음 달 15일까지

- 6개월 이상 지연신고(소급 취득) 시 증빙서류를 첨부하여 포털사이트에서 신고할 수 있다.

– 국민연금 : 취득일이 신고일보다 1년 경과 후 지연신고일 경우 필수 증빙서류 1부(근로계약서, 임금대장, 인사발령 내역, 재직증명원, 근로소득원천징수부 · 원천징수영수증 · 급여이체내역 등)

– 건강보험 : 취득일이 신고일보다 6개월 이상 지연신고일 경우 필수 증빙서류 1부(근로계약서, 임금대장, 인사발령내역, 재직증명원, 근로소득원천징수부 · 원천징수영수증 · 급여이체내역 등)

– 고용보험 : 접수일 기준으로 법정신고기한으로부터 6개월 이상 소급하여 취득신고를 하는 경우 필수 증빙서류 2부 (근로계약서, 급여대장(혹은 급여이체내역))

• 사업장의 사용자(대표자)가 4대 사회보험 신고를 고의로 지연시킨다면, 해당 4대 보험기관에 직접 문의한다.

Tip 국민연금의 '취득월 납부 여부'의 뜻이 무엇인가요?

• 취득하는 달부터 보험료를 납부할 것인지 다음 달부터 납부할 것인지 선택할 수 있다.
• 취득일자가 매월 2일 이후인 경우 보험료 납부 여부를 선택할 수 있다.
  (예, 취득일이 2024년 3월 3일인 경우 3월 보험료부터 납부하려면 '희망' 선택)
• 취득일이 1일인 경우 당연납부 대상으로 선택 불가

Tip 보험별 급여 입력부분의 명칭이 다릅니다. 어떻게 입력해야 하나요?

• 각 공단별 용어의 정의에 따라 사용하는 용어가 다르다.
  국민연금 – 소득월액, 건강보험 – 보수월액, 고용보험과 산재보험 – 월평균보수
• 취득 신고 시 소득월액 계산 방법 : 입사 시 정한 급여(각종 수당, 상여금 등을 포함한 월평균 급여)로 세전 금액에서 소득
  세법상 비과세 금액 제외 후 입력하면 된다.

Tip 직원의 취득일자를 변경하는 방법

경로 : 민원신고 – 가입자신고 – 내역변경신고 – 주민번호, 성명, 부호(자격취득 일자)에서 변경일자 입력, 변경일 입력 후 저장 – 전송

고용보험, 산재보험의 취득일자 변경은 근로복지공단으로 문의한다.

국민연금, 건강보험만 신고가 가능하다.

2 사업장가입자 자격상실 신고

가입자의 퇴사 등의 사유로 4대 사회보험 자격상실 신고를 하기 위하여 작성하는 업무이다. 4대 사회보험 모두 공통으로 신고를 할 수 있으며, 신고하고자 하는 보험을 선택하여 개별 신고도 가능하다. 고용보험의 『이직확인서』를 동시에 신고할 수 있다.

4대 사회보험 정보연계센터 홈페이지 ➲ 민원신고 ➲ 가입자업무 ➲ 자격상실신고 선택

❶ 가입자업무 – 자격상실신고 메뉴를 선택한다.

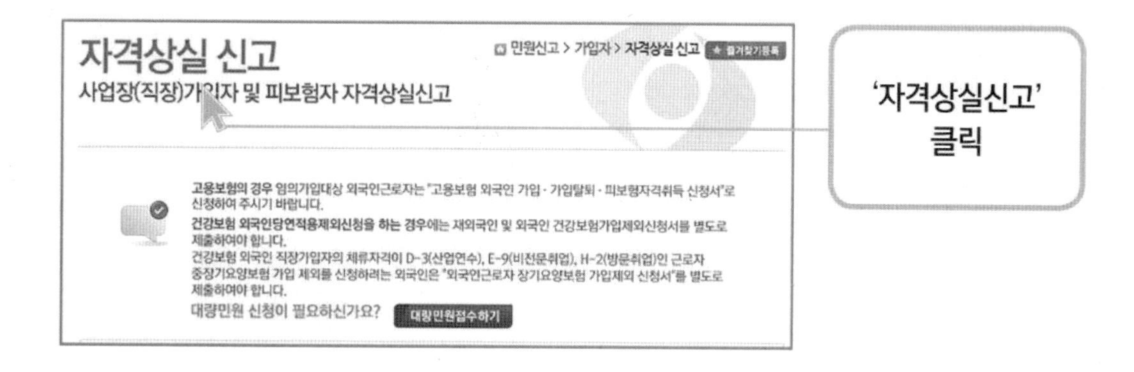

❷ 로그인한 사업장의 사업장 정보가 자동으로 표시된다.

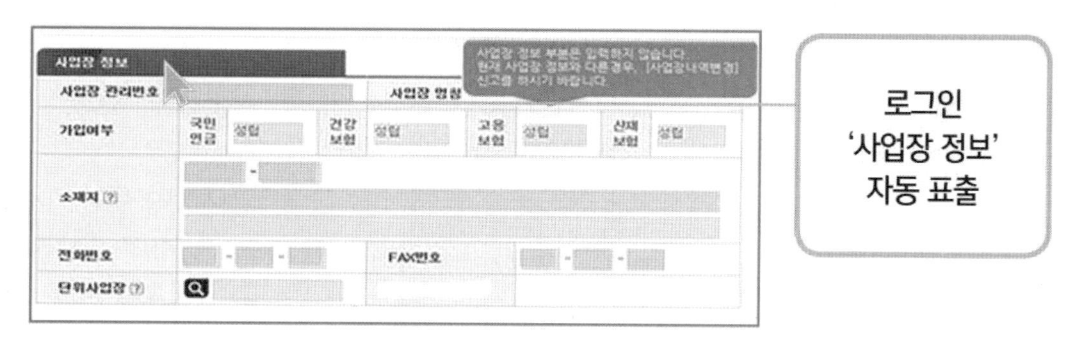

❸ 『자격상실일』은 퇴직일의 다음 날(D+1일)로 입력한다.

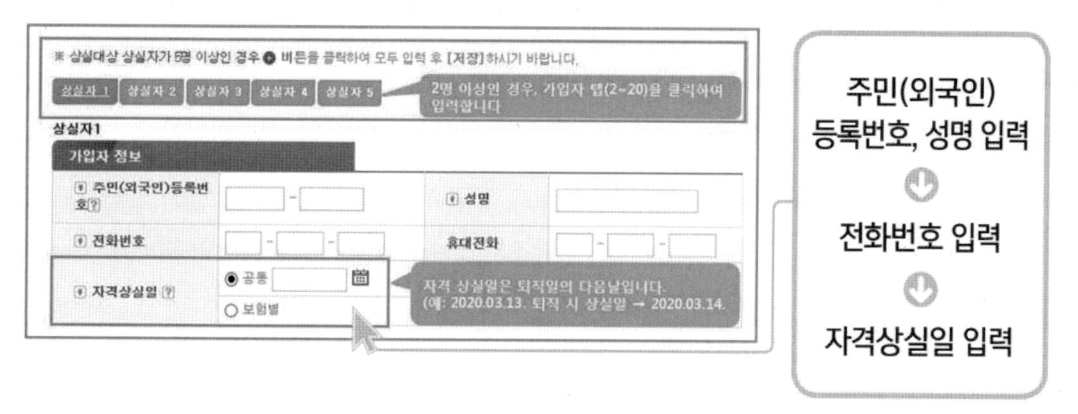

[국민연금] 정보 입력

❶ 신고하기 위해서는 체크박스(□)를 선택한다.

❷ 『상실사유』를 입력하고, 『자격상실일』은 상단의 [상실자정보]에서 입력한 자격상실일이 자동 입력된다.

[건강보험] 정보 입력

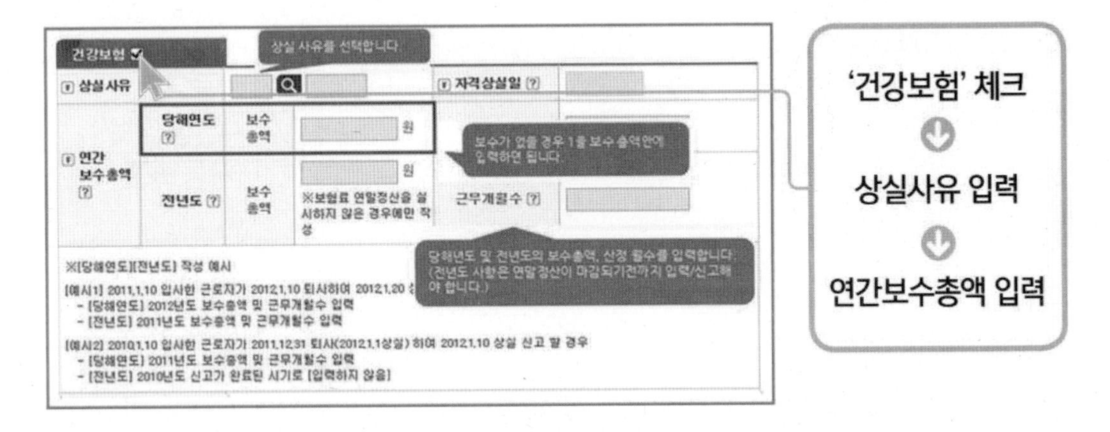

❶ 신고하기 위해서는 체크박스(□)를 선택한다.

❷ 『상실사유』를 입력하고, 『자격상실일』은 상단의 [상실자정보]에서 입력한 자격상실일이 자동 입력된다.

❸ 『연간보수총액』의 『당해연도』와 『전년도』의 보수총액과 산정월수를 입력한다.

※ '공란'인 상태에서는 다음 단계로 넘어가지 않으므로 보수가 없을 경우는 "1"을 보수총액 란에 입력한다.

[고용보험] 정보 입력

❶ 신고하기 위해서는 체크박스(□)를 선택한다.

❷ 『상실사유코드』, 『구체적 상실사유』를 입력한다.

'고용보험' 체크

상실사유코드,
구체적 상실사유,
해당연도 보수총액,
전년도 보수총액
입력

❸ 『해당연도 보수총액』, 『전년도 보수총액』을 입력하고, 『자격상실일』은 상단의 [상실자정보]에서 입력한 자격상실일이 자동 표출된다.

● [산재보험] 정보 입력

'산재보험' 체크

고용보험 기재 내용
확인·수정

저장

❶ 신고하기 위해서는 체크박스(□)를 선택한다.

❷ [고용보험] 항목을 모두 입력 후 체크박스(□)를 선택하면 고용보험의 내용이 복사된다.

❸ 다 작성한 후 하단의 저장 버튼을 선택한다.

Tip 고용보험 상실 사유 중에서 23, 26번

23 경영상 필요 또는 회사 불황으로 인원 감축 등에 인한 퇴사(해고 · 권고사직 · 계약 파기 포함)

26 피보험자의 귀책 사유에 의한 징계해고, 권고사직 또는 계약 파기

Tip 자격상실일은 어떻게 입력하나요?

퇴사일의 다음 날(휴일 관계없음)을 상실일로 입력하면 된다.

Tip 상실신고서의 건강보험 보수총액은 어떻게 입력해야 되나요?

○ 신고서 작성일 : 2024. 2. 27.

○ 직원 입사일 : 2023. 3. 5.

○ 직원 퇴사일 : 2024. 2. 24.

▹ 당해년도 보수총액 : 2024. 1. 1 ~ 2024. 2. 24 까지 지급되는 총급여 입력(세전 금액, 비과세 제외)

▹ 전년도 보수총액 : 2023. 3. 5 ~ 2023. 12. 31 까지 지급된 총급여 입력(세전 금액, 비과세 제외)

▹ 사업장에서 2023년도 건강보험 보수총액 신고를 한 경우 전년도 보수총액은 입력하지 않아도 된다(건강보험 보수총액 신고기간 이후에 상실신고하는 경우에만 해당).

[고용보험 피보험자] 이직 신고

4대 사회보험 정보연계센터 홈페이지 ➲ 민원신고 ➲ 가입자업무 ➲ 자격상실신고 ➲ 저장 후 이직확인서 선택

❶ 자격상실신고 저장 후 이직확인서 등록을 선택한다.

❷ 피보험단위기간의 산정대상기간은 자동 표출된다. (※수정 가능함)

❸ 월 단위로 『보수지급기초일수』 를 입력한다.

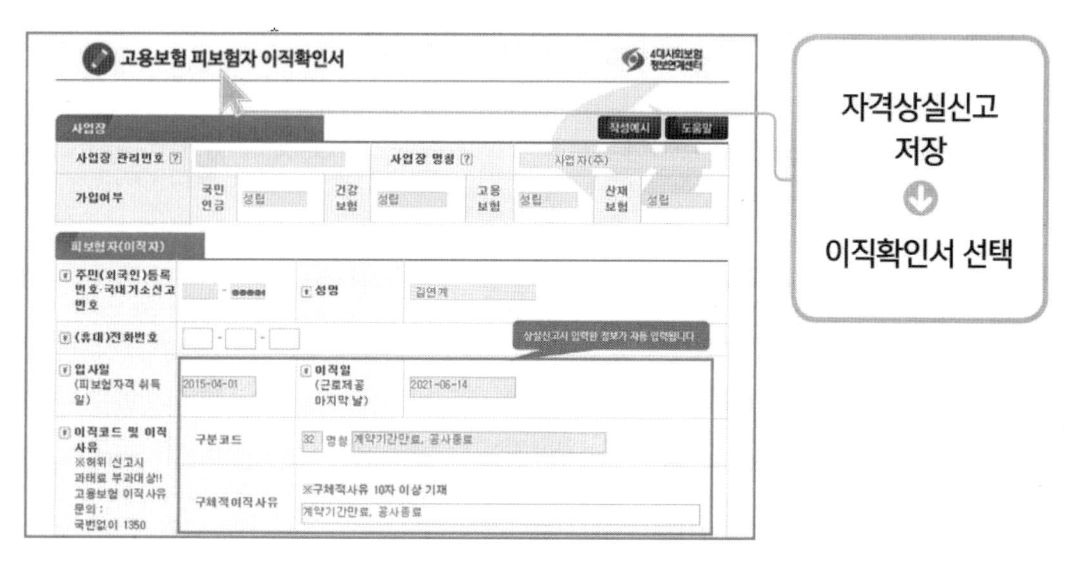

❹ 『기준기간연장』은 해당자만 입력한다. (※ 이직일 이전 18개월간 30일 이상 보수의 지급을 받을 수 없었던 사유와 기간을 기재한다.)

❺ 『초단시간 근로일수』는 해당자만 입력한다.

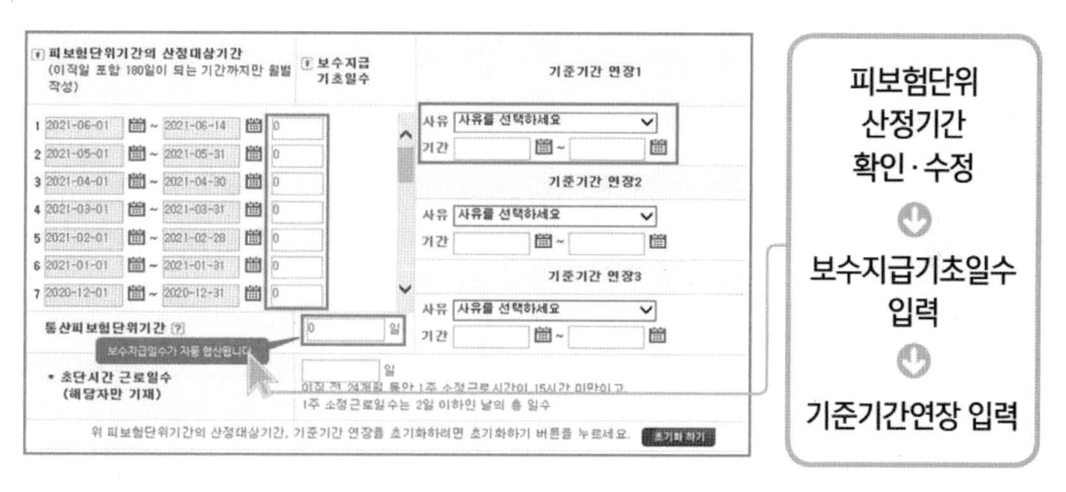

❻ 『임금계산기간』과 『총일수』는 자동 표출된다. (※수정 가능함)

❼ 『기본급』, 『기타수당』, 『상여금』, 『연차수당』 등 해당 사항을 입력한다.

❽ 『평균임금』은 총임금액과 총일 수가 나누어져 자동 계산된다.

❾ 『1일 통상임금』, 『1일 기준보수』, 『1일 소정근로시간』을 입력한다.

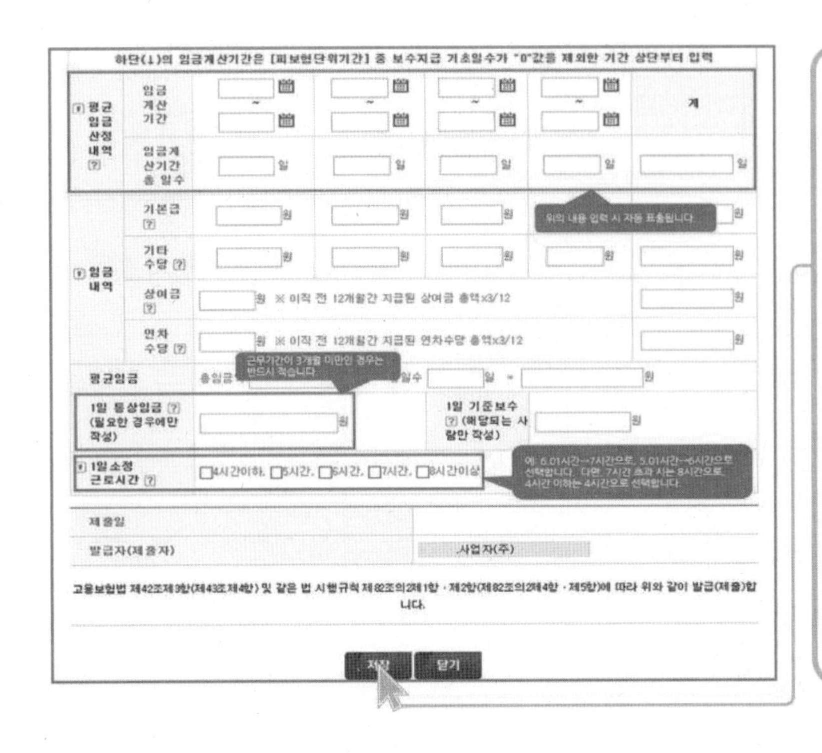

임금계산기간, 총일수 확인·수정 → 기본급, 수당, 상여금 등 입력 → 1일 통상임금, 1일 기준보수, 1일 소정근로시간 입력 → 저장

- 피보험단위기간의 산정대상기간 : 자동으로 표출됨
- 보수지급 기초일수 : 피보험단위기간을 확인후 그 기간에 대한 임금 지급 기초일수를 기재 (예, 2024.03.01.~2024.03.31.의 경우 31일 입력)
- 기준기간 연장 : 근무기간동안 휴직기간이 있는 경우 기간 및 사유 선택(보수를 받을 수 없었던 사유가 있는 경우)
- 초단시간 근로일수 : 이직 전 24개월 동안 1주 소정근로시간이 15시간 미만이고, 1주 소정근로일수가 2일 이하인 날이 있는 경우 입력
- 평균임금 산정내역 : 임금계산기간과 총일수는 자동으로 표출
- 임금내역 : 기본급은 총일수에 표시된 날짜에 해당하는 급여 지급금액 입력(예, 30일(31일)과 같이 개근한 경우 한 달 급여 입력, 총일수가 2일 또는 5일 등으로 표시된 경우 2일 또는 5일에 대한 급여를 계산 후 입력)
- 임금내역 : 기타수당, 상여금, 연차수당 등 해당 사항이 있는 경우 입력
- 통상임금 : 근무기간이 3개월 미만인 경우 반드시 작성
- 1일 소정근로시간 : 직원의 1일 근로시간 체크

3 사업장가입자 내역변경신고

사업장가입자의 성명, 주민등록번호 등의 내역을 변경하는 경우에 신고하는 화면이다.

4대 사회보험 정보연계센터 홈페이지 ➲ 민원신고 ➲ 가입자 업무 ➲ 내역변경 신고 선택

❶ 가입자업무 - 내역변경 신고 메뉴를 선택한다.

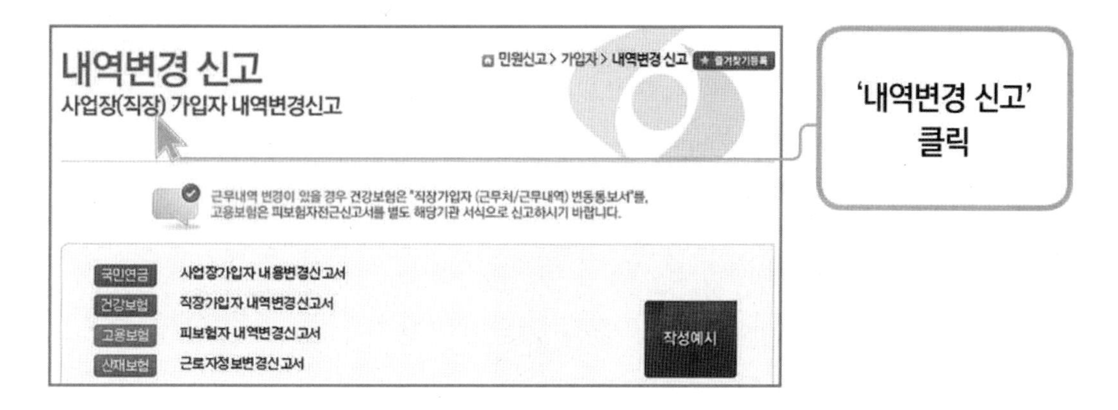

❷ 로그인한 사업장의 사업장 정보가 자동으로 표시된다.

사업장 정보
서식다운로드
도움말
사업장 관리번호
사업장 명칭
가입여부
국민연금 성립
건강보험 성립
고용보험 성립
산재보험 성립
소재지
전화번호
FAX번호
내역변경부호
1.성명 (공통)
2.주민등록번호 (공통)
3.특수직종가입자 해당여부 (국민연금만 해당)
4.취득일자 (국민연금,건강보험만 해당)
5.자활근로 여부코드 (고용보험만 해당)
6.휴직종료일자(고용보험,산재보험만 해당)
7.상실일자 (국민연금,건강보험만 해당)
※ 건강보험 자격상실일을 변경할 경우 "직장가입자 보험료 정산내역 착오자 변경 신청서"를 별도 해당 기관으로 신고하시기 바랍니다.
로그인
'사업장 정보'
자동 표출

[내역변경 정보] 입력

❶ 『주민(외국인)등록번호』, 『성명』 을 입력한다.

❷ 『부호』 를 선택한다.

❸ 선택한 부호에 맞는 창이 열리고, 변경 후 값, 『변경일』 을 입력한다.

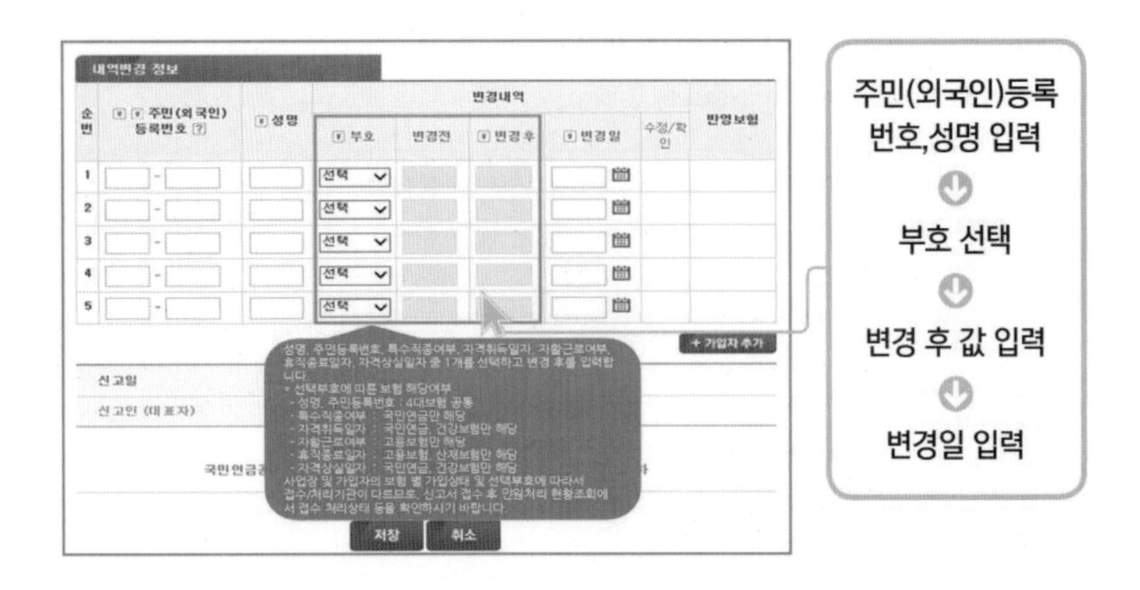

Tip 가입자 내역변경 신고에서는 어떤 신고를 할 수 있나요?

- 성명, 주민번호 변경, 특수직종 가입자 해당 여부(국민연금만 해당), 취득일자 변경(국민연금, 건강보험만 해당), 자활근로 여부 코드(고용보험만 해당), 휴직종료일자(고용보험, 산재보험만 해당), 상실일자 변경(국민연금, 건강보험만 해당) 등 총 7가지를 변경할 수 있다.
- 4대 보험 포털사이트에서 신고할 수 없는 고유 신고사항은 각 공단의 EDI 나 관할 지사에 별도로 신청한다.

Tip 이름을 변경(개명) 했습니다. 어떻게 변경신고 하나요?

- 주민등록번호, 성명 입력 후 해당 부호를 클릭하시고 7개의 메뉴 중 '성명' 을 클릭하면 팝업창이 뜬다.
- 변경 전 내역에는 개명 전 성명이 나오기 때문에 변경 후에 개명된 성명을 입력 후 확인, 저장, 전송하면 신고가 가능하다.

4 사업장 성립신고

사업장이 신규로 설립되었거나 4대 사회보험 당연가입 요건에 해당되어 신고하고자 할 경우 작성하는 업무이다. 사업장 성립신고는 반드시 『사업장 가입자 자격취득 신고』 와 함께 신고해야 하며, 동시에 『건강보험 피부양자 자격취득 신고』 도 가능하다.

4대 사회보험 정보연계센터 홈페이지 ➲ 민원신고 ➲ 사업장 업무 ➲ 사업장 성립신고 선택

❶ 사업장 업무 - 사업장 성립신고 메뉴를 선택한다.

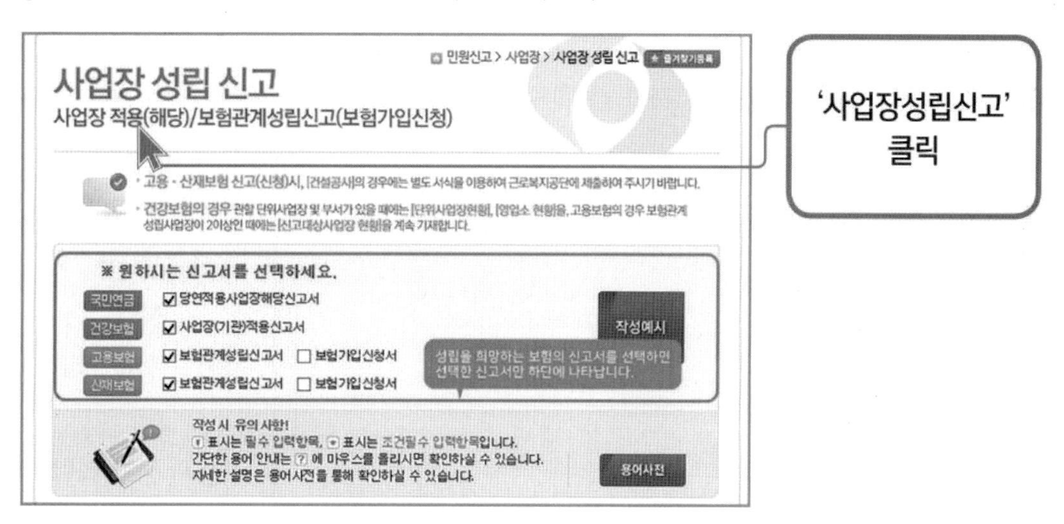

- [사업장 성립신고]와 동시에 [사업장(직장)가입자 자격취득 신고] 및 [피부양자 자격취득 신고]를 한 번에 할 수 있다.
- [사업장 성립 신고]에서 4대 보험을 모두 선택한 후 필수입력 사항을 입력 후 "저장" 하면 나오는 [사업장(직장)가입자 자격취득 신고] 버튼을 클릭하여 가입자 자격취득 신고를 함께해야 접수완료 된다.
- 만약, [사업장 성립 신고] 후에 [사업장(직장)가입자 자격취득 신고]를 함께 전송하지 않으면, '민원처리현황 조회' 화면에서 '처리여부' 가 "미전송건" 으로 표출되며 사업장 성립신고가 반영되지 않는다.
  이러한 상황에서 가입자 자격취득신고를 함께 전송하려면, '민원처리현황 조회' 화면에서 [사업장 성립신고] '상세보기' 버튼을 클릭하면 나오는 '민원처리현황 조회(사업장회원)' 화면 상단에 있는 "가입자 자격취득신고" 버튼을 클릭하여 신고해주면 된다.
- [사업장(직장)가입자 자격취득 신고] 입력 시 대표자는 국민연금/건강보험만 선택하고 직원은 4대 보험 모두 입력하여 저장 후 "전송" 한다.
- 전송 후 [민원처리현황]을 보면 신고서가 접수된 지사 및 접수상태가 나오며 최종적으로 "처리완료"면 정상 처리된 것이다.

※ 최초 사업장 성립신고를 위해서는 4대 보험에 신고하는 가입자가 최소 1명은 있어야 한다(국민연금, 건강보험 건설현장 사업장성립 시 '사업장 성립신고' 만 가능).

[공통 항목 작성]

❶ 신고를 원하는 보험의 신고서를 선택한다.

❷ 사업장의 『명칭』, 『형태』, 『소재지』 , 『전화번호(유선)』, 『업종』, 『종목명』, 『사업자등록번호』를 입력한다.

❸ 사용자의 『주민(외국인)등록번호』, 『성명』, 『전화번호』, 『주소』를 입력한다.

※ 『사업장관리번호』는 신고서 저장 시 자동 부여

❹ 보험료 자동이체 신청 및 전자고지 신청 시 체크 후 작성한다.

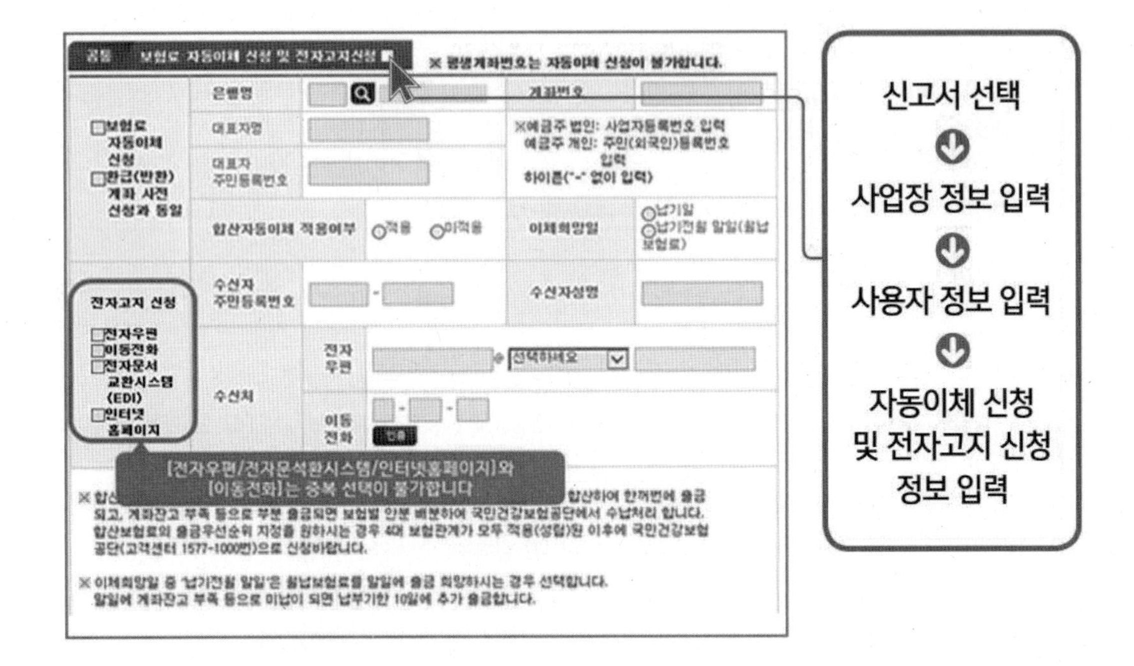

[건설 현장 사업장 해당 여부]

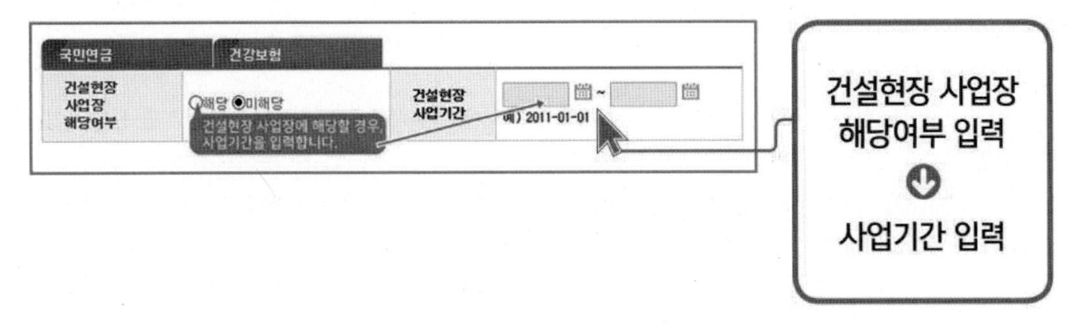

국민연금과 건강보험 신고 시 건설 현장 사업장에 해당하는 경우, 사업기간에 『시작일』과 『종료일』을 입력한다.

[보험료 지원신청]

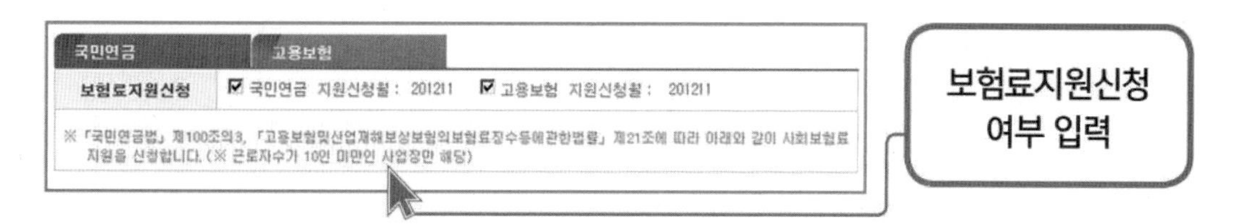

국민연금과 고용보험 신고 시 근로자 수, 급여 등 보험료 지원신청 요건을 충족한 사업장이 보험료 지원신청을 희망하는 경우 선택한다.

[국민연금] 정보 입력

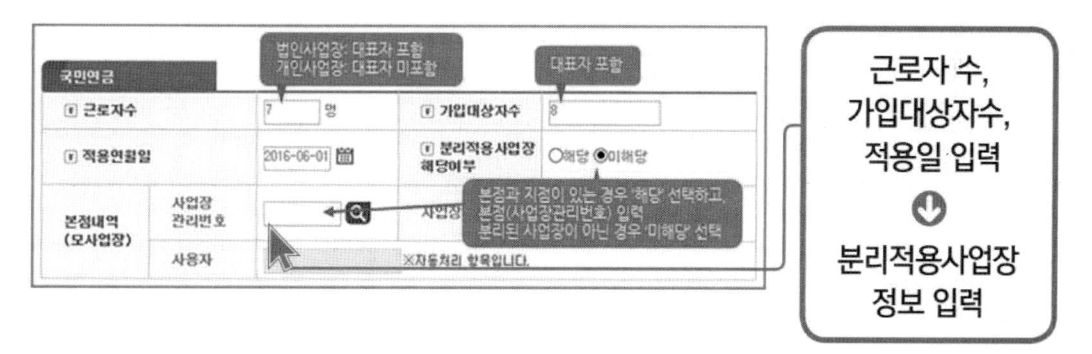

❶ 『근로자 수』를 입력한다.

❷ 『가입대상자 수』와 『적용연월일』을 입력한다.

❸ 분리적용사업장일 경우 『해당』을 선택, 본점 정보를 추가 입력한다.

[건강보험] 정보 입력

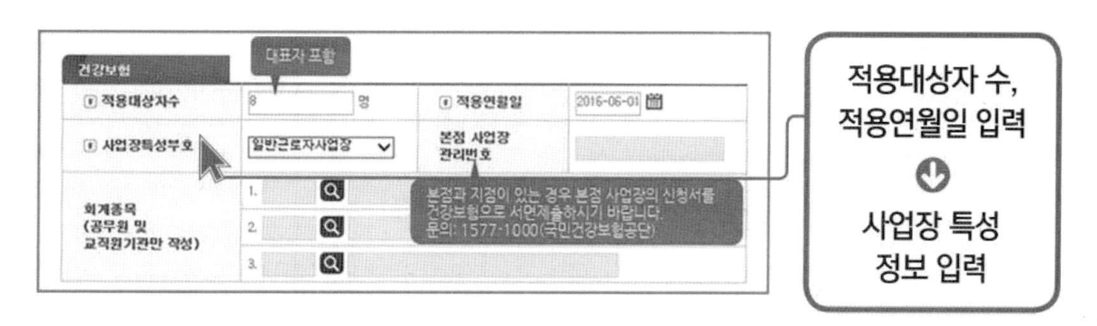

❶『적용대상자 수』,『적용연월일』을 입력한다.

❷『사업장 특성 부호』는 "공무원"과 "사립학교 교직원" 사업장일 경우는 반드시 아래의 『회계 종목』을 선택 입력한다.

● [고용보험] 정보 입력

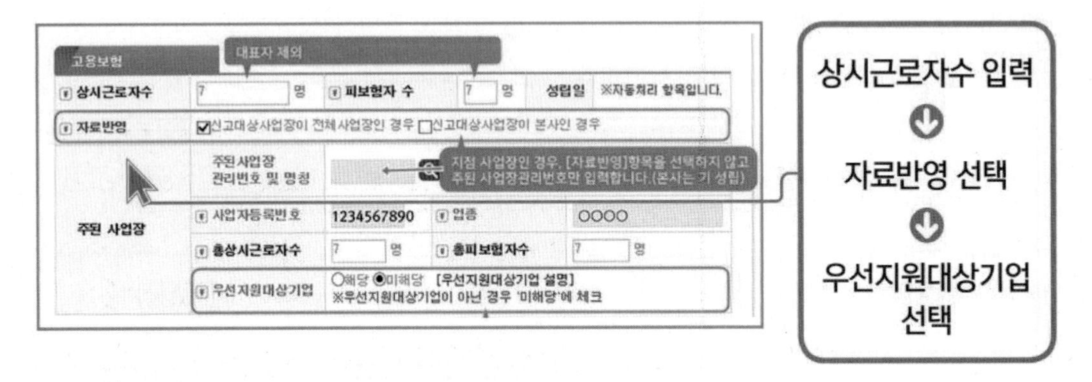

❶ 대표자를 제외한 『상시근로자수』를 입력한다.

❷ 본점과 지점 관계가 아닐 경우는 [신고 대상 사업장이 전체사업장인 경우]를 선택, 본점과 지점 관계일 경우는 [신고 대상 사업장이 본사인 경우]를 선택한다.

❸『우선지원대상기업』일 경우는 '해당'을 선택하고, 자세한 사항은 입력항목 란의 [우선지원대상기업 설명]을 참고하기 바란다.

● [산재보험] 정보 입력

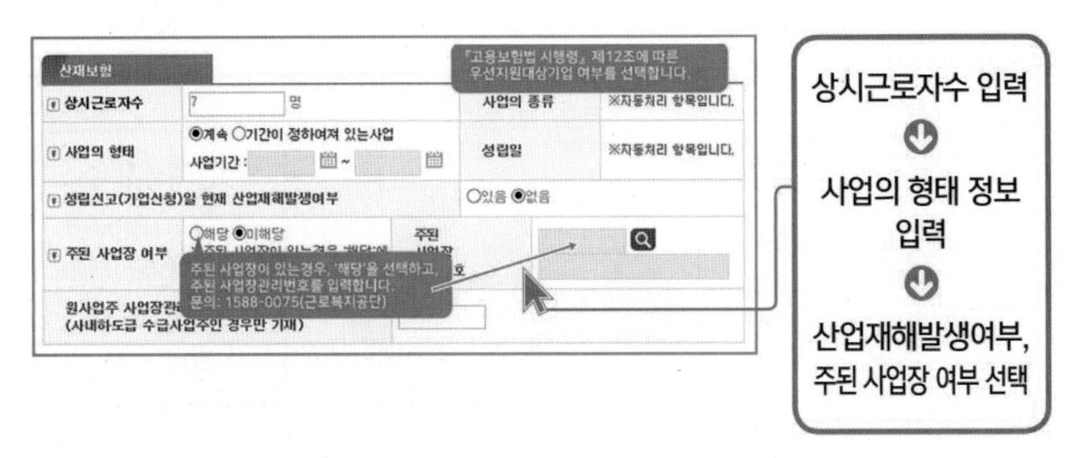

❶ 대표자를 제외한 『상시근로자수』를 입력한다.

❷ 『사업의 형태』는 사업의 기간이 정해져 있을 경우 사업기간의 『시작일』과 『종료일』을 입력한다.

❸ 『산업재해발생 여부』 및 『주된 사업장 여부』는 해당될 경우 선택한다.

[행정정보 공동이용 동의서]

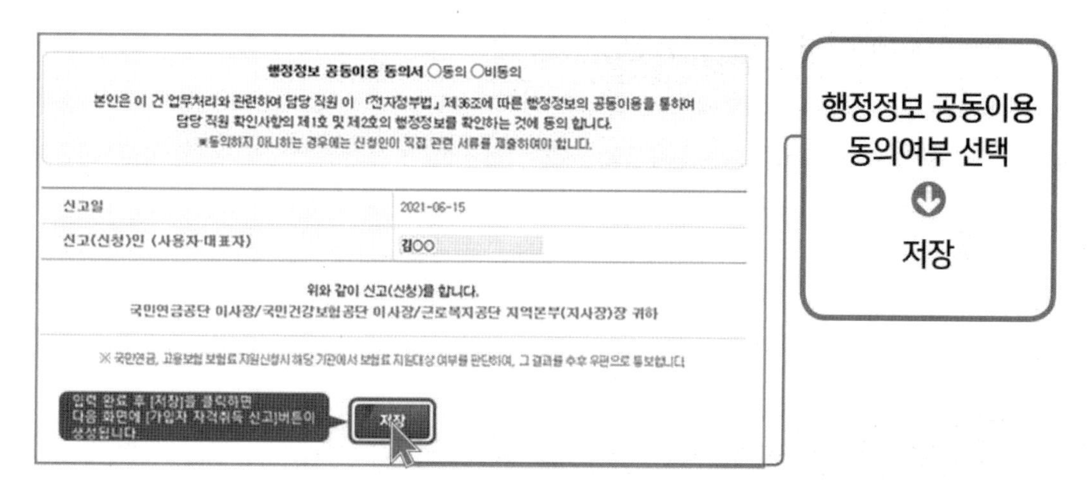

4대 보험기관 담당 직원이 해당 신고서의 처리를 위하여 필요한 행정정보를 확인하는 것에 "동의" 해야만 신고서 저장이 가능하다.

Tip 대표자는 국민연금/건강보험의 취득신고 대상자입니다

개인사업자 및 법인사업자 대표자도 신고 대상이다. 취득신고서에서 가입자 1, 가입자 2, 3, 4 의 탭을 각각 클릭 후 근로자와 같이 신고서를 작성한다. 단, 다음의 경우 (국민연금, 건강보험) 사업장 가입신고 대상이 아니다.

- 법인사업자 : 무보수 대표자(국민연금, 건강보험 관할 지사로 무보수 대표자 신고)
- 개인사업자 : 대표자 1인만 있고 근로자가 없는 사업장의 경우 사업장 성립신고 대상이 아니며 대표자는 지역가입신고 대상이다.

Tip 국민연금의 근로자수, 건강보험의 적용대상자수, 고용보험과 산재보험의 상시근로자수는 몇 명

- 각 공단별로 사용하는 용어가 다르다.

- 성립신고서 작성하는 현시점의 취득 대상자만 기재한다.
- 법인의 무보수 대표자는 국민연금, 건강보험 관할지사로 무보수 대표자 신고를 해야 한다.

Tip 성립신고서 저장버튼을 누르면 사업장관리번호를 입력하라고 나오는데요?

- 본사와 지사 관계에 있는 사업장의 경우 본사 사업장 관리번호를 조회 후 입력이 가능하다.
- 현 사업장에 대해서만 신고하는 경우, 아래 필수 입력부분의 작성 여부를 확인해주면 된다.

[국민연금] 분리적용사업장 해당 여부 - 미해당

[고용보험] 자료반영 - 신고 대상 사업장이 전체 사업장인 경우 선택

[산재보험] 주된 사업장 여부 - 미해당

Tip 건설 현장 성립신고를 하려고 합니다. 기존의 관리번호가 있는데 어떻게 신고해야 하나요?

- 건설공사 현장에서 1개월 이상 근로하면서, 월 8일 이상 근로하는 일용직 근로자는 사업장 가입대상이다.
- 관리번호가 등록되지 않은 상태에서만 새로운 사업장의 성립신고를 할 수 있다.
- 왼쪽화면 마이페이지 바로 아래에 있는 관리번호 찾기 클릭 〉 팝업창 닫음 〉 지우기 버튼 클릭 〉 저장 〉 자동으로 로그아웃 〉 공동인증서 로그인 후 성립신고 작성

5 사업장 내역변경 신고

사업장 정보 및 대표자의 변경(정정) 내역을 신고하기 위해 작성하는 업무다.

4대 사회보험 정보연계센터 홈페이지 ➲ 민원신고 ➲ 사업장 업무 ➲ 내역변경신고 선택

❶ 사업장업무 - 내역변경신고 메뉴를 선택한다.

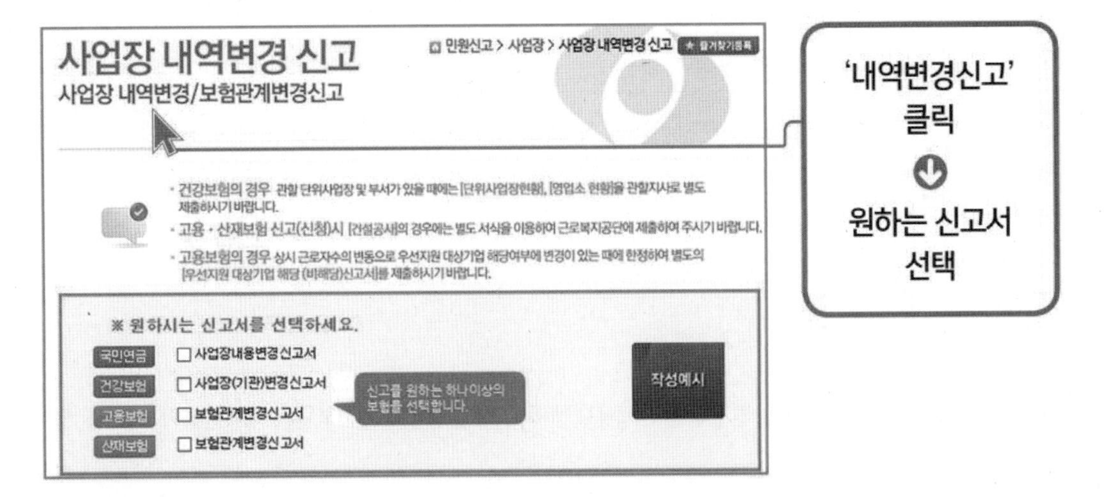

❷ 로그인한 사업장의 사업장 정보가 자동으로 표시된다.

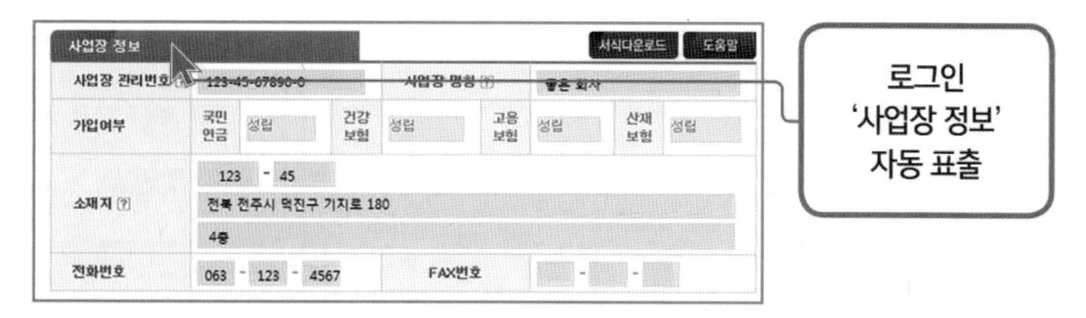

[사용자 정보 변경]

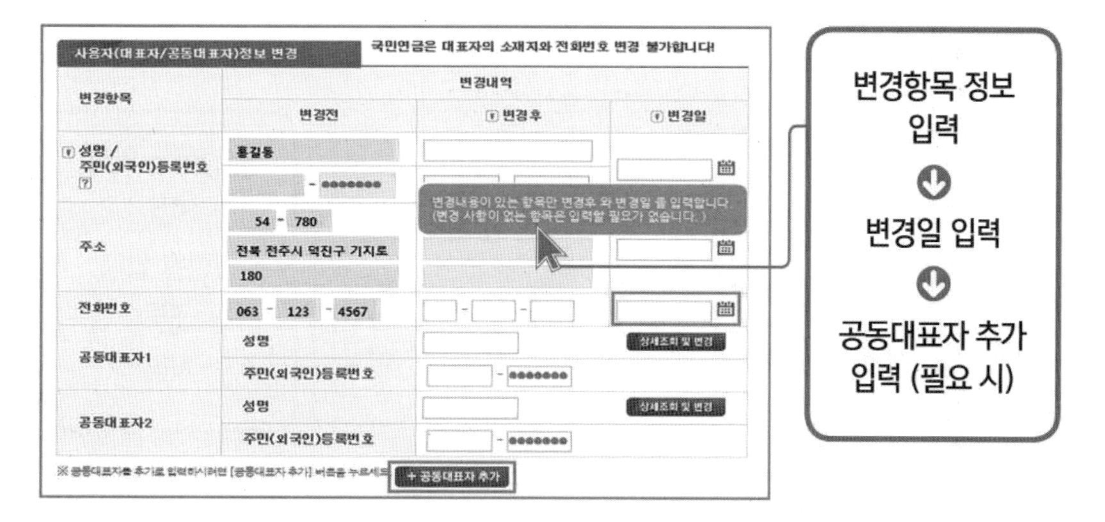

❶ 『성명』, 『주민(외국인)등록번호』, 『주소』, 『전화번호』 중 변경 신청할 항목을 입력한다.

❷ 『변경일』을 연월일로 정확히 입력한다.

[공동대표자 추가]

추가하고자 하는 공동대표자의 『성명』, 『주민(외국인)등록번호』, 『주소』, 『취임일자』를 입력한다.

※ 공동대표자 정보가 일치하지 않을 경우 각 기관으로 문의

공동대표 입력

4대사회보험 정보연계센터

* 주민(외국인)등록번호	-
*성명	
*주소	- 우편번호
전화번호	- -
*취임일자	

확인

공동대표 정보 입력
확인

[사업장 정보 변경]

사업장 정보 변경

변경항목	변경내역		
	변경전	변경후	변경일
명칭	사업장		
전화번호	063 - 711 - 0000	- -	
FAX번호	063 - 715 - 0000	- -	
전자우편주소	test@test.co.kr		
소재지	548 - 70 전라북도 전주시 덕진구 기 (만성동)	- 우편번호 ()	
우편물수령지 □ 위 주소와 ※ 사업장소재지와 우편물수령지가 동일한 경우 [위 주소지와 동일]을 선택하십시오.		- 우편번호 ()	※ 위 주소와 동일 선택시 우편물수령지 변경일은 [신고일]로 자동 입력됩니다.
사업자등록번호	111-88-11111		
법인등록번호	111111-0111111		
종류(업종)	자동차부분품제조업	자동차서비스업	2020-05-18
사업의 기간	1973-07-01 -	-	

로그인한 사업장 정보를 보여줍니다.

변경내역이 있는 항목만 '변경일'과 '변경후' 사항을 입력합니다.

신고일	2020-05-18
신고인	홍길동

위와 같이 신고합니다.
국민연금공단 이사장/국민건강보험공단 이사장/근로복지공단 지역본부(지사장) 귀하

저장 취소

변경항목 입력
변경일 입력
저장

❶ 『명칭』, 『전화번호』, 『소재지』 등 변경 신청할 항목을 입력한다.

❷ 『변경일』 을 연월일로 정확히 입력한다.

※ 변경할 항목만 "변경 후" 란에 입력한다.

❸ [고용 · 산재보험]의 『사업종류(업종)』 를 변경하는 경우 실태를 확인할 수 있는 다음 증빙서류를 첨부해준다.

증빙서류 : 사업 종류 확인 관련 서류 1개(실태조사서, 작업공정도, 업무분장표, 결산서, 매입매출장, 기계설비현황, 조직도 등)

※ 고용보험, 산재보험 보험관계변경신고서 작성 시 "종류(업종)" 변경할 경우 증빙서류 안내팝업 표출

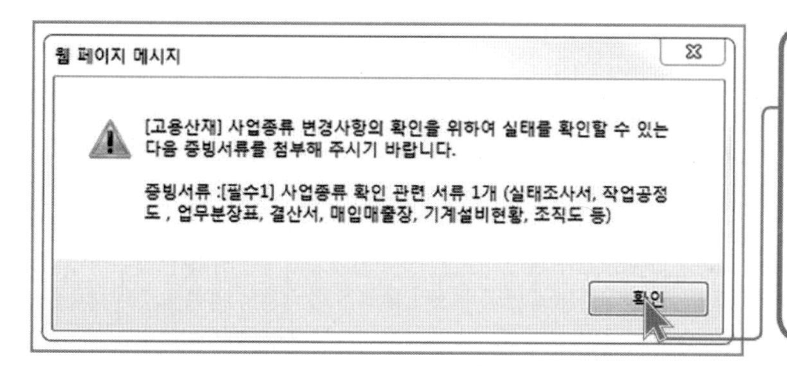

고용보험, 산재보험 보험관계변경신고서 작성시 "종류(업종)" 변경할 경우 증빙서류 필요

❹ 사업 종류(업종) 변경 시 증빙서류는 "파일 등록/수정" 버튼을 눌러서 첨부

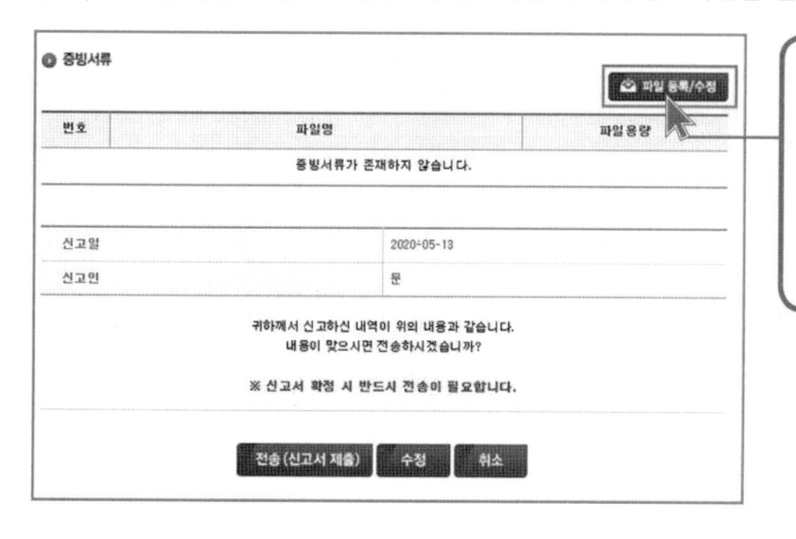

사업 종류(업종) 변경 시 증빙서류는 "파일 등록/수정" 버튼을 눌러서 첨부

Tip 사업장 내역변경 신고에서는 어떤 신고를 할 수 있나요?

- 대표자 변경, 공동대표 취득 및 해임, 명칭(사업장 이름), 전화번호, FAX번호, 전자우편주소, 소재지, 우편물 수령지, 법인 사업자번호, 법인등록번호, 종류(업종)를 변경할 수 있다.
- 사업장 정보 변경에 나와 있는 변경 전 내용은 수정 불가(비활성화 되어 있음), 변경하고자 하는 정보를 '변경후' 란에 작성 후 신고할 수 있다.

Tip 대표자가 변경되었습니다. 어떤 신고를 해야 되나요?

개인사업자, 법인사업자의 신고 방법이 다르다. 개인 사업장은 이전 대표자 명의로 가입된 사업장탈퇴 후 신규 가입신고/법인사업장은 사업장 내역변경신고(단, 국민연금은 이전 대표자 사망 등으로 인한 대표자 변경일 경우(상속) 사업장 내역변경 신고 가능)

구 분	업무처리
개인사업자	• 전 대표자 : 가입자 모두(대표자, 근로자) 자격상실신고 후 사업장탈퇴 신고 • 현 대표자 : 대표자, 직원 모두 사업장 성립신고와 자격취득신고(4대 보험 포털사이트에서 신고할 경우 새로운 대표자 명의로 회원가입 후 신고)
법인사업자	• 사업장 내역변경신고에서 대표자 변경신고(신고서 처리 완료 후 전 대표자 상실신고, 현 대표자 취득신고)

Tip 사업자등록번호가 변경되었습니다. 어떤 신고를 해야 되나요?

기존사업장 탈퇴 후 신규 사업자번호로 가입하는 것이 원칙이다. 단, 사업의 계속성 및 동일성이 유지된 상태에서 특정한 사유(과세에서 면세로 변경 등 국세청 고유 업무처리) 때문에 변경된 경우는 내역변경신고가 가능하므로 각 기관 관할 지사에 문의 후 처리한다.

Tip 공동대표자 1, 2 란에 현재 공동대표가 아닌데도 등록이 되어있습니다.

- 현재 공동대표자가 아닌 경우 4대 보험기관에 '해임 신청' 을 해줘야 한다.
- 내역변경신고서에서 등록되어 있는 성명 오른쪽의 '상세조회 및 변경' 버튼을 클릭하면 팝업창이 뜬다. 변경 후 부분 아래쪽에 해임 일자를 입력 후 수정 버튼을 클릭해주고 신고서 상단의 4대 보험 체크 후 아래쪽의 저장, 전송까지 하면 '해임 신청' 이 가능하다.

6 사업장가입자 휴직 · 복직 등 신고

사업장가입자의 휴직으로 인한 납입고지 유예나, 복직으로 인한 납부재개 등 휴 · 복직 관련한 사항을 신고하는 업무다.

4대 사회보험 정보연계센터 홈페이지 ➲ 민원신고 ➲ 가입자 업무 ➲ 휴직 등 신고 선택

❶ 가입자 업무 - '휴직 등 신고' 메뉴를 선택한다.

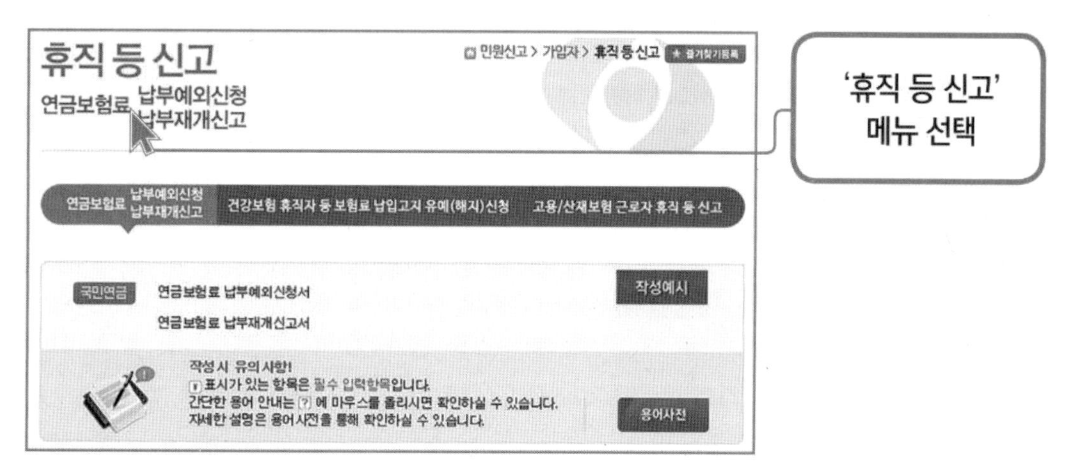

❷ 로그인한 사업장의 사업장 정보가 자동으로 표시된다.

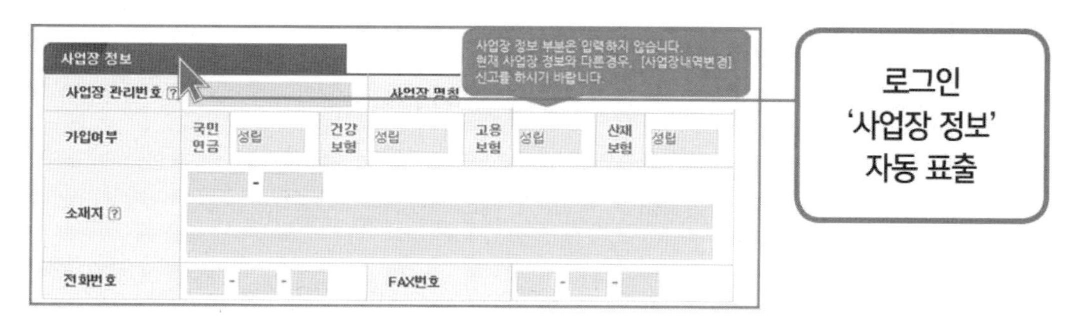

[연금보험료 납부예외 신청] 정보 입력

❶ '연금보험료' 옆 '납부예외신청서' 란에 체크한다.

❷ 『주민(외국인)등록번호』, 『성명』을 입력한다.

주민(외국인) 등록번호, 성명 입력

⬇

납부예외사유부호 입력

⬇

납부예외일, 납부재개예정일 입력

❸ 『납부예외사유』는 '산전후휴가 · 육아휴직', '산재요양' 인 경우에만 신청가능하다. (그 외 사유는 증빙자료 제출이 필요하므로 웹 EDI, 관할지사 등을 통하여 신청)

❹ 『납부예외일』, 『납부재개예정일』을 입력한다.

[연금보험료 납부재개 신고 내역변경] 정보 입력

❶ '연금보험료' 옆 '납부재개신고서 내역변경 정보' 란에 체크한다.

❷ 『주민(외국인)등록번호』, 『성명』을 입력한다.

❸ 『납부예외 사유』는 이전에 신청한 [납부예외 정보]가 자동 표출된다.

❹ 『납부재개일』, 『소득월액』을 입력한다.

❺ 『재개월납부 희망 여부』는 재개일이 1일이 아닌 경우만 입력한다. (1일인 경우 선택불가, 납부대상)

❻ 『특수직종부호』는 해당자만 입력한다.

주민(외국인) 등록번호, 성명 입력

↓

납부재개일, 소득월액 입력

↓

특수직종부호 입력 (해당 시)

[건강보험 휴직자 등 보험료 납입고지 유예신청]

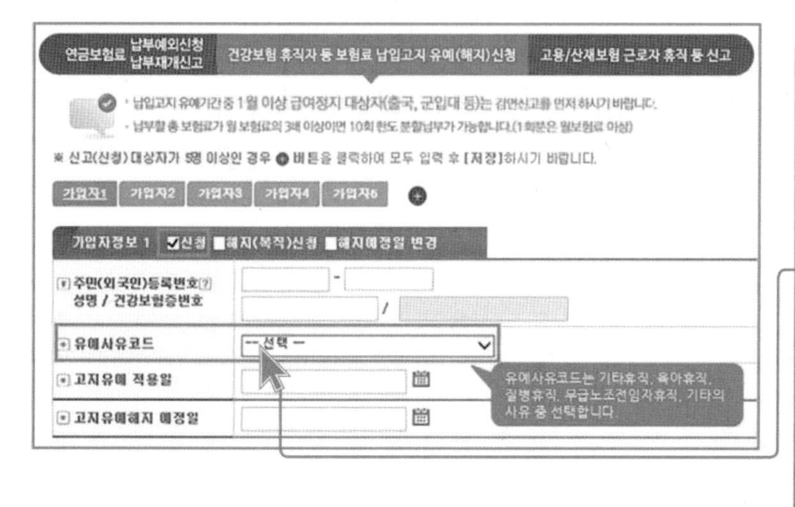

'신청' 체크

↓

주민(외국인) 등록번호, 성명 입력

↓

유예사유코드 입력

↓

고지유예적용 (해지예정)일 입력

❶ 가입자정보 옆 '신청' 란에 체크한다.

❷ 『주민(외국인)등록번호』, 『성명』을 입력한다.

❸ 『유예사유코드』를 선택한다.

❹ 『고지유예 적용일』과 『고지유예해지 예정일』을 입력한다.

[건강보험 휴직자 등 보험료 납입고지 유예 해지(복직)신청]

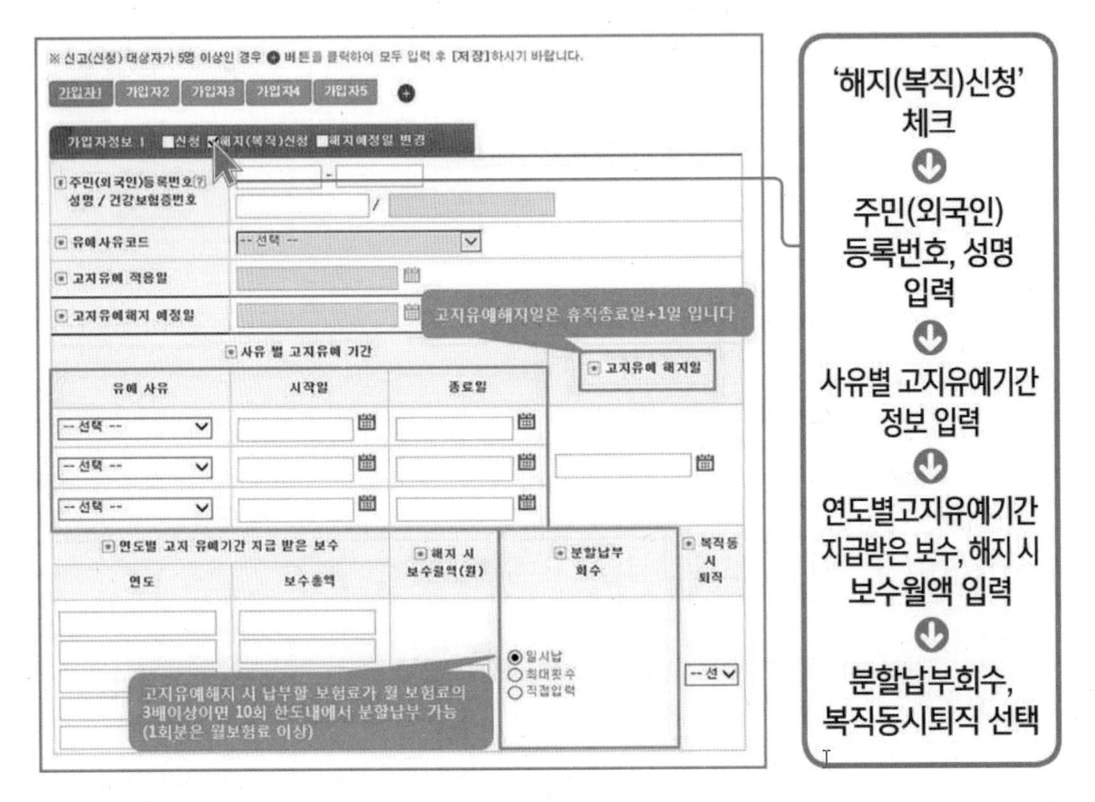

❶ 가입자정보 옆 '해지(복직) 신청' 란에 체크한다.

❷ 『주민(외국인)등록번호』, 『성명』을 입력한다.

❸ 『사유별 고지유예기간』에 유예사유와 시작일, 종료일, 해지일을 선택한다.

❹ 『연도별 고지유예기간 지급받은 보수』, 『해지 시 보수월액』을 입력한다.

❺ 『분할납부회수』와 『복직동시퇴직』 란을 선택한다.

[건강보험 휴직자 등 보험료 납입고지 해지예정일 변경신청] 정보 입력

❶ 가입자정보 옆 '해지예정일 변경'에 체크한다.

❷ 『주민(외국인)등록번호』, 『성명』을 입력한다.

❸ 『고지유예해지 예정일』을 입력한다.

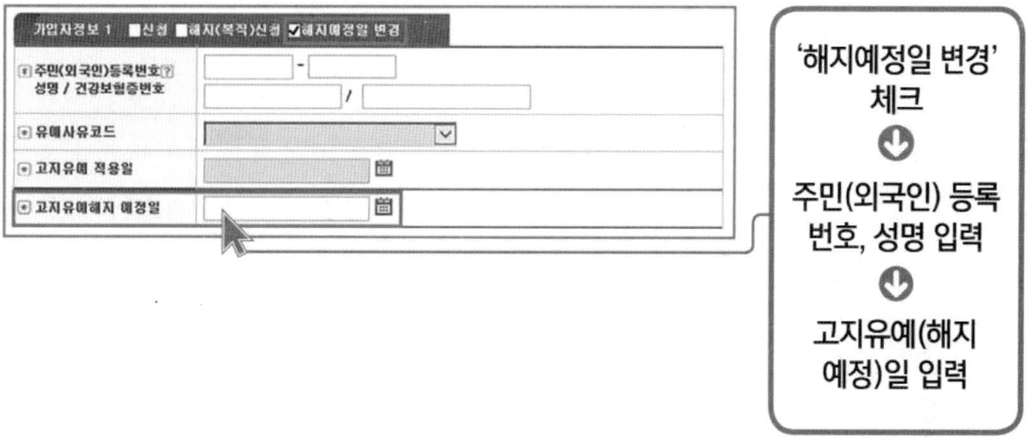

가입자정보 1 ■신청 ■해지(복직)신청 ☑해지예정일 변경

주민(외국인)등록번호 / 성명 / 건강보험증번호	- /
유예사유코드	
고지유예 적용일	
고지유예해지 예정일	

'해지예정일 변경' 체크
⬇
주민(외국인) 등록번호, 성명 입력
⬇
고지유예(해지예정)일 입력

[고용/산재보험 근로자 휴직 등 신고]

연금보험료 납부예외신청 납부재개신고 | 건강보험 휴직자 등 보험료 납입고지 유예(해지)신청 | 고용/산재보험 근로자 휴직 등 신고

고용보험 근로자 휴직 등 신고서
산재보험 근로자 휴직 등 신고서
작성예시

휴직신고 정보

번호	보험 구분	주민(외국인) 등록번호	성명	휴직시작일	휴직종료일	휴직사유
1	□고용 □산재	-				-- 선택 --
2	□고용 □산재	-				-- 선택 --
3	□고용 □산재	-				-- 선택 --

휴직시작일과 휴직종료일을 입력하고 휴직사유를 선택합니다.

※ 신고대상자를 모두 입력한 후에 저장을 누르세요. + 추가

신고일	
신고(신청)인 (사용자·대표자)	

「고용보험 및 산업재해 보상보험의 보험료 징수 등에 관한 법률」 제16조의 10제5항, 같은 법 시행령 제19조의 5제 7항 및 같은 법 시행규칙 제 16조의 7제1항에 따라 위와 같이 우리 사업장의 근로자 휴직 등을 하였음을 신고 합니다.
근로복지공단 지역본부(지사장) 귀하

저장 취소

고용/산재보험 근로자 휴직 등 신고 선택
⬇
주민(외국인) 등록번호, 성명 입력
⬇
휴직시작(종료)일, 휴직사유 입력

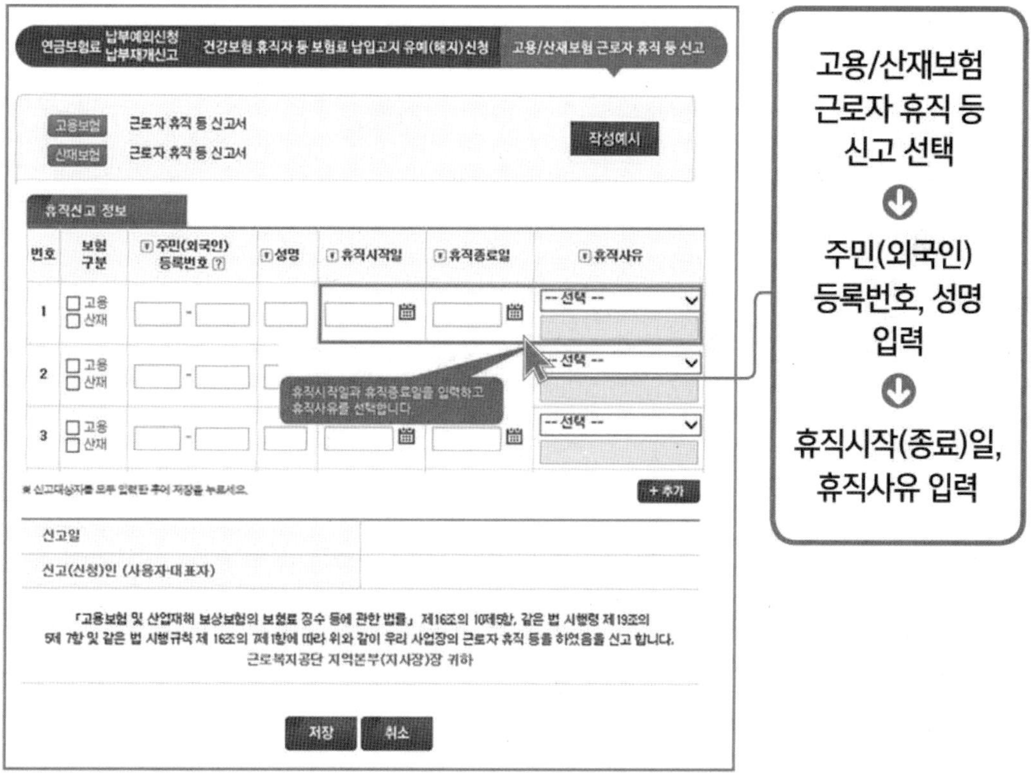

❶ '고용/산재보험 근로자 휴직 등 신고' 를 선택한다.

❷『주민(외국인)등록번호』,『성명』을 입력한다.

❸『휴직시작일』,『휴직종료일』을 입력하고『휴직사유』를 선택한다.

7 사업장가입자 보수월액 변경 신청

가입자의 보수가 변경되어 신청이 필요한 경우 신고하는 업무다.

4대 사회보험 정보연계센터 홈페이지 ➲ 민원신고 ➲ 가입자업무 ➲ 보수월액 변경신청 선택

❶ 가입자업무 - '보수월액 변경신청' 메뉴를 선택한다.

❷ 로그인한 사업장의 사업장 정보가 자동으로 표시된다.

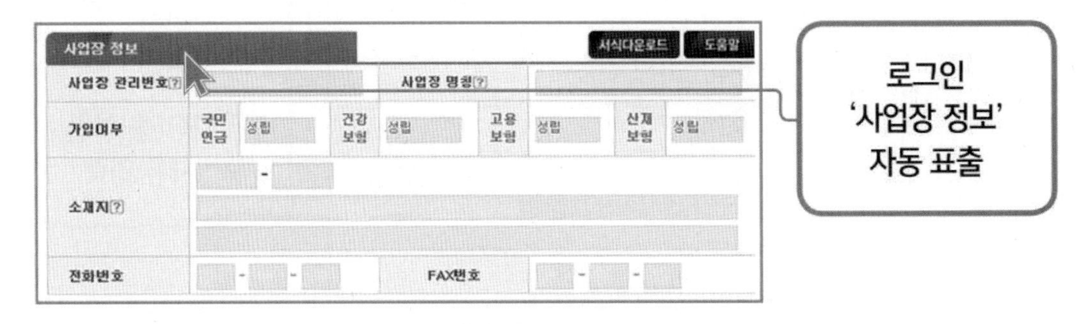

❸ 보수월액 변경 화면에서 아래의 팝업이 나타난다.

※ 아래에 해당하는 경우에만, 국민연금도 체크에 신청

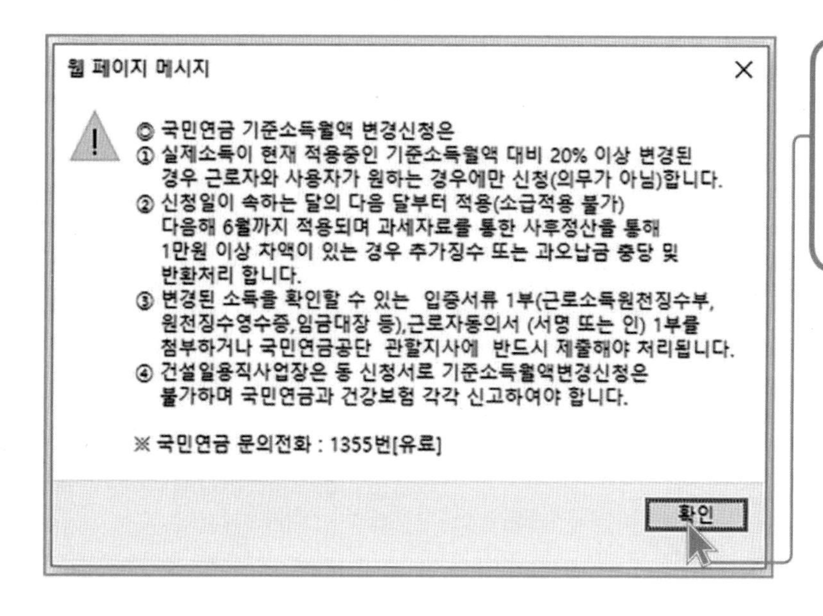

내역변경 정보 입력

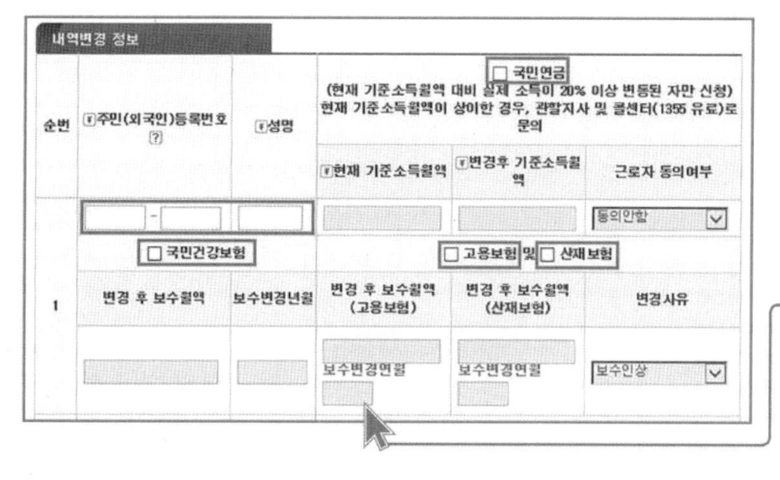

❶ 『주민등록번호』와 『성명』을 입력한다.

❷ 변경을 원하는 보험을 체크하고 『변경 후 보수월액』을 입력한다.

❸ 국민건강보험은 『보수변경연월』을 입력하고, 고용보험 및 산재보험은 『보수변경연월』, 『변경사유』를 선택한다.

❹ 국민연금 특례 변경신청 대상인 경우 『현재기준소득월액』은 자동 표출되고, 『근로자 동의 여부』를 선택한다.

❺ 국민연금의 경우 증빙서류를 첨부해야 한다.

※ 변경된 소득을 확인할 수 있는 입증서류 1부(근로소득원천징수부, 원천징수영수증, 임금대장 등), 근로자 동의서 1부

Tip 급여(보수)가 변경되었습니다. 변경신고 방법을 알려주세요

- 신고대상자의 주민등록번호, 성명을 입력한다.
- 신고하려는 보험을 체크한 후 변경하려는 금액을 입력하면 된다.

❶ 국민연금 : 현재 기준소득월액 자동 표출, 변경 후 기준소득월액을 입력한다. 단, 변경 후 소득이 현재 적용 중인 소득 대비 20% 상향 · 하향되었을 경우만 신고 가능하며, 변경된 소득을 확인할 수 있는 입증서류 1부(근로소득원천징수부, 원천징수영수증, 임금대장 등), 근로자 동의서 1부를 첨부하여 신고서 전송해야 처리된다.

❷ 건강보험 : 변경 후 보수월액 입력, 보수변경 연월(예, 202403)을 입력

❸ 고용보험, 산재보험 : 변경 후 보수월액을 각각 입력 후 변경 사유를 선택

8 사업장가입자 근무처 변동 신고(건강보험)

사업자 가입자의 직장 근무처 변동 신고를 작성하는 화면이다.

4대 사회보험 정보연계센터 홈페이지 ➲ 민원신고 ➲ 가입자 업무 ➲ 근무처 변동 신고

가입자 업무 - '근무처 변동 신고' 메뉴를 선택한다.

● [건강보험 근무처/근무내역 변동 신고]

❶ 『주민등록번호』와 『성명』을 입력한다.

❷ 『변동부호』를 선택하고 『변동일자』를 입력한다.

❸ 변동부호에 따라 『전 근무처사항』이나, 『감면사유』 등을 입력한다.

주민등록번호,
성명 입력
변동부호, 변동일자
입력
전 근무처사항,
감면사유 등 입력

● [고용보험 피보험자전근/산재보험 근로자 전보 신고]

고용보험 피보험자 전근 / 산재보험 근로자 전보신고는 4대 사회보험 포털사이트에서 지원하지 않으므로 근로복지공단 토탈서비스(http://total.comwel.or.kr)을 이용해야 한다.

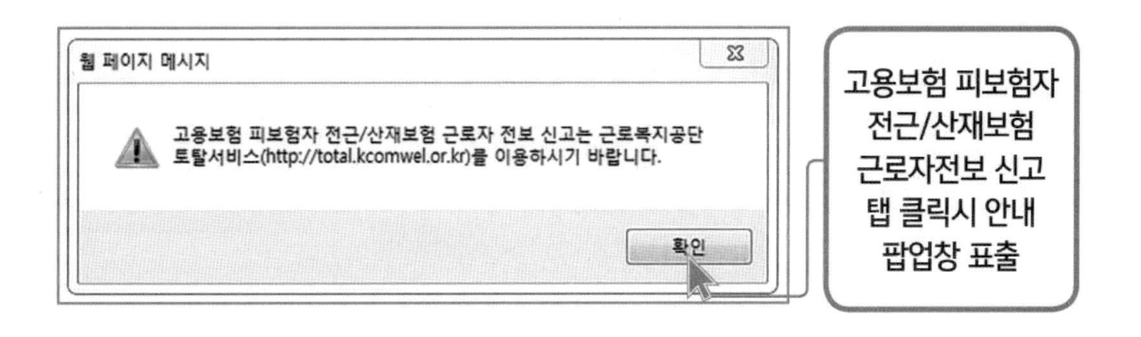

Tip **국민연금 근무처 변동 신고방법은?**

- 국민연금에서는 '근무처 변동신고'를 '분리 적용 사업장가입자 전입신고'라고 한다.

- 4대 보험 포털사이트에서 '국민연금 분리전입신고' 서비스는 제공하고 있지 않으며, 국민연금 관할지사로 문의 후 분리전입 신고서를 제출하거나 국민연금 EDI 등을 통해 분리전입신고를 할 수 있다.
- 분리적용 사업장가입자 전입신고' 는 '분리 적용사업장' 으로 신청되어있는 경우에만 가능하다. '분리적용사업장' 이란 이미 국민연금에 가입된 본점(모 사업장)으로부터 분리하여 별개의 사업장으로 가입된 경우를 말한다.
- 분리 적용사업장 여부에 따라 신고 방법이 다르다.

분리 적용사업장의 경우 (동일 법인 내 사업장 등)		분리 적용사업장이 아닌 경우 (법인격이 서로 다른 법인사업장, 사업자번호가 다른 개인 사업장 등)	
지점(현장) → 본사	본사 → 지점(현장)	전입하는 사업장	전출하는 사업장
전입하려는 사업장(본사)의 관리번호로 로그인 후 분리 적용 사업장가입자 전입신고	전입하려는 사업장 (지점(현장))의 관리번호로 로그인 후 분리 적용 사업장가입자 전입신고	전입하는 사업장에서는 자격취득신고	전출하는 사업장에서는 자격상실신고

9 건강보험 피부양자 자격 취득/상실 신고

건강보험에 가입된 가입자의 가족(피부양자)에 대해 자격취득/상실 신고하는 화면이다.

4대 사회보험 정보연계센터 홈페이지 ➲ 민원신고 ➲ 가입자 업무 ➲ 피부양자 신고

가입자업무 - '피부양자 취득/상실신고' 메뉴를 선택한다.

❶ 사업장 정보는 로그인한 사용자의 정보를 보여 준다.

❷ 피부양자 자격취득, 상실신고서 중 해당하는 신고서에 체크한다.

❸ 피부양자 변동신고를 할 가입자의 성명과 주민등록번호를 입력한다.

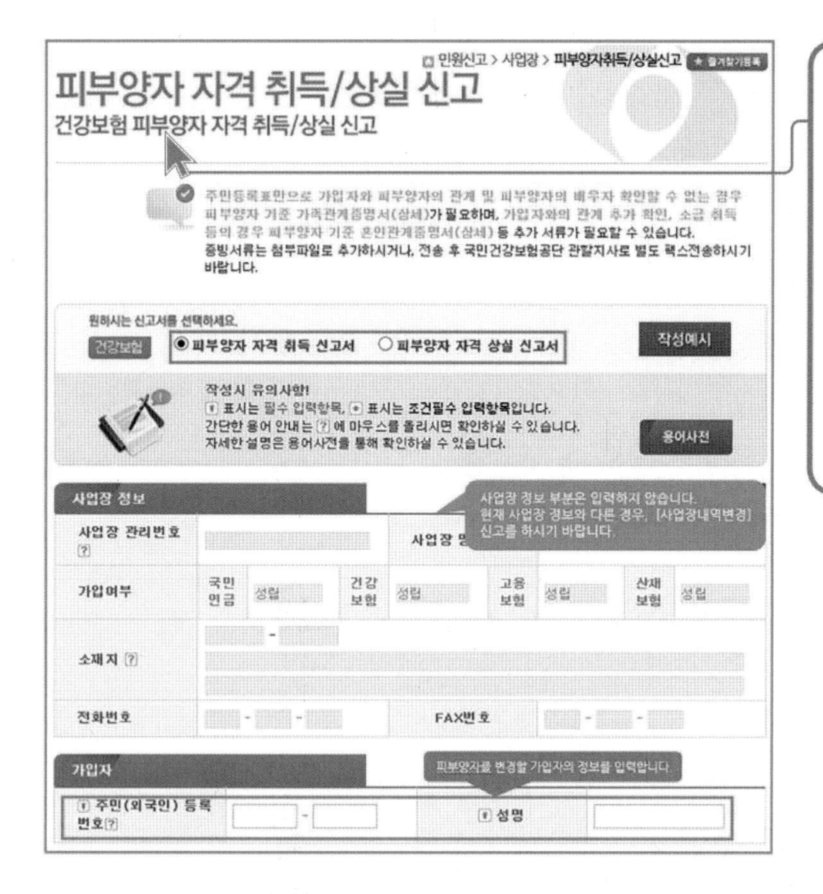

로그인 사용자 정보 표출

↓

해당하는 신고서 체크

↓

성명, 주민등록번호 입력

[건강보험 피부양자 자격취득신고]

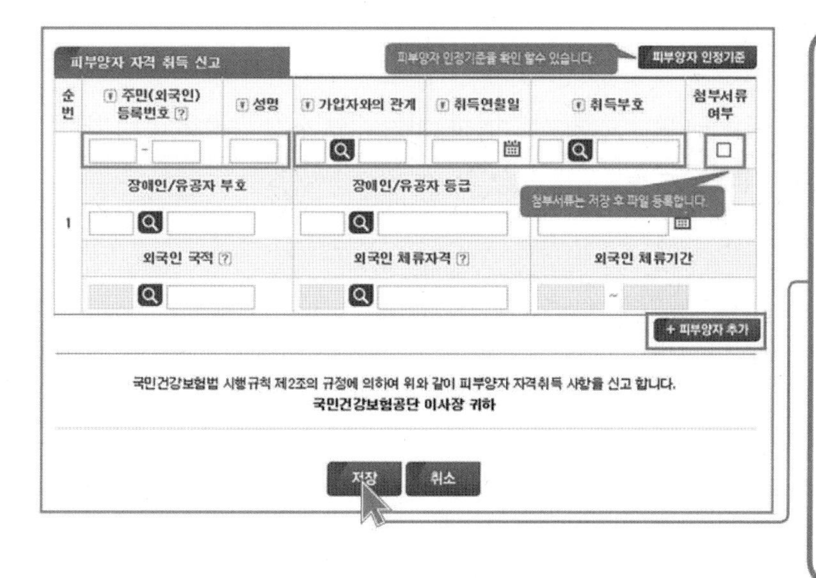

주민등록번호, 성명 입력

↓

가입자와의 관계, 취득연월일, 취득부호 입력

↓

첨부서류여부 체크

↓

저장

❶ 피부양자로 취득할 대상자의 성명과 주민등록번호를 입력한다.

❷ 가입자와의 관계, 취득연월일, 취득부호를 입력한다.

❸ 첨부 서류가 있을 시 '첨부 서류 여부' 에 체크한 후 저장한다.

[건강보험 피부양자 자격상실신고]

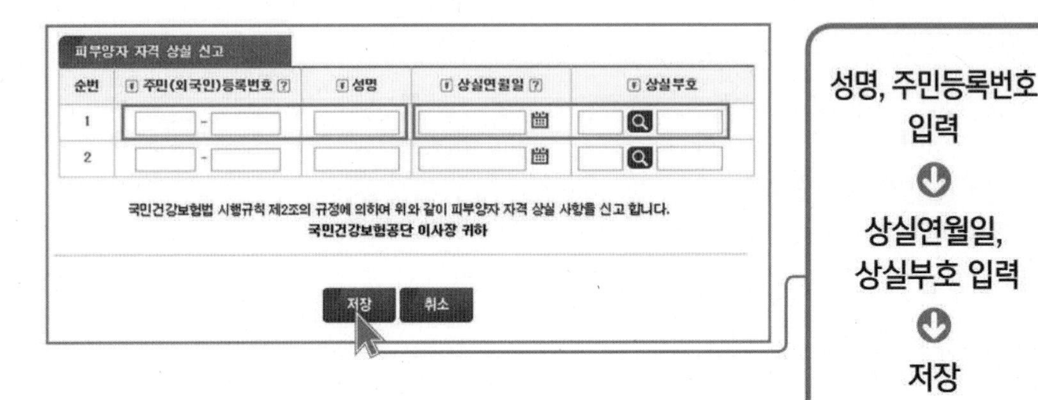

❶ 피부양자 상실 신고할 대상자의 성명과 주민등록번호를 입력한다.

❷ 상실연월일을 입력하고 상실부호를 선택해 저장한다.

Tip 건강보험 피부양자 신고 방법

1. 피부양자 자격취득 신고

- 신고하고자 하는 피부양자의 주민등록번호, 성명, 가입자와의 관계, 취득연월일, 취득부호를 입력 후 저장을 누르면 피부양자와 관련된 서류 업로드 가능

2. 피부양자 자격 상실신고

- 신고하고자 하는 피부양자 주민등록번호, 성명, 상실연월일, 상실부호 입력 후 저장

3. 직장가입자의 자격취득일 또는 가입자의 자격변동일을 의미

- 피부양자로 될 수 있었던 날 : 실제 피부양자로 인정받을 수 있는 사유가 발생한 날로 해석 · 운영(소득요건 및 부양요건 동시 충족)

  ※ 가입자와 동시에 피부양자로 취득할 때 : 가입자 자격취득일

  ※ 가입자(피부양자)가 자격을 상실하고 다른 가입자의 피부양자로 취득할 때 : 자격상실일

  ※ 의료급여수급권자가 자격을 상실하고 다른 가입자의 피부양자로 취득할 때 : 의료급여상실일

  ※ 군 전역 후 가입자의 피부양자로 취득할 때 : 전역일의 다음 날

※ 혼인 후 가입자의 피부양자로 취득할 때 : 혼인신고일(사실혼은 신고일)

※ 휴 · 폐업 후 가입자의 피부양자로 취득할 때 : 휴 · 폐업일

※ 비동거 사유로 부양요건을 충족하지 않는 자가 전입한 후 가입자의 피부양자로 취득할 때 : 주민등록전입일

※ 외국인등록 또는 국내거소신고를 한 외국인 또는 재외국민이 가입자의 피부양자로 취득할 때 : 외국인등록일 또는 국내거소신고일

※ 기타소득 : 부양요건 충족으로 가입자의 피부양자로 취득할 때 : 소득 · 부양요건을 충족한 날

10 국민연금 소득총액 신고

국민연금 사업장가입자의 소득총액을 신고하는 화면이다. 국민연금 소득총액 신고기간에 맞춰 매년 5~6월경 한시적으로 제공하는 서비스이다.

4대 사회보험 정보연계센터 홈페이지 ➲ 민원신고 ➲ 가입자 업무 ➲ 국민연금 소득총액 신고

가입자업무 – '국민연금 소득총액 신고' 메뉴를 선택한다.

※ 사업장 정보는 로그인한 사용자의 정보를 보여준다.

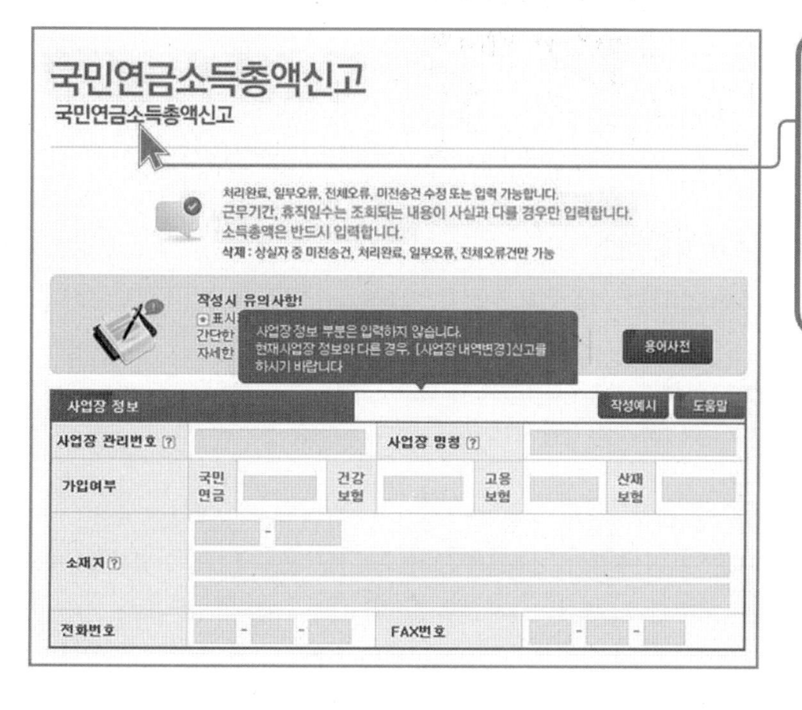

가입자 정보

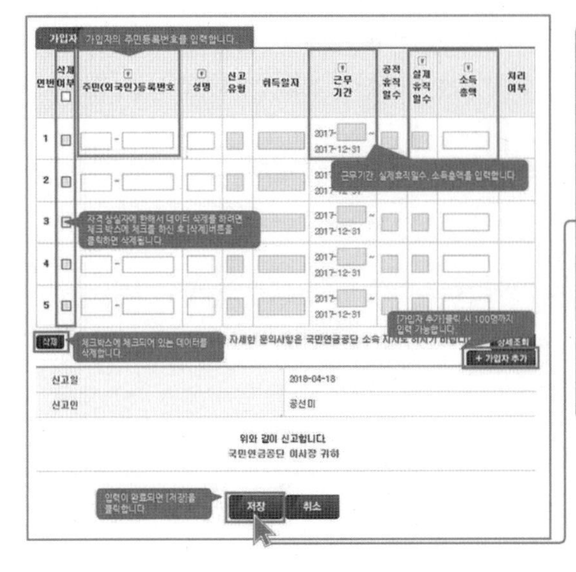

❶ 『주민(외국인)등록번호』, 『성명』은 국민연금에서 제공한 [가입자정보]를 자동 표출한다. (※추가 및 누락된 가입자는 입력 가능)

❷ 『신고유형』, 『취득일자』, 『공적휴직일수』는 국민연금에서 제공한 [가입자정보]를 자동 표출한다.

❸ 『근무기간』, 『실제휴직일수』, 『소득총액』을 입력한다.

※ 가입자 최대 100명까지 『가입자추가』 입력 가능하다.

Tip 국민연금 소득총액 신고서 작성방법

1. 신고대상 : 전년도 12월 1일 이전 취득하여 계속 가입 중인 사업장가입자

- 개인 사업장 사용자
- 전년도 과세자료가 없는 자
- 근로소득을 보유하고 있으나 전년도 대비 30% 이상 상향 · 하향된 자
- 휴직일수 상이자

※ 전년도 12월 2일 이후 사업장 취득 · 납부재개 하였거나 소득총액 적용기간(7월 1일) 이전 상실된 자는 제외

2. 근무기간 : 해당연도 이전에 입사한 경우 근무기간은 소득총액 신고연도의 1월 1일부터 12월 31일까지로 작성

(예 : 2024년 소득총액신고 기간이고 2024년 이전에 입사하여 현재 근로하고 있는 근로자의 근무기간은 2024. 1. 1.~12. 31.로 기재

3. **실제휴직일수 : 실제로 휴직한 일수 기재**

(예 : 2024.3.1.~4.30.까지 휴직기간이었다면 휴직일수는 61일로 기재)

4. **소득총액 : 소득세법상 비과세소득 제외**

   소득총액신고 대상 연도의 근로소득, 사업소득 총액 기재(상여금, 수당 포함)

5. **적용기간 : 매년 7월 ~ 다음연도 6월**

6. **신고기간 : 매년 5월 31일까지**

(※ 성실신고 확인 대상 개인 사업장 사용자는 6월 말까지 신고 가능)

11 사업장 탈퇴 신고

사업장의 폐업, 합병 등의 사유로 탈퇴(휴업)하는 경우 작성하는 업무다. 사업장 가입자와 피부양자를 모두 상실신고 한 후 신청한다.

4대 사회보험 정보연계센터 홈페이지 ➲ 민원신고 ➲ 사업장업무 ➲ 사업장탈퇴신고

❶ 사업장 업무 - 사업장탈퇴신고 메뉴를 선택한다.

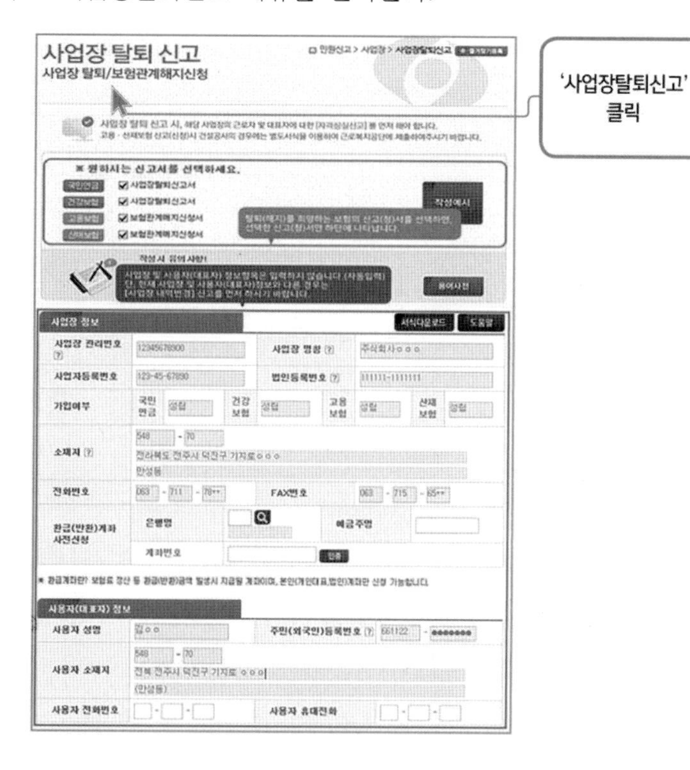

[공통 항목 작성]

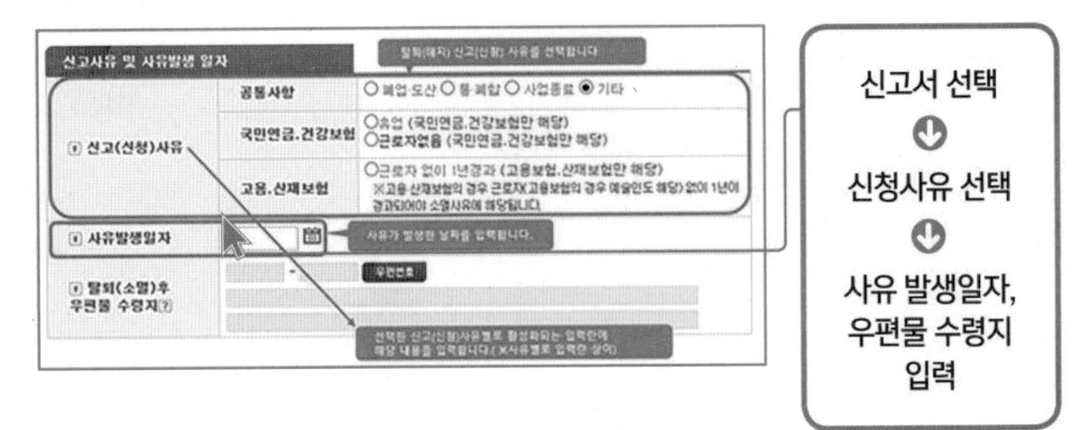

❶ 신고를 원하는 보험의 신고서를 선택한다.

❷ 사업장 정보와 사용자 정보는 로그인한 사용자의 정보를 보여준다.

❸ 『신고(신청)사유』를 정확히 선택한다.

❹ 『사유발생일자』와 『탈퇴(소멸) 후 우편물 수령지』를 입력한다.

탈퇴신고 대상 사업장의 국민연금, 건강보험, 고용보험, 산재보험 정보를 순차적으로 입력한다.

국민연금

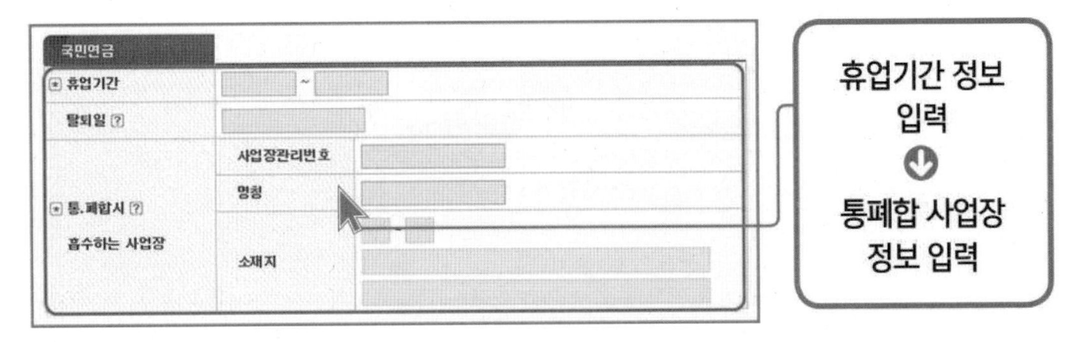

❶ 『신고(신청)사유』가 "휴업" 일 경우 『휴업기간』에 『시작일』과 『종료일』을 입력한다.

❷ 『신고(신청)사유』가 "통 · 폐합" 일 경우는 흡수하는 사업장의 『사업장관리번호』, 『명칭』, 『소재지』 항목정보를 입력한다.

※ 가입 중인 가입자는 사업장 탈퇴 다음 날로 일괄 상실처리 될 수 있다

[건강보험] [고용보험] [산재보험]

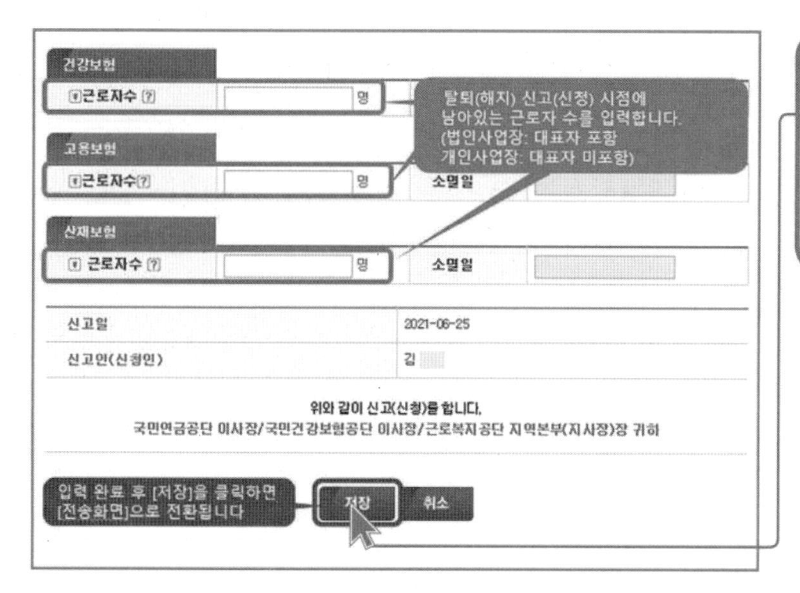

❶ 『신고(신청)사유』 가 고용/산재보험의 "근로자 없이 1년경과" 사유를 제외하고는 『근로자 수』 를 입력한다.

※ 탈퇴 시에는 가입자를 모두 상실 신고하여 근로자 수가 반드시 '0' 이어야 한다.

- 사업장 탈퇴신고서 작성 전, 해당 사업장의 근로자 및 대표자에 대한 자격상실 신고를 먼저 해야 한다.
- 건설현장 사업장에 대한 고용 · 산재보험 탈퇴 신고는 근로복지공단으로 하면 된다.
- 신고 사유 및 사유 발생 일자

① 신고(신청) 사유

공통사항

- 폐업, 도산 : 국세청에 폐업 등 신고 후 탈퇴신고서 작성
- 통 · 폐합 : '통 · 폐합시 흡수하는 사업장관리번호' 입력 필수
- 사업종료 : 성립신고 단계에서 기간이 정해져 있는 사업인 경우 선택

국민연금, 건강보험

- 휴업 : 휴업기간 입력(휴업 시작일로 탈퇴 신청 가능)
- 근로자 없음 : 최종근로자 퇴사 후 근로자가 없을 경우

고용, 산재보험

- 근로자 없이 1년 경과 : 최종근로자 퇴사일로부터 1년 경과한 이후 소멸 신고

② 사유발생일자

- 폐업 : 폐업일의 다음 날(단, 폐업일이 1일인 경우 해당일로 신고 가능)

* 부도, 도산으로 폐쇄된 사업장은 공단에서 확인한 종료일의 다음 날

- 휴업 : 휴업 시작일
- 근로자 없음 : 최종 근로자 퇴사일의 다음 날
- 통 · 폐합 : 합병계약서 또는 법인등기부 상의 합병일
- 탈퇴(소멸) 후 우편물 수령지 : 탈퇴(소멸) 후 우편물 받을 수 있는 주소 입력
- 근로자 수 입력 방법(건강보험, 고용보험, 산재보험) : 근로자 수는 상실 신고를 먼저 작성하였으면 0명으로 신고

제6장

퇴직관리와 퇴직금 처리

01 퇴직금의 계산 방법

퇴직금을 받을 수 있는 요건은 1년 이상 근무해야 하고, 4주간을 평균해서 1주간의 소정근로시간이 15시간 이상이어야 퇴직금을 받을 수 있다.
퇴직금 액수는 계속근로기간 1년에 대해서 평균임금 30일분 이상을 지급해야 한다.

1 퇴직금을 받을 수 있는 근로자

퇴직금은 모든 사업장에서 1년 이상 계속 근로한 근로자가 퇴직하는 경우 지급한다(근로자퇴직급여 보장법 제8조 제1항). 다만, 상시 4인 이하의 근로자를 사용하는 사업은 2010년 12월 1일부터 퇴직금제도가 적용된다(2010년 12월 1일부터 2012년 12월 31일까지에 대한 퇴직금 : 50% 지급, 2013년 1월 1일 이후의 퇴직금 : 전액 지급). [근로자퇴직급여 보장법 시행령 (대통령령 제22409호) 부칙 제2조].
근로자와 사용자가 실질적 근로관계가 존재하기만 하면 기간제 근로자 또는 파견근로자도 근로자퇴직급여보장법을 적용받는다. 다만, 계속근로기간이 1년 미만인 근로자, 4주간을 평균해서 1주간의 소정근로시간이 15시간 미만인 근로자의 경우에는 퇴직금제도가 적용되지 않는다(근로자퇴직급여 보장법 제4조 제1항).

퇴직금을 못 받는 경우

- 계속근로기간이 1년 미만인 근로자
- 4주간을 평균해서 1주간의 소정근로시간이 15시간 미만인 근로자

근로자에 해당해야 한다.

근로자란 직업의 종류와 관계없이 임금을 목적으로 사업이나 사업장에 근로를 제공하는 자를 말한다(근로자퇴직급여 보장법 제2조 제1호 및 근로기준법 제2조 제1항 제2호.).

퇴직급여 제도는 동거의 친족만을 사용하는 사업 및 가사사용인을 제외한 근로자를 사용하는 모든 사업 또는 사업장에 적용된다(근로자퇴직급여 보장법 제3조).

1년 이상 계속근로를 제공해야 한다.

계속근로연수는 원칙적으로 근로자가 입사한 날(또는 최초의 출근 의무가 있는 날)부터 퇴직일까지의 기간을 말한다.

- 근로자가 그 적을 보유하고 근로관계를 유지하고 있다면 휴직 기간도 휴직 사유와 관계없이 근속연수에 포함된다.
- 군 복무로 휴직한 기간은 계속근로기간에 포함되지 않는 것이 원칙이다.
- 일용 · 임시근로자의 경우에도 근로하지 않은 날이 상당 기간 계속되지 않는 한 사실상 계속해서 근로한 경우는 계속근로가 인정된다.

근로자가 퇴직해야 한다.

퇴직의 사유는 제한이 없으므로 근로자의 일방적 의사표시에 의한 근로계약의 해지만이 아니고 근로자의 사망 또는 기업의 소멸, 일의 완료, 정년의 도래 및 해고 등 근로계약이 종료되는 모든 경우가 퇴직에 해당한다.

또한, 징계해고, 직권면직의 경우에도 퇴직금은 지급되어야 한다.

Tip 근로자가 문자로 퇴직의사표시를 한 경우 효력이 있는 퇴직의사표시이다.

근로자가 문자로 퇴직의사표시를 한 경우 이는 유효하므로 회사는 이를 수리하거나, 이를 수리하지 않았을 때는 민법에 따라 사용자가 근로자의 의사표시를 통보받은 날로부터 1개월이 경과하면 효력이 발생한다.

사직서를 수리하지 않는 경우 1개월이 경과 하면 퇴직의 의사표시는 효력이 발생해서 회사와 근로자 사이에는 근로관계가 단절되고, 근로자의 계속근로기간이 1년 이상의 경우 퇴직금을 지급해야 한다.

Tip 사직서는 꼭 한 달 전에 제출해야 하나?

근로기준법 등 노동 관련 법령에서는 근로자의 보호 차원에서 근로자를 해고할 경우 30일 이전에 통지해야 한다는 규정만을 두고 있으나, 근로계약 역시 계약인 까닭에 일반적인 사항은 일반법인 민법의 계약편 규정의 적용을 받는다.

민법 제660조에 따르면, 피용자라 하더라도 한 달 전에는 사직의 의사표시를 해야 하고, 그러한 의사표시를 하였으나 고용주가 이를 수락하지 않는다. 하더라도 사직의 의사표시를 한때로부터 한 달이 경과 하면 고용계약은 종료되는 것으로 규정되어 있다. 따라서 사직서를 제출하였을 때, 사용자가 이를 바로 수리해 준다면, 그날로 사직의 효력(근로관계의 종료)이 발생 되나, 만약 사용자가 사직서를 수리하지 않고, 후임자가 채용될 때까지의 계속근로 및 업무 인수인계를 원할 경우, 최대한 한 달까지는 계속 근로를 해야만 한다.

Tip 사표를 제출해도 사직 처리를 해주지 않는 경우

사직서 제출 시 회사에서 사표 수리를 해주지 않았을 경우, 원칙적으로 회사에서 사규나 취업규칙, 근로계약 등에 의해서 근로의 기간을 정한 경우는 그 계약기간이 끝났을 때, 그 기간의 정함이 없는 근로계약의 경우에는 일반적으로 해당 직원이 퇴직 의사를 밝힌 후 1개월 또는 그다음 월급 지급 기간이 끝난 후 자동으로 퇴사 처리된다.

구 분	퇴사처리 시점
계약기간을 정한 경우	기간이 만료되면 연장의 합의가 없을 때는 자동으로 퇴사 처리
계약기간을 정하지 않은 경우	해당 직원이 퇴직 의사를 밝힌 후 1개월이 지난 후
기간으로 보수(월급제 근로자)를 정한 때	상대방이 해지의 통고를 받은 당기 후의 1임금 지급기가 경과함으로써 해지의 효력이 생긴다. 즉, 월급제 근로자의 경우, 사표를 제출한 당기(월급제의 경우 그달) 후의 1임금 지급기(그다음 달)가 경과 하면 효력이 발생한다. 예를 들어, 전월 1일부터 30일까지의 근무에 대한 급여를 그달의 말일인 30일에 지급받는 경우 10월 10일에 사직서를 제출했다면, 근로계약의 해지 의사표시(사직서 제출)를 통보한 날(10월 10일)로부터 10월 30일까지의 당기 이후 1임금 지급기(11월 1일 ~11월 30일)가 경과한 12월 1일에 근로관계는 자동 해지 되는 것이다.

근로계약 기간을 정하였을 때는 그 기간의 만료가 되면 연장의 합의가 없을 때는 자동으로 퇴사 처리가 되는 것이다. 그러나 언제까지 일하고 사직한다는 합의가 사직 당사자와 회사 간에 없었다면 해당 직원은 원칙적으로 자유로이 사표를 제출하고 회사를 그만둘 수 있는 것이다. 즉, 근로자는 일방적으로 퇴사할 때는 사용자(회사)가 이를 받아들이면 그 즉시 퇴사한 것으로 인정된다.

그러나 회사가 해당 근로자의 퇴사로 말미암아 회사의 업무상 차질이 생길 경우를 대비해서 사용자(회사)가 계속하여 사직 처리를 하지 않을 때는 이는 근로자 의사와 무관하게 일을 강요하는 것에 해당하므로 "강제 근로"에 해당한다. 이를 대비해 근로기준법에서는 근로자의 퇴사 시기를 법적으로 보호하고 아울러 근로자의 갑작스러운 퇴사로 인한 회사의 업무상 차질을 막기 위해서 사용자가 퇴사 처리를 하지 않을 경우 근로자가 사직서를 제출한 날로부터 일정 기간이 지나면 자동으로 사직 처리를 하도록 규정하고 있다.

이와 관련한 노동부 예규(퇴직의 효력 발생 시기)와 민법 제660조에 의하면 근로기간의 정함이 없는 경우 퇴사의 시기는 다음과 같다.

❶ 사표 제출 후 사용자가 이를 수락 시 또는 단체협약 및 취업규칙에 따라 처리

❷ 사표를 수리하지 않거나 특약이 없는 경우 퇴직의 의사표시 후 1달이 경과 후

❸ 근로자의 임금이 일정한 기간급으로 정기 지급 시 의사표시를 통고받은 당기 후 1지급기가 경과한 후(다음 임금 지급기일까지 근무)

그러므로 일반적으로 일급으로 계산해서 한 달을 단위로 지급되는 근로자(월급제 근로자)의 경우에는 사용자의 퇴사 처리가 되지 않으면 1달 후에 자동으로 퇴사 처리가 되므로 사직서 제출 후 결근으로 인한 "평균임금" 저하로 "퇴직금"을 손해 보는 일이 없도록 주의해야 한다. 그러나 매일매일 근로계약을 체결하고 임금을 지급받는 일용직은 퇴사의사표시 후 사용자의 의사와 관계없이 그다음 날로부터 퇴사한 것으로 처리된다.

사직서와 관련하여 근로자가 반드시 알아야 하는 사항을 반드시 숙지하고 근로자가 사직서와는 별도로 해당 회사의 "업무인수인계 규정" 에 의해서 업무를 인수인계해야만, 나중에 퇴사 후 번거로움을 방지할 수 있으니 인수인계 내용을 나름대로 정리하여 "업무인수인계서" 를 작성하는 것이 좋다.

Tip 근로자가 사직서를 제출하고 곧바로 출근하지 않는 경우

가령 근로자는 인수인계하고 나가겠다. 그 기간은 2주면 충분하다 해서 2주 후에 나간다고 이야기하였으나, 사용주는 근로자 채용을 해야 하고 들어오면 인수인계를 해야 하니 그 기간은 너무 짧아 적어도 1개월하고도 2주는 더 근무할 것을 요구하는 경우가 있는데, 이때에는 퇴사일이 언제로 확정이 될까요?

또 극단적인 예를 들자면 사용주는 악의를 가지고 사직서를 제출하면 3개월 후에 효력이 발생한다고 계약서에 명시한다거나, 후임자가 뽑히지 않았기 때문에 몇 달 동안 계속 근무할 것을 강요할 가능성도 있다. 마찬가지로 근로자는 인수인계하지 않고 바로 퇴사를 할 수도 있다.

회사가 근로자가 원하는 날짜에 사직서를 수리해야 할 의무는 없다.

회사가 사직서를 수리해 주지 않는 동안 출근을 안 하면 퇴직금이 깎이게 된다.

퇴직금은 마지막 3달 치 월급을 평균 내서 계산하는 것인데, 결근하면 공제되고 결근일이 많아질수록 평균 월급도 계속 깎이게 된다.

→ 무단결근의 경우 퇴직금을 실제 금액보다 적게 받을 수 있다.
→ 무단결근의 경우 실업급여를 받지 못할 수도 있다.
→ 무단결근의 경우 회사에서 고용보험 상실 신고를 안 해주는 경우
고용보험 이중 가입으로 다른 회사 취직이 곤란할 수 있다.
→ 무단결근으로 인한 손해에 대해 회사에 손해배상 책임을 질 수 있다.

Tip 퇴사 시 인수인계를 꼭 해야 하나요?

근로기준법에는 근로자가 퇴사 시 퇴사일 30일 전에는 반드시 사업장에 통보해야 한다고 명시되어 있다.

따라서 30일, 즉 1개월은 근로자나 회사 처지에서 근로기준법에서 보는 꼭 필요한 유예기간인 셈이다.

채용공고를 내고, 지원자 입사서류를 검토하고, 면접자 면접 보고, 합격자 통보하고, 인수인계를 해줘야 하는 기간을 1

개월로 본다.
근로기준법에는 인수인계를 안 해주면 근로자에게 법적으로 피해가 온다는 내용은 솔직히 없다.
그렇지만 민사로까지 갈 수는 있다.
다시 말해서 근로자가 인수인계를 안 하므로 인해서 발생할 수 있는 정신적, 물질적인 손해배상을 사업장에서 민사소송으로 갈 수 있는 자격이 생긴다는 것이다. 중요한 것은 민사소송을 걸 수 있는 자격을 사업장에 준다는 것이 중요하다. 따라서 사업장에서 소송 걸 수 있는 빌미를 주지 말아야 한다는 것이다.
이렇게 소송까지 가는 경우 회사가 승소하는 경우가 대부분이다. 그렇게 되면 근로자는 회사에 피해보상으로 인한 금전을 보상해 줘야 한다. 이는 근로기준법과 무관한 민사로 진행된다.
그리고 요즘에는 회사 이직 시에 지원자들의 전 회사에 전화를 걸어 그 직원의 평판을 물어보는 사례가 많다. 따라서 인수인계를 제대로 안 해서 사업장과 분쟁이 일어나면 그 사실 그대로 전달되기 때문에 다른 회사에 입사할 때도 치명타가 될 수 있다.
학생 시절과는 달리 사회생활은 내 기분대로 내 감정대로 하면 안 된다. 반드시 내가 행동한 것만큼 나에게 돌아오는 것이 사회이므로 반드시 약속한 것을 지켜야겠다.
특히 재무나 경리업무와 같이 금전을 다루는 업무는 업무의 단절이 있을 때 금전 손해와 연결되기 때문에 주의를 해야 하며, 전문직이나 특수직종, 거래처와 원만한 관계의 유지가 필요한 영업직은 업무 인수인계를 안 하는 경우 손해가 발생할 가능성이 크다.
또한, 업무상 필요한 자료나 데이터 파일 등을 무단으로 가져가거나 회사에 반납하지 않은 때에는 손해배상 책임을 질 가능성이 크다.

Tip 퇴사 후 경쟁업체로 이직하는 경우 문제가 되나?

현 직장에서 경쟁업체나 동종업체 또는 비슷한 직종으로 이직하는 것은 민사상 불이익을 받을 수가 있다. 다만, 권고사직으로 이직 시에는 다르다. 본인 스스로 퇴사하고, 동종업체에 취직하는 것은 민사상 책임을 물을 수가 있다. 보통 퇴사해서 3년 이내에는 동종업체에 취직 안 한다는 서약서를 작성한다.
그러나 일반적으로 법률에서 인정하는 것은 1년이며, 제한하는 경우도 영업비밀 등을 취급 · 관리했던 직원으로 외부에 공개되지 않은 정보로서 회사의 영업 활용에 유용한 정보여야 한다.

2 퇴직금의 계산 방법

사용자는 계속근로기간 1년에 대해서 30일분 이상의 평균임금을 퇴직금으로 퇴직근로자에게 지급해야 한다(근로자퇴직급여보장법 제8조 제1항.).
당사자의 합의나 노사협의회에서의 합의 또는 단체협약의 규정이 있더라도 근로자퇴직급여보장법 이하의 퇴직금 지급은 무효다.

퇴직금 = [(평균임금 × 30일) × 총 계속근로기간] ÷ 365

주 퇴직금은 고용노동부 홈페이지에서 계산할 수 있다.

계속근로기간

계속근로기간이란 계속해서 근로를 제공한 기간, 근로계약을 체결한 후 해지될 때까지의 기간을 말한다.

Tip 매달 4, 5일에서 15일 정도 근무한 근로자가 상용근로자인지?

원래 근로자가 반드시 월평균 25일 이상 근무해야만 퇴직금 지급의 전제가 되는 근로자의 상근성 · 계속성 · 종속성의 요건을 충족시키는 것은 아니고, 최소한 1개월에 4, 5일에서 15일 정도 계속해서 근무하였다면 위 요건을 충족한다[대법원 1995. 7. 11. 선고 93다26168 전원합의체 판결].

계속근로기간의 기산일과 마감일

계속근로기간의 기산일은 입사일, 근로계약 체결일 등 출근 의무가 있는 날이며, 마감일은 근로관계의 자동소멸, 임의퇴직, 합의 퇴직, 정년퇴직, 정리해고, 징계해고 등 근로계약이 끝나는 날이다.

특수한 근무기간의 계속근로기간 포함 여부

근로계약 기간을 갱신하거나 같은 조건의 근로계약을 반복해서 체결한 경우는 갱신 또는 반복 기간을 모두 합산하여 계속근로기간으로 계산해야 한다.

- 휴직기간도 급여 유무, 휴직 사유와 관계없이 원칙적으로 계속근로기간에 산입해야 한다. 다만 개인적인 사유(직무와 관련 없는 개인적인 유학이나 연구, 개인 질병 등)에 의한 휴직인 경우는 단체협약, 취업규칙 등의 규정으로 합산치 않을 수 있다.
- 군복무기간은 계속근로기간에 산입하지 않아도 된다.
- 근속기간 중에 근로 형태의 변경이 이루어져도 변경 전후의 기간을 합산한다.
- 임시고용원으로 채용되어 정규사원으로 공백 기간 없이 근무한 경우는 통산한 기간을 계속근로기간으로 보아야 한다.

- 1년 이상으로 1년이 안 되는 단수가 있는 경우에는 월별로 나누어 이에 따른 퇴직금을 계산해야 한다.

30일분 이상의 평균임금 계산

퇴직금은 퇴직일 이전 3개월간의 임금 총액을 퇴직일 이전 3개월간의 총일수로 나눈 평균임금으로 계산한다.

3 상시 4명 이하 근로자를 사용하는 사업장의 퇴직금 계산 방법

시행 시기	4인 이하 사업장	5인 이상 사업장
2010년 11월 30일까지	퇴직금 적용 안 함	법정 퇴직금 지급
2010년 12월 1일 ~ 2012년 12월 31일	법정 퇴직금의 50% 이상	
2013년 1월 1일 이후	법정 퇴직금 지급	

근로자가 3명인 사업장에서 근무하고 있다. 2010년 7월 1일 입사해서 2021년 6월 30일까지 근무 후 2024년 7월 1일 퇴직하는 경우 퇴직금은 어떻게 계산하나요?

1. 4인 이하 사업장 근로자 퇴직금 계산방법

퇴직급여 산정을 위한 계속근로기간 2010년 12월 1일 ~ 2021년 6월 30일

계속근로기간	적용일수(일)	계산방법
2010년 7월 1일 ~ 2010년 11월 30일	0	퇴직금 적용 안 함
2010년 12월 1일 ~ 2012년 12월 31일	761	100분의 50 적용
2013년 1월 1일 ~ 2024년 6월 30일	4,199	100분의 100 적용

해당 근로자의 퇴직급여 총액 = (30일분 평균임금 × 761/365 × 50/100) + (30일분 평균임금 × 4,199/365 × 100/100)

2. 5인 이상 사업장 근로자 퇴직금 계산 방법

계속근로기간	적용일수(일)	계산방법
2010년 7월 1일 ~ 2010년 11월 30일	153	100분의 100 적용
2010년 12월 1일 ~ 2012년 12월 31일	761	100분의 100 적용
2013년 1월 1일 ~ 2024년 6월 30일	4,199	100분의 100 적용

해당 근로자의 퇴직급여 총액 = 30일분 평균임금 × 5,113/365 × 100/100

Tip 퇴직금 계산 시 교통비와 식대는 포함되지 않는다.

외근 시 소요된 교통비와 식대 등 실비변상액은 사업주가 임금 명목으로 근로자에게 지급하였더라도 근로의 대가가 아니므로 근로기준법상 임금이라고 할 수 없다. 따라서 임금이 아닌 교통비와 식대는 퇴직금 계산을 위한 평균임금 산정 시 고려되지 않는다. 물론 사업주가 법상 기준과 상관없이 이를 퇴직금 산정에 포함시키는 것은 아무런 문제가 없다.

Tip 무단결근의 경우 퇴직금 계산 방법(사직서 미수리 상태에서 퇴사 시)

무단결근하다가 퇴직할 경우 그 결근은 퇴직금에 치명적 영향을 미친다.

무단결근기간 동안 무급이기 때문에 3개월간 임금총액이 줄어들고 달력상의 날짜 수는 그대로 이기 때문이다.

퇴직금 계산 시 재직기간은 입사일로부터 사직원이 수리된 때 또는 징계해고 처분이 있을 때로 하고 있으므로, 무단결근기간도 근속기간에는 들어간다. 따라서 무단결근 기간도 퇴직금 계산 기간에 포함되어 무단결근으로 인해 평균임금이 저하 되므로 퇴직금은 감액되는 효과가 나타난다. 다만, 평균임금이 통상임금보다 작은 경우 통상임금을 평균임금으로 해서 퇴직금을 계산해야 한다. 무단결근(허락받은 결근)도 회사가 무급 처리하면 퇴직금은 감액된다.

결과적으로 무단결근이 너무 길면 퇴직금이 하염없이 감액되게 되므로 항상 이 점에 유의해야 한다.

예를 들어 1개월간 무단결근 후 퇴사하는 경우 1개월분의 평균임금이 감액되어 퇴직금은 줄어들게 된다. 따라서 회사에 사표를 제출 후 사표가 수리되기 전에 결근하는 경우 퇴직금에서 불이익을 당할 수 있으므로 주의해야 한다.

4 퇴직금의 지급기한과 방법

사용자는 근로자가 퇴직한 경우는 그 지급 사유가 발생한 날부터 14일 이내에 퇴직금을 지급해야 한다(근로자퇴직급여 보장법 제9조 본문). 다만, 특별한 사정이 있는 경우에는 당사자 간의 합의에 따라서 지급기일을 연장할 수 있다(근로자퇴직급여 보장법 제9조 단서). 근로자퇴직급여 보장법 제9조를 위반해서 퇴직금을 지급하지 않은 자는 3년 이하의 징역 또는 2천만 원 이하의 벌금에 처한다(근로자퇴직급여 보장법 제44조).

사용자는 퇴직급여 제도에 따라 근로자에게 지급되는 일시금의 전부 또는 일부를 그 지급 사유가 발생한 날부터 14일 이내(특별한 사정이 있는 경우에는 당사자 사이의 합의에 따라 연장 가능)에 지급하지 않았을 때는 그다음 날부터 지급하는 날까지의 지연 일수에 대해 연 20%의 지연이자를 지급해야 한다(근로기준법 제37조 제1항 및 근로기준법시행령 제17조.).

Tip 사용자가 근로자와 매월 지급받는 임금 속에 퇴직금이란 명목으로 일정한 금액을 지급하기로 약정한 경우 퇴직금 지급으로서 효력을 인정할 수 있는지?

사용자와 근로자가 매월 지급하는 월급이나 매일 지급하는 일당과 함께 퇴직금으로 일정한 금액을 미리 지급하기로 약정하였다면, 그 약정은 근로기준법 제34조 및 근로자퇴직급여 보장법 제8조 제2항에 따른 퇴직금 중간정산으로 인정되는 경우가 아닌 한 퇴직할 때 비로소 발생하는 퇴직금 청구권을 근로자가 사전에 포기하는 것으로서 근로자퇴직급여보장법 제9조에 어긋나 무효이다. 따라서 이와 같은 퇴직금 분할 약정에 따라 이미 지급한 퇴직금 명목의 금액은 퇴직금 지급으로서 효력이 없으므로 사용자는 같은 금액 상당액을 부당이득으로 반환청구를 할 수 있다. 다만 이와 같은 부당이득반환채권과 같은 금액만큼 근로자의 퇴직금 채권과 상계할 수는 있다〈참고 : 대법원 2010.5.20. 선고 2007다90760 전원합의체 판결〉.

근로자퇴직급여 보장법에 따른 퇴직금을 받을 권리는 3년간 행사하지 않으면 소멸한다(근로자퇴직급여보장법 제10조.).

Tip 임신·출산·육아 등으로 퇴사한 경우 실업급여를 받기 위해 주의할 점

- 임신 · 출산 · 육아 등의 사유로 그만두었다고 해서 모두 실업급여를 받을 수 있는 것은 아니다.
- 실업급여는 자발적으로 그만둔 경우는 받을 수 없기에 임신 · 출산 · 육아 등의 사유로 그만둔 경우라도 사업주가 이직확인서의 이직 사유에 비자발적인 사유를 기재해야 한다.
- 한편, 사업주가 육아휴직을 부여하지 않아 퇴사하게 된 근로자의 경우, 사업주가 이직확인서의 이직 사유에 '자발적 퇴사', ' 개인 사유로 인한 퇴사' 라고 기재한다면 실업급여를 받을 수 없다. 다만, 고용센터에 '확인 청구' 를 신청해서 심사받아볼 수 있으며, 이때 자신의 비자발적 상황을 입증한다면 실업급여를 받을 가능성이 있다.

  입증 방법은 퇴사하기 전까지 아이를 돌봐 줄 사람을 알아보았으나 구하지 못하였다는 입증자료를 확보해야 한다.

  예를 들어, 양가 부모님이 아이를 돌볼 수 없는 상황에 대한 자료, 어린이집과 아이돌보미를 몇 군데 알아봤으나 구하지 못했다는 자료 등 자신이 육아로 인해 퇴사할 수밖에 없었다는 입증자료가 필요하다.

Tip 회사에 손해를 끼치고 퇴사하는 직원의 퇴직금에서 손해액을 차감할 수 있나?

임금은 원칙적으로 전액 지급이 원칙이다. 따라서 회사에 손해를 끼치고 퇴사하는 직원의 퇴직금에서 손해액을 차감할 수 없다. 다만, 그 상계가 해당 근로자의 자유로운 의사에 의해 이루어진 것으로 인정할 만한 합리적인 이유가 있는 경우 상계가 예외적으로 가능하다.

Tip 정규직에서 계약직으로 변경 시 퇴직금 계산

퇴직금은 원칙적으로 퇴직일 이전 3개월간의 평균임금을 기준으로 산정한다. 따라서 근무 형태가 변경되어 임금이 줄어든 상태에서 퇴직하게 되면 퇴직금도 줄어들 수 있다.

이러한 문제점을 보완하기 위해 「근로자퇴직급여 보장법 시행령」(제3조 제1항)은 "사용자가 근로자와의 합의에 따라 소정근로시간을 1일 1시간 또는 1주 5시간 이상 변경하여 그 변경된 소정근로시간에 따라 근로자가 3개월 이상 계속 근로하기로 한 경우"에는 퇴직금 중간정산을 할 수 있도록 하고 있다.

따라서 풀 타임에서 파트 타임으로 근무형태가 변경된 시점을 기준으로 퇴직금 중간정산을 해달라고 사용자에게 신청할 수 있다. 다만, 퇴직금 중간정산은 사용자의 의무사항이 아니므로 사용자가 동의해줘야 가능하다. 중간정산을 하게 되면 이후 퇴직금 산정은 중간정산을 한 시점부터 근속기간을 다시 계산하게 된다.

만약 퇴직금 중간정산을 해주지 않으면 원칙적으로는 퇴직 시 퇴직일 이전 3개월을 기준으로 퇴직금을 산정하게 된다. 다만, 「근로기준법 시행령」(제4조)는 법에 따라 평균임금을 산정할 수 없는 경우에는 고용노동부 장관이 정하는 바에 따른다고 하고 있다. 여기서 "평균임금을 산정할 수 없는 경우"라 함은 산정이 기술상 불가능한 경우에만 한정되는 것이 아니라 법상의 규정에 의해 산정하는 것이 현저하게 부적당한 경우까지도 포함하는 것이라고 해석된다(대법원 1995.2.28. 선고 94다8631 판결).

위에서 법에 따라 평균임금을 산정하는 것이 현저하게 부적당한 경우는 고용노동부 장관이 정하는 바에 따르도록 하고 있으나 현재 법 시행규칙이나 지침 등을 통해 고용노동부 장관이 정하고 있는 내용이 없다. 법원은 "근로자의 통상적인 생활임금을 사실대로 반영할 수 있는 합리적이고 타당한 다른 방법으로 산정하여야 한다." (대법원 2006.11.9. 선고 2006다42313 판결)라고 하고 있다.

따라서 불가피한 근무형태 변경의 경우 이를 반영한 합리적이고 타당한 퇴직금 산정을 요구해볼 수도 있다고 판단된다. 다만 이에 대한 명확한 기준이나 판례가 없어서 단순하고 간단하게 해결될 수 있는 사안은 아니다.

근로기준법이 퇴직금, 휴업수당, 연차유급휴가임금, 재해보상금 등의 산정 기초로 '평균임금'이라는 개념을 두고 있는 취지는 '근로자의 통상적인 생활임금을 사실대로 산정하는 것을 기본원리로 해 근로자의 통상적인 생활을 종전과 같이 보장하려는 것'이다(대법원 97다5015 등 다수).

그런데 정규직에서 시간제 계약직으로 변경 시 법령만을 기준으로 하면 평균임금이 통상의 경우보다 현저히 많거나 적게 산정되게 되므로 평균임금 제도의 취지에 반하게 되는 결과가 나오게 된다.

이런 고민으로 대법원은 근로기준법 시행령 제4조를 확대해석해 이처럼 '평균임금 산정 사유 발생일 이전 일정 기간 특별한 사유(특수하고 우연한 사정으로 인한 임금액의 변동)로 인해 평균임금이 통상의 경우보다 현저하게 적거나 많게 산정된 경우 이를 그대로 평균임금 산정의 기초로 삼는다면 이는 근로자의 통상생활을 종전과 같이 보장하려는 제도의 근본 취지에 어긋나므로 이런 기간을 제외하고 평균임금을 산정해야 한다' 고 판단했다.

02 퇴직연금제도

퇴직연금제도는 기업이 퇴직급여 재원을 외부 금융회사에 적립하고 금융회사가 기업 또는 근로자의 지시에 따라 운용해서 근로자가 퇴직 시 근로자의 선택에 따라 일시금 또는 연금으로 지급하는 제도이다. 기존 퇴직금 제도는 퇴직금 재원의 사내 적립으로 기업도산 시 안전장치가 없는 등 노후 소득 보장에 취약한 한계가 있어, 더욱 강화된 형태의 퇴직연금제도를 도입했으며, 이에 따라 기업은 퇴직금제도 외에도 퇴직연금제도를 선택할 수 있게 되었다. 즉, 퇴직금 제도와 퇴직연금 제도 중 선택해서 시행한다.

1 퇴직연금제도의 유형

퇴직연금제도에는 확정급여형(DB), 확정기여형(DC), 개인형 퇴직연금(IRP) 제도가 있다. 근로자는 직장의 급여체계 및 안정성과 근로자 자신의 노후 계획 및 투자성향을 고려해서 알맞은 유형의 퇴직연금을 선택해야 한다.

확정급여형(DB)

회사가 퇴직급여 재원을 외부 금융회사에 적립해서 운용하고, 근로자 퇴직 시 정해진 금액(퇴직 직전 3개월 평균 급여 × 근속연수)을 지급한다.

DB형의 퇴직급여 금액은 기존의 퇴직금과 같다.

운용 결과에 따라 회사의 적립 부담이 변동된다. → 운용 손익이 회사에 귀속

> 김부장의 퇴직 직전 3개월 평균 급여가 500만 원, 근속연수가 20년인 경우
> → (김부장) 1억 원(= 500만 원 X 20년)을 퇴직급여로 지급받고 연금 또는 일시금으로 수령
> → (회사) 퇴직급여 예상액을 미리 적립해 운용한 뒤 이 중에서 1억 원을 지급하므로, 적립액과 운용 손익 합산액이 1억 원을 초과할 때는 그 초과분은 회사가 갖고 미달하면 회사가 추가로 비용을 부담한다.

근무 마지막 연도의 임금을 기준으로 퇴직급여가 지급되므로 임금 상승률이 높고 장기근속이 가능한 기업의 근로자에게 유리하다.

확정기여형(DC)

회사는 매년 연간 임금 총액의 일정 비율(1/12 이상)을 적립하고, 근로자가 적립금을 운용하며, 운용성과가 퇴직급여에 직접 반영된다.

➜ 운용손익이 근로자에 귀속

> DC형에 가입한 김부장의 경우
> ➜ (김부장) 매년 본인의 퇴직연금 계좌에 입금되는 금액(예 : 한 달 치 월급)을 금융회사에 직접 지시해서 펀드, 예금 등으로 운용하고 그 누적 금액(회사적립 분 + 운용 손익)을 퇴직 후 일시금 또는 연금으로 수령
> ➜ (회사) 매년 김부장의 퇴직연금 계좌에 일정액(예 : 한 달 치 월급)을 적립

회사가 근로자 퇴직급여계좌에 매년 일정액을 납입하고 근로자가 직접 운용하므로 파산위험 및 임금체불 위험이 있는 회사에 근무하는 근로자나 임금상승률이 낮거나 임금피크제에 진입한 근로자 등에게 유리하다.

개인형 퇴직연금(IRP)

개인형 퇴직연금 가입 대상

퇴직근로자
- 퇴직연금제도(DC, DB)
- 퇴직금제도 : 퇴직급여 또는 중간정산금 수령자(자율)

추가부담금 납부희망자
- 퇴직연금 제도 운영 중인 기업의 근로자
- 퇴직금제도에서 일시금을 수령해서 IRP에 납입한 가입자

주 기업형 IRP : 상시근로자 수 10인 미만인 기업이 개별근로자의 동의를 받거나 근로자의 요구에 따라 IRP를 설정하는 경우 해당 근로자에 대해 퇴직급여 제도를 설정한 것으로 간주한다.

퇴직한 근로자가 퇴직 시 수령한 퇴직급여를 운용하거나 재직 중인 근로자가 DB/DC 이외

에 자신의 비용부담으로 추가로 적립해서 운용하다가 연금 또는 일시금으로 받을 수 있는 계좌이며, 퇴직연금제도에 가입한 근로자는 퇴직할 때 본인이 설정한 IRP 계좌로 급여를 수령해야 하고, 55세 이후에 퇴직하여 급여를 받는 경우, 급여를 담보로 대출받은 금액을 상환하는 경우, 퇴직급여액이 150만 원 이하의 경우 등은 제외된다.

[퇴직연금제도 유형별 비교]

구분		DB형	DC형	개인형 퇴직연금제도(IRP)	
				기업형 IRP	개인형 IRP
급여 수령 형태		연금 또는 일시금			
수급 요건	연금	55세 이상/퇴직 IRP 이전 후 수령			55세 이상
	일시금	연금 수급 요건 미충족 시 또는 일시금 수급을 원할 경우			
급여 수준		퇴직 직전 3개월 평균임금 X 근속연수	매년 지급된 퇴직급여의 합(연 임금 총액의 1/12 이상) ± 운용 손익		퇴직급여 이전금액 ± 운용 손익
적립금 운용 주체		기업	근로자	근로자	근로자
추가 입금 여부		불가능	가능	가능	가능
중도 인출 여부		불가능	가능	가능	가능

2 퇴직금과 퇴직연금제도의 비교

구분	퇴직금제도	퇴직연금제도	
		DB	DC
퇴직 시 수령 총액	퇴직 직전 3개월 평균임금 X 근속연수		매년 지급된 퇴직급여의 합(연 임금 총액의 1/12 이상) ± 운용 손익
적립 방법/수급권 보장	사내 적립 / 불안정	부분 사외적립 / 부분 보장	전액 사외적립 / 완전 보장
적립금 운용 주체	회사(운전자금 등 활용 가능)	회사(외부금융회사 상품 운용)	근로자(외부금융회사 상품 운용)
급여 수령 형태	일시금	일시금 또는 연금	

구분	퇴직금제도	퇴직연금제도	
		DB	DC
세제 혜택	사내 적립 분 손비 불인정	퇴직급여 추계액 한도 내 사외적립 100% 손비 인정	회사 퇴직급여 부담금 전액 손비 인정
	퇴직급여 추계액 : 전 직원 일시 퇴직 가정 시 필요한 퇴직금 총액		
중도인출	제한조건* 충족 시 중간정산 가능 * 주택 구입, 전세금·보증금 부담, 6개월 이상 요양, 개인파산, 임금피크제 시행 등	불가 * 단, 제한조건 (주택 구입, 6개월 이상 요양, 개인파산 등) 충족 시 수급권 담보대출 가능	제한조건* 충족 시 중도 인출 가능 * 주택 구입, 6개월 이상 요양, 개인파산 등 ** 제한조건 충족 시 수급권 담보대출도 가능

Tip 모든 기업이 반드시 퇴직연금제도를 도입해야 하나요?

퇴직연금제도 도입은 의무사항이 아니며, 기업은 퇴직급여제도(퇴직금제도, 퇴직연금제도) 중 하나 이상의 제도를 설정하면 된다. 다만, 세제 혜택과 다양한 급여제도의 설정, 근로자의 수급권 보장 등 여러 측면에서 장점이 많으므로 퇴직연금제도를 설정하는 것이 유리하며, 향후는 '사적연금 활성화 대책' 의 일환으로 ' 22.1.1일까지 기업규모에 따라 단계적으로 퇴직연금 도입이 의무화될 예정이다.

[사적연금 활성화 대책의 퇴직연금 도입 의무화 일정]

기한	2016.1.1.	2017.1.1.	2018.1.1.	2019.1.1.	2022.1.1.
대상 사업장(상시근로자 수 기준)	300인 이상	300~100인	100~30인	30~10인	10인 미만

Tip 퇴직금제도에서 퇴직연금제도로 전환할 경우 기존의 퇴직금 적립분은 어떻게 처리되나요?

퇴직연금제도는 제도 도입 이후 근로를 제공한 기간에 관해 적용하는 것이 원칙이나, 제도 도입 이전의 근무기간도 가입기간에 포함시킬 수 있다. 과거 근무기간을 포함하는 경우는 도입하는 제도 유형, 퇴직금 제도에서의 사외적립 여부 등에 따라 기업의 재무 부담이 달라진다. 과거 근무기간을 퇴직연금 가입 기간에 포함하지 않는 경우는 그 기간에 대해서 퇴직금 제도를 계속 유지해야 하며, 퇴직금 제도에서의 중간정산은 법정 사유(주택 구입, 전세금·보증금 부담, 개인파산 등)에 한해서만 가능하다.

Tip DB와 DC 중 어느 방식이 더 유리한가요?

제도 유형 간 우열이 정해져 있는 것은 아니며, 직장의 급여체계, 본인의 투자성향 등 근로자가 처한 환경에 따라 달라진다.

DB형은 매년 임금이 인상된 결과인 마지막 근무 연도의 임금을 기준으로 퇴직급여가 지급되므로 임금인상률을 수익률로 볼 수 있다. 따라서 수익률 측면에서 볼 경우, 임금인상률과 본인이 운용하여 낼 수 있는 수익률을 비교하여 임금인상률이 높으면 DB, 낮으면 DC가 유리하다고 할 수 있다. 이 경우 장기근속, 꾸준한 임금 상승이 가능한 안정적인 기업의 근로자에게는 일반적으로 DB형이 유리한 반면, 재무구조가 취약하거나 임금상승률이 낮은 기업의 근로자, 연봉제/임금피크제 근로자에게는 DC형이 유리하다.

또한, 투자성향이 보수적이어서 원금 보전을 중시하는 근로자에게는 DC보다 퇴직급여 수준이 사전에 정해진 DB가 더 적합할 수 있는 등 근로자의 투자성향에 따라서도 유불리가 달라질 수 있다. 따라서 가입자는 직장의 급여체계 및 안정성과 근로자 자신의 노후 계획 및 투자성향 등을 고려해서 알맞은 유형의 퇴직연금을 선택하는 것이 바람직하다.

Tip DB, DC 제도 간 전환이 가능한가요?

회사가 DB, DC 제도를 모두 도입하고 노사 간 합의가 된 경우라면, 원칙적으로 DB, DC 제도 간 전환이 가능하다.

DB 제도에서 DC 제도로의 전환이 보편적인데, 임금피크제나 정년이 가까워져 임금 상승률이 낮아지는 근로자들이 DC 전환을 많이 선택한다. 전환 시점의 DB 퇴직급여 총액을 산정하여 DC 계좌에 한꺼번에 넣어 운용하는 형태이다.

그러나 DC 제도에서 DB 제도로의 전환은 현실적으로 어렵다. DB는 근속연수 1년에 대해 지급해야 할 퇴직급여가 정해져 있는 반면, DC는 운용성과에 따라 적립금 수준이 변동하기 때문에 DC 적립금을 DB로 이전하는 게 불가능하다. 이에 따라 DC에서 DB로 전환하기 위해서는 전환 전 기간에 대해서는 DC를 유지하고 전환 이후의 근무기간에 대해서만 DB를 적용하는 방식으로 운영하게 되는데, 이는 근로자, 회사입장에서 실익이 없어 실제 운영되는 사례가 많지 않다.

Tip 한 근로자가 DB와 DC에 동시에 가입할 수 있나요?

근로자퇴직급여보장법(제6조)에서는 가입자 한 사람이 DB와 DC를 함께 설정할 수 있도록 혼합형 퇴직연금제도를 허용하고 있다. DB와 DC를 동시에 도입한 경우 적용 가능하며, 퇴직연금 규약상 DB와 DC의 설정 비율의 합(a + b)은 1 이상이 되어야 한다.

예를 들어, DB 80%, DC 20%로 제도가 설정되었다고 가정하면, 근로자는 매년 '연간 임금 총액 × 1/12 × 20%' 의 부담금을 DC 계좌로 받아서 운용하고, 퇴직할 때는 그동안 DC 계좌에서 운용한 적립금과 DB 퇴직금, 즉 '퇴직 시점의 평균임금 × 근속연수 × 80%' 을 받게 된다.

Tip 퇴직연금을 자기 비용부담으로 추가 납입하려면 IRP 계좌를 반드시 개설해야 하나요?

DB형은 퇴직연금 추가 불입이 불가능하므로 세액공제 등을 위해 퇴직연금을 추가 납입하려면 반드시 IRP 계좌를 개설해야 한다. DC 가입자는 본인의 DC 계좌에 회사가 불입하는 부담금 외에 개인적으로 부담금을 추가로 납입할 수 있다.

Tip 퇴직금 제도를 설정한 기업에 재직 중인 근로자가 개인형 IRP에 가입할 수 있나요?

「근로자퇴직급여 보장법」에 따라 개인형 IRP에 가입할 수 있는 대상은

❶ 퇴직급여 제도의 일시금을 수령한 사람,

❷ 퇴직연금제도의 가입자로서 자기의 부담으로 IRP를 추가로 설정하고자 하는 사람,

❸ 자영업자 등 안정적인 노후 소득 확보가 필요한 사람이 해당한다.

따라서 퇴직금제도의 적용을 받는 근로자는 재직 중에는 가입할 수 없고 퇴직급여를 받아 이전하는 경우에만 가입할 수 있다.

Tip 출산휴가 및 육아휴직기간 중 DC형 퇴직연금 납입

법정 퇴직금은 계속근속연수가 1년 이상인 근로자가 퇴직할 때 마지막 3개월 동안 지급받은 임금총액으로 평균임금을 산정하여 전체 근무기간에 대해 퇴직금을 계산한다. 이때, 출산휴가기간과 육아휴직기간은 법에 의하여 퇴직금의 기준이 되는 평균임금 산정기간(마지막 3개월)에서 제외되지만(출산휴가기간이나 육아휴직기간은 급여가 작거나 없으므로 이 시기를 기준으로 평균임금을 산정하지 않도록 함), 퇴직금 산정의 대상 기간인 계속근속연수에는 포함된다.

법정 퇴직금제도를 대신하는 것으로서 퇴직연금제도가 있는데, 이 중 확정급여형(DB형)은 실제 퇴직 시 법정퇴직금에 금액을 맞추게 되므로 퇴직연금 가입 기간 중 사용자가 퇴직연금을 제대로 불입하는지 여부가 크게 문제되지 않는다.

그러나, 근로자에게 지급되는 연간 임금 총액의 1/12 이상을 퇴직 분담금으로 불입 해야 하는 확정기여형(DC형) 퇴직연금의 경우, 출산휴가기간과 육아휴직기간에 지급되는 급여가 평소보다 낮거나 없으므로 납입방식을 월납 방식으로 하면서도 출산휴가기간 및 육아휴직기간에 대해서는 종종 DC형 퇴직연금계좌에 분담금을 납입하지 않는 경우가 있으며, 이는 실제 근로자가 퇴직할 때 법정퇴직금과 큰 차이를 유발하게 되어 문제가 되곤 한다.

이와 관련하여 최근 질의가 있어 답변과 함께 아래에 소개한다.

[Q] 현재 퇴직연금 가입자인데요.

총급여의 1/12이 매달 적립되고 있습니다.

출산휴가 90일 동안 60일까지는 기본급에서 160만 원 제외한 금액만 사업장에서 받았고 160만 원은 고용보험에서 받았습니다.

마지막 30일은 사업장에서는 받지 않고 고용보험에서만 160만 원을 받았는데요.

이럴 경우는 퇴직금 적립이 어떻게 되는 건지 궁금합니다.

실제로 제가 퇴직연금 가입된 은행에 알아보니 출산휴가 기간에는 퇴직금 적립이 안됐더라구요.

육아휴직은 회사에서 받는 돈이 없으므로 적립이 안 되는 게 이해가 되지만, 출산휴가는 퇴직금 적립해야 하는 거로 알고 있는데

답변 부탁드립니다.

[A] 근로기준법상 출산전후휴가 기간 및 남녀고용평등 및 일 · 가정 양립지원에 관한 법률에 따라 실시되는 육아휴직 기간은 법정퇴직금 산정에 있어 대상 기간인 계속 근속연수에 포함되어야 합니다.

퇴직연금은 법정 퇴직금에 갈음하는 제도이며, 출산전후휴가 및 육아휴직 실시로 인해 근로자에게 불이익한 조치를 취할 수 없고, 퇴직연금 중 DB형 퇴직연금의 경우에는 출산휴가기간 이나 육아휴직 기간과 관계없이 실제로 퇴직하는 시점에서 평균임금을 산정하여 법정 퇴직금 이상의 금액을 지급해야 하는데, 연간 지급하는 임금 총액의 1/12 이상을 불입해야 하는 DC형 퇴직연금에 가입하였다고 해서 법정 퇴직금이나 DB형 퇴직연금 가입자에 비하여 출산휴가, 육아휴직 등으로 불이익을 받아서는 안 되므로, 출산전후휴가기간 및 육아휴직기간에 대해서도 퇴직연금은 불입되어야 합니다.

이때 불입하는 금액 기준을 어디에 둘 것인지와 관련하여, 법정 퇴직금의 기준이 되는 평균임금 산정 시, 출산휴가기간 및 육아휴직기간은 실제로 지급되는 임금이 평소와 달라지므로, 계속 근무연수에는 산입하되 평균임금 산정의 기준이 되는 마지막 3개월에서는 제외하도록 근로기준법 시행령에서 정하고 있으므로, 이러한 점에 비추어 볼 때, 연간 임금총액의 1/12 이상을 불입하는 DC형 퇴직연금의 경우, 1년 중 출산휴가기간 및 육아휴직기간을 제외한 나머지 기간 동안 지급된 연간 임금총액을 같은 기간으로 나눈 금액을 퇴직연금 불입액으로 납입하여야 합니다.

이와 관련하여 고용노동부에서도,

"근로자퇴직급여보장법 제13조 제1호에 따라 확정기여형 퇴직연금제도를 가입한 사용자는 연간 1회 이상 가입자의 연간 임금 총액의 12분의 1을 부담금으로 납부해야 함.

그러나 근로자가 당해 연도에 휴업해서 연간 임금총액이 낮아질 경우는 휴업의 사유에 따라 달리 적용되어야 하는바, 수습사용 기간, 업무상 부상, 질병으로 휴업한 기간, 출산휴가기간, 육아휴직기간, 사업주의 귀책사유로 인한 휴업 기간, 적법한 쟁의행위 기간, 병역법 등의 의무이행 기간 및 업무외 부상, 질병 기타의 사유로 인하여 사용자의 승인을 얻어 휴업한 기간에 대해서는 해당 기간의 임금을 제외한 연간 임금총액을 해당 기간을 제외한 기간으로 나눈 금액을 부담금으로 납부해야 함"

이라는 행정해석을 내리고 있으며, 아래의 산식에 따라 불입금액을 계산하도록 하고 있다.

휴업기간 중 지급된 임금을 제외한 연간 임금총액/(12 – 휴업기간)

이때 휴업기간을 월수로 환산하는 방법은 30일인 달에서 15일을 휴업하였다면 0.5월로 함

"무단결근과 같이 근로자의 귀책 사유로 인한 휴업기간에는 그 기간이 유급인지 무급인지를 불문하고, 연간 지급된 임금 총액의 12분의 1의 금액을 부담금으로 납부해야 할 것"이라고 함으로써, 근로자의 귀책 사유로 인한 휴업으로 임금이 줄어드는 경우라면 그에 대해서는 DC형 퇴직연금 불입금액이 줄어들더라도 무방한 것으로 해석하고 있다(퇴직급여보장팀 – 1090, 2007.03.15.).

03 퇴직소득세 계산

1 퇴직소득세 계산구조

과세체계	비 고
퇴직급여액 = 퇴직소득금액	비과세 퇴직소득 제외
퇴직소득세 과세표준 = 퇴직소득금액 - 퇴직소득공제	(퇴직소득공제) 근속연수별 공제. 기본공제(퇴직소득 금액의 40%)는 2016년부터 폐지
퇴직소득세 산출세액 ➜ 퇴직소득세 과세표준에 12배수를 하여 원천징수 세율(기본세율)을 적용	연분연승법 적용 [(퇴직소득세 과세표준 × 1/근속연수 × 12(= 환산급여)) - 차등공제] × 기본세율 ÷ 12 × 근속연수(2012. 12. 31. 이전 근속연수 분에 대해서는 (퇴직소득 과세표준 × 1/근속연수) × 기본세율 × 근속연수)

퇴직소득금액

퇴직소득 금액은 당해 연도 퇴직소득의 합계액(비과세 금액은 제외)으로 한다.

퇴직소득 산출세액

$$(\text{퇴직소득금액} - \text{근속연수공제}) \times \frac{1}{\text{전체근속연수}} \times 12 = \text{환산급여}$$

$$\text{환산급여} - \text{환산급여공제} = \text{과세표준}$$

$$\text{과세표준} \times \text{기본세율} \times \frac{1}{12} \times \text{근속연수} = \text{산출세액}$$

근속연수공제

근속연수	공제액
5년 이하	100만원 × 근속연수
5년 초과 10년 이하	500만원 + 200만원 × (근속연수 – 5년)
10년 초과 20년 이하	1,500만원 + 250만원 × (근속연수 – 10년)
20년 초과	4,000만원 + 300만원 × (근속연수 – 20년)

주 근속연수는 퇴직금 산정기준이 되는 기간을 말하며, 근속연수 계산 시 1년 미만은 1년으로 한다. 예를 들어 근속연수가 1년 1개월인 경우 2년으로 한다.

주 당해 연도에 2회 이상 퇴직한 경우도 퇴직소득공제는 1회만 적용한다.

환산급여공제

환산급여	공제액
800만 원 이하	환산급여 × 100%
800만원 ~ 7,000만원	800만원 + (환산급여 – 800만원)× 60%
7,000만원 ~ 1억 원	4,520만원 + (환산급여 – 7,000만원)× 55%
1억원 ~ 3억 원	6,170만원 + (환산급여 – 1억 원)× 45%
3억원 ~	1억 5,170만원 + (환산급여 – 3억 원)× 35%

퇴직소득세 계산사례

- 입사일 : 2013년 1월 11일
- 퇴사일 : 2024년 10월 15일
- 퇴직금 : 41,441,080원인 경우

해설

(41,441,080원 – 20,000,000원) × $\frac{1}{12}$ × 12 = 21,441,080원

21,441,080원 - 16,064,648원 = 5,376,432원

- 환산급여공제 = 8,000,000원 + (21,441,080원 – 8,000,000원) × 60%

$$5{,}376{,}432\text{원} \times \text{기본세율} \times \frac{1}{12} \times 12 = 322{,}585\text{원}$$

퇴직소득세 산출근거

담당	대리	과장	부장	이사	사장

사 번 :	소 속 :
성 명 :	직 위 :
주민등록번호 :	연 락 처 :
주 소 :	

입 사 일 : 2013년 1월 1일		
퇴 사 일 : 2024년 10월 15일		
정산근속연수	141 월	12 년

항 목		내 역	결 과
근속년수		세액공제용 근속년수(1년 미만은 무조건 1년으로 본다.	12
퇴직소득과세표준계산	퇴직소득금액		41,441,080
	1. 근속년수 공제	근속연수에 따른 공제액	20,000,000
	2. 환산급여	((퇴직소득금액-1)/정산근속연수 × 12배)	21,441,080
	3. 환산급여별공제		16,064,648
	4. 과세표준		5,376,432
퇴직소득세액계산	1. 환산산출세액		322,585
	2. 산출세액	(1./12배 × 정산근속연수)	322,585
퇴직소득원천징수세액			322,580
지방소득세			32,250
납부할 세액			354,830

위의 사실을 확인함 2024 년 10 월 15 일

근로자 : **손원준** 인 사용자 : **홍길동** 인

■ 소득세법 시행규칙[별지 제24호서식(2)]

관리번호	

퇴직소득원천징수영수증/지급명세서

([ ] 소득자 보관용 [ ] 발행자 보관용 [ ] 발행자 보고용)

거주구분	거주자1 / 비거주자2
내외국인	내국인1/ 외국인9
종교관련종사자 여부	여 1/ 부 2
거주지국	거주지국코드
징수의무자구분	사업장

징수의무자	①사업자등록번호		②법인명(상호)		③대표자(성명)	
	④법인(주민)등록번호		⑤소재지(주소)			
소득자	⑥성 명		⑦주민등록번호			
	⑧주 소				(9) 임원여부	부
	(10) 확정급여형 퇴직연금 제도 가입일				(11) 2011.12.31.퇴직금	

귀 속 연 도	2024-01-01	부터	(12) 퇴직사유	[ ]정년퇴직 [ ]정리해고 [●]자발적 퇴직
	2024-10-15	까지		[ ]임원퇴직 [ ]중간정산 [ ]기 타

퇴직급여현황	근 무 처 구 분	중간지급 등	최종	정산
	(13) 근무처명			
	(14) 사업자등록번호			
	(15) 퇴직급여	-	41,441,080	41,441,080
	(16) 비과세 퇴직급여	-	-	-
	(17) 과세대상 퇴직급여(15-16)	-	41,441,080	41,441,080

근속연수	구 분	(18)입사일	(19)기산일	(20)퇴사일	(21)지급일	(22)근속월수	(23)제외월수	(24)가산월수	(25)중복월수	(26)근속연수
	중간지급 근속연수					-	-	-		-
	최종 근속연수	2013-01-01	2013-01-01	2024-10-15	2024-10-15	142	-	-		12
	정산 근속연수		2013-01-01	2024-10-15		142	-	-	-	12

과세표준계산	계 산 내 용	금 액
	(27)퇴직소득(17)	41,441,080
	(28)근속연수공제	20,000,000
	(29) 환산급여 [(27-28) × 12배 /정산근속연수]	21,441,080
	(30) 환산급여별공제	16,064,648
	(31) 퇴직소득과세표준(29-30)	5,376,432

퇴직소득세액계산	계 산 내 용	금 액
	(32) 환산산출세액(31 × 세율)	322,585
	(33) 퇴직소득 산출세액(32 × 정산근속연수 / 12배)	322,585
	(34) 세액공제	-
	(35) 기납부(또는 기과세이연) 세액	-
	(36) 신고대상세액(33 - 34 - 35)	322,585

이연퇴직소득세액계산	(37) 신고대상세액(36)	연금계좌 입금명세					(39) 퇴직급여(17)	(40) 이연 퇴직소득세 (37 × 38 / 39)
		연금계좌취급자	사업자등록번호	계좌번호	입금일	(38)계좌입금금액		
	-					-	-	-
						-		
		(41) 합 계				-		

납부명세	구 분	소득세	지방소득세	농어촌특별세	계
	(42) 신고대상세액(36)	322,585	32,258		354,843
	(43) 이연퇴직소득세(40)	-	-		-
	(44) 차감원천징수세액(42-43)	322,580	32,250	-	354,830

위의 원천징수세액(퇴직소득)을 정히 영수(지급)합니다.

년 월 일

징수(보고)의무자 (서명 또는 인)

세무서장 귀하

2 퇴직소득에 대한 원천징수

원천징수의무자가 퇴직소득을 지급할 때 원천징수 하는 소득세는 다음에 따라 계산한다.

구 분	징수세액
퇴직소득을 받는 거주자가 이미 지급받은 퇴직소득이 없는 경우	지급할 퇴직소득세 과세표준에 원천징수 세율을 적용해서 계산한 금액
퇴직소득을 받는 거주자가 이미 지급받은 퇴직소득이 있는 경우	이미 지급된 퇴직소득과 자기가 지급할 퇴직소득을 합계한 금액에 대하여 퇴직소득세액을 계산한 후 이미 지급된 퇴직소득에 대한 세액을 뺀 금액

3 원천징수영수증 발급 및 지급명세서 제출

퇴직소득을 지급하는 자는 그 지급일이 속하는 달의 다음 달 말일까지 그 퇴직소득의 금액과 그 밖에 필요한 사항을 적은 퇴직소득 원천징수영수증을 퇴직소득을 지급받는 사람에게 발급해야 하며, 퇴직소득에 대한 소득세를 원천징수 하지 않은 때에는 그 사유를 함께 적어 발급한다.

소득세 납세의무가 있는 개인에게 퇴직소득을 국내에서 지급하는 자는 지급명세서를 그 지급일이 속하는 과세기간의 다음 연도 3월 10일(휴업 또는 폐업한 경우 휴업일 또는 폐업일이 속하는 달의 다음다음 달 말일)까지 원천징수 관할 세무서장, 지방국세청장 또는 국세청장에게 제출해야 한다.

원천징수의무자가 12월에 퇴직한 자의 퇴직급여액을 다음연도 2월 말일까지 지급하지 않는 때에는 2월 말일에 지급한 것으로 보아 앞서 설명한 절차를 진행한다.

4 퇴직소득에 대한 세액 정산

퇴직자가 퇴직소득을 지급받을 때 이미 지급받은 다음의 퇴직소득에 대한 원천징수 영수증을 원천징수 의무자에게 제출하는 경우 원천징수의무자는 퇴직자에게 이미 지급된 퇴직소득과 자기가 지급할 퇴직소득을 합계한 금액에 대해서 정산한 소득세를 원천징수 해야 한다.

❶ 해당 과세기간에 이미 지급받은 퇴직소득

❷ 근로 제공을 위해서 사용자와 체결하는 계약으로서 사용자가 같은 하나의 계약(퇴직으로 보지 않을 수 있는 경우를 포함)에서 이미 지급받은 퇴직소득

세액정산(이미 지급된 퇴직소득과 자기가 지급할 퇴직소득을 합계한 금액에 대하여 퇴직소득세액을 계산한 후 이미 지급된 퇴직소득에 대한 세액을 뺀 금액을 납부하는 방법)은 퇴직자의 선택사항이나, 해당 과세기간에 이미 지급받은 퇴직소득은 반드시 합산해야 한다.

5 퇴직소득 과세표준 확정신고

해당 과세기간의 퇴직소득 금액이 있는 거주자는 그 퇴직소득세 과세표준을 그 과세기간의 다음 연도 5월 1일부터 5월 31일까지 납세지 관할 세무서장에게 신고해야 한다(해당 과세기간의 퇴직소득 과세표준이 없을 때도 적용됨). 다만, 퇴직소득에 대한 원천징수를 통해서 소득세를 납부한 자에 대해서는 그 퇴직소득세 과세표준을 신고하지 않을 수 있다.

2인 이상으로부터 받는 퇴직소득이 있는 자가 퇴직소득세를 냄으로써 확정신고 · 납부를 할 세액이 없는 경우가 아니면 반드시 퇴직소득 과세표준 확정신고를 해야 한다. 이때 제출할 서류는 다음과 같다.

❶ 퇴직소득 과세표준 확정신고 및 납부계산서

❷ 퇴직소득 원천징수영수증 또는 퇴직소득 지급명세서

Tip 퇴직 판정의 특례

1. 퇴직소득으로 보지 아니할 수 있는 경우

퇴직소득은 거주자, 비거주자 또는 법인의 종업원이 현실적으로 퇴직함으로써 지급 받는 일시금으로 다음에 해당하는 사유가 발생하였으나 퇴직급여를 실제로 받지 않은 경우는 퇴직으로 보지 아니할 수 있다.

① 종업원이 임원이 된 경우

② 합병·분할 등 조직변경, 사업양도 또는 직·간접으로 출자 관계에 있는 법인으로의 전출이 이루어진 경우

③ 법인의 상근 임원이 비상근임원이 된 경우

2. 퇴직으로 보는 경우

계속근로기간 중에 다음에 해당하는 사유로 퇴직급여를 미리 지급받은 경우(임원인 근로소득자를 포함한다.)에는 그 지급받은 날에 퇴직한 것으로 본다.

① 퇴직금 중간정산 사유에 의해 퇴직금을 중간정산 받은 경우

② 법인의 임원이 향후 퇴직금을 지급받지 않는 조건으로 급여를 연봉제로 전환하는 경우

③ 「근로자퇴직급여 보장법」 제38조에 따라 퇴직연금제도가 폐지되는 경우

Tip 계산 착오로 인해 퇴직금 추가 지급 시 퇴직소득세 계산

종업원에게 퇴직금을 지급 후 근무기간에 대한 퇴직금이 추가 발생하여 퇴직금을 추가로 지급하는 경우 추가 지급하는 퇴직금을 종전 지급한 퇴직금과 합산하여 납부할 소득세액을 재계산해야 할 것이며, 원천징수이행상황신고시 귀속연도는 퇴사한 날이며, 지급연도는 추가 퇴직금을 지급하는 날로 기재하여 제출하면 된다.

기존에 신고한 원천징수이행상황신고서를 수정하여 제출하는 것이 아님에 유의하기를 바라며(수정신고가 아니므로 가산세는 없는 것으로 보임), 원천징수이행상황신고서의 지급금액은 추가 지급하는 퇴직금을 기재하고 원천징수세액란에는 추가로 납부할 소득세액을 기재하면 된다.

Tip 2회 이상 퇴직금 중간정산 후 퇴직소득 세액정산 방법

1. 2회 이상 퇴직금 중간정산 후 퇴직소득 세액 정산 방법

[제 목]

2회 이상 퇴직금 중간정산 후 퇴직소득 세액 정산 방법(소득, 서면-2020-법령해석소득-5462, 2021.06.29.)

[요 지]

원천징수의무자는 이미 지급된 퇴직소득 중 원천징수영수증이 제출된 퇴직소득과 자기가 지급할 퇴직소득을 합계한 금액에 대하여 정산한 소득세를 원천징수하여야 하는 것임

[회 신]

귀 서면질의의 경우, 퇴직자가 퇴직소득을 지급받을 때 근로제공을 위하여 사용자와 체결하는 계약으로서 사용자가 같은 하나의 계약에서 이미 지급받은 퇴직소득에 대한 원천징수영수증을 원천징수의무자에게 제출하는 경우, 원천징수의무자는 이미 지급된 퇴직소득 중 원천징수영수증이 제출된 퇴직소득과 자기가 지급할 퇴직소득을 합계한 금액에 대하여 정산한 소득세를 원천징수해야 하는 것입니다.

[관련 법령]

소득세법 제22조 【퇴직소득】

2. 원천징수영수증 작성

2회 이상 퇴직금 중간정산 한 경우 작성법에 대해서 명확히 나와 있지 않아서 제 개인적인 생각으로는 2번째 중간정산시 그 전 퇴직금 중간정산액과 합산 정산했을 것으로 사료되는 바 2번째 중간정산시 퇴직소득 원천징수 내역을 기록하면 될 것으로 판단되지만, 정확한 작성을 위해서는 관할 세무서 담당자에게 문의 후 제출하기 바란다.

제7장

부가가치세 신고와 납부

1. 부가세 신고대상·신고방법·신고기간
2. 부가가치세 신고와 납부
3. 매입세액공제가 안 되는 경우
4. 부가가치세 조기환급을 받는 방법
5. 부가가치세 절세를 위한 기본습관
6. 반드시 알아야 할 부가가치세 사례 등 다수

01 부가세 신고 대상·신고 방법·신고 기간

부가가치세는 상 · 하반기 각 6개월을 1개 과세기간으로 해서 1년을 2개의 과세기간으로 나누고, 각각의 과세기간별로 확정신고 및 납부하도록 하고 있다. 다만, 각 과세기간의 초일부터 3월씩을 예정신고기간으로 해서 예정신고기간에 대한 과세표준과 납부세액 또는 환급세액을 사업장 관할 세무서장에게 신고 및 납부하거나, 직전 과세기간 납부금액의 1/2을 정부에서 예정고지결정(간이과세자 및 예정고지 세액 50만 원 미만 또는 과세기간 개시일 현재 간이과세자에서 일반과세자로 유형 전환 등 제외) 해서 납부하도록 하고 있다. 참고로 간이과세자는 1월 25일 1년에 1번 신고 및 납부를 하며, 7월 25일에는 예정부과액(세금계산서를 발급한 간이과세자 : 신고의무)에 대한 납부만 한다.

1 신규사업자

신규로 사업을 개시하는 자에 대한 최초의 과세기간은 사업개시일(개시 전 등록의 경우 사업자등록일)로부터 그날이 속하는 과세기간종료일까지이다.

예정신고 기간에 신규로 사업을 개시한 자는 법인사업자의 경우 부가가치세 예정신고(납부) 해야 하나 개인사업자(일반, 간이과세자) 및 영세법인은 예정신고(납부)하지 않고 확정신고(납부)만 한다.

구분	예정신고기간	확정신고기간
법 인	예정신고 및 납부를 해야 한다. (매출액(공급가액) 1억 5천만 원 이하 영세법인 제외)	확정신고 및 납부를 해야 한다.
개 인	예정신고 및 납부를 하지 않는다.	확정신고 및 납부를 해야 한다.

2 계속사업자

기 별		예정신고기간 및 납부대상	확정신고기간 및 납부대상
1기	개인	예정고지액(직전 과세기간 납부금액의 1/2)에 해당하는 부가가치세를 4월 25일 납부	[1월 1일부터 6월 30일까지의 부가가치세 (−) 1월 1일부터 3월 31일 납부 예정고지액]을 7월 25일 신고 및 납부
	법인	1월 1일부터 3월 31일까지의 부가가치세를 4월 25일 신고 및 납부(영세법인(매출액(공급가액) 1억 5천만 원) 이하 제외)	4월 1일부터 6월 30일까지의 부가가치세를 7월 25일 신고 및 납부
2기	개인	예정고지액(직전과세기간 납부금액의 1/2)에 해당하는 부가가치세를 10월 25일 납부	[7월 1일부터 12월 31일까지의 부가가치세 (−) 7월 1일부터 10월 30일 납부 예정고지액]을 다음 해 1월 25일 신고 및 납부
	법인	7월 1일부터 9월 30일까지의 부가가치세를 10월 25일 신고 및 납부(영세법인(매출액(공급가액) 1억 5천만 원) 이하 제외)	10월 1일부터 12월 31일까지의 부가가치세를 다음 해 1월 25일 신고 및 납부
	간이과세자는 7월 25일 예정부과액 납부(세금계산서를 발급한 간이과세자 : 신고 의무 후 다음 해 1월 25일 [1월 1일~12월 31일까지의 부가가치세 (−) 7월 25일 예정부과액]을 신고 및 납부		

3 폐업자

폐업일이 속하는 과세기간 개시일로부터 폐업 일까지의 부가가치세를 폐업일로부터 25일 이내에 신고 · 납부 해야 한다.

구 분	과세기간
법인의 해산	실질적인 폐업일. 다만, 폐업일로부터 25일 이내에 세무서장의 승인을 받은 경우 잔여재산가액 확정일(해산일로부터 365일 이내에 잔여재산가액이 확정되지 않은 경우 365일이 되는 날)
합병의 경우	합병등기일이 속하는 과세기간 개시 일부터 합병등기일
간이과세 포기 신고자	포기신고일이 속하는 과세기간 개시 일부터 포기신고일의 말일

02 부가가치세 신고와 납부

1 예정신고와 납부

예정신고대상자

- 법인사업자(영세사업자(영세법인(매출액(공급가액) 1억 5천만 원) 이하 제외)
- 개인 일반과세자 중 아래 사업자

> 사업자의 선택에 의해서 신고할 수 있는 사업자는 다음과 같다.
> - 휴업 또는 사업 부진으로 인해서 각 예정 신고기간의 공급가액 또는 납부세액이 직전 과세기간의 공급가액 또는 납부세액의 3분의 1에 미달하는 자
> - 조기환급을 받고자 하는 자
> - 세금계산서를 발급한 간이과세자 : 신고 의무

예정 고지 대상자가 예정신고 · 납부한 경우 신고의 효력은 없으며, 납부세액만 예정 고지세액의 납부로 대체할 수 있다(부가 46015-2257, 1997.10.1.).

예정신고 대상기간 및 신고·납부기한

구 분	예정신고기간	신고납부기한
1기	1월 1일부터 3월 31일까지	4월 25일
2기	7월 1일부터 9월 30일까지	10월 25일

2 확정신고와 납부

확정신고 · 납부의 대상이 되는 것은 각 과세기간에 대한 과세표준과 납부세액 또는 환급세액으로 한다. 다만, 일반사업자가 확정신고 시 예정신고 및 조기환급신고에 의한 영세율 또는 사업 설비투자로 인해서 이미 신고한 과세표준과 세액은 제외한다.

확정신고 대상자

구 분		확정신고 · 납부
법인		법인사업자는 예정신고를 하였으므로, 확정신고 시에는 4월~6월 또는 10월~12월의 사업실적만을 신고한다.
개인	일 반 과세자	개인사업자는 예정신고를 하지 않으므로 1월~6월 또는 7월~12월의 사업실적에 대한 부가가치세를 신고 · 납부 한다. 단, 조기환급 신고분은 제외한다. 개인사업자라도 조기환급, 사업 부진(매출액 또는 납부세액이 직전 과세기간의 1/3에 미달하는 경우)으로 예정신고를 했던 사업자는 4월~6월 또는 10월~12월의 사업실적을 신고한다.
	간 이 과세자	간이과세자는 1년에 1번 신고하므로 1월~12월 실적을 신고해야 한다. 단, 세금계산서를 발급한 간이과세자 1기 확정 때 신고

확정신고 대상 기간 및 신고·납부기한

구분	사업자별		유형별	신고대상 기간
1기	법인		계속사업자	1월 1일~6월 30일(예정 · 조기환급 신고분 제외)
			신규사업자(4월 이후 신규사업자)	개시일~6월 30일(조기환급 신고분 제외)
	개인	일반과세자	계속사업자	1월 1일~6월 30일(예정 · 조기환급 신고분 제외)
			신규사업자	
			1월~3월 신규사업자	1월 1일~6월 30일(조기환급 신고분 제외)
			4월~6월 신규사업자	개시일~6월 30일(조기환급 신고분 제외)
2기	법인		계속사업자	7월 1일~12월 31일(예정 · 조기환급 신고분 제외)
			신규사업자(10월 이후 신규사업자)	개시일~12월 31일(조기환급 신고분 제외)
	개인	일반과세자	계속사업자	7월 1일~12월 31일(예정 · 조기환급 신고분 제외)

구분	사업자별		유형별	신고대상 기간
2기	개인	일반과세자	신규사업자	
			7월~9월 신규사업자	7월 1일~12월 31일(조기환급 신고분 제외)
			10월~12월 신규사업자	개시일~12월 31일(조기환급 신고분 제외)
		간이과세자	계속사업자	1월 1일~12월 31일
			신규사업자	개시일~12월 31일

구 분	예정신고기간	신고납부기한
1기	1월 1일부터 6월 30일까지	7월 25일
2기	7월 1일부터 12월 31일까지	1월 25일

신고기간 중 휴업 등으로 인해서 사업실적이 전혀 없는 경우에도 반드시 부가가치세 확정신고를 해야 한다.

3 부가가치세 신고서 작성 방법

신고서의 작성은 신고대상 기간의 실제 사업실적을 신고서에 기재해서 사업자가 직접 작성해야 한다.

구체적인 신고서 작성 방법은 신고서의 뒷면에 기재된 작성 방법이나 국세청 홈페이지에 게시된 신고서 작성 방법을 참조해서 스스로 작성해야 한다.

홈택스에 가입한 사업자는 홈택스에서 전자신고를 하면 편리하게 신고서를 작성해서 세무서에 방문하지 않고 신고할 수 있다.

신고서를 스스로 작성하기 어려운 사업자는 세무대리인(세무사나 공인회계사 등)에게 의뢰해서 작성한다.

4 부가가치세 신고 시 제출해야 할 서류

신고 시 제출해야 할 서류의 종류는 부가가치세 예정(확정)신고서 외에 부가가치세법과 조세

특례제한법 등에서 정하고 있는 아래 서류를 첨부해서 신고해야 한다.

- 매출 · 매입처별 세금계산서 합계표
- 영세율 첨부 서류 등 입증서류
- 부동산임대공급가액명세서 및 전문직 사업자의 현금매출명세서 등 각종 신고 부속서류

각종 신고 관련 서식은 국세청 홈페이지(www. nts. go. kr)에도 게재하고 있으므로 이를 내려받아 사용하면 된다. 그러나 홈택스에서 신고하는 것이 가장 편리하다.

5 부가가치세 신고서 제출(접수)방법

신고서 제출방법은 다음과 같은 방법 중 납세자가 편리한 방법을 선택해서 신고서 및 첨부서류를 제출할 수 있다.

구 분	신고서 제출방법
직접 방문제출	사업장 관할 세무서를 직접 방문해서 신고서 접수창구에 제출
우편 신고방법	사업장 관할 세무서에 우편으로 발송
전자 신고방법	HTS(홈택스)에 의해서 인터넷으로 신고서를 작성한 후 전송하고 부속서류 등은 사업장 관할 세무서에 우편 또는 방문해서 제출한다.

전자신고 및 우편신고는 세무관서를 방문할 필요가 없고 시간과 교통 주차문제 등을 해결할 수 있어 편리한 방법이다. 우편신고를 하는 경우 신고기한까지 우체국 소인이 있는 것은 유효하다.

6 부가가치세 납부(환급) 방법

부가가치세 납부

납부할 세금은 납부서를 기재해서 금융기관 또는 우체국에 납부하거나, 인터넷을 통한 전자

납부방법을 이용해서 납부할 수도 있다.

신용카드에 의한 국세 납부

구 분	신용카드에 의한 국세 납부
대상세목	개인, 법인이 납부하는 모든 국세
대상금액	1,000만 원까지 납부 가능(1,000만 원 초과분도 1,000만 원까지 납부 가능). 1천만원 이하의 세액은 부과되는 농어촌특별세, 교육세, 가산세의 세액을 포함 ➜ 2012년 1월 1일 이후 신고·납부 또는 고지분부터
납부가능 카 드	KB국민, 롯데, 비씨, 삼성, 신한, 씨티, 외환, 현대, 전북은행, 광주은행, 제주은행, 수협은행, 하나비자, 농협(NH)
납부방법	• 인터넷 납부 : 금융결제원 홈페이지(www.cardrotax.or.kr)에 접속 [국세 납부] ➜ [조회납부 또는 자진 납부] ➜ [결제 수단 선택 중 신용카드]의 경로를 통해서 납부 • 세무서 방문 납부 : 일선 세무서를 방문해서 신용카드 단말기로 납부
수 수 료	신용카드 납부에 따른 1.0% 수수료는 납세자 부담이다. (분할 납부도 가능하나 분할 납부에 따른 이자 금액 및 분할 기간은 납세자와 카드사 간의 계약에 따름)

7 부가가치세 환급

환급세액이 발생한 경우는 조기환급 신고자는 신고기한 경과 후 15일 이내, 일반환급 신고자는 예정신고 시에는 환급되지 않으며, 확정신고 시 예정신고 미환급세액으로 공제한 후 환급세액이 발생한 경우 확정 신고기한 경과 후 30일 내 환급결의 해서 신고인의 은행 등 금융기관이나 우체국의 예금계좌로 송금해 준다.

그러므로 환급세액이 발생한 경우는 부가가치세 신고서의 국세환급금 계좌신고란에 환급금을 송금받을 본인 명의 예금계좌를 반드시 기재해야 하며, 환급세액이 2,000만 원 이상의 경우는 별도의 「계좌개설(변경)신고서」에 통장 사본을 첨부해서 신고해야 한다.

국세환급금이 2,000만 원 이상인 경우에도 「계좌개설(변경)신고서」 신고시 인감증명서를 첨부하지 않아도 된다.

구 분	환급방법
환급계좌를 신고한 경우	환급계좌로 환급금 입금
환급계좌를 신고하지 않은 경우	관할 세무서에서 발급한 환급통지서를 우체국 등에 가지고 가서 제출하면 환급금을 준다.

Tip 부가가치세 신고 시 검토할 사항

1. 과세표준 및 매출세액 검토

• 매출 관련 증빙서류(세금계산서 등)는 거래처와 맞추어서 누락되었는지? 확인하고, 세금계산서의 적정성 여부를 검토한다.

① 매출 세금계산서를 누락한 경우 : 최소 20% 이상의 가산세를 추징당할 수 있다.

② 세금계산서 발급 시 필요적 기재사항을 정확하게 기입해서 발행해야 한다.

③ 거래상대방의 주민등록번호를 기재해서 발행한 세금계산서도 신고대상이므로 누락하지 않도록 해야 한다.

④ 신용카드 발행분과 현금영수증 발행분 신고 시 공급가액과 세액으로 구분해야 한다.

• 홈택스에 들어가서 매출 관련 전자세금계산서 내역을 확인하고 출력한다.

• 세금계산서 과세분과 영세율 적용분을 구분해야 한다.

• 예정신고 시 매출액 누락분이 있는지 검토한다.

예정신고 누락분이 있는 경우 매출처별세금계산서합계표불성실가산세와 신고불성실가산세 그리고 납부(환급)불성실가산세도 계산해서 납부해야 함을 유념해야 한다.

• 대손세액이 있는지? 여부를 검토한다.

① 매출액에 대해서 대손을 확정 받기 위해서는 법에서 정한 대손사유에 해당되어야 하므로 이를 우선적으로 검토해야 한다.

② 공급일로부터 5년이 경과된 날이 속하는 과세기간의 확정 신고 기한 내에 대손이 확정된 경우에만 대손세액을 차감할 수 있으므로 기간 검토에 유념해야 한다. 또 민법상의 단기 시효(1년, 3년 시효)에 해당 하는지 확인해 본다.

③ 대손세액부분에 대해서 당초 부가가치세 신고 시 매출로 신고되었는지 확인해 본다. 당초부터 매출로 신고하지 않았다면 대손세액으로 공제받을 수 없다.

④ 어음, 수표 부도발생의 경우 부도발생 일부터 6개월이 경과 되었는지 여부를 검토해 본다.

2. 매입세액 검토

• 매입관련 증빙서류(세금계산서 등)는 거래처와 맞추어서 누락되었는지 확인하고, 세금계산서의 적정성 여부를 검토한다.

① 매입세금계산서를 누락한 경우 : 매입세액에 대해 공제를 못 받을 수 있다.

② 발급받은 세금계산서 상 필요적 기재사항이 모두 기록되어 있는지 확인한다.

③ 세금계산서를 우선 팩스로 받은 경우 반드시 원본과 대조해야 한다(반품 등 적자 확인에 유의).

④ 면세사업자로부터 받은 세금계산서는 매입세액을 공제받을 수 없으므로 확인해야 한다.

⑤ 예정신고 시 누락한 매입세금계산서는 확정신고 때 세액공제를 받을 수 있다.

• 홈택스에 들어가서 매입 관련 전자세금계산서 내역을 확인하고 출력한다.

• 매입세액불공제 사유에 해당되는지 검토해야 한다.

일정한 사유에 해당하는 매입세금계산서는 매입세액을 공제받을 수 없다. 만약, 매입세액불공제 사유에 해당하는 경우로 매입세액공제를 받았다면 신고불성실가산세와 납부불성실가산세 등의 불이익을 당할 수 있으므로 주의해야 한다. 참고로 일정한 사유란 세금계산서 불성실 기재 분, 사업과 직접 관련 없는 지출에 대한 매입세액, 비영업용 소형승용차 구입 · 유지 및 임차비용, 기업업무추진비(= 접대비), 면세사업과 관련된 매입세액, 토지의 자본적 지출분, 등록 전 매입세액 등을 말한다.

• 신용카드매출전표 수취분과 관련된 사항을 검토해야 한다.

① 신용카드매출전표는 일반과세자로부터 발급받아야 한다. 즉, 면세사업자로부터 발급받은 경우 매입세액공제를 받을 수 없다.

② 신용카드매출전표 등 수령금액 합계표를 작성했는지 검토한다.

③ 신용카드매출전표와 세금계산서를 중복해서 발급받은 경우 세금계산서를 기준으로 해서 매입세액을 공제받고 신용카드매출전표는 소명자료로 이용될 수 있으므로 주의해서 보관한다.

• 의제매입세액공제가 있는지 검토해야 한다.

① 면세로 공급받은 계산서 및 신용카드매출전표 수취분일 경우 매입처별계산서합계표와 신용카드매출전표 등 수령금액 합계표를 제출한다.

② 의제매입세액공제신고서를 작성하였는지 검토한다.

③ 공제율이 적정하게 적용되었는지 검토한다.

• 겸업사업자의 경우 공통매입세액이 있는지 검토해야 한다.

① 공급받은 재화 또는 용역이 과세사업과 면세사업에 공통으로 사용되었다면 면세사업에 사용된 매입세액은 공제받을 수 없으므로 면세사업에 사용된 매입세액이 얼마인지 검토한다.

② 면세가액비율이 5% 미만의 경우는 전액 공제받을 수 있으므로 면세가액비율도 검토해야 한다.

03 매입세액공제가 안 되는 경우

1 매입처별세금계산서합계표를 미제출 · 부실 기재한 경우

2 세금계산서를 미수취 및 부실 기재한 경우

신고 시 매입처별세금계산서합계표를 미제출한 경우와 제출하였으나 필요적 기재사항 중 전부 또는 일부가 기재되지 아니한 경우 및 사실과 다르게 기재된 경우는 매입세액을 공제하지 않는다.

그러나 다음의 경우에는 매입세액공제가 가능하다.

- 매입처별세금계산서합계표 또는 신용카드매출전표 등 수령명세서를 수정신고, 경정청구, 기한 후 신고 시 제출하는 경우
- 기재 내용이 착오로 잘못 기재된 경우로 세금계산서 등에 의해서 거래 사실이 확인되는 경우
- 사업자가 발급받은 세금계산서 또는 신용카드매출전표 등을 경정기관의 확인을 거쳐 정부에 제출하는 경우
- 동일 과세기간에 발급된 공급시기와 발급 시기가 다른 세금계산서
- 공급가액이 과대계상 된 경우 실지 거래 해당 분

3 사업과 직접 관련이 없는 지출에 대한 매입세액

예를 들어 다음의 경우에는 사업과 관련 없는 지출로 본다.

- 사업자가 그 업무와 관련 없는 자산을 취득 · 관리함으로써 발생하는 취득비 · 유지비 · 수선비와 이와 관련되는 필요경비
- 사업자가 그 사업에 직접 사용하지 아니하고 타인(종업원을 제외한다)이 주로 사용하는 토지 · 건물 등의 유지비 · 수선비 · 사용료와 이와 관련되는 지출금
- 사업자가 그 업무와 관련 없는 자산을 취득하기 위해서 차입한 금액에 대한 지급이자
- 사업자가 사업과 관련 없이 지출한 기업업무추진비(= 접대비)

  사업과 관련해서 사용인에게 실비변상적이거나 복지 후생적 목적으로 지급되는 물품에 대해서는 물품의 판매로 보지 않으며 당해 물품의 구입과 관련된 매입세액은 공제된다.
- 직원들의 야유회, 어버이날 위안잔치와 관련된 매입세액
- 사용인에게 무상으로 공급된 작업복, 작업모, 면장갑 등과 관련된 매입세액

4 비영업용 소형승용자동차의 구입과 유지에 관한 매입세액

비영업용이란 운수업 · 자동차 판매(대여)업, 기업부설연구소에서 시험 · 연구용으로 수입하는 승용자동차와 같이 승용차가 직접 자기 사업에 사용하는 것을 말하며, 그렇지 않은 것은 비영업용이다.

예를 들어 일반회사에서 영업사원이 영업 목적으로 승용차를 사용한다고 해서 영업용이 되는 것은 아니다.

그리고 승용자동차란 개별소비세법에 의해서 개별소비세가 부과되는 승용자동차를 말한다. 즉, 개별소비세가 과세 되는 것이면 매입세액이 불공제되고, 개별소비세가 과세되지 않으면 매입세액이 공제된다.

회사별	명 칭	정 원	공제여부	차 종	비 고
현대	갤로퍼	5, 6	×	승용	
	갤로퍼 – 밴	2	○	화물	
	그레이스 – 미니버스	9, 12	○	승용, 승합	

회사별	명 칭	정 원	공제여부	차 종	비 고
현대	그레이스 – 밴	3, 6	○		
	베라크루즈	7	×	승용	
	산타모	5, 6, 7	×	승용	
	산타모	9	○	승용	8인 초과
	산타페, 스타렉스	7	×	승용	
	스타렉스	9	○	승용	8인 초과
	스타렉스 – 밴	6	○	화물	
	아토스	4	○	승용	경차
	테라칸, 투싼	7, 5	×	승용	
	베르나, 엑센트, 엑셀, 아반테, i30, 엘란트라, 쏘나타, 마르샤, 그랜저, 제네시스, 에쿠스, 다이너스티, 제네시스 쿠페, 투스카니, 티뷰론, 스쿠프	4, 5	×	승용	
	트라제XG	7	×	승용	
	트라제XG	9	○	승용	8인 초과
	포타	3	○	화물	
기아	레토나, 록스타	5	×	승용	
	레토나 – 밴, 모닝 – 밴	2	○	화물	
	모닝	5,	○	승용	경차
	비스토	5	○	승용	경차
	모하비	5	×	승용	
	스포티지, 쏘렌토	5, 7	×	승용	
	스포티지 – 밴	2	○	화물	
	카니발, 카렌스	7	×	승용	
	그랜드 카니발	11	○	승합	
	카니발	9	○	승용	
	카니발 – 밴	6	○	화물	
	타우너 – 코치, 밴, 트럭	7, 2	○	승용, 화물	국민차

회사별	명 칭	정 원	공제여부	차 종	비 고
	프레지오	9, 12, 15	○	승용, 승합	
	프레지오 – 밴	6	○	화물	
	프라이드, 리오, 쏘울, 포르테, 쎄라토, 스팩트라, 슈마, 로체,옵티마, 크레도스, K5, K7, K9, 오피러스, 엔터프라이즈	5	×	승용	
쌍용	렉스턴	5, 7	×	승용	
	로디우스	9, 11	○	승용, 승합	
	무쏘	5	×	승용	
	무쏘 – 밴, 스포츠	2, 5	○	화물	
	액티언	5	×	승용	
	액티언 – 스포츠	5	○	화물	
	카이런	7	×	승용	
	코란도	4, 5, 6	×	승용	
	코란도 – 밴	3	○	화물	
	체어맨	5	×	승용	
GM	다마스 – 밴	2	○	화물	
	다마스 – 코치	7	○	승용	
	마티즈, 마티즈 – 밴	5, 2	○	승용, 화물	경차
	윈스톰	5, 7	×	승용	
	라보	2	○	화물	
	레조	7	×	승용	
	티코	5	○	승용	경차
	젠트라, 칼로스, 라로스, 라세티, 누비라, 에스페로, 토스카, 매그너스, 레간자, 프린스, 슈퍼살롱, 브로엄, 알페온, 베리타스, 스테이츠맨	5	×	승용	
르노 삼성	QM5	5	×	승용	
	SM3, SM5, SM7	5	×	승용	

5 기업업무추진비 및 이와 유사한 비용의 지출에 관련된 매입세액

기업업무추진비(= 접대비) 및 이와 유사한 비용인 교재비, 기밀비, 사례금 등 매입세액은 공제받을 수 없다.

그러나 특정인이 아닌 일반 대중을 위한 광고선전비, 종업원을 위한 복리후생비 관련 매입세액은 공제받을 수 있다.

- 골프회원권, 콘도회원권을 취득하고 매입세금계산서를 발급받은 경우 그 회원권의 사용실태를 고려해서 접대를 위한 경우는 매입세액불공제 하지만 종사 직원의 복리후생을 위한 것이면 매입세액공제가 가능하다.
- 광고선전목적으로 자기의 상호, 로고 등이 표시된 간판과 실내장식을 대리점에 제공하고 당해 사업자의 자산으로 계상한 경우는 기업업무추진비(= 접대비)가 아니라 광고선전용품이므로 매입세액공제가 가능하다.

6 부가가치세 면세재화와 토지 관련 매입세액

7 사업자등록을 하기 전의 매입세액

사업자등록(등록신청일(사업자등록신청서 접수일)을 기준으로 한다.)을 하기 전의 매입세액을 공제하지 않는다.

사업자등록번호가 없는 경우 사업자등록신청일이 속하는 과세기간 이내의 매입세액은 사업자등록번호를 대신해 주민등록번호를 기재해서 세금계산서를 발급받은 경우는 매입세액공제를 받을 수 있다.

등록 전 매입세액은 계약 시점이나 대금 지급 시점, 세금계산서 발급 시점이 아니라 부가가치세법상 공급시기를 기준으로 계산해야 한다.

04 부가가치세 조기환급 받는 방법

일반적으로 환급은 각 과세기간 단위로 하는 것이 원칙이나, 수출 등에 의해서 영세율이 적용되거나, 사업설비투자의 경우 사업자가 부담한 부가가치세를 조기에 환급해서 사업자의 자금 부담을 덜어주기 위한 제도이다.

1 조기환급 대상

- 영의 세율이 적용되는 때
- 사업 설비를 신설 · 취득 · 확장 또는 증축하고 매입 세금계산서를 받은 경우. 여기서 사업 설비란 소득세법 및 법인세법에 의한 감가상각자산을 말한다.
- 사업자가 대통령령으로 정하는 재무구조개선 계획을 이행 중인 경우

2 조기환급 신고 방법

일반과세자 부가가치세 신고서에 당해 과세표준에 대한 영세율 첨부서류와 『매출 · 매입처별세금계산서합계표』를 첨부해서 제출해야 한다. 다만, 사업 설비를 신설 · 취득 · 확장 또는 증축함으로써 조기환급을 받고자 하는 경우는 『건물 등 감가상각자산 취득명세서』를 그 신고서에 첨부해야 한다.

조기환급 신고를 하는 경우 해당 조기환급 신고기간의 모든 매입 · 매출에 대해서 신고해야 한다.

구 분	처리방법
1월(2월)분만을 신고하는 경우	조기환급 신고기한 2월 25일(3월 25일)까지
1월~2월분을 같이 신고하는 경우	조기환급 신고기한 3월 25일까지 ➜ 2월에 사업 설비투자로 조기환급이 발생하는 사업자는 1월~2월분을 함께 신고해야 한다.
예정고지(1월~3월)자가 5월에 시설투자로 4월~5월분을 조기환급 신고하는 경우	➜ 조기환급 대상 : 반드시 4월~5월분 매출 · 매입을 함께 신고해야 한다. ➜ 조기 환급 신고기한 : 6월 25일 ➜ 7월 확정신고 : 1월~3월, 6월분을 확정 신고한다. ➜ 예정 고지분에 대해서는 기납부세액으로 확정신고 시 공제한다.

주 월별 조기환급 신고 시 매출 등이 누락된 경우 예정 · 확정 신고기한이 경과하기 전에는 세금계산서합계표미제출 · 신고불성실가산세 및 영세율 과세표준 신고불성실가산세는 부과되지 않으며, 초과 환급받은 경우에 한해서 환급불성실가산세가 부과된다.

3 조기환급 기한

예정신고 기간 중 또는 과세기간 최종 3월 중 매월 또는 매 2월에 영세율 등 조기환급 기간이다. 즉 월별 또는 매 2월을 조기환급 기간으로 한 기간의 종료일로부터 25일 이내에 신고하며, 조기환급 기간별로 당해 영세율 등 조기환급 신고기한 경과 후 10일 이내에 사업자에게 환급한다.

구분	예정신고 기간 중		과세기간 최종 3월	
	대상 기간	신고기한	대상 기간	신고기한
매월	1월 1일~1월 31일 2월 1일~2월 28일 3월 1일~3월 31일	2월 25일 3월 25일 4월 25일	4월 1일~4월 30일 5월 1일~5월 31일 6월 1일~6월 30일	5월 25일 6월 25일 7월 25일
매 2월	1월 1일~2월 28일 2월 1일~3월 31일	3월 25일 4월 25일	4월 1일~5월 31일 5월 1일~6월 30일	6월 25일 7월 25일
3월	1월 1일~3월 31일	4월 25일	4월 1일~6월 30일	7월 25일

4 신고 기간별 조기환급 범위

해당 영세율 등 조기환급 신고기간 또는 과세기간 중에 각 신고기간 단위별로 조기환급 대상이 되는 영세율 과세표준 또는 사업설비투자의 매입이 있는 경우에 한한다.

5 사업장별 조기환급

2 이상의 사업장이 있는 사업자가 어느 한 사업장에서 조기환급 사유가 발생하였을 때는 해당 사업장의 거래분만을 조기 환급 신고를 할 수 있다. 다만, 주사업장 총괄납부 사업자는 모든 사업장의 납부세액과 환급세액을 차감한 후 계산한다. 즉, 주된 사업장은 환급세액이 있고 종된 사업장은 납부할 세액이 발생하였을 때는 조기 환급세액은 주된 사업장의 환급세액에서 종된 사업장의 납부세액을 차감한 후 계산하는 것이다.

05 부가가치세 절세를 위한 기본습관

부가가치세는 하나의 거래와 관련해서 매출한 사람과 매입한 사람이 동시에 신고하는 세금이기 때문에 임의로 자료를 신고할 수 없는 세금이다. 게다가 신고할 때 내용을 누락하거나 공제대상이 아닌 매입세액을 공제대상으로 신고하게 된다면 추가납부액과 가산세가 바로 부과되기 때문에 조심해야 할 항목이다.

그리고 부가가치세 신고는 종합소득세와 법인세 매입, 매출과도 연결되므로 매우 중요하다. 그러므로 아래의 사항들을 숙지해서 절세하는 습관을 갖도록 하자

1. 일반과세자가 부담한 공과금 등에 있는 부가가치세를 돌려받자!

사업장에 관련된 전기요금, 전화요금, 도시가스 요금, 대표자 핸드폰 요금 등에 있는 부가가치세는 일반과세자(간이과세자 중 세금계산서 발급 대상 포함)에 한해서 돌려받을 수 있으며, 간이과세자는 종합소득세 계산 시에 비용으로 인정이 된다.

그러므로 자신이 부담한 부가가치세는 꼭 돌려받도록 하자

2. 일반과세자가 사업을 위해서 트럭 등 차량을 구입했을 시 부가가치세를 돌려받자!

트럭 · 9인승 차량 · 1,000cc 미만의 경차(일반 소형승용차는 제외)를 사업을 위해서 구입했다면, 이 경우 또한 부가가치세를 돌려받을 수 있다.

3. 부가가치세 낼 돈이 없더라도 신고기한에 맞춰 신고만이라도 하자!

원래 세금은 신고하면서 납부를 해야 한다. 하지만 세금을 납부할 여력이 되지 않는다면, 신고기한에 맞춰서 신고라도 해야 한다. 신고기한을 넘기면 신고불성실가산세 등 각종 가산세를 추가로 부담하게 된다.

그러므로 세금을 납부할 돈이 없더라도 신고기한에 맞춰 부가가치세 신고를 하자

4. 자신의 명의를 다른 사람에게 빌려주면 경제적인 손해를 입을 수 있다.

명의를 빌려 받은 사람이 세금을 납부하지 않으면 명의를 빌려준 사람이 부가가치세를 부담해야 할 경우가 발생하며, 국민연금과 건강보험을 추가로 부담할 수도 있다. 명의를 빌려줄 경우는 조심하자

5. 면세품을 구입할 때에는 계산서나 신용카드 영수증을 받아두자!

음식업 자영업자는 농산물이나 축산물 등 면세품을 구입하고 계산서나 신용카드영수증, 직불카드영수증을 구비하면 구입액의 일정액을 부가가치세 낼 금액에서 공제받을 수 있다.

6. 허위로 세금계산서나 계산서를 받지 말자!

자영업자가 부가가치세 부담이 크다 해서 허위로 세금계산서와 계산서를 받다 발각이 되면, 고액의 가산세를 부담해야 하므로 허위로 세금계산서나 계산서를 받는 일은 하지 말아야 한다.

7. 카드 매출·현금영수증 매출 시 세액을 공제받을 수 있다.

일반과세자는 부가가치세를 납부할 세액에서 카드 매출과 현금영수증 매출의 일정 금액의 공제가 가능하다.

8. 거래상대방이 의심스러우면 정상 사업자인지? 여부를 확인하자!

홈택스 > 상담 · 불복 · 고충 · 제보 · 기타 > 기타 > 사업자 상태 > 사업자 상태 조회(사업자등록번호)에 들어가서 사업자 등록번호를 기재한 후 클릭하면, 상대방 사업자가 간이과세자(세금계산서 발급 가능 간이과세자 포함) · 일반과세자 · 직권 폐업된 사업자인지 정보를 얻을 수 있다.

9. 매입세액공제항목을 정확히 파악하자!

유 형		공제	상세 내용
컴퓨터, 책상, 의자, 냉장고 등 집기 구입		가능	사업과 관련된 경우 공제 가능
직원 식비 및 회식비용		가능	사회적 통념 범위 내에서 가능
전기요금, 전화요금, 인터넷 사용료		가능	사업자번호를 제시하고 세금계산서 발급 지로용지로 세금계산서 대용 가능
택시요금		불가능	여객운송업종은 공제 불가
주차비	직원 출퇴근 차량용	불가능	업무와 관련되지 않은 용도 공제 불가
	고객 또는 거래처 방문 차량	가능	세금계산서를 수취하는 경우 공제 가능
작업복 등		가능	사업 관련 복리후생비
직장체육비 등		가능	개인 여가가 아닌 영업활동 증대를 위한 직원 복지 차원인 경우
무기명 선불카드 또는 기프트카드 사용분		불가능	
직불카드 및 기명식 선불카드 사용분		가능	
분식점	4,800만 원 미만 간이과세자	불가능	세금계산서 발행 안 됨
	일반과세자, 4,800만 원 이상 간이과세자	가능	세금계산서 발행 가능
직원 단합을 위한 영화, 공연 관람		불가능	입장권 발행 사업자는 세금계산서 발행 불가
출장을 위한 철도 및 항공권 구입		불가능	여객운송업은 공제 불가, 화물은 가능
유흥주점 및 골프장 등		불가능	기업업무추진비(= 접대비) 관련 지출일 경우 불가
		가능	사회통념상 인정 가능 범위의 회식 등 입증 가능한 사업 관련 비용

06 반드시 알아야 할 부가가치세 사례

1 신용카드매출전표 등 수령분의 매입세액공제

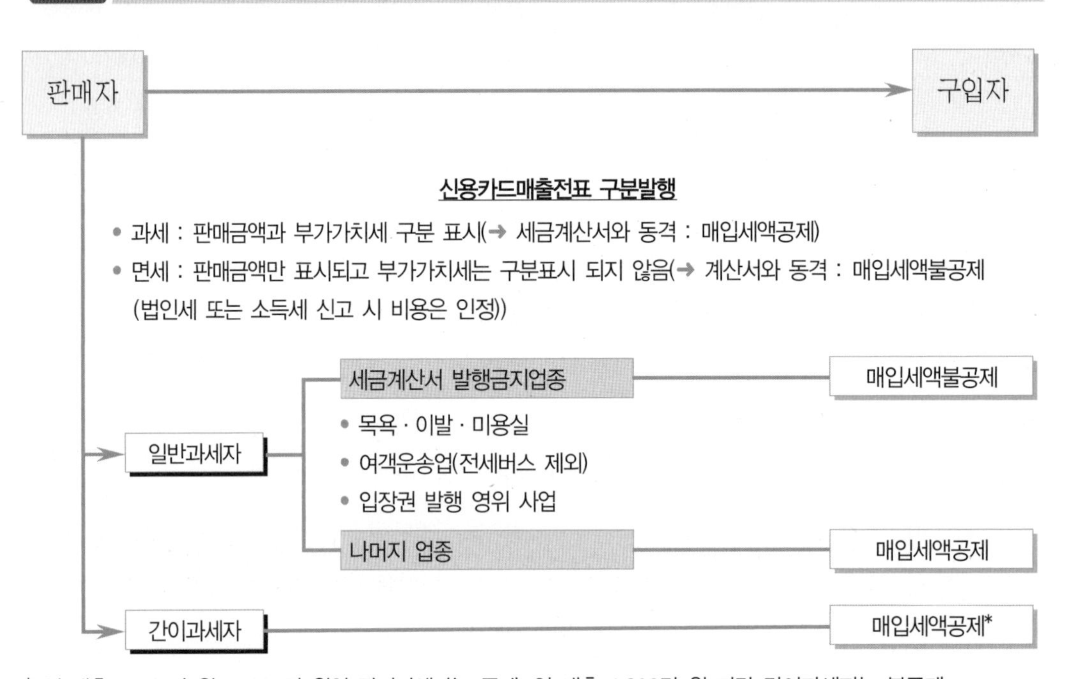

판매자
구입자
신용카드매출전표 구분발행
• 과세 : 판매금액과 부가가치세 구분 표시(➜ 세금계산서와 동격 : 매입세액공제)
• 면세 : 판매금액만 표시되고 부가가치세는 구분표시 되지 않음(➜ 계산서와 동격 : 매입세액불공제
(법인세 또는 소득세 신고 시 비용은 인정))
세금계산서 발행금지업종
매입세액불공제
• 목욕 · 이발 · 미용실
일반과세자
• 여객운송업(전세버스 제외)
• 입장권 발행 영위 사업
나머지 업종
매입세액공제
간이과세자
매입세액공제*

* 연 매출 4,800만 원~8,000만 원인 간이과세자는 공제, 연 매출 4,800만 원 미만 간이과세자는 불공제

2 차량(소형승용차)을 파는 경우 부가가치세

과세사업에 사용하던 차량 판매

사업자가 과세사업에 사용하던 차량을 매각하는 때에는 부가가치세가 과세 되며, 세금계산서 발급대상에 해당한다. 따라서 상대방에게 부가가치세를 별도로 징수해야 한다. 다만, 그 대가로 받은 금액에 공급가액과 부가가치세액이 별도 표시되어 있지 않은 경우와 부가가치

세가 포함되어 있는지 불분명한 경우에는 거래금액 또는 영수할 금액의 110분의 10에 상당하는 금액을 당해 부가가치세로 보는 것이다. 한편 부가가치세를 별도로 구분하여 거래징수할 것인지 또는 거래금액에 포함하여 거래징수할 것인지? 여부는 계약당사자 간에 결정할 사항이다.

면세사업에 사용하던 차량 판매

부가가치세가 면제되는 사업을 영위하는 사업자가 당해 면세사업을 위하여 사용하던 고정자산(차량 및 컴퓨터 등 집기 비품)을 타인에게 매각하는 경우는 부가가치세가 과세되는 재화의 공급에 해당하지 않는 것이다.

사업과 관련 없는 개인용도 차량 판매

과세사업과 관련 없이 개인회사 사장, 법인 대표 등 개인적 용도로 사용하던 차량(승용자동차, 화물자동차 등)을 매각하는 때에는 부가가치세 과세대상에서 제외되어 세금계산서 발급대상이 아니다.

3 통신사업자, 백화점에서 경품제공 시 부가가치세

백화점, 이동통신 사업자가 사업상 경품, 증정품, 사은품을 제공하는 경우 부가가치세 과세 여부는 일반 구매자에게 차별 없이 제공되는 광고선전비의 경우에는 과세하지 않으나 특정인을 선발하거나 추첨에 의해서 제공되는 승용차, 김치냉장고 등은 특정인에게 제공되는 기업업무추진비(= 접대비)이므로 사업상 증여에 해당해 부가가치세가 과세된다. 다만, 구입 시 매입세액공제를 받지 않은 것은 과세되지 않는다.

4 포괄적 사업양수도의 요건과 사례

포괄적 사업양수도 요건

양도자와 양수자가 과세 사업자이어야 하고 사업양도 후 사업양도신고서를 제출해야 사업양수도를 인정받을 수 있다.

서류상 절차는 사업을 포괄적으로 양도 · 양수한 경우

- 양도자는 부가가치세 확정신고를 할 때 '사업양도신고서'를 제출해야 하고,
- 양수자는 사업자등록을 할 때 일반과세자로 사업자등록을 해서 양도양수계약서 사본을 제출하면 된다.

포괄적 사업의 양도·양수로 보지 않는 사례

사업장별로 사업을 포괄적으로 양도한 경우(법 소정 요건을 충족한 분할 · 분할합병 포함)는 과세거래로 보지 않으나, 다음의 경우에는 포괄적 사업의 양도 · 양수로 보지 않으므로 부가가치세가 과세된다.

- 일반과세자가 간이과세자에게 사업을 양도하는 경우
- 사업양도인이 사업양도를 부가가치세 과세거래로 보고 세금계산서를 발급한 경우로써 거래징수 한 세액을 신고 · 납부한 경우
- 건물을 판매할 목적으로 신축한 후 잠시 임대업을 하다 건물을 양도한 경우
- 과세사업과 면세사업을 겸업하는 사업자가 과세사업 또는 면세사업만을 양도하는 경우
- 사업용 고정자산과 재고자산을 제외하고 양도
- 사업과 관련된 종업원 전부를 제외하고 양도

다만, 사업에 관한 권리와 의무 중 미수금과 미지급금에 관한 것과 외상매출금과 외상매입금을 포함하지 않고 승계시킨 경우는 부가가치세가 과세되지 않는 사업의 포괄 양도양수에 해당한다.

Tip 다른 사람이 하던 사업을 인수해서 사업을 할 경우 고려할 부분

기존 사업을 인수한 자는 개업일부터 20일 이내에 신규로 사업자등록을 해야 한다.

또한, 기존에 사업을 하던 사업자는 폐업신고서를 제출하고 폐업일까지의 거래에 대하여 폐업일이 속한 달의 다음달 25일 이내에 부가가치세를 확정신고 · 납부 해야 한다.

기존사업자가 폐업과 동시에 보유하던 물건 및 비품 등을 인수자에게 인계하는 경우, 세금계산서를 교부하고 부가가치세 확정신고 · 납부 시 매출 과세표준에 포함하면 인수자는 교부받은 세금계산서의 매입세액을 공제받을 수 있다.

다만, 사업양도자가 사업을 그 사업에 관한 권리와 의무를 포괄적으로 인수하려는 사업양수자에게 인계함으로써(업종 추가 및 업종 변경한 경우 포함) 세법에서 규정하는 사업양도에 해당하는 경우, 인계시키는 재화 등은 과세되는 거래로 보지 않으므로 세금계산서를 교부할 필요가 없다.

이 경우 사업양도자는 부가가치세 신고 시 사업양도 · 양수 계약서 사본을 첨부한 '사업양도신고서' 를 제출해야 한다.

일반과세자로부터 사업을 포괄적으로 양도 · 양수한 경우 양수한 사업자는 간이과세자가 될 수 없다.

5 자사 제품을 무상으로 임직원이나 거래처에 주는 경우

자사 제품을 무상으로 선물로 지급하는 경우 처리 방법을 살펴보면 다음과 같다.

구 분		세무상 처리
임직원 (복리 후생비)	자사 제품	자사 제품을 지급하는 경우는 개인적 공급으로 제품의 시가를 기준으로 부가가치세를 납부한다. 단, 동일 법인 내의 다른 사업장에서 대가를 지급하고 구입한 재화는 자가공급이 아니고 일반적 재화 거래에 해당하므로 세금계산서를 주고받는 것이며, 다른 매입과 마찬가지로 처리하면 된다. 즉, 대가를 지급하지 않은 물품을 지급한 경우에만 자가공급에 해당하는 것이다. 반면 선물을 받은 임직원은 근로소득으로 보아 근로소득세를 원천징수 · 납부 해야 한다.
	구입 후 지급	선물을 구입해서 임직원에게 지급하는 경우 자가공급에 해당하며, 해당 매입세액공제를 받지 않은 때 및 1인당 연 10만 원 이하만 부가가치세가 과세되지 않는다.
거래처 (기업업무추진비(= 접대비))	자사 제품	업무와 관련해서 특정 거래처에 자사 상품을 무상으로 제공하는 경우는 기업업무추진비(= 접대비)로 처리하며, 시가를 기준으로 부가가치세를 납부해야 한다.
	구입 후 지급	업무와 관련해서 특정 거래처에 구입한 상품을 제공하는 경우는 기업업무추진비로 처리한다. 업무와 관련 없이 지급한 경우라면 비지정기부금으로 처리도 가능하나 이 역시 손금불산입 사항이다. 또한, 구입한 물품은 기업업무추진비로서 매입세액불공제 대상이다.

6 수출 재화의 경우 공급시기

- 수출하는 재화의 경우 수출하는 재화의 선적일(기적일)
- 원양어업의 경우에는 수출하는 재화의 공급가액이 확정되는 때
- 위탁가공방식 또는 외국인도수출의 경우에는 외국에서 당해 재화가 인도되는 때

7 무환수출 및 무환수입 시 부가가치세 처리

무환수출 시

사업자가 재화를 수출 물품의 하자로 수리 후 또는 동일 제품을 국외로 무상으로 반출하는 경우에도 영세율을 적용하는 재화의 수출에 해당하는바 별도의 회계처리는 필요 없지만, 부가가치세 등 세무상 신고는 해야 한다.

그러나 사전약정에 의해 일정기간 내 수출 물품의 하자로 동일 물품을 무환으로 재수출하는 경우는 재화의 공급으로 보지 않으므로 영세율 수출이 아니다.

- 자기 사업을 위해서 대가를 받지 않고 국외의 사업자에게 견본품을 반출하는 경우에는 재화의 공급으로 보지 않는다.
- 대한무역진흥공사를 통해서 해외에서 개최되는 박람회에 무상으로 출품하는 재화는 수출하는 재화에 해당한다.
- 위탁가공을 위해서 기계장치를 국외의 수탁 가공 사업자에게 무상으로 반출하는 경우 영의 세율이 적용되며, 동 재화에 대한 매입세액은 공제받을 수 있다.
- 사업자가 국내에서 기계장치 등을 구입해서 외국에 소재하는 현지 법인에게 현물출자 하는 경우 영의 세율이 적용되며, 매입세액공제가 가능하다.

무환수입 시

해외로부터 무환수입 시 세관장으로부터 발급받은 수입세금계산서의 매입세액은 부가가치세를 부담한 경우에 한정해서 자기의 매출세액에서 공제받을 수 있는 것이나, 물품대금 및 관세, 부가가치세를 통관업체에서 대납해 준 경우 매출세액에서 공제할 수 없다.

8 수입재화를 반품하는 경우 영세율 적용

사업자가 수입한 재화를 반품하는 경우 수출하는 재화에 해당해서 영세율을 적용하는 것이며, 부가가치세 신고 시 이를 누락하는 경우 가산세가 부과된다.

9 동일재화를 수리해서 재수출하거나 동일제품을 교환해서 재수출하는 경우

사업자가 재화를 수출한 후 당초 계약 내용과 상이해서 반입된 재화로서 세관장으로부터 수입세금계산서를 발급받은 경우는 반입일이 속하는 예정신고 또는 확정신고 시 부가가치세 과세표준에서 반입 재화의 공급가액을 차감해서 과세표준을 계산하며, 당해 수입세금계산서 상의 매입세액은 반입일이 속하는 예정신고 또는 확정신고 시 매입세액공제가 가능하다.

그러나 반입된 재화를 수리해서 재수출하거나 동일 제품으로 교환해서 재수출하는 경우 반입 시 과세표준에서 공제하지 않고 재수출 시에는 영세율 과세표준 대상이 아니므로 수출실적명세서에 기재할 필요가 없다.

10 마일리지 사용 시 부가가치세 과세표준

고객이 물품 구입 시 구입대금의 일부 또는 전부를 적립된 마일리지에 의해서 대금의 전부 또는 일부를 결제하는 경우 당해 마일리지 상당액은 부가가치세 과세표준에 포함되는 것이다.

11 월 임대료를 지급하지 못해서 임대보증금에서 차감하는 경우

매월 임대료와 보증금 중 매월 임대료를 순차적으로 차감해서 계산한다.

예를 들어 보증금 2천만 원에 월세 100만 원인 경우(1월부터 순차적으로 차감하는 경우)

1월분 : 보증금 1천 9백만 원, 월세 100만 원

2월분 : 보증금 1천 8백만 원, 월세 100만 원

12 부동산임대료와 관리비의 부가가치세 과세표준

사업자가 부가가치세가 과세되는 부동산임대료와 당해 부동산을 관리해주는 대가로 받는 관리비 등을 구분하지 않고 영수하는 때에는 전체 금액에 대해서 부가가치세가 과세된다. 그러나 임차인이 부담해야 할 보험료, 수도료, 전기료 등 공공요금을 구분 징수해서 납입을 대행하는 경우 당해 금액은 부가가치세 과세대상이 아니다.

13 직원 회식하고 신용카드 결제 시 매입세액공제가 되는지?

직원회식비는 복리후생비에 해당하므로 매입세액공제 대상이며, 신용카드매출전표 상에 사업자등록번호와 부가가치세를 별도로 기재하고 부가가치세 신고 시 신용카드매출전표 등 수령명세서를 제출하면 매입세액공제가 가능하다.

14 업무용 렌트카(리스차량 포함) 대여금의 매입세액공제

사업자가 승용차 대여업(렌트카)을 영위하는 자로부터 승용차를 임차해 업무용으로 이용하는 경우와 용역회사로부터 차량용 기사를 이용하는 경우 그 대가를 지급하고 발급받은 세금계산서의 매입세액은 매출세액에서 공제하지 않는 것이다. 즉, 개별소비세가 과세되는 비영업용소형승용자동차의 구입 및 유지(리스 및 수선비용, 유류 등을 포함) 관련 매입세액은 매입세액불공제 대상에 해당한다.

15 종업원(직원)차량을 업무용으로 이용 시 매입세액공제

사업자가 직원의 출퇴근용 또는 회사업무용으로 사용하는 비영업용 소형 승용자동차를 주차하는 주차장 임차료와 관련된 매입세액은 매입세액불공제 되는 것이다. 부가가치세 과세사업자가 사원의 복리후생을 위해 사원의 소형승용차 유지관리비를 지원하는 경우에 당해 지원비에 관련된 매입세액은 비영업용소형승용차 유지에 관한 매입세액이므로 매입세액을 불공제하는 것이다.

16 직원 전용 주차장 임차료의 매입세액공제

직원 출·퇴근 및 회사업무용 소형 승용자동차의 주차난 해소를 위해 소형 승용자동차 전용 주차장을 임차해 주차장 관리는 용역회사에 대행토록 하고 주차장 임차료와 주차장 관리비를 지급하는 경우 비영업용 소형 승용자동차는 매입세액불공제 된다.

17 고객 또는 거래처 방문차량 주차비의 매입세액공제

고객들이 서비스를 받거나 매장 또는 회사를 방문하는 동안의 주차비를 회사에서 부담하고 세금계산서를 받는 경우 동 주차료는 매입세액공제가 가능하다.

07 세금계산서 발급 의무가 면제되는 경우

다음에 해당하는 경우는 세금계산서 발급의무가 면제된다.

- 택시운송 · 노점 · 행상 · 무인판매기 사업자
- 소매업 또는 미용, 목욕 및 유사서비스업을 영위하는 자가 공급하는 재화 또는 용역. 다만, 소매업의 경우에는 공급받는 자가 세금계산서의 발급을 요구하지 않는 경우에 한한다.
- 전력이나 도시가스를 실제 공급받는 소비자가 부가가치세법상 사업자가 아닌 경우에는 공급받는 명의자의 세금계산서 발급의무 면제
- 자가공급(타 사업장에 판매목적반출 제외), 개인적 공급, 사업상 증여, 폐업 시 잔존재화에 해당하는 재화
- 수출 재화(내국신용장 또는 구매확인서에 의해서 공급하는 재화와 한국국제협력단에 공급하는 재화를 제외) · 국외 제공용역 및 선박 · 항공기의 외국항행용역(공급받는 자가 국내에 사업장이 없는 비거주자 또는 외국 법인의 경우와 항공기의 외국항행용역 및 항공법에 의한 상업서류송달용역에 한한다)에 규정하는 재화 또는 용역
- 공급받는 자가 국내에 사업장이 없는 비거주자 또는 외국 법인의 경우 · 일반여행업자의 경우 및 외국인 전용 관광기념품 판매업자가 외국인 관광객(출국예정 사실이 확인되는 내국인을 포함한다.)에게 공급하는 관광기념품
- 기타 국내사업장이 없는 비거주자 또는 외국법인에게 공급하는 재화 또는 용역. 다만, 당해 비거주자 또는 외국법인이 당해 외국의 개인사업자 또는 법인사업자임을 증명하는 서류를 제시하고 세금계산서의 발급을 요구하는 경우를 제외
- 일반과세자가 세금계산서 발급 시기에 신용카드매출전표 등을 발급한 경우
- 도로 및 관련 시설 운영용역(공급받는 자가 세금계산서 발급을 요구하지 않는 경우에 한함)
- 부동산임대용역 중 간주임대료
- 전자서명법에 따른 공인인증기관이 공인인증서를 발급하는 용역. 다만, 공급받는 자가 사업자로서 세금계산서의 발급을 요구하는 경우는 제외

08 폐업 후 세금계산서 발급과 매입세액공제

1 폐업일 이전

폐업을 신청한 후라고 해도 폐업일이 기준이며, 폐업일 이전에는 동일하게 세금계산서 발행이 가능하다.

2 폐업일 이후

폐업일 이후에도 세금계산서 발급이 가능하다. 다만 폐업일 이전의 공급분에 대해서만 세금계산서 발행이 가능하며, 폐업일 이후의 공급분에 대해서는 사업자가 아닌 상태에서의 공급이기 때문에 세금계산서 발행이 불가능하다.

그리고 폐업일 이후 발행된 세금계산서는 매입세액공제가 불가능하다.

사업자가 폐업하는 경우 폐업한 달의 1일로부터 폐업일까지의 거래 건에 대하여 다음 달 10일까지 전자세금계산서 발급이 가능하다. 단, 작성일자는 폐업일까지 가능하다.

(예) 10월 15일이 폐업일인 경우, 10월 15일 공급분은 11월 10일까지 발급할 수 있다.
10월 17일 공급분은 발행할 수 없다.

폐업일 이후에는 전자세금계산서를 수취할 수 없으므로 종이 세금계산서 발행 후 가산세를 납부하는 방법밖에는 없다. 즉, 전자세금계산서 발급을 위해서는 공급받는 자의 사업자등록번호가 유효한지 조회 후 발급하게 되어 있다. 따라서, 현실적으로 폐업한 사업자에게 전자세금계산서 발행은 불가능하다. 종이 세금계산서를 발행하고, 매출거래처의 입장에서는 전자세금계산서 미전송 가산세를 부담할 수밖에 없다.

참고로 거래처 폐업일 이전에 재화를 공급하고 세금계산서를 발행했으나 환입, 일부 반품 등 수정세금계산서 발행 시점에 거래처가 폐업한 경우라면 안타깝지만, 수정세금계산서 발행이 불가능하다.

해당 경우는 수정세금계산서 발급 없이, 부가가치세 신고 시에 매출세액에서 차감하여 신고하면 된다.

Q 개인사업자 → 법인사업자 전환 등 사업자 변경

폐업 사실의 인지 시점이 해당 과세기간에 속해있다면(발행마감일 이전이라면)

A. '기재사항 착오정정' 의 사유로 당초 세금계산서 작성일자와 동일하게 변경된 사업자등록번호로 수정발행이 가능하며, 가산세가 부과되지 않는다.

10월 거래분에 대하여 31일에 세금계산서를 발행하였으나, 거래처에서 15일 자로 폐업신고를 한 경우 발행 마감 일(11월 10일) 이전에 폐업 사실을 인지했다면 변경된 사업자등록번호로 수정세금계산서 발행이 가능하다.

그러나, 발행 마감일이 지난 이후(11월 10일 이후) 폐업 사실을 인지했다면, 수정세금계산서를 발행할 경우, 발행 마감일 이후 신규 발행 건으로 간주되므로 지연발행 가산세가 부과된다.

Q. 거래처가 폐업한 경우는 어떡하나요?

A. 거래처의 대표자 주민등록번호로 세금계산서를 발급하면 된다.

만약, 폐업 사실을 모르고 폐업 사업자등록번호를 공급받는 자로 하여 세금계산서를 발행한 경우, 착오 외 사유로 상대방의 주민등록번호로 수정세금계산서를 발급할 수 있다.

Q. 거래처에게 매입세금계산서를 발행받았는데, 알고 보니 폐업자의 경우 매입세액공제가 가능한가요?

폐업자로부터 수취한 세금계산서의 매입세액은 불공제된다. 또한, 이미 부가가치세 신고를 진행한 경우 수정신고를 해야 한다.

이 경우 부정행위가 아닌 일반과소신고가산세가 적용된다.

09 부가가치세 분납, 납부기한 연장, 징수유예

부가가치세는 원칙적으로 분납제도가 없으므로 분납이 불가능하다. 따라서 본인의 노력으로 분납의 효과를 내야 하는데,

1. 특별한 요건을 충족하지 않아도 분납의 효과를 낼 수 있는 신용카드 할부가 있고
2. 특별한 요건을 충족해야만 분납이 가능한 징수유예제도와 납부기한연장이 있다.

본론에 앞서 징수유예제도와 납부기한연장은 세무공무원들도 혼용해 사용하는 데 사실 이는 두 제도의 의미가 크게 징수유예제도는 부가가치세 예정분 고지와 같이 부과과세하는 세금에 대해서 신청하는 것이고, 납부기한연장은 확정신고와 같이 자진신고 · 납부하는 세금에 대해서 신청하는 것의 차이뿐이라서 그렇다.

징수유예의 경우에는 자진 신고납부하는 세금이 아니라 고지받은 세금인 부가가치세 예정고지, 종합소득세 중간예납 등에 대한 세금에 대하여 '고지' 받은 세금 징수를 유예하는 것이다.

반면, 부가가치세 납부기한 연장의 경우에는 사업자가 '자진신고 · 납부' 해야 하는 세금인 부가가치세 확정신고, 종합소득세, 원천세 등에 대하여 납부기한 연장을 하는 것이다.

1 신용카드 할부

아래의 징수유예나 납부기한연장 사유에 해당하지 않는 경우 손쉽게 분납의 효과를 낼 수 있는 것이 신용카드 할부이다. 물론 신용카드 할부를 이용하는 경우 약 1% 정도의 할부수수료를 부담해야 한다는 단점이 있다.

2 부가가치세 납부기한 연장

부가가치세 납부기한 연장을 위해서는 국세청에서 정한 사유에 해당해야 한다.

사유가 적정할 경우 부가가치세 납부기한연장승인신청서를 제출하여 관할 세무서에 제출한다. 물론 체납된 세금이 없을 경우만 가능하며, 부가가치세 납부기한 마지막일 3일 전까지 부가가치세 납부기한 연장신청이 가능하다.

가까운 세무서나 국세청 홈택스에서 할 수 있다.

국세청에서 정한 부가가치세 납부기한 연장 사유는 다음과 같다.

❶ 화재나 전화, 그 밖의 재해를 당하거나 혹은 도난을 당했을 때

❷ 납세자가 사업에서 심각한 손해를 입거나 해당 사업이 중대한 위기에 처했을 때(납부할 경우만 해당)

❸ 정전, 프로그램 오류 등 부득이한 사유로 인해 한국은행이나 체신관서 정보통신망이 정상 작동하지 않을 때

❹ 금융회사나 체신관서 휴무, 그 밖의 부득이한 사유로 정상적인 세금납부가 불가하다고 국세청장이 인정 한때

❺ 납세의무를 진 자 혹은 그 가족이 중상해나 질병으로 치료가 필요하거나 사망했을 때

❻ 관련 서류 혹은 장부 등이 정부나 공공기관으로부터 압수됐을 때

부가가치세 납부 기한연장 기간은 3개월 이내로 신청해야 승인이 잘난다. 해당 기간동안 납부를 다 하지 못할 시에는 관할 세무서장의 권한으로 1개월 단위로 재연장을 해줄 수 있다(최대 9개월 이내).

부가가치세에 대한 분납 기간을 자꾸 늘리려고 하면 세무서에서 좋게 보지 않는다. 신청서 작성 때 몇 월 며칠에 얼마씩 상환하겠다고 적으면 된다.

3 부가가치세 징수유예

부가가치세 징수유예(체납처분 유예)를 위해서는 부가가치세 납부기한 연장과 마찬가지로 적정 사유가 있어야 한다.

국세청에서 정한 부가가치세 징수유예 사유는 다음과 같다.

❶ 재해 혹은 도난을 당하여 재산에 심각한 손실을 받은 때

❷ 사업상 극심한 손실을 입었을 때

❸ 사업이 중대한 위기를 겪고 있을 때

❹ 납세의무를 진 자 혹은 그 동거가족이 중상해나 질병으로 장기 치료가 필요한 때

❺ 조세 이중과세 방지를 위해 체결한 조약에 의해 외국에 권한이 있는 당국과 상호합의 절차가 진행 중일 때

부가가치세 징수유예는 최대 9개월까지 유예할 수 있다. 사유를 적고 몇 월 며칠에 얼마씩 상환할지를 부가가치세 납부 기한연장 승인신청서와 마찬가지로 적으면 된다.

구 분	의미	해당 세금
납부기한 연장	납부기한을 연장하는 것	자진신고·납부 해야 하는 세금인 부가가치세, 종합소득세, 법인세, 원천세 등
징수유예	고지받은 세금 징수를 유예하는 것	부가가치세 예정고지, 종합소득세 및 법인세 중간예납 등

10 부가가치세 신고서 작성 시 점검 사항

1. 매출액(전자세금계산서로 통제) : 비사업자의 현금매출, 계좌이체 금액 누락

2. 주로 소액인 현금영수증 실제 발행금액과 신고매출액 불일치 : 집계과정 누락

3. 영세율 매출의 경우 : 납부할 부가세가 0이므로, 필수 첨부 서류 반드시 점검

4. 과세사업과 면세사업의 겸업자는 과세가액을 면세가액에 잘못 기재하지 말 것

5. 매입세액불공제 부분

❶ 면세사업자, 간이과세자로부터 매입액은 공제 불능(연 매출 4,800만 원 이상은 공제 가능)

❷ 사업과 관련 없거나, 기업업무추진비(= 접대비)인 신용카드 거래매입세액도 공제 안 됨

❸ 비영업용 소형승용차 구입 및 유지비용 매입세액

❹ 토지취득 · 구입 관련 매입세액

❺ 사실과 다른 매입세금계산서 금액

6. 과세사업, 면세사업 겸업자(유통 도 · 소매, 편의점, 슈퍼마켓, 마트 등)는 공통매입세액(과세와 면세의 구분이 불명확함)을 매출액대로 안분 계산하여 면세 부분은 공제 안 됨

7. 농 · 축 · 수 · 임산물 등 면세농산물에 대한 의제매입세액공제 한도에 유의한다.

유형	부가가치세 성실신고 체크리스트
매출신고누락	• 전자세금계산서 및 종이 세금계산서 발행분 확인 • 신용카드 · 현금영수증 발행분 확인 • (현금매출) 계좌이체 · 핀테크 결제 등으로 받은 결제대금 확인 • (영세율) 수출통관내역, 내국신용장 · 구매확인서 관련 매출 확인 • (첨부 서류) 부가가치세법 및 조세특례제한법상 영세율 적용을 위한 필수 서류 준비 • (겸업) 과 · 면세 겸업사업자 과세매출 적정 확인 • (차명계좌) 직원 · 친척 명의를 이용하여 입금받은 금액의 신고누락 여부 확인

유형	부가가치세 성실신고 체크리스트
매입세액불공제	• (세금계산서) 폐업, 간이, 면세사업자로부터 매입액은 공제 제외 • (신용카드) 사업 무관, 개인적 사용, 기업업무추진비(= 접대비) 목적 사용은 공제 제외 • (비영업용 소형승용차) 구입, 유지, 임차(렌트) 매입액은 공제 제외 • (이중 공제) 매입세금계산서 대금결제를 신용카드로 한 경우 • (겸업) 과 · 면세 겸업사업자 공통매입세액 안분 적정 확인 • (사실과 다른 세금계산서 관련 매입세액) 실제로 재화 또는 용역을 공급받지 않고 매입 세금계산서 수취분 제외
부당 공제	• (공제 초과) 농 · 축 · 임 · 수산물 의제매입세액공제 한도 초과 여부 확인 • (매입처 확인) 일반과세자로부터 매입한 재활용 폐자원 관련 매입세액은 공제 제외 • (가산세) 전자세금계산서 미전송(1%), 지연전송(0.5%) 확인 • (신용카드발행세액 공제 연간 한도) 연간 1,000만 원 초과 여부 확인 • (신용카드발행세액 공제 배제) 법인 및 직전연도 공급가액 10억 원 초과 개인사업자

11 수입금액 제외란 작성 방법

차량 등 고정자산 매각 수입금액 제외 여부

부가가치세 신고서의 과세표준명세 중 수입금액 제외로는 개인사업자의 고정자산매각, 직매장공급 등이 작성 대상이며, 법인사업자의 고정자산매각 등과 소득세법에 따른 복식부기의무자의 사업용 유형자산(토지, 건물 제외) 매각의 경우에도 수입금액 제외대상에 해당하지 않는다. 즉, 부가가치세 신고서 과세표준명세 > 수입금액제외란에는 부가가치세는 과세 되나 소득세 수입금액에서 제외되는 직매장반출금액 등을 기재한다. 반면, 개인사업자와 법인의 고정자산 매각금액(차량매각 등)은 부가가치세도 과세 되고, 소득세(법인세)도 과세 되므로 부가가치세 신고 시 수입금액제외란 기재대상이 아니다

법인사업자의 고정자산매각, 개인 복식부기의무자(간편장부대상자 제외)의 사업용 차량운반구, 공구기구 및 비품, 선박 및 항공기, 기계장치 등은 기재대상이 아니다.

개인사업자(복식부기의무자) 및 법인의 고정자산 매각금액(차량매각 등)은 부가가치세도 과세 되고, 소득세(법인세)도 과세 되는 것이므로 부가가치세 신고 시 수입금액제외란 기재대상이 아니다.

- 복식부기의무자의 고장자산매각은 과세표준에 수입금액으로 신고(매출금액에 합산)
- 간편장부대상자의 고정자산매각은 과세표준에 수입금액에 제외

[참고] 개인사업자의 경우 토지와 건물과 다른 고정자산이 차이인 이유

법인세는 포괄주의로서, 법인의 순자산을 증가시키는 거래는 모두 익금에 산입한다. 따라서 고정자산 매각으로 인한 수익은 익금에 해당한다.

이에 반해, 개인사업자의 경우에는 복식부기의무자에 한해서 유형고정자산 처분 손익에 대해서 총수입금액에 산입한다. 다만, 이 경우라 하더라도 토지와 건물로 인한 처분 손익은 총수입금액에 산입하지 않는다.

[참고 예규]

2018년 1월 1일 이후 개시하는 과세기간부터 적용되는 개정 소득세법 제19조 제1항 제20호의 규정에 의거 복식 부기의무자가 부동산을 제외한 사업용 유형고정자산을 양도함으로써 발생하는 소득은 사업소득(총수입금액에 포함)에 해당하는 것이므로, 이 경우 부가가치세 신고 시 부동산을 제외한 유형자산의 매각금액은 부가가치세 과세표준 및 과세표준명세의 해당 업종의 수입금액에 포함하여 신고하면서 수입금액제외로 처리하지 아니하는 것입니다(국세청 2018-07-16 인터넷 상담내용).

2 간주임대료 수입금액 제외 여부

기장신고자

사업자가 부동산임대업을 영위하는 경우 임대보증금 등에 대한 간주임대료를 부가가치세 과세표준에 포함하여 신고하며, 간주임대료에 대한 별도의 매출이나 영업외수익으로 장부에 계상하지 않는 것이 일반적이다. 따라서 간주임대료는 부가가치세 신고 시 수입금액 제외 항목으로 기재한다.

법인과 개인사업자는 임대보증금에 대한 이자상당액을 간주익금으로 수입금액에 산입하도록 하고 있으나 이때 간주익금에는 건설비 상당액을 차감하여 계산하도록 하고 있는바, 부가가치세법상 간주임대료와 간주익금과는 상이한 금액이거나 간주임대료는 발생하나 간주익금은 발생하지 않는 경우가 있다. 따라서 장부를 작성하는 사업자의 경우 부가가치세 신고시 간주임대료는 수입금액 제외항목으로 기재하고, 부동산임대업이 주업인 법인이나 개인사업자의 법인세 또는 소득세 신고 시 익금에 산입하거나 총수입금액에 산입하는 세무조정을 하는 것이 합리적이라고 판단된다.

추계 신고자

부동산임대업이 주업인 법인이나 개인사업자가 장부를 작성하지 않아 추계에 의해서 세액을 결정하는 경우 간주임대료 금액은 간주익금과 동일한 금액으로 해당 사업연도의 수입금액을 구성하므로 부가가치세 신고 시 부동산임대업의 수입금액에 포함해서 기재한다.

참고로 성실신고확인대상자, 외부세무조정대상자 및 복식부기의무자에 해당되는지? 여부를 판단하는 수입금액의 기준에서 사업용 유형자산을 양도하면서 발생하는 소득에 대한 수입금액을 2020년부터 제외하였다. 즉, 비경상적 성격의 사업용 유형자산 처분가액을 사업자의 기장의무 범위를 결정하는 수입금액 기준에서 제외하여 사업자의 기장신고 의무을 판단한다.

제8장

세무조사의 대처 방법

01 세무조사 대상자 선정

세무조사 대상자는 신고내용의 적정성을 검증하기 위해서 정기적으로 선정하거나, 신고내용에 탈루나 오류의 혐의가 있는 경우에 선정할 수 있다(국세기본법 제81조의6).

1 정기선정의 사유

정기 선정의 사유는 다음과 같다.

- 신고내용에 대한 정기적인 성실도 분석 결과 불성실 혐의가 있는 경우
- 4 과세기간(또는 4사업연도) 이상 동일 세목의 세무조사를 받지 않아 신고내용의 적정성 여부를 검증할 필요가 있는 경우
- 무작위추출방식에 의한 표본조사를 하는 경우

성실도 분석은 전산 분석시스템을 활용해서 세금 신고상황, 납세 협력의무 이행상황 등을 객관적으로 종합해서 평가하고 있다.

2 비정기선정의 사유

비정기선정의 사유는 다음과 같다.

- 신고, (세금)계산서 및 지급명세서 작성 · 발급 · 제출 등을 이행하지 않은 경우
- 무자료거래, 위장 · 가공거래 등 거래내용이 사실과 다른 혐의가 있는 경우
- 납세자에 대한 구체적인 탈세 제보가 있는 경우
- 신고내용에 탈루나 오류의 혐의를 인정할 만한 명백한 자료가 있는 경우

02 신고성실도 관리는 세무조사 예방 필수

1 낮은 신고성실도가 세무조사를 부른다.

세무 당국은 다양한 방법으로 신고자의 신고성실도를 판단한다. 여기서 불성실신고의 혐의가 있는 사업자가 당연히 세무조사의 대상이 될 것이다.

업종마다 나름대로 평균적인 마진율이란 것이 있을 것이다. 예를 들어 사업자 개개인의 편차는 있겠지만 음식점의 마진율과 슈퍼마켓의 마진율은 다르다. 세무 당국은 마진율 대신 이와 비슷한 개념인 부가가치율과 소득률을 이용해서 신고성실도를 판단한다. 부가가치율과 소득률이란 쉽게 말해 매출이 1천만 원일 때 비용을 제하고 남은 이익이 매출의 몇 %에 해당하는가이다. 결국, 세무서는 같은 업종을 영위하는 사업자 간의 소득률이 낮은 사업자가 상대적으로 매출 누락이나, 가공경비 등을 계상한 혐의가 있는 것으로 판단하게 된다.

또 다른 방법은 한 사업자의 여러 해에 걸친 신고내용을 분석하는 것이다. 예를 들어 여태까지 꾸준히 이익을 내던 어느 사업자가 매출이 감소한 것도 아닌데 갑자기 이익이 급격히 떨어지면 당연히 신고성실도에 빨간 불이 들어올 것이다. 그 외 신고내용 자체를 분석하기도 하는데, 이는 업종별로 경비의 특성을 고려해서 판단한다.

예를 들어 전통적으로 소매점은 상품의 매입비용이 경비의 대부분을 이루지만, 서비스업종은 인건비가 주를 이룬다.

그런데 소매점에서 상품의 매입비용 외에 과다하게 기업업무추진비(= 접대비)나 인건비를 신고하게 되면, 고개가 갸우뚱할 수밖에 없는 것이다.

2 가장 중요한 것은 업종별 부가가치율과 소득율이다.

신고성실도는 다양한 방식으로 분석되지만, 결국 가장 중요한 요소는 소득률이라고 할 수 있다. 신고성실도 분석이란 여러 방식으로 신고자의 소득률을 검토하는 것이라고 할 수 있기 때문이다.

그렇다면 세무조사를 받지 않으려면 소득률이 적정해야 한다는 결론이 나온다.

예를 들어 소위 대량 매입했다고 하면 일시적인 대량 매입은 다음에 팔리면서 소득을 창출하겠지만, 당장 부가가치세를 신고할 때는 환급이 생기거나 부가가치율이 적게 산출되는 결과를 만듦으로써 신고 성실도가 낮게 평가될 수밖에 없는 것이다.

3 세무조사는 성심껏 대응하라

불행히도 세무조사가 진행된다면 성심성의껏 세무조사에 응대해야 한다.

간혹 잘못 처신을 해서 세무조사에 부정적인 영향을 미치는 경우가 있는데, 이런 불이익을 방지하기 위해서는 어떻게 세무조사를 받아야 할까?

우선 세무조사를 받기 전에 세무공무원의 '조사원증' 을 확인하고 가능하다면 복사를 해서 보관해두는 것이 좋다.

세무공무원의 이름을 들었는데, 경황이 없어서 기억 못 하는 경우도 발생할 수 있고, 무엇보다도 이를 빨리 고문 세무사에게 알려주어 고문 세무사가 적절하게 세무 대리인으로 세무조사에 응하도록 해야 할 것이다.

둘째, 세무조사가 진행되면서 확연히 탈세한 사실이 밝혀지면 인정을 해야 한다. 세무공무원이 탈세에 대한 증빙 근거를 제시할 때는 정중히 사실을 인정하면서, 매출 누락에 따른 경비 누락도 있는지를 꼼꼼히 점검해야 한다.

셋째, 세무조사의 진행 중인 장소는 조용하고 쾌적하게 유지되도록 세심한 배려가 필요하다.

옛말에 '말 한마디로 천 냥 빚을 갚는다.' 는 속담이 있다. 세무공무원에게 친절하고 정중하게 응대해야 한다.

세무공무원에게 작은 배려를 해줌으로써, 회사의 좋은 이미지를 심어 줄 수도 있기 때문이다.

넷째, 세무공무원의 질문에는 간결하게 답을 한다. 세무공무원의 가벼운 질문도 모두가 세무조사와 연관이 되어 있다고 생각해야 한다. 그러므로 질문에 대한 답은 간결하면서도 명쾌하게 해야 한다.

잘 생각이 나지 않는 것은 나중에 경위 등을 알아봐서 세무 대리인을 통해 전달하는 것도 한 방법이 될 것이다.

마지막으로, 세무공무원에게 장부를 보여 줄 때는 이왕이면 일자별로 정리해서 건네주자. 세무공무원이 장부를 요구했는데, 일자 정리도 제대로 안 되어 있는 어수선한 장부를 보여주면 괜한 오해의 불씨를 제공할 수 있기 때문이다.

세무공무원이 세무조사를 진행하면 세법에 준해서 세무조사를 한다. 세법의 범위는 방대하고, 논쟁이 되는 곳이 의외로 많이 존재한다. 이런 미묘한 차이를 세무 대리인인 세무사를 통해 회사에 유리하도록 세무조사를 마쳐야 한다.

Tip 통상적으로 세무조사에 선정될 가능성이 큰 납세자

통상적으로 세무조사에 선정될 가능성이 큰 납세자들을 살펴보면 다음과 같다.

세무조사 대상 선정은 크게 정기 선정과 수시 선정으로 구분된다.

정기 선정은 신고성실도 평가 등의 기준으로 선정하며, 수시 선정은 탈세 제보, 무자료거래, 위장/가공거래 등으로 선정하게 된다. 정기선정에 의한 세무조사 대상자 선정의 1차 기준은 사업자의 신고내용을 기초로 국세청의 '신고성실도 측정프로그램' 을 분석한다.

신고성실도 측정 요소에는 국세청의 사전안내 항목이 포함되며 탈루 가능성이 있는 28개 항목을 미리 알려주는데 주요 내용은 가공 인건비, 법인카드 사적 사용, 세무조사 이후 신고소득률 하락 법인, 동종업종 비교, 최근 호황 업종 등이 성실도 측정에 가미 된다.

그중에서도 가능성이 많은 경우는 다음과 같다.

- 세금계산서 및 지급명세서의 작성/제출 등 납세협력의무 불이행자
- 신고내용 중 탈루나 오류 관련 명백한 자료가 있는 경우
- 국세청 성실도 분석 결과 불성실 혐의 등에 해당할 때

가장 쉽게 세무조사를 대비하는 길은 위와 같이 종합소득세나 법인세 신고안내문의 사전 안내 항목을 주의해서 만약 신고불성실의 안내 항목이 있다면 곧바로 수정조치를 취하고 성실히 세무신고를 하는 길일 것이다.

한 권으로 끝장내자 중소기업 회계세무 급여노무 실무설명서

지은이 : 손원준

펴낸이 : 김희경

펴낸곳 : 지식만들기

인쇄 : 해외정판 (02)2267~0363

신고번호 : 제251002003000015호

제1판 1쇄 인쇄 2024년 01월 10일

제1판 1쇄 발행 2024년 01월 19일

값 : 22,000원

ISBN 979-11-90819-34-3 13320

Korea Good Books

더 많은 정보를 원하시면 네이버 카페에 가입하세요

네이버 세무회계 대표카페

(https://cafe.naver.com/aclove)

(https://cafe.naver.com/kyunglistudy)

K.G.B

지식만들기

이론과 실무가 만나 새로운 지식을 창조하는 곳

서울 성동구 금호동 3가 839 Tel : 02)2234~0760 (대표) Fax : 02)2234~0805